QUANGUOCHENG GONGCHENG ZIXUN CONGSHU

全过程工程咨询丛书

工程项目全过程管理咨询

主　编　李兴刚

副主编　李　东　肖玉锋

参　编　刘彦林　孙　丹　马立棉

　　　　徐树峰　杨晓方

中国电力出版社

CHINA ELECTRIC POWER PRESS

内 容 提 要

本书内容包括工程项目管理咨询简介、工程项目前期管理、工程项目招标采购及投标相关管理、工程项目合同管理、进度管理、质量管理、安全管理及信息管理等。

本书将全过程工程项目咨询相关管理内容做了分析和总结，并用实际案例加以论实，特别适合工程项目建设单位管理者、工程总承包单位负责者及全过程工程项目的相关人员参考。

图书在版编目（CIP）数据

工程项目全过程管理咨询 / 李兴刚主编. —北京：中国电力出版社，2021.1（2025.1重印）
（全过程工程咨询丛书）
ISBN 978 - 7 - 5198 - 4380 - 9

Ⅰ.①工… Ⅱ.①李… Ⅲ.①工程项目管理 Ⅳ.①F284

中国版本图书馆 CIP 数据核字（2020）第 032699 号

出版发行：中国电力出版社
地　　　址：北京市东城区北京站西街 19 号（邮政编码 100005）
网　　　址：http：//www.cepp.sgcc.com.cn
责任编辑：王晓蕾（010‐63412610）
责任校对：黄　蓓　李　楠
装帧设计：张俊霞
责任印制：杨晓东

印　　　刷：中国电力出版社有限公司
版　　　次：2021 年 1 月第一版
印　　　次：2025 年 1 月北京第二次印刷
开　　　本：787 毫米×1092 毫米　16 开本
印　　　张：21
字　　　数：518 千字
定　　　价：69.80 元

全过程工程咨询是工程咨询方综合运用多种学科知识、工程实践经验、现代科学技术和经济管理方法，采用多种服务方式组合，为委托方在工程项目策划决策、建设实施乃至运营维护阶段持续提供局部或整体解决方案的智力性服务活动。其核心是通过采用一系列工程技术、经济、管理方法和多阶段集成化服务，为委托方提供增值服务。

2017 年 2 月，国务院办公厅印发了《关于促进建筑业持续健康发展的意见》（国办发〔2017〕19 号），首次明确提出"全过程工程咨询"的概念，之后住房和城乡建设部相继出台了《关于开展全过程工程咨询试点工作的通知》《关于征求推进全过程工程咨询服务发展的指导意见（征求意见稿）》和《建设工程咨询服务合同示范文本（征求意见稿）意见函》等一系列文件。国家发展改革委于 2017 年 11 月出台了新的《工程咨询行业管理办法》（2017 第 9 号令），从多个角度对全过程工程咨询做了推进、阐释和规范工作。2018 年 3 月，住房和城乡建设部发布了《关于推进全过程工程咨询服务发展的指导意见（征求意见稿）》（建办市函〔2018〕9 号），对全过程工程咨询进行了规范化，对培育全过程工程咨询市场、建立全过程工程咨询管理机制、提升工程咨询企业全过程工程咨询能力和水平等问题提出了指导意见。

国家大力推行全过程工程咨询，旨在完善工程建设组织模式和全过程工程咨询服务市场，鼓励投资咨询、勘察、设计、监理、招标代理、造价等企业采取联合经营、并购重组等方式开展全过程工程咨询，培育一批具有国际水平的全过程工程咨询企业。提出政府投资工程应带头推行全程工程咨询，鼓励非政府投资工程委托全过程工程咨询服务。

全过程工程咨询有别于传统建设模式的优势是：

（1）全过程工程咨询涉及建设工程全生命周期内的策划咨询、前期可研、工程设计、招标代理、造价咨询、工程监理、施工前期准备、施工过程管理、竣工验收及运营保修等各个阶段的管理服务。

（2）强调项目总策划。总体策划咨询是全过程工程咨询的首要工作，对未来项目实施起指导和控制作用，是开展工程咨询服务的行动纲领和指南。

（3）重视设计优化。全过程工程咨询模式紧紧抓住前期和方案设计阶段，实现项目设计价值的最大化。

（4）全过程工程咨询以建设目标为出发点，对项目各个阶段的服务进行高度集成，并以有效的手段和合同机制进行系统性全方位管理。

（5）强调独立性。独立性是第三方咨询机构的立业之本，更是国际咨询机构的典型特征，全过程工程咨询服务模式始终要求坚持此特性。

（6）全过程工程咨询更加注重责任划分和合同体系。可借助法务人员作用，规范咨询管理行为，减少过程控制风险，促进和提高咨询成果质量。

本丛书以全过程工程咨询实践经验为基础，对其产生背景、内涵与特征、服务范围与内容等进行全面讲解，以助推全过程工程咨询模式的发展。具体特色如下：

（1）实用性。注重应用性，将咨询服务管理制度、操作流程和业务分类安排编写，使读者阅读时能尽快掌握书的主旨和要领。

（2）专业性。根据工程咨询专业术语和规范及相应内容"量身定做"每一阶段业务知识。

（3）指导性。用典型的案例给读者以借鉴和指引。

（4）前瞻性。将全新的思维和理念融入全书内容之中。

（5）通俗易懂。从全过程工程咨询参与各方考虑和安排书的结构，用咨询项目涉及人员便于理解的角度和语言进行描述。

由于时间所限，书中不妥和疏漏之处还望各位读者朋友批评指正，在此表示感谢！

编　者

目 录 ◆ ◆

前言

第一章　工程项目管理咨询简介 ……………………………… 1

　第一节　工程项目管理的范围及目标 ……………………… 1
　　一、项目管理的管理范围 ………………………………… 1
　　二、工程项目管理模式 …………………………………… 1
　第二节　工程项目管理体系 ………………………………… 5
　　一、工程项目管理目标 …………………………………… 5
　　二、工程项目组织设计 …………………………………… 8

第二章　工程项目前期管理咨询 ……………………………… 16

　第一节　工程项目行政审批管理 …………………………… 16
　　一、工程项目行政审批流程 ……………………………… 16
　　二、工程项目行政审批重点环节 ………………………… 16
　第二节　工程项目投资管理 ………………………………… 23
　　一、投资管理简介 ………………………………………… 23
　　二、工程项目投资管理原理 ……………………………… 23
　　三、工程项目投资管理的方法 …………………………… 24
　　四、建设工程投资的构成 ………………………………… 26
　　五、建设工程投资管理的目的与控制 …………………… 29
　　六、工程项目投资管理实用方法 ………………………… 36
　　七、工程项目前期管理案例 ……………………………… 41

第三章　工程项目招标采购及投标相关管理咨询 …………… 44

　第一节　工程咨询项目招标采购管理 ……………………… 44
　　一、招标采购阶段项目整体规划 ………………………… 45
　　二、招标采购阶段项目管理 ……………………………… 50
　　三、招标采购代理 ………………………………………… 54

四、全过程咨询项目招标采购投资控制 ·································· 64

五、工程总承包模式的发承包招标 ·································· 73

六、国际工程招标 ·································· 78

七、电子招投标模式 ·································· 82

第二节 建筑工程投标 ·································· 85

一、投标准备 ·································· 85

二、投标及投标技巧 ·································· 97

三、投标文件的编制 ·································· 105

四、投标文件审核与包封 ·································· 117

第四章 工程项目合同管理咨询 ·································· 122

第一节 全过程咨询项目合同管理简介 ·································· 122

一、合同管理组织模式 ·································· 122

二、合同管理原则目标 ·································· 124

三、合同管理工作内容 ·································· 127

第二节 全过程项目合同管理策划 ·································· 129

一、合同目标策划 ·································· 129

二、项目合同总体策划 ·································· 130

三、合同类型选择 ·································· 132

四、合同策划内容 ·································· 134

五、合同策划流程 ·································· 135

六、策划注意事项 ·································· 136

第三节 全过程工程咨询项目合同体系与内容确定 ·································· 137

一、合同体系确定 ·································· 137

二、合同内容确定 ·································· 141

第四节 全过程咨询项目合同全过程评审、谈判、签约 ·································· 146

一、合同评审 ·································· 146

二、合同谈判与签约 ·································· 146

第五节 全过程工程咨询项目合同履行阶段的合同管理 ·································· 147

一、工程合同履行和分析 ·································· 147

二、勘察设计合同管理 ·································· 148

三、施工过程合同管理 ·································· 149

第六节 基于EPC工程总承包模式的合同管理咨询 ·································· 165

一、工程总承包合同管理简介 ·································· 165

二、EPC工程总承包合同关系体系 ·································· 166

三、EPC工程总承包合同管理存在的问题与对策 ·································· 167

四、EPC工程总承包项目主合同管理 ·································· 169

五、EPC工程总承包项目分包合同管理 ·································· 187

第五章　工程项目进度管理咨询 ·················· 206

　第一节　工程项目进度管理简介 ·················· 206

　　一、工程项目进度管理概念 ·················· 206

　　二、工程项目进度管理的原理 ·················· 206

　　三、工程项目进度管理的重点 ·················· 208

　　四、工程项目进度管理的措施 ·················· 210

　　五、工程项目进度管理程序与方法 ·················· 211

　第二节　全过程工程咨询项目进度管理案例 ·················· 214

第六章　工程项目质量管理咨询 ·················· 220

　第一节　工程项目质量管理简介 ·················· 220

　　一、工程项目质量的概念 ·················· 220

　　二、工程项目质量的基本特性 ·················· 220

　　三、工程项目质量的影响因素 ·················· 221

　　四、工程项目质量管理的责任体系 ·················· 221

　　五、工程项目施工质量控制的系统过程 ·················· 222

　　六、施工质量控制的工作程序 ·················· 223

　　七、质量管理的目标 ·················· 223

　　八、质量管理的重点 ·················· 224

　　九、质量管理的原则 ·················· 229

　　十、质量管理的基本原理和方法 ·················· 230

　第二节　工程项目质量管理方法 ·················· 232

　　一、质量控制的直方图法 ·················· 232

　　二、质量控制的排列图法 ·················· 233

　　三、质量控制的因果分析法 ·················· 234

　　四、案例分析：基于因果分析的 AHP 法在岩土工程质量管理中
　　　　的应用 ·················· 234

　第三节　全过程工程项目质量管理咨询案例 ·················· 235

第七章　工程项目安全管理咨询 ·················· 241

　第一节　工程项目安全管理简介 ·················· 241

　　一、工程项目安全的概念 ·················· 241

　　二、工程项目安全管理的概念 ·················· 241

　　三、工程项目安全管理的特殊性 ·················· 241

　　四、工程项目安全管理的责任体系 ·················· 243

　　五、安全管理的目标 ·················· 247

　　六、安全管理的基本内容 ·················· 247

　　七、安全管理的原则 ·· 249

　　八、安全管理的重点 ·· 250

　第二节　工程项目安全管理措施与方法 ·································· 251

　　一、安全管理的措施 ·· 251

　　二、工程项目安全管理方法 ·· 257

第八章　工程项目信息管理咨询 ··· 263

　第一节　工程项目信息管理简介 ·· 263

　　一、工程项目信息的类型 ··· 263

　　二、工程项目信息管理的过程 ··· 263

　　三、工程项目信息管理的方法和重点 ···································· 265

　　四、工程项目信息管理实用工具 ·· 267

　第二节　信息化技术在全过程工程咨询中的应用 ··················· 269

　　一、BIM 技术在全过程工程咨询各个阶段的应用 ··················· 269

　　二、基于网络的"惠系列"协作管理平台的应用 ····················· 273

第九章　全过程工程咨询项目管理相关案例 ····························· 278

　案例一　某医院工程全过程项目管理咨询 ··························· 278

　　一、了解医院建筑的特征 ··· 278

　　二、紧抓设计和招标两条主线 ··· 279

　　三、找准定位 ··· 280

　案例二　某机场航站楼项目设计及招标阶段管理咨询 ············ 281

　　一、项目概况 ··· 281

　　二、咨询服务范围及组织模式 ··· 282

　　三、咨询服务的运作过程及实践成效 ···································· 284

　　四、项目总结 ··· 295

　案例三　某特色小城镇项目管理咨询 ·································· 296

　　一、项目基本概况 ·· 296

　　二、咨询服务范围及组织模式 ··· 297

　　三、咨询服务的运作过程 ··· 297

　　四、咨询服务的实践成效 ··· 306

　案例四　某地铁线路项目管理咨询 ····································· 311

　　一、项目基本概况 ·· 311

　　二、咨询服务范围及组织模式 ··· 311

　　三、咨询服务的运作过程 ··· 314

　　四、咨询服务的实践成效 ··· 322

参考文献 ··· 326

第一章

工程项目管理咨询简介

第一节　工程项目管理的范围及目标

一、项目管理的管理范围

项目管理的管理范围一般通过工作分解结构（WBS）的方法来实现。

工作分解结构通过树状图的方式对一个项目的结构进行逐层分解，以系统地反映所有工作任务（见图1-1）。

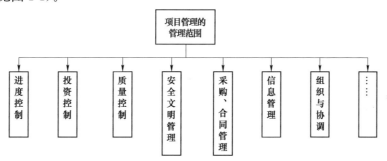

图1-1　项目管理的管理范围

二、工程项目管理模式

目前我国主要存在以下几种工程项目管理模式。

1. CM 模式

CM（Construction Management）模式的出发点是缩短工程建设工期。它的基本思想是通过采用快速路径法的生产组织方式，即设计一部分、招标一部分、施工一部分的方法，实现设计与施工的充分搭接，以缩短整个建设工期。这种模式与过去那种设计图纸全都完成之后才进行招标的连续建设生产模式有所不同。

CM 模式可以有多种形式，常用的有以下两种形式。

第一种形式为代理型 CM 模式。在此种模式下，CM 经理是业主的咨询和代理，业主和 CM 经理的服务合同规定费用是固定酬金加管理费。业主在各施工阶段和承包商签订工程施工合同。需要说明的是，CM 单位对设计单位没有指令权，只能向设计单位提出一些合理化建议，因而 CM 单位与设计单位间是协调关系。这一点同样适用于非代理型 CM

模式。

第二种形式称为非代理型 CM 模式，也称为风险型建筑工程管理方式。采用这种形式，CM 经理同时也担任施工总承包商的角色，一般业主要求 CM 经理提出保证最大工程费用（Guarantee Maximum Price，GMP），以保证业主的投资控制，如最后结算超过GMP，则由 CM 公司赔偿；如低于 GMP，则节约的投资归业主所有，但 CM 公司由于额外承担了保证施工成本风险，因此能够得到额外的收入。

CM 模式的优缺点见表 1-1。

表 1-1   CM 模 式 优 缺 点

优点	1. 设计的"可施工性"好，施工效率高。这是由于承包人在项目初期设计阶段就任命了 CM 项目经理，他可以在此阶段充分地发挥自己的施工经验和管理技能，协同设计班子的其他专业人员一起做好设计工作，提高设计质量。 2. 设计施工等环节的合理搭接，节省了时间，工期缩短，这是由于设计和施工的平行作业而产生的。 3. 一旦设计得到业主的同意和地方政府的审批，就可以开工，因此施工工作可以提前进行。 4. 减少了设计方和施工方的对立，改善了交流渠道并提高了效率。 5. 分包人的选择由业主和承包人共同决定，因而更为明智。 6. 项目可以提前完工，业主可以提前营运并收回投资。 7. 在 CM 模式中，实现了业主对项目的直接控制
缺点	1. 风险较大，因为在招投标选择承包人时，项目费用的估计并不完全正确。这是由于各工作的搭接引起的，业主不能像传统方式中那样在设计时就对整体和局部的费用有所把握。 2. 设计单位要承受来自业主、承包人甚至分包人的压力，如果协调不好，设计质量可能会受到影响

2. 设计—建造模式

设计—建造（Design-Build）模式，是指承包商负责工程项目的设计、施工、安装全过程的总承包。在项目原则确定之后，业主选定一家承包商负责项目的设计和施工。这种方式在投标和签订合同时是以总价合同为基础的。工程总承包商对整个项目的成本负责，首先选择一家咨询设计公司进行设计，然后采用竞争性招标方式选择分包商，当然也可以利用本公司的设计和施工力量完成一部分工程。

设计—建造模式中业主和工程总承包商密切合作，完成项目的规划、设计、成本控制、进度安排等工作，甚至负责土地购买和项目融资。使用一个承包商对整个项目负责，避免了设计和施工的矛盾，可显著降低项目的成本和缩短工期。同时，在选定总承包商时，把设计方案的优劣作为主要的评标因素，可保证业主得到高质量的工程项目。这种管理模式的特点如下：

（1）总承包商对业主担负"单点责任"，当建筑出现缺陷时，无法在业主面前推卸责任，因此业主的利益得到保证。

（2）只要在施工过程中业主不对项目大纲做实质性的修改，那么在项目之初，就可以估算该项目的成本。

（3）业主与总承包商直接联系，交流效率大为提高，对业主的指令，总承包商可以更快地作出反应，以满足业主的要求。

（4）总承包商负责设计、施工的计划、组织和控制，因此，更有可能开展平行作业，并扩大作业的范围。

（5）分包商划分较细，因此更熟悉各自所从事施工的工艺，施工效率较高。

值得注意的是，总承包商因水平原因而导致设计质量可能不高，是设计—建造总承包模式的缺点（或风险）。

3. BOT 模式

BOT（Build-Operate-Transfer）即建造—运营—移交模式。这种模式是私人资本进行基础设施建设的一种融资和建造的项目管理方式，或者说是基础设施国有项目民营化。它是指政府开放本国基础设施和运营市场，吸收国外资金，授给项目公司特许经营权，允许该公司负责融资和组织建设，建成后负责运营及还贷款，在特许期满时将工程移交给政府。

BOT 模式作为一种私人融资方式，其优点是非常明显的。首先从政府来说，BOT 可以开辟新的公共项目资金通道，弥补政府资金的不足，吸引更多投资者（特别是外国投资者）；减轻政府财政负担和国际债务，优化项目，降低成本（通过利用非官方资本或私营机构的高效率）；减少政府管理项目的负担；扩大地方政府的资金来源，引进国外先进技术和管理经验，转移风险（收费、移交）。BOT 方式与传统方式区别在于，在传统方式中，即现阶段通常使用的方式中，政府首先需要筹集建设资金，然后选择设计与施工单位从事项目的建设；而 BOT 方式中，政府不再考虑项目的资金问题，由项目公司全面负责项目的融资、建设与营运。政府项目的资金不仅得以解决，而且政府能从烦琐的工程项目中解脱出来。

4. EPC 模式

EPC（Engineering-Procurement-Construction）即设计—采购—建造（或施工）模式。EPC 模式将承包（或服务）的范围进一步向建设工程的前期延伸，业主只要大致说明一下投资意图和要求，其余工作均由 EPC 承包单位来完成。

EPC 模式具有以下特征：

（1）承包商承担大部分风险。在 EPC 模式条件下，由于承包商的承包范围包括设计，因而很自然地要承担设计风险。此外，在其他模式中均由业主承担的"一个有经验的承包商不可预见且无法合理防范的自然力的作用"的风险，在 EPC 模式中也由承包商承担。在其他模式中承包商对此所享有的索赔权在 EPC 模式中不复存在。这无疑大大增加了承包商在工程实施过程中的风险。

（2）业主或业主代表管理工程实施。在 EPC 模式条件下，业主不聘请"工程师"来管理工程，而是自己或委派业主代表来管理工程。由于承包商已承担了工程建设的大部分风险，所以，与其他模式条件下工程师管理工程的情况相比，EPC 模式条件下业主或业主代表管理工程显得较为宽松，不太具体和深入，重点是在竣工检验，必要时还可能做竣工后检验（排除了承包商不在场做竣工后检验的可能性）。

（3）总价合同。与其他模式条件下的总价合同相比，EPC 合同更接近于固定总价合同。通常，在国际工程承包中，固定总价合同仅用于规模小、工期短的工程。而 EPC 模式所适用的工程一般规模均较大、工期较长，且具有相当的技术复杂性。因此，在这类工程上采用接近固定的总价合同，也就称得上是特征了。在 EPC 模式条件下，业主允许承包商因费用变化而调价的情况是不多见的。

5. 项目管理承包模式

项目管理承包（Project Management Contractor，PMC）模式是指项目管理承包商代表业主对工程项目进行全过程、全方位的项目管理，包括进行工程的整体规划、项目定义、工程招标，选择设计、采购、施工、施工承包商，并对过程进行全面管理，一般不直接参与项目的设计、采购、施工和试运行等阶段的具体工作。

在 PMC 模式中，业主首先委托一家有实力的工程项目管理公司对项目进行全面的管理承包。一般 PMC 承包商不参与项目的设计、采购、施工、开车等阶段的具体工作（业主经常也会把一些具体的设计、采购、施工、开车等工作交给 PMC 承包商承担，但严格地说，该类具体工作并不属于 PMC 承包商的范畴），根据 PMC 承包商的工作范围，一般可分为三种类型：

（1）代表业主管理项目，同时还承担一些界外及公用设施的设计—采购—施工（EPC）工作。这种工作方式对 PMC 承包商来说，风险高，相应的利润、回报也较高。

（2）作为业主管理队伍的延伸，管理 EPC 承包商而不承担任何 EPC 工作。这种 PMC 模式相应的风险和回报都较上一类低。

（3）作为业主的顾问，对项目进行监督、检查，并将未完工作及时向业主汇报。这种 PMC 模式风险最低，接近于零，但回报也低。

而 PMC 模式具有以下几点优势：

（1）有助于提高整个建设期的项目管理水平，确保项目成功。业主所选用承担 PMC 模式的公司大都是国内外知名的工程公司，它们有着丰富的项目管理经验和多年从事 PMC 模式的背景，其技术实力和管理水平达到很高的水平。

（2）有利于帮助业主节约项目投资。业主在和 PMC 承包商签订合同中大都有节约投资给予相应比例奖励的规定，PMC 承包商一般会在确保项目质量、工期等目标的前提下，尽量为业主节约投资。PMC 承包商一般从设计开始到试车为止全面介入进行项目管理，从基础设计开始，它们就可以本着节约的方针进行控制，从而降低项目采购、施工等以后阶段的投资，以达到费用节约的目的。

（3）有利于精简业主建设期管理机构。PMC 承包商和业主之间是一种合同雇佣关系，在工程建设期间，PMC 承包商会针对项目特点组成适合项目的组织机构协助业主进行工作，业主仅需保留很少的人员管理项目，从而使业主精简机构。

（4）有利于业主取得融资。由于从事 PMC 模式的公司对国际融资机构及出口信贷机构较为熟悉，往往可以在协助业主融资和出口信贷机构的选择上发挥重要作用，而融资机构为确保其投资成功，愿意由这些从事 PMC 模式的工程公司来对项目建设进行管理以确保项目的成功建成，为其投资收益的实现提供保障。

总之，一个项目的投资额越高，项目越复杂且难度大，业主提供的资产担保能力越低，就越有必要选择 PMC 承包商进行项目管理。

第二节　工程项目管理体系

一、工程项目管理目标

工程项目的目标体系由三大核心内容组成：质量、成本、进度。所有工程项目的目标都围绕着这三个核心内容展开及发散。三大目标之间既存在矛盾，又存在统一。在全过程的工程项目管理中，必须充分考虑工程项目三大目标之间的对立统一关系，注意统筹兼顾，合理确定三大目标。

1. 工程项目质量目标

项目质量是国家现行的有关法律、法规、技术标准和设计文件及建设项目合同中对建设项目的安全、适用、经济、美观等特性的综合要求，它通常体现在适用性、可靠性、经济性、外观质量与环境协调等方面。

建设项目质量是按照建设项目的建设程序，经过项目可行性研究、项目决策、工程设计、施工、验收等各个阶段而逐步形成的，而不仅仅取决于施工阶段。建设项目质量同时包括工程实物质量和工作质量两部分。其中，工作质量是指项目建设参与各方为了保证建设项目质量所从事技术、组织工作的水平和完善程度。

（1）项目质量控制的原则。项目质量管理的原则主要有以下四个方面的内容：

1）"质量第一"是根本出发点；

2）以预防为主的思想；

3）为用户服务的思想；

4）一切用数据说话。

（2）项目质量控制制度。项目质量控制制度一般包括：

1）项目质量监督管理制度；

2）工程施工图设计文件审查制度；

3）工程竣工验收备案制度；

4）工程质量事故报告制度；

5）工程质量检测制度；

6）工程质量保修制度。

2. 工程项目管理工作投资目标分析

投资目标分析一般通过投资规划来实现。

（1）投资规划的主要内容。一般情况下，投资规划应包括以下主要内容：

1）投资目标的分析与论证。进行项目投资规划，首先需要对投资目标进行分析和论证，既要防止高估冒算产生投资冗余和浪费的现象，又要避免出现投资费用产生缺口的情况，使投资控制目标科学、合理与切实可行。

2）投资目标的分解。为了在建设项目的实施过程中能够真正有效地对项目投资进行控制，需要进一步将总投资目标进行分解。建设项目投资的总体目标必须落实在建设的每一个阶段和每一项工程单元中才能顺利实现，各个阶段或各工程单元的投资目标基本实现，是整个建设项目投资目标实现的基础。

投资目标分解的另一个作用是给建设项目实施全过程的投资计划编制一个费用组成的标准，为全过程投资控制服务。

3）投资目标的风险分析和风险控制策略。投资规划是在设计前进行，因此有许多假设条件，应该在策划报告中进行说明，条件一变，则规划目标也会变。

在建设项目的实施过程中，存在影响项目投资目标实现的不确定因素，即实现投资目标存在的风险。因此，编制投资规划时，需要对投资目标进行风险分析，分析实现投资目标的影响因素、影响程度和风险度等，制订投资目标风险管理措施和方案，采取主动控制的措施，保证投资目标的实现。

项目投资目标控制及其实现的风险来自各个方面，例如：设计的风险、施工的风险、材料或设备供应的风险、组织风险、工程资金风险、合同风险、工程环境风险和技术风险等。投资规划过程中需要分析影响投资目标的各种不确定因素，事先分析存在哪些风险，衡量各种投资目标风险的风险量，通过制订风险管理工作流程、风险控制和管理方案，采取措施降低风险量。

（2）投资规划的编制方法。

1）投资规划的编制程序见表 1-2。

表 1-2 投资规划的编制程序

程　序	内　容
项目总体构思和功能策划	包括项目的定义，编制建设项目的总体构思和功能描述报告等
投资目标的分解/投资切块	根据项目决策策划所做的项目定位，分析总投资的构成，进行项目总投资目标的分解，分配项目各组成部分的投资费用，进行投资切块，完成对项目投资目标的分解 （项目总投资分解，既要考虑到项目的构成，即子项目的组成，又要考虑到基本建设费用的组成，要综合进行考虑。另外，项目总投资切块和分解方案还要考虑到今后设计过程中编制概算、预算的方便，招标时标段的划分、标底的编制的方便以及承包合同的签订、合同价的计算以及实际付款的方便，直至项目结算以及竣工决算的方便。投资规划中所做的总投资目标分解和切块方案，是以后各阶段投资控制的组成标准，是控制的依据）
计算和分配投资费用	根据项目总投资目标的分解和投资切块，计算和分配项目各组成部分的投资费用
编制投资规划说明	在对项目各组成部分的投资费用、项目总体投资费用进行分析的基础上，结合投资规划计算所依据的条件和假设条件，编制说明文件，明确计算方法和理由，并对拟定的投资目标进行分析和论证
投资规划方案的调整	根据投资规划计算结果，对项目总体构思方案和项目功能要求等做合理的修正，或根据项目实际进展及目标的变化，对项目投资目标做适当的调整

2）项目各组成部分投资费用规划的编制方法。投资费用规划的编制需要认真收集整

理和积累各类建设项目的投资数据资料，尤其是需要掌握大量过去已经建成的同类项目的相关历史数据和资料。

项目各组成部分投资费用的编制方法较多，应根据项目的性质、拥有的技术资料和数据，根据投资规划的要求、精度和用途等的不同，有针对性地选用适宜的方法进行编制，可以采用综合指标估算方法、比例投资估算方法、单位工程指标估算方法、模拟概算方法或其他编制方法。具体可参考相关专业书籍，这里不再赘述。

3. 项目管理工作总进度目标分析

（1）总进度目标论证的工作内容。项目总进度目标论证是在对整个项目的总体部署与安排的基础上，对决策策划已提出的项目总体进度目标是否能实现的进一步论证。项目总进度目标控制是业主方项目管理的任务，应涵盖项目实施全过程各项工作。在进行项目总进度目标控制前，首先应分析和论证目标实现的可能性，若项目总进度目标不可能实现，则项目管理者应提出调整项目总进度目标的建议，提请项目决策者审议。

在项目实施阶段，项目总进度应包括：

1）设计前准备阶段的工作进度；

2）设计工作进度；

3）招标工作进度；

4）施工前准备工作进度；

5）工程施工和设备安装进度；

6）工程物资采购工作进度；

7）项目动用前的准备工作进度等。

在项目总进度目标论证时，往往设计还没有开始，还未掌握比较详细的设计资料，要求策划人员有丰富的项目实施经验，通过决策策划报告中对项目的详细定位来分析各项工作的工作量以及估计所需要的时间，并对其先后顺序进行合理安排，找出其相互影响关系，编制总进度规划。在进行总进度规划时，要分析可能采用的工程发包的组织、施工组织和施工技术分析，其他有关项目实施条件的资料。因此，总进度目标论证并不是单纯的总进度规划的编制工作，它涉及许多项目实施的条件分析和项目实施策划方面的问题。

总进度目标论证的核心工作是通过编制总进度纲要论证总进度目标实现的可能性，并为具体的进度计划的编制以及控制提供依据。总进度纲要的主要内容包括：

1）项目实施的总体部署；

2）总进度规划；

3）对各子系统进度规划的控制原则；

4）确定里程碑事件的计划进度目标；

5）总进度目标实现的条件和应采取的措施等。

（2）总进度目标论证的工作步骤见表1-3。

表 1-3 总进度目标论证的工作步骤

步　　骤	具体工作
调查研究和收集材料	1. 收集和了解项目决策阶段有关项目进度目标确定的情况和资料； 2. 收集和分析与进度有关的项目组织、管理、经济和技术资料； 3. 收集类似项目的进度资料； 4. 了解和分析该项目的总体部署； 5. 了解和调查该项目实施的主客观条件等
项目结构分析	大型工程项目的结构分析是根据编制总进度纲要的需要，将整个项目逐层分解，并确立相应的工作目录，如： 一级子系统目录，将整个项目划分成若干个子系统； 二级子系统目录，将每一个子系统分解为若干个子项目； 三级子系统目录，将每一个子项目分解为若干个工作项。 将整个项目划分成多少结构层，应根据项目的规模和特点而定
进度计划系统的 结构分析	分解和构成项目的多层计划系统，如： 第一层进度计划，将整个项目划分成若干个进度计划子系统； 第二层进度计划，将每一个进度计划子系统分解为若干个子项目进度计划； 第三层进度计划，将每一个子项目进度计划分解为若干个工作项进度计划。 将整个项目划分成多少计划层，应根据项目规模和特点而定
项目工作编码	按计划和同标识对每一个工作项进行编码
编制各层进度计划	按单位工程、分部工程或分项工程的施工顺序、开始和结束及衔接时间编制计划
协调各层进度计划关系， 编制总进度计划	按依据、原则、工程概况，各项工作计划安排，各分部工程计划，各月工作量安排等进行统筹协调，编制总进度计划
调整目标	若所编制的总进度计划不符合项目的进度目标，则设法调整
目标调整处理	若经过多次调整，进度目标无法实现，则报告项目决策者

（3）进度规划编制的方法。常用的进度规划编制方法有横道图法、垂直图表法、流水作业法和网络计划技术。

二、工程项目组织设计

1. 工程结构分解方法

在进行工程结构分解时，应在各层次上保持项目内容上的完整性，不能遗漏任何必要的组成部分。一个子要素只能从属于某一个上层母要素，不能同时交叉属于多个上层母要素。在对母要素进行分解时，也要注意一个母要素分解出的几个下层子要素应具有相同的性质。

工程结构分解并没有统一的模式，同一个项目也可以有不同的项目结构分解方法，工程结构的分解应和整个工程实施的部署相结合，与项目的特点相结合，并和将采用的合同结构相结合。

图1-2和图1-3为某地铁工程的两种工程分解结构图，采用地铁车站（一个或多个）和区间隧道（一段或多段）分别发包，以及一个地铁车站和一段区间隧道，或几个地铁车站和几段区间隧道作为一个标段发包两种方式编制。

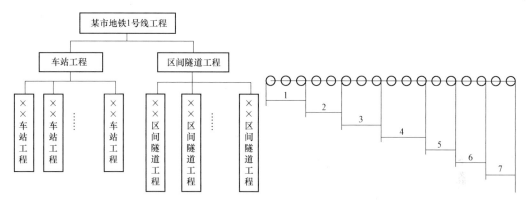

图1-2　地铁车站和区间隧道分别发包　　　图1-3　一个地铁车站和一段区间隧道，或几个
地铁车站和几段区间隧道作为一个标段发包

工程结构分解的方法多种多样，主要包括模板法、自上而下法以及自下而上法等，见表1-4。

表1-4　　　　　　　　　　　　**工 程 结 构 分 解 方 法**

方　法	概　　述
模板法	多数工程的结构分解可以使用模板法，即借用项目所属专业领域中的标准化或通用化的工程结构分解模板，然后根据项目的具体情况和要求进行必要的增加或删减而得到工程结构分解的方法。这一方法主要包括三个步骤：一是项目工作分解模板的确定；二是具体项目的工作增加和删减；三是项目工作分解结构的分析和检验
自上而下法	自上而下法通常被视为工程结构分解的常规方法，即从项目最大的单位开始，逐步将它们分解成下一级的多个子项。在分解过程中，不断增加分解层数，细化工作任务
自下而上法	自下而上法是要让项目团队成员从一开始就尽可能地确定项目有关的各项具体任务，然后将各项具体任务进行整合，并归总到一个整体活动或工作分解结构的上一级内容中去。用这种方法，则不是一开始就考察工程结构分解的基本方针或是参考其他模板，而是尽可能详细地列出项目团队成员认为完成项目需要做的任务。在列出详细的任务清单后，就开始对所有工作进行分类，以便于将这些详细的工作归入上一级的大项中。这种方法一般都很费时，但对于工程结构分解的创建来说效果较好。项目经理可以对那些全新系统或方法的项目采用这种方法，或采用此法来促进全员参与或项目团队的协作

2. 工程结构分解编码

工程分解结构中的每一项工作单元都要编上号码，用来唯一确定每一个单元，这些号

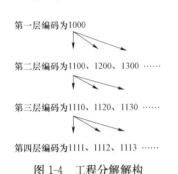

第一层编码为1000

第二层编码为1100、1200、1300……

第三层编码为1110、1120、1130……

第四层编码为1111、1112、1113……

图1-4 工程分解解构

码的全体叫作编码系统。编码由一系列符号（如文字）和数字组成，编码工作是信息处理的一项重要的基础工作，在项目规划和以后的各个阶段，项目各基本单元的查找、变更、造价计算、时间安排、资源安排、质量检查等各个方面都要参照这个编码系统。项目的结构编码依据于工作结构图，下面以一个四层的工程分解结构为例来说明编制方法（图1-4）。

在这个编码系统中，每个编码由四位数组成，第一位数表示处于第一层的整个项目；第二位数表示处于第二层的子工作单元（或子项目）的编码；第三位数是处于第三层的具体工作单元的编码；第四位数是处于第四层的更细、更具体的工作单元的编码。

3. 常见的工程项目管理组织结构类型

就工程项目管理的组织结构而言，一般可以划分为职能型、矩阵型和项目型组织结构。其中，职能型组织结构是一种传统的、简单的组织方式，每一个职能部门对应一种专业分工。项目型组织结构是基于项目的，每一个部门或项目组负责一个或一类项目，在项目型企业中比较典型。矩阵型则介于两者之间，并可进一步被分为弱矩阵、平衡矩阵和强矩阵型结构。

表1-5、表1-6分别为三种组织结构类型的组织结构图比较、优缺点比较分析。

表1-5 三种组织结构类型的组织结构图比较

组织结构类型	组织结构图
职能型	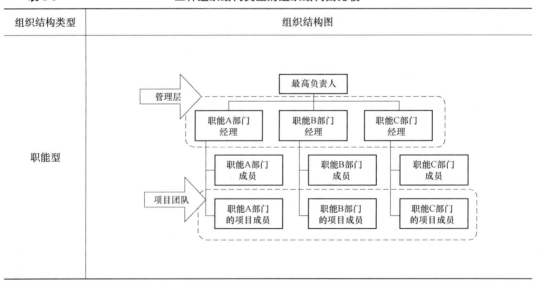

续表

组织结构类型	组织结构图
矩阵型	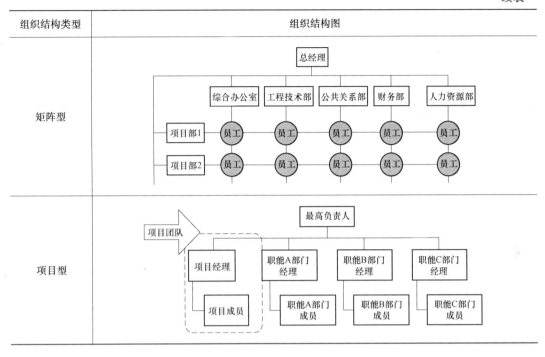
项目型	

表 1-6 　　　　　　　　**三种组织结构类型的优缺点比较分析**

组织结构类型	优　点	缺　点
职能型	由于项目团队各成员来自部门，在项目进行期间从属关系没有发生变化，因此项目成员没有后顾之忧，能够客观地为项目考虑。同时从事项目工作和日常工作，具有协调二者的职能。各职能部门可以在本部门的工作和项目的工作任务中把握平衡，根据不同情况安排力量。当项目团队中的某一成员因故不能继续参加时，其所在职能部门可以马上安排人员予以补充。项目团队中的各成员有同一部门的专业人员作为技术支持，有利于项目中的专业技术问题的迅速、准确解决	由于项目成员来自各分散部门，对项目团队不易产生归属感与成就感，项目管理团队没有正式的权威性，在管理协调时容易产生问题。项目成员也有可能不把项目任务看作自己的主要工作，优先考虑原部门工作，导致项目工作得不到应有的重视。各职能部门容易看中本部门在项目上获得的利益，而忽视其他职能部门在项目上的利益。在项目团队的沟通上，由于各参与部门的领导可能以本部门利益为重，在项目问题协调上可能出现忽视项目利益和低效率问题。对于同时参与多个项目的职能部门或个人，不利于项目之间投入力量的安排
矩阵型	有全职的项目经理为项目负责，并可以有效利用全公司的资源。在项目结束后，项目人员依然可以回到原本的职能部门，不用担心失业。同时，项目团队与职能部门共享人力资源，可以有效提高资源利用率，也可以在多个项目中使用同一人力资源。通过项目经理与职能经理的协商，也可以兼顾项目和日常营运的需要	项目成员要同时接受两个指令源，可能会出现相矛盾的指令。由于公司资源的有限，资源在职能部门与项目之间、不同项目之间的分配较为困难，可能会引起职能经理和项目经理以及各项目经理之间的争斗。项目目标而非公司整体目标成为项目经理考虑的核心。项目成员需要同时向两个老板汇报工作，增加了工作量，在突发事件发生时沟通协调也较为不便。同时，所有参与项目人员都需要考虑职能部门工作和项目工作精力的平衡分配问题

组织结构 类型	优　点	缺　点
项目型	项目经理拥有管理项目的权利，能够充分调动各种所需资源，保证项目的顺利进行。所有项目成员都在项目经理的领导下，避免了双重领导的问题。项目成员可以集中精力在项目工作上，没有其他的杂务来分散精力。同时，由于不需要与各职能部门进行协商，项目决策速度较快。项目团队成员在一起工作也有利于团队建设，增强成员凝聚力和成就感	项目经理要求较高，项目经理过大的权利可能导致决策的失误。如果一个公司有多个项目，会造成各种资源的重复配置，为了给多个项目储备人才、技术和设备以防短缺，可能会造成不必要的浪费。没有职能部门的参与，可能会导致职能部门对项目的漠不关心和不支持。一个项目作为一个临时组织，不能给成员提供长期稳定的职业发展路径，在项目结束后，项目成员的出路是较大问题

4. 组织结构模式的选择

组织结构模式需要依据项目的特点和公司的资源来选择。考虑未来项目的性质、各种组织形式的特征、各自的优点和缺点，最后拿出折中的方案。表 1-7 中列出了九项反映项目性质、特征的因素。

表 1-7　　　　　　　　　　**影响项目组织结构模式选择的因素**

因素	组织形式		
	职能型	矩阵型	项目型
不确定性	低	中	高
技术	标准	复杂	新
复杂程度	低	中等	高
持续时间	短	中等	长
规模	小	中等	大
重要性	低	中等	高
用户	各种各样	中等	单一
依赖性（内部）	低	中等	高
依赖性（外部）	高	中等	低

5. 管理任务分工

项目管理任务分工随着项目管理活动的进行与实际工程情况进行改进和深化。此时，项目管理管理者就需要对管理的任务进行细化，以使得在管理过程中，每个活动都有人员进行管理，每个人员都有属于自己的管理活动。同时在此阶段施工单位也参与进项目管理过程，因而其也需要进行管理任务的分工。

管理任务分工的主要方法是运用管理任务分工表，管理任务分工表是一个项目的组织设计文件的一部分。某项目制订的项目管理任务分解见表 1-8。

表 1-8　　　　　　　　　　**项目管理任务分解目录**

各阶段项目管理的任务	各阶段项目管理的任务
决策阶段项目管理的任务	施工阶段项目管理的任务
设计准备阶段项目管理的任务	动用前准备阶段项目管理的任务
设计阶段项目管理的任务	保修阶段项目管理的任务

　　然后，在项目管理任务分解的基础上，定义项目经理和费用（投资或成本）控制、进度控制、质量控制、合同管理、信息管理和组织协调等主管工作部门或主管人员的工作任务，从而编制管理任务分工表。在管理任务分工表中应明确各项工作任务由哪个工作部门（或个人）负责，由哪些工作部门（或个人）配合或参与。

　　这一步的有效进行应建立在管理任务良好分工的基础之上，只有在进行管理任务分工之时，考虑到项目的组织结构，控制了任务分工的范围、细致程度，在任务分配时才能达到人人有事做、事事有人做的效果，使得项目的管理组织发挥最大的效率。

6. 管理职能分工

　　管理职能分工与管理任务分工一样也是组织结构的补充和说明，体现在对于一项工作任务，组织中各任务承担者管理职能上的分工。虽然项目管理具有其独特的方面，但在管理职能方面也类似，一般包括四个过程，即可分为计划（Planning）、决策（Decision）、执行（Implement）和检查（Check）这四种基本职能。虽然还有其他的一些划分方法，但是就内涵来说是差不多的。这四种基本职能的含义分别为：

　　（1）计划：提出解决问题的多个可能方案，并对可能方案进行比较。

　　（2）决策：从多方案中进行选择。

　　（3）执行：实施决策选择的方案。

　　（4）检查：检查决策是否执行以及执行的效果。

　　管理职能分工就是将各项管理工作任务的四种管理职能分工给项目管理过程中各个参与方，它以管理工作任务为中心，规定任务相关部门对于此任务承担何种管理职能。随着项目的进行，管理职能分工也需随之深化，即将各个管理职能分工给项目管理班子内部项目经理、各工作部门和各工作岗位，见表1-9。

表1-9　　　　　　　　　　　**某大型项目项目招标阶段管理职能分工**

项目	工作任务	业主	监理	设计	施工	设备供应	项目管理
项目招标	项目详细招标计划编制	DC					PIC
	勘察、设计、监理、施工总计划	DIC					PIC
	招标备案	DC					I
	工程量清单编制	DC					PIC
	工程量清单审核	DIC					PIC
	招标公告发布	DIC					I
	招标文件编制	DC					PIC
	招标问价发放	DC					I
	踏勘现场及答疑会	DIC	I	I	I	I	PI
	组织开标	DC	I	I	I	I	PI
	评标	DIC					PI
	合同签署及备案	DIC	I	I	I	I	PIC

（职能代号：P-计划职能、D-决策职能、I-执行职能、C-检查职能）

从表1-9我们可以看出，业主方与项目管理方有很多职能是相互重复的，这会造成管理资源的浪费。因而在实际情况中，业主方可能会将一些职能直接委托给项目管理方来执行。例如一些管理任务的决策职能，若项目参与方的可信度很高的话，业主可能就将某些管理任务的决策职能委托给项目参与方。

7. 工作流程组织与工作制度

（1）工作流程组织。工作流程组织可反映一个组织系统中各项工作之间的逻辑关系，是一种动态关系。在一个建设工程项目实施过程中，其管理工作的流程、信息处理的流程，以及设计工作、物资采购和施工的流程组织都属于工作流程组织的范畴。为了方便理解工作流程组织的逻辑关系，一般用工作流程图来表现建设项目的工作流程组织。

工作流程组织一般包括：

1）管理工作流程组织：投资、进度控制，合同管理流程，设计变更等。

2）信息处理工作流程组织：如月度报告的数据处理。

3）设计及施工流程组织：钢结构深化设计工作流程、外立面施工工作流程。

每一个工作项目应根据其特点，从多个可能的工作流程方案中确定以下几个主要的工作流程组织：

1）设计准备工作流程；

2）设计工作的流程；

3）物资采购工作的流程；

4）施工作业的流程；

5）各项管理工作的流程（投资控制、进度控制、质量控制、合同管理和信息管理等）；

6）与工程管理有关的信息处理的工作流程等。

工作流程组织的任务就是定义各个工作的流程。工作流程图应视需要逐层细化，如投资控制工作流程可细化为初步设计阶段投资控制工作流程图、施工图阶段投资控制工作流程图和施工阶段投资控制流程图等。根据工作流程设计，形成主要的工作制度。

（2）工作制度。某市人民医院项目根据其工作流程设计了如下多个工作制度：

1）报建工作流程及制度。包括配套建设（申办）管理工作流程及制度、市政配套建设（施工）管理工作流程及制度等。

2）进度控制工作流程及制度。包括建设总进度计划审批流程及制度、设计进度管理流程及制度、招标采购进度管理流程及制度、施工进度管理流程及制度。

3）投资控制管理流程及制度。包括项目投资管理总流程及制度、工程月进度款支付审批流程及制度等。

4）设计变更管理流程及制度。包括设计变更审批流程及制度，现场签证审批流程及制度。

5）招标采购管理流程及制度。包括甲供材料、设备（限额以上）的采购管理流程及制度，甲供材料、设备（限额以下）的采购管理流程及制度，甲认乙购材料、设备的采购流程及制度。

6）安全管理流程及制度。

7）质量管理流程及制度。包括质量目标体系审查流程及制度、质量验收流程及制度、一般质量缺陷（问题）处理流程及制度、重大事故应急处理流程及制度等。

8）图纸及档案管理流程及制度。包括图纸管理工作流程及制度、档案管理工作流程及制度等。

9）竣工验收管理流程及制度。包括阶段性验收流程及制度、竣工验收工作流程及制度、联动调试工作流程及制度等。

第二章

工程项目前期管理咨询

第一节　工程项目行政审批管理

工程项目行政审批管理是工程项目管理工作中一项重要内容，工作程序烦琐复杂，涉及部门多、环节多，办事程序相互穿插。加强工程项目行政审批管理工作，确保工程建设项目的顺利推进是工程项目建设成功的基本保证。

一、工程项目行政审批流程

工程项目行政审批流程如图 2-1 所示。

二、工程项目行政审批重点环节

（一）前期配套

1. 土地

土地的取得主要有出让、划拨和转让三种方式，不同的土地获取方式对应着不同的土地政策和审批程序，下面就从定义、主要形式、使用年限和禁止性规定等几个方面对上述三种土地取得方式做简要的介绍。

（1）土地使用权出让。土地使用权出让，是指国家将一定年限内的土地使用权出让给土地使用者，由土地使用者向国家支付土地使用权出让金的行为。

土地使用权出让主要形式有招标、拍卖、挂牌和协议转让等。

居住用地使用权最高年限为 70 年，工业用地使用权最高年限为 50 年，教育、科技、文化、卫生、体育用地使用权最高年限为 50 年，商业、旅游、娱乐用地使用权最高年限为 40 年，综合或者其他用地使用权最高年限为 50 年。

（2）土地使用权划拨。土地使用权划拨是指县级以上人民政府依法批准，在土地使用者缴纳补偿、安置等费用后将该土地交付其使用，或者将土地使用权无偿交付给土地使用者使用的行为。即划拨土地使用权不需要使用者出钱购买土地使用权，而是经国家批准其无偿地、无年限限制地使用国有土地。但取得划拨土地使用权的使用者依法应当缴纳土地使用税。

以划拨方式取得土地使用权的，除法律、行政法规另有规定外，没有使用期限的限制。虽无年限限制，但因土地使用者迁移、解散、撤销、破产或者其他原因而停止使用土地的，国家应当无偿收回划拨土地使用权；因城市建设发展需要和城市规划的要求，也可

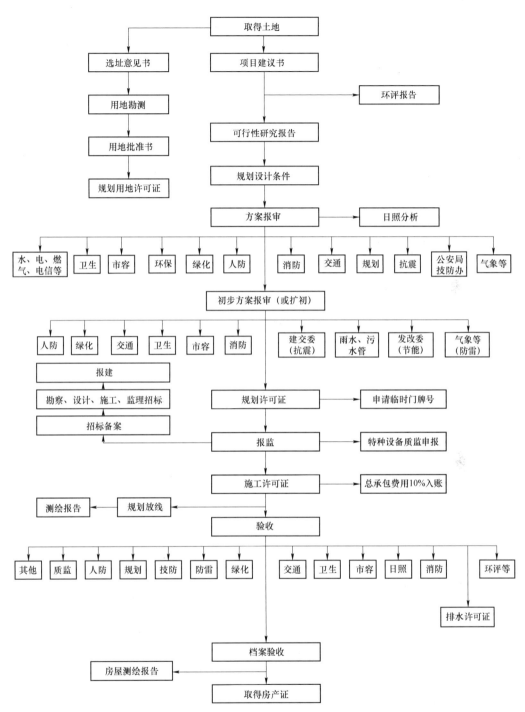

图 2-1　工程项目行政审批流程

以对划拨土地使用权无偿收回。无偿收回划拨土地使用权的，其地上建筑物和其他附着物归国家所有，但应根据实际情况给予适当补偿。

划拨土地使用权一般不得转让、出租、抵押，但土地使用者为公司、企业、其他组织和个人，持有土地使用权证，地上建筑物有合法产权证明，经当地政府批准其出让并补交土地使用权出让金或者以转让、出租、抵押所获收益抵交出让金的，可以转让、出租、抵押。

未经批准擅自转让、出租、抵押划拨土地使用权的，没收其非法收入，并根据其情节处以相应罚款。

（3）土地使用权转让。土地使用权转让，是指土地使用者将土地使用权再转移的行为，即土地使用者将土地使用权单独或者随同地上建筑物、其他附着物转移给他人的行为。原拥有土地使用权的一方成为转让人，接受土地使用权的一方成为受让人。

土地使用权转让的主要形式有出售、交换和赠与等。

通过转让方式取得的土地使用权，其使用年限为土地使用权出让合同规定的使用年限减去原土地使用者已使用年限后的剩余年限。

未按土地使用权出让合同规定的期限和条件投资开发、利用土地的，土地使用权不得转让。

2. 立项

经项目实施组织决策者和政府有关部门的批准，并列入项目实施组织或者政府计划的过程叫项目立项。项目立项的报批程序包括备案制、核准制和审批制。报批程序结束即为项目立项完成。

根据《国务院关于投资体制改革的决定》（国发〔2004〕20号），政府投资项目实行审批制，非政府投资项目实行核准制或登记备案制。

（1）政府投资项目。对于采用直接投资和资本金注入方式的政府投资项目，政府需要从投资决策的角度审批项目建议书和可行性研究报告，除特殊情况外，不再审批开工报告，同时还要严格审批其初步设计和概算；对于采用投资补助、转贷和贷款贴息方式的政府投资项目，则只审批资金申请报告。

政府投资项目一般都要经过符合资质要求的咨询中介机构的评估论证，特别重大的项目还应实行专家评议制度。国家将逐步实行政府投资项目公示制度，以广泛听取各方面的意见和建议。

（2）非政府投资项目。对于企业不使用政府资金投资建设的项目，政府不再进行投资决策性质的审批，区别不同情况实行核准制或登记备案制。

1）核准制。企业投资建设《政府核准的投资项目目录》中的项目时，仅需向政府提交项目申请报告，不再经过批准项目建议书、可行性研究报告和开工报告的程序。

2）登记备案制。对于《政府核准的投资项目目录》以外的企业投资项目，实行登记备案制。除国家另有规定外，由企业按照属地原则向地方政府投资主管部门备案。

为扩大大型企业集团的投资决策权，对于基本建立现代企业制度的特大型企业集团，投资建设《政府核准的投资项目目录》中的项目时，可以按项目单独申报核准，也可编制中长期发展建设规划，规划经国务院或国务院投资主管部门批准后，规划中属于《政府核准的投资项目目录》中的项目不再另行申报批准，只需办理备案手续。企业集团要及时向国务院有关部门报告规划执行和项目建设情况。

3. 项目前期第三方评估

（1）节能评估。节能评估是指根据节能法规、标准，对投资项目的能源利用是否科学合理进行分析评估。节能评估由具有工程咨询资质的第三方评估单位编制，国家发展改革委审批。节能评估有节能评估报告书、节能评估报告表和节能登记表三种形式。

年综合能源消费量 3000t 标准煤以上（含 3000t 标准煤，电力折算系数按当量值，下同），或年电力消费量 500 万 kW·h 以上，或年石油消费量 1000t 以上，或年天然气消费量 100 万 m³ 以上的固定资产投资项目，编制节能评估报告书。

年综合能源消费量 1000～3000t 标准煤（不含 3000t，下同），或年电力消费量 200 万～500 万 kW·h 时，或年石油消费量 500～1000t，或年天然气消费量 50 万～100 万 m³ 的固定资产投资项目，编制节能评估报告表。

上述条款以外的固定资产投资项目，应由项目建设方填写节能登记表。

部分地区报告分类与国家分类有不一致的情况，视实际情况具体分析。

（2）环境影响评价。国家根据建设项目对环境的影响程度，对建设项目的环境影响评价实行分类管理。环境影响评价由具有工程咨询资质的第三方评估单位编制，生态环境部审批。环境影响评价有环境影响报告书、环境影响报告表和环境影响登记表三种形式。

可能造成重大环境影响的，应当编制环境影响报告书，对产生的环境影响进行全面评价。

可能造成轻度环境影响的，应当编制环境影响报告表，对产生的环境影响进行分析或者专项评价。

对环境影响很小、不需要进行环境影响评价的，应当填报环境影响登记表。

（3）其他第三方评估。根据项目所在地相关政府职能部门的要求，在建设工程项目前期，委托具有相应资质的单位编制各项评估报告，如交通影响评价、日照分析、抗震评估等，以保证建设工程项目的顺利进行。

4. 建设用地规划许可

建设用地规划许可证是建设单位在向土地管理部门申请征用、划拨土地前，经城乡规划行政主管部门确认建设项目位置和范围符合城乡规划的法定凭证，是建设单位用地的法律凭证。没有此证的用地属非法用地。

办理建设用地规划许可证的条件：

（1）建设项目符合城乡规划；

（2）以划拨方式获得土地使用权的建设项目，取得建设项目选址意见书（有效期内）和国有主管部门对建设项目用地的预审意见或其他相关文件；

（3）以出让方式获得土地使用权的建设项目，取得国有土地使用权出让合同；

（4）取得项目批准（或核准、备案）文件的建设项目；

（5）建设项目涉及环保、城管、国家安全、消防、文物保护等部门的，需提供各相关行政主管部门的书面意见。

建设用地规划许可证及附图，有效期限 1 年。以划拨方式获得土地使用权的建设项目，还包括以规划条件为主要内容的附件。在有效期限内取得国有土地使用证的，有效期与国有土地使用证相同。

逾期未办理土地使用手续或在有效期届满 30 日前未申请办理延期手续的，上述证件及附图自行失效。

5. 建设工程规划许可

建设工程规划许可证是城市规划行政主管部门依法核发的，确认有关建设工程符合城市规划要求的法律凭证。

城市规划区内各类建设项目（包括住宅、工业、仓储、办公楼、学校、医院、市政及基础设施等）的新建、改建、扩建、翻建，均需依法办理建设工程规划许可证。具体包括：

（1）新建、改建、扩建建筑工程；

（2）各类市政工程、管线工程、道路工程等；

（3）文物保护单位和优秀近代建筑的大修工程以及改变原有外貌、结构、平面的装修工程；

（4）沿城市道路或者在广场设置的城市雕塑等美化工程；

（5）户外广告设施；

（6）各类临时性建筑物、构筑物。

6. 工程报建

工程建设项目报建是指工程建设项目由建设单位或其代理机构在工程项目可行性研究报告或其他立项文件被批准后，须向建设行政主管部门或其授权机构进行报建，交验工程项目立项的批准文件，包括银行出具的资信证明以及批准的建设用地等其他有关文件的行为。工程报建的主要内容有：①工程名称；②建设地点；③投资规模；④资金来源；⑤工程规模；⑥开竣工日期等。

7. 初步设计审批

消防、环保、卫生、规划、气象等相关政府职能部门对初步设计文件出具意见，设计单位根据征询意见调整初步设计文件，最终通过建设单位和有关建设主管部门审批的过程。

8. 施工图审查

施工图审查是施工图设计文件审查的简称，是指建设主管部门认定的施工图审查机构按照有关法律、法规规定，对施工图涉及公共利益、公众安全和工程建设强制性标准的内容进行的审查。国务院建设行政主管部门负责全国的施工图审查管理工作。省、自治区、直辖市人民政府建设行政主管部门负责组织本行政区域内的施工图审查工作的具体实施和监督管理工作。

建设单位应当将施工图报送建设行政主管部门，由建设行政主管部门委托有关审查机构，进行结构安全和强制性标准、规范执行情况等内容的审查。

建筑工程设计等级分级标准中的各类新建、改建、扩建的建筑工程项目均属审查范围。省、自治区、直辖市人民政府建设行政主管部门，可结合当地的实际情况，确定具体的审查范围。

施工图审查包括以下主要内容：

（1）建筑物的稳定性、安全性审查，包括地基基础和主体结构体系是否安全、可靠；

（2）是否符合消防、节能、环保、抗震、卫生、人防等有关强制性标准、规范；

（3）施工图是否达到规定的深度要求；

（4）是否损害公众利益。

审查机构应当在收到审查材料后 20 个工作日内完成审查工作，并提出审查报告；特级和一级项目应当在 30 个工作日内完成审查工作，并提出审查报告，其中重大及技术复杂项目的审查时间可适当延长。审查合格的项目，审查机构向建设行政主管部门提交项目施工图审查报告，由建设行政主管部门向建设单位通报审查结果，并颁发施工图审查批准书。对审查不合格的项目，提出书面意见后，由审查机构将施工图退回建设单位，并由原设计单位修改，重新送审。

施工图审查批准书，由省级建设行政主管部门统一印制，并报国务院建设行政主管部门备案。

凡应当审查而未经审查或者审查不合格的施工图项目，建设行政主管部门不得发放施工许可证，施工图也不得交付施工。

施工图一经审查批准不得擅自进行修改。如遇特殊情况需要进行涉及审查主要内容的修改时，必须重新报请原审批部门，由原审批部门委托审查机构审查后再批准实施。

建设单位或者设计单位对审查机构做出的审查报告如有重大分歧时，可由建设单位或者设计单位向所在省、自治区、直辖市人民政府建设行政主管部门提出复查申请，由省、自治区、直辖市人民政府建设行政主管部门组织专家论证并做出复查结果。

建筑工程竣工验收时，有关部门应当按照审查批准的施工图进行验收。

9. 施工许可

除国务院建设行政主管部门确定的限额以下的小型工程外，建筑工程开工前，建设单位应当按照国家有关规定向工程所在地县级以上人民政府建设行政主管部门申请领取施工许可证。按照国务院规定的权限和程序批准开工报告的建筑工程，不再领取施工许可证。

申请领取施工许可证，应当具备如下条件：

（1）已办理建筑工程用地批准手续；

（2）在城市规划区内的建筑工程，已取得规划许可证；

（3）需要拆迁的，其拆迁进度符合施工要求；

（4）已经确定建筑施工单位；

（5）有满足施工需要的施工图纸及技术资料；

（6）有保证工程质量和安全的具体措施；

（7）建设资金已落实；

（8）法律、行政法规规定的其他条件。

建设单位应当自领取施工许可证之日起 3 个月内开工。因故不能按期开工的，应当向发证机关申请延期；延期以 2 次为限，每次不超过 3 个月。既不开工又不申请延期或者超过延期时限的，施工许可证自行废止。

在建的建筑工程因故中止施工的，建设单位应当自中止施工之日起 1 个月内，向发证机关报告，并按照规定做好建设工程的围护管理工作。

建筑工程恢复施工时，应当向发证机关报告；中止施工满 1 年的工程恢复施工前，建设单位应当报发证机关核验施工许可证。

按照国务院有关规定批准开工报告的建筑工程，因故不能按期开工或者中止施工的，应当及时向批准机关报告情况。因故不能按期开工超过 6 个月的，应当重新办理开工报告的批准手续。

（二）竣工验收

当工程项目按设计文件的规定内容和施工图纸的要求全部建成后，便可组织验收。竣工验收是投资成果转入生产或使用的标志，也是全面考核工程建设成果、检验设计和工程质量的重要步骤。

1. 专项验收

专项工程验收是指对建（构）筑物、公共工程、消防、职业卫生、环境保护、档案、防雷、特种设备等方面的验收。

专项工程验收以项目专项批复文件及合同为依据，评价项目质量和效果。专项验收的内容和标准，要符合各级建设行政主管部门以及行业的相关规定。

专项验收包括消防验收、环保验收、绿化验收、交通验收、防雷验收、档案验收、规划验收及特种设备验收等。

2. 工程质量验收

（1）建筑工程质量验收的程序与组织。

1）检验批和分项工程应该由监理工程师（建设单位项目技术负责人）组织施工单位项目专业质量（技术）负责人等进行验收。

2）分部工程应该由总监理工程师（建设单位项目负责人）组织施工单位项目负责人和技术、质量负责人等进行验收。地基与基础、主体结构分部工程的勘察，设计单位项目负责人和施工单位技术、质量负责人等进行验收。

3）单位工程完工后，施工单位应自行组织有关人员进行检查评定，并向建设单位提交工程验收报告。

4）建设单位接到工程验收报告后，应由建设单位（项目）负责人组织施工（含分包）、设计、监理等单位负责人进行单位工程验收。

5）单位工程质量验收合格后，建设单位应在规定的时间内（15 天）将竣工报告和有关文件，报建设行政管理部门备案。

（2）建筑工程质量验收条件。

检验批的合格质量应符合下列要求：

1）主控项目和一般项目的质量经抽样检查合格。

2）具有完整的施工操作依据，质量检查记录。

分项工程的合格质量应符合下列要求：

1）分项工程所含的检验批均应符合合格质量的规定。

2）分项工程所含的检验批的质量验收记录应完整。

分部工程的合格质量应符合下列要求：

1）分部工程（子分部）所含的分项工程均应符合合格质量的规定。

2）质量控制资料应完整。

3）地基与基础、主体结构和设备安装等分部工程有关工程安全和功能的检验和抽样检测结果应符合有关规定。

4）观感质量验收应符合要求。

单位工程的合格质量应符合下列要求：

1）单位工程（子单位）所含的分部工程（子分部）均应符合合格质量的规定。

2）质量控制资料应完整。

3）单位工程（子单位）所含的分部工程有关工程安全和功能的检测资料应完整。

4）主要功能项目的抽查结果应符合相关质量验收规范的规定。

5）观感质量验收应符合要求。

当建筑工程质量不符合要求时，应按照下列规定进行：

1）经过返工重做或更换器具、设备的检验批，应重新进行评定。

2）经过有资质的检测单位鉴定，能够达到设计要求的检验批，应进行验收。

3）经过有资质的检测单位鉴定，达不到设计要求，但是经过原设计单位核算认可能够达到满足结构安全和使用功能的检验批，可进行验收。

4）经过返修或加固处理的分项工程、分部工程，虽然改变了外形尺寸但仍能够满足安全使用功能，可以按照技术处理方案和协商文件验收。

5）经过返修或加固处理的仍不能满足安全使用要求的分部工程、单位工程，严禁验收。

3. 工程质量验收备案

建设单位应当自建设工程竣工验收合格之日起 15 日内，将建设工程竣工验收报告和规划、消防、环保等部门出具的验收文件报建设行政主管部门或者其他有关部门备案。

第二节　工程项目投资管理

一、投资管理简介

建设工程总投资是指投资主体为获取预期收益，在选定的建设项目上所需投入的全部资金。建设项目按用途可分为生产性建设项目和非生产性建设项目。

生产性建设工程项目总投资包括建设投资和流动资产投资两部分；非生产性建设工程项目总投资则只包括建设投资。

二、工程项目投资管理原理

工程项目投资控制应遵循动态控制原理。在工程项目建设中，投资的控制紧紧围绕投资目标的控制，这种目标控制是动态的，贯穿于工程项目实施的始终。

随着工程项目的不断进展，大量的人力、物力和财力投入项目实施之中，此时应不断地对项目进展和实际投资费用的发生进行监控，以判断工程项目进展中投资的实际值与计划值是否发生了偏离。如发生偏离，须及时分析偏差产生的原因，采取有效的纠偏措施。必要的时候，还应对投资规划中的原定目标计划进行重新论证。从工程进展、实际数据收集、计划值与实际值比较、偏差分析和采取纠偏措施，再到新一轮起点的工程进展，这个控制流程应当定期或不定期地循环进行，如根据工程项目的具体情况可以每周或每月循环地进行这样的控制流程。

按照动态控制原理，工程项目的投资控制应做好以下几项工作。

（1）投资目标计划值的分析和论证。由于主观和客观因素的制约，工程项目投资策划中的投资目标计划值有可能难以实现或不尽合理，需要在项目实施的过程中，或合理调整，或细化和精确化。只有工程项目投资目标是合理正确的，投资控制方能有效。

（2）实际发生的投资数据的收集。收集有关投资发生或可能发生的实际数据，及时对工程项目进展做出评估。没有实际数据的收集，就无法了解和掌握工程项目投资的实际情况，更不能判断是否存在投资偏差。因此，投资实际数据的及时、完整和正确是确定有无投资偏差的基础。

（3）投资目标计划值与实际值的比较。比较投资目标计划值与实际值，判断是否存在投资偏差。这种比较也要求在工程项目投资策划时就对比较的数据体系进行统一的设计，从而保证投资值比较工作的有效性和效率。

（4）各类投资控制报告和报表的制订。获取有关项目投资数据的信息，制订反映工程项目计划投资、实际投资、计划与实际投资比较等的各类投资控制报告和报表，为进行投资数值分析和相关控制措施的决策提供支持。

（5）投资偏差的分析。若发现投资目标计划值与实际值之间存在偏差，则应分析造成偏差的可能原因，制订纠正偏差的多个可行方案。经评价后确定投资纠偏方案。

（6）投资偏差纠正措施的采取。按确定的控制方案，纠正投资偏差，保证工程项目投资目标的实现。

三、工程项目投资管理的方法

要有效地控制工程项目的投资，应从组织、管理、经济和技术等方面采取措施，尤其是将技术措施与经济措施相结合，是管理工程项目投资最有效的手段（见图2-2）。

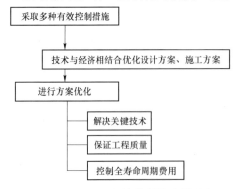

图 2-2　工程项目投资控制的有效手段

1. 设置投资控制目标的计划值

没有目标，就没有控制，也不能进行控制。工程项目投资目标的计划值，有其自身的特点，即投资控制目标的计划值需要分阶段设置，且投资控制的计划值和实际值是相对而言的。

控制是为实现目标服务的，一个系统若没有目标，就不需要也无法进行控制。投资控制目标的设置应是严肃的，应合理且有科学的依据。但是，工程项目的建设过程是一个周期长、综合复杂的过程，投资控制目标的计划值并不是一成不变的，在不同的建设阶段投资控制的计划值可能不同。因此，投资控制目标的计划值需按建设阶段分阶段设置，随着工程项目建设的不断深入，投资控制目标的计划值也逐步具体和深化。

由于在一定时间内占有的经验和知识是有限的，不但常常受到环境和技术条件的限制，而且也受工程项目建设过程的发展及其表现程度的限制，因而不可能在工程项目的开始，就能设置一个非常详细和一成不变的投资控制目标计划值。因为在此时，通常只是对拟建的工程项目有一个概括性的描述和了解，因而也就只能据此设置一个大致的、比较粗略的投资控制目标的计划值，这就是投资估算。随着工程项目建设的不断深化，即随着工程项目从建设概念到详细设计等的完成，投资控制目标的计划值也将一步步地不断清晰和准确，这就是与各建设阶段对应的设计概算、施工图预算、工程承包合同价格以及资金使用计划等。

因此，工程项目投资控制目标的计划值应随着工程项目实施过程的不断深入而分阶段设置。方案设计和初步设计阶段的投资控制计划值，是工程项目的投资估算；在技术设计和施工图设计阶段，工程项目投资控制目标的计划值是设计概算；施工图预算或工程承包合同价格则应是工程施工阶段投资控制目标的计划值。由此可见，某一投资值相对前一阶段而言是实际值，相对后一阶段来说又是目标计划值，即投资目标的计划值是相对的。在各建设阶段形成的投资控制目标的计划值相互联系、相互补充又相互制约，前者控制后者，即前一阶段目标控制的结果，就成为后一阶段投资控制目标的计划值，每一阶段投资控制的结果就汇总成为更加准确的投资策划文件，从投资估算、设计概算、施工图预算到工程承包合同价格，共同构成工程项目投资控制的目标计划系统。

2. 采取多种有效控制措施

投资控制虽然是与费用打交道，表面上看是单纯的经济问题，其实不然。工程项目的投资与技术有着密切的关系，工程项目的功能和使用要求、土地使用、建设标准、设计方案的优劣、结构体系的选择和材料设备的选用等，无不涉及工程项目的投资问题。因此，在工程建设过程中应把技术与经济有机结合，要通过技术比较、经济分析和效果评价，正确处理技术先进与经济合理两者之间的关系，把工程项目投资控制的观念渗透到各项设计和技术措施之中。

工程项目投资控制是一项融合了组织、管理、经济和技术的综合性工作，它对投资控制人员素质的要求很高，要求具有管理、经济和技术等多个方面的知识。管理方面的知识包括能够进行投资分解，编制投资规划；具有组织设计方案竞赛的能力；具有组织工程招标发包和材料设备采购的能力；掌握投资动态控制和主动控制等的方法；能够进行合同管理等。经济方面的知识包括懂得并能够充分占有数据；能够进行工程项目投资费用的划分；能够进行设计概算和施工图预算等的编制与审核，能够对工程付款进行复核；能进行建设工程项目全寿命经济分析；能够完成技术经济分析、比较和论证等工作。技术方面的知识包括土木工程、机电设施设备和工程施工等的技术知识，如建筑、结构、施工、工艺、材料和设备等方面的知识。当然，这些知识不可能集中在一个人身上，投资控制人员首先要了解和掌握这些知识，同时还需要与各方面专业人员配合一起工作，在相关专门人员的协助下进行投资控制的工作。

3. 立足全寿命周期的管理

工程项目投资控制，主要是对建设阶段发生的一次性投资进行控制。但是，投资控制不能只着眼于建设期间产生的费用，更需要从建设工程项目全寿命周期内产生费用的角度审视投资控制的问题。投资控制，不仅仅是对工程项目建设直接投资的控制，只考虑一次投资的节约，还需要从项目建成以后使用和运行过程中可能发生的相关费用考虑，进行项目全寿命的经济分析，权衡工程项目在整个寿命周期内功能和费用的关系（见图 2-3）。

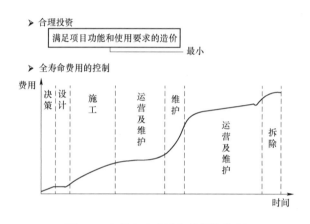

图 2-3 立足全寿命周期的投资控制

例如，一些工程项目使用过程中的能源费用、清洁费用和维修保养费用等往往是一笔巨大的费用开支。如果在建设时，略增加一些投资以提高或改进相关的标准和设计，则可以大大减少这些费用的发生，成为节约型的工程项目。

因此，工程项目投资控制并不是单纯地追求投资越小越好，而是应将工程项目的功能要求放在第一位，在满足工程项目的质量、功能和使用要求的前提下，通过控制措施，使工程项目投资越小越好。也就是说，在工程项目的建设过程中需追求合理投资，该花的钱就应该花，只要值得，能够使工程项目全寿命周期内的使用和管理最为经济和节约。为此，在进行投资控制时，应根据工程项目的特点和业主的要求，对项目建设运营和使用的客观条件进行综合分析和研究，使得项目全寿命费用最为合理。

四、建设工程投资的构成

工程项目的建设是通过投资方和建设方的一系列建设管理活动、建筑业的勘察设计和施工等活动，以及其他有关部门的经济和管理等活动来实现的。它包括从项目意向、项目策划、可行性研究、项目决策，到地质勘测、工程设计、工程施工、生产准备和竣工验收等一系列非常复杂的技术、经济和管理活动，既有物质生产活动，又有非物质生产活动。

那么，建设一个工程项目总共要花多少钱，这是投资者首先必须考虑的事情。工程项目投资一般由建设投资（或称固定资产投资）和流动资产投资两部分组成（见图2-4）。

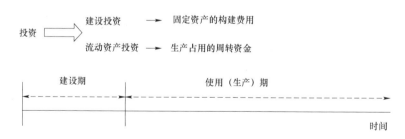

图 2-4　建设期的建设投资和使用期的流动资产投资

建设投资，是指进行一个工程项目的建造所需要花费的全部费用，即从工程项目确定建设意向直至建成竣工验收为止的整个建设期间所支出的总费用，这是保证工程项目建设活动正常进行的必要资金，是工程项目投资中的最主要部分。

流动资产投资，是指为维持项目使用或生产经营而占用的全部周转资金。通常，人们所说的投资主要是指固定资产投资。实际上，生产经营性的项目还要有一笔有时甚至数量不小的流动资产投资。例如，一个工厂建成后，光有厂房、设备和设施还不能进行生产，还需要有一笔钱来购买原料、半成品燃料和动力等，待产品卖出以后才能回收这笔资金。工程项目投资估算时要把这笔投资也考虑在内。

从工程项目的建设以及工程项目管理的角度看，投资控制的主要对象是建设投资，一般不考虑流动资产投资控制的问题。因此，通常仅就工程项目的建设及建设期而言，从狭义的角度讲，人们习惯上将工程项目投资与建设投资等同，将投资控制与建设投资控制等同。工程项目投资主要由工程费用和工程其他费用（或称工程建设其他费用）组成，如图2-5所示。

1. 工程费用

工程费用包括建筑工程费用、安装工程费用和设备及工器具购置费用。

建筑工程费用与安装工程费用的费用组成相同，两者的合计称为建筑安装工程费用。建筑安装工程费用是指用于建筑物的建造及有关准备和清理等工程的费用；用于需要安装设备的费用和装配工程的费用等。其特点是必须通过兴工动料和追加活劳动才能实现。按我国的现行规定，建筑安装工程费用项目的组成：按费用构成要素划分，分为人工费、材料费、施工机具使用费、企业管理费、利润、规费和税金，如图2-6所示；按工程造价形成顺序划分，分为分部分项工程费、措施项目费、其他项目费、规费和税金，如图2-7所示。

设备及工器具购置费用，是指建设工程项目设计范围内需要安装和不需要安装的设备、工器具和生产家具等的购置费。生产性建设项目的生产能力，主要是通过设备及工器具购置费用实现的。

2. 工程其他费用

工程其他费用，或称工程建设其他费用，是指由工程项目建设投资方支付的为保证工

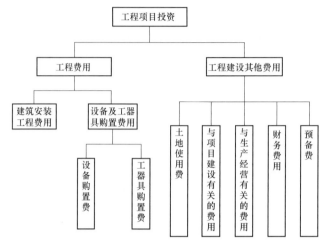

图 2-5　工程项目投资费用项目构成

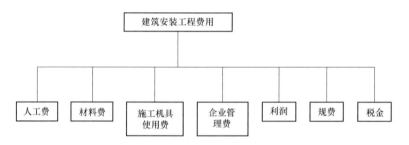

图 2-6　建筑安装工程费用项目组成（按费用构成要素划分）

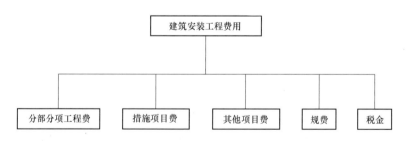

图 2-7　建筑安装工程费用项目组成（按工程造价形成顺序划分）

程建设顺利进行和交付使用后能够正常发挥效用而必须开支的费用。按费用支出的性质，工程其他费用一般可分为以下几类：第一类是土地使用费；第二类是与工程项目建设有关的费用；第三类是与项目建成以后生产经营有关的费用；第四类是预备费，包括基本预备费和价差预备费；第五类是财务费用，主要为贷款利息等。其中，第二类与工程项目建设有关的费用包括建设单位管理费、勘察设计费、研究试验费、临时设施费、工程监理费、工程保险费、配套工程建设费等；第三类与项目建成以后生产经营有关的费用包括联合试运转费、办公和生活家具购置费等。

五、建设工程投资管理的目的与控制

工程项目投资管理是指以工程项目为对象，为在投资计划值内实现项目而对工程建设活动中的投资所进行的策划、控制和管理。项目建设的不同参与方对工程项目投资费用的影响是不同的，项目业主在投资控制中起主导作用，如图 2-8 所示。

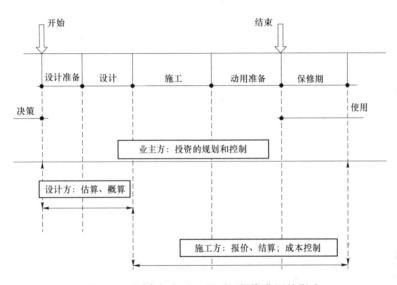

图 2-8 不同参与方对工程项目投资费用的影响

投资管理的目的就是在工程项目的实施全过程中，通过投资策划与动态控制，将实际发生的投资额控制在投资的计划值以内，以使工程项目的投资目标尽可能地实现。

工程项目管理的指导思想，就是在项目实施过程中进行项目的目标控制。因此，工程项目投资管理的核心，就是进行投资的策划（规划）和投资的控制（见图 2-9）。或者说，工程项目投资管理主要由两个各有侧重又相互联系的工作过程所构成，即工程项目投资的策划过程与工程项目投资的控制过程。在工程项目的建设前期，以投资的策划为主；在工程项目实施的中后期，投资的控制占主导地位。

（一）投资的策划

投资的策划，包括确定计划投资费用和制订投资控制方案等工作，即确定或估算工程项目的计划投资费用，以及制订工程项目实施期间投资控制工作方案的工程管理活动，主要包括投资目标论证分析、投资目标分解、制订投资控制工作流程、投资目标风险分析、制订投资控制工作制度及有关报表数据的采集、审核与处理等一系列控制工作和措施。

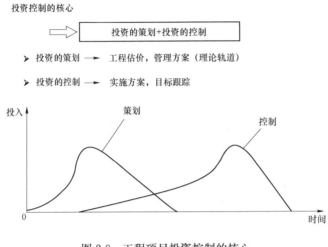

图 2-9　工程项目投资控制的核心

1. 计划投资费用的计算和确定

计划投资费用的计算和确定（或称工程估价），主要是指在工程项目的前期和设计阶段，计算相应投资费用，确定投资计划值的项目管理工作。形成的工程项目投资费用文件主要包括投资估算、设计概算、施工图预算、标底价格或招标控制价、合同价格、资金使用计划等。依据建设程序，工程项目投资费用的计算和确定与工程建设阶段性的工作深度相适应（见图 2-10），各投资费用文件前后关联，相互作用。在工程项目管理的不同阶段，计划投资费用的计算确定及其主要工作内容如下文。

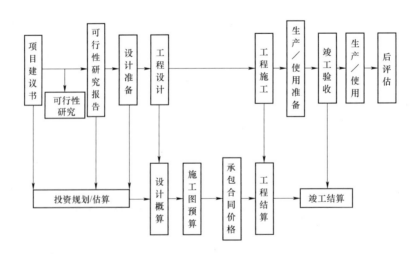

图 2-10　建设程序和各阶段投资费用的确定

（1）设计准备阶段。通过对投资目标的风险分析、项目功能与使用要求的分析和确定，编制工程项目的投资规划，用以指导设计阶段的设计工作以及相应的投资控制工作。

（2）工程设计阶段。以投资规划控制方案设计阶段和初步设计阶段的设计工作，编制设计概算。以投资规划和设计概算控制施工图设计阶段的设计工作，编制施工图预算。按工程量清单计价方式招标发包，确定工程承包合同价格等。

（3）工程施工阶段。以投资规划、施工图预算和工程承包合同价格等控制工程施工阶段的工作，编制资金使用计划，以作为施工过程中进行工程结算和工程价款支付的目标计划。

2. 投资控制实施方案的制订

除计算和确定计划投资费用外，投资的策划的另一重要工作就是制订投资控制的实施方案。一个目标明确、重点突出、科学合理的工程项目投资控制实施方案，对于全面指导投资的控制活动，做好工程项目实施全过程中的投资控制工作，实现投资控制目标将起到关键性作用。

工程项目投资控制实施方案的主要内容，包括工程项目建设各个阶段投资控制的目标、任务、管理组织、工作重点和方法、控制流程，以及相应的组织措施、技术措施、经济措施和管理措施等。

（二）投资的控制

投资的控制，就是指在工程项目的设计准备阶段、设计阶段、施工阶段、动用前准备阶段和保修阶段，以策划的计划投资为目标，通过相应的控制措施将工程项目投资的实际发生值控制在计划值范围以内的项目管理活动（见图 2-11）。

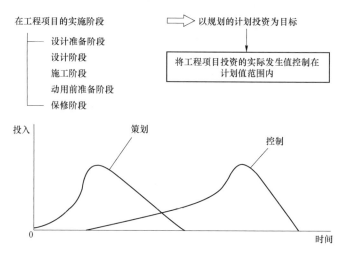

图 2-11 投资的控制涉及的内容

工程项目投资控制的目的和关键，是保证项目投资目标尽可能好的实现。对工程项目投资进行控制，是运用动态控制原理，在项目建设过程中的不同阶段，经常地、定期或不定期地将实际发生的投资数与相应的投资计划值进行比较，若发现工程项目实际投资值偏离计划值，则应采取纠偏措施，纠正投资偏差，确保工程项目投资总目标能够实现。

1. 设计准备阶段

根据拟建工程项目的功能要求和使用要求，做出项目定义和项目投资定义，并按工程项目规划的要求和内容，随着项目分析和研究的不断深入，逐步地将投资规划值和投资估算的偏差率控制在允许的范围之内。

2. 工程设计阶段

以投资规划和批准的投资估算为项目投资的计划值控制初步设计。如果初步设计阶段的设计概算与投资估算存在较大的偏差，则应对初步设计的设计结果进行修改和调整。

进入施工图设计阶段，以投资规划和批准的设计概算为控制目标，控制施工图设计工作的进行。如果施工图设计阶段的施工图预算超过设计概算，应对施工图设计的设计结果进行修改和调整。

在工程施工招标阶段，以工程设计文件（包括设计概算和施工图预算文件）为依据，结合工程施工的具体条件和业主方的特殊要求等，编制招标文件，选择合适的合同计价方式，确定工程承包合同价格。通过对工程设计过程中形成的建设投资费用的层层控制，实现工程项目设计阶段的投资控制目标。

投资控制的目标是：合理控制项目成本，实现效益的最大化。

项目拿地、设计、招标、施工、竣工、交付，这一整套的开发程序当中，其实真正影响这个项目造价的关键阶段是设计院给出的设计产品，设计决定了整个项目建造成本的主要部分，在设计阶段进行投资控制是事前控制。因此，只有设计与造价紧密结合，才是提高开发利润的有效手段，以下介绍各阶段投资控制的要点及方法。

（1）方案设计阶段。从项目规划拿地的方案，到项目实施方案设计，是决定项目成败的关键，这个阶段既要考虑产品的功能性、美观性，更要考虑其造价及产品定位，因此，在方案设计阶段会进行多方案的比选，也需要造价人员提供不同方案的造价估算，以便设计人员所制订的方案是在满足功能情况下最经济合理的方案。

（2）目标成本。目标成本的确定，主要是拆分项目的费用组成，预测项目所需的费用、评估项目利润点。因此，对项目的开发而言，目标成本是项目的控制方向，任何工作都将围绕着目标成本这根轴线运转，对设计而言就是以目标成本为基础进行限额设计。

（3）施工图设计阶段。施工图设计阶段的成本控制主要是配合施工图设计时典型楼栋主要指标的测算，比如像万科这样的大型房产商，集团有严格的限额标准，如果没有达到集团限额标准，需进行设计优化，直到满足标准要求才能出施工图。

3. 工程施工阶段

以施工图预算和工程承包合同价格等为控制目标，通过工程计量、工程变更控制和工程索赔管理等方法，严格确定施工阶段实际发生的工程费用，合理进行工程结算，控制工程实际费用的支出。

施工阶段的投资控制主要是事中投资控制，其目的是进行工程风险预测，并采取相应的防范性对策，尽量减小施工企业提出索赔的可能。分析合同构成因素，明确工程费用最易突破的部分和环节，把计划投资额作为工程项目投资控制的目标值，再把项目建设过程中的实际支出与目标值进行比较，从而明确投资控制工作的重点。

这个阶段的重点是围绕目标成本展开各项工作，其主要工作是编制施工图预算或工程量清单，进行各专业工程的招投标。在这个阶段通过招投标管理和合同管理、现场签证、变更管理等手段，把投资控制在目标成本范围内。

（1）招投标管理、合同管理。

1）招投标管理是施工阶段投资控制的关键，招投标工作包括招标文件的编写，工程量清单的编制，招标、投标、回标分析，澄清至最终的合同签订。

2）在整个项目施工阶段的投资需要先划分界面，进行合同分判，对分解的总承包、分包工程分别进行招标，因此，在招标阶段需进行招标清单的准确性、工作内容描述的完整性、招标文件的严谨性等多方面把关，对施工单位的投标文件进行商务及技术标的回标分析，可分析出投标单位的价格合理性，对不平衡报价在合同签订前进行纠正。通过招投标可以选择合理低价的施工单位，确保定标价格控制在目标成本以内。

3）对项目的总承包、分包工程招标、定标后，将签订合同，通过总承包、分包合同的实施，来完成整个项目的施工。签订的合同需登录合同台账。

（2）现场签证、设计变更管理。台账能够真实记录工程的实施过程，能够保证现场投资控制工作整体性、连续性。现场签证、设计变更是总承包、分包工程在实施时经常会发生的，设计变更主要是由于施工图纸中存在错漏碰缺、设计标准变化、设计优化等造成的，由设计单位发出设计变更；现场签证主要针对发生在施工现场非正常施工图范围内的施工，如拆改、返工等。对现场签证和设计变更的管理是施工阶段的主要投资控制工作，现场签证和设计变更在实施前需进行预估，给业主提供判断是否进行设计变更的依据并给现场签证提供预判，实施后根据实际发生情况进行审核。

（3）动态成本。总承包、分包工程签合同后需要根据签订的合同金额进行目标成本的修订，再根据实施过程中发生的签证变更金额进行阶段性的成本调整，形成了各阶段的动态成本；通过动态成本的管理随时了解成本的变化，如对超出成本的工程进行预警，采取设计优化或根据业主需要调整动态成本。

（4）工程进度款管理。建设项目施工阶段是建设资金投放量最大的阶段，资金投放具有持续时间长、工作量大等特点，合理控制资金投放对于维护项目建设各方的合法利益，提高工程项目建设效益具有重要意义。工程进度款审核是根据合同规定的付款条款，对总承包、分包工程，甲供材料等实施的工程进度的审核。工程进度款的支付直接影响整个工程的资金使用计划，应根据资金使用计划、合同条款和施工进度对工程进度款进行控制，配合进度控制要求，供业主合理安排建设资金，正确处理投资、工期和质量三者之间的关系，达到既节约投资，又控制项目工期与质量的目的（见图2-12、表2-1）。

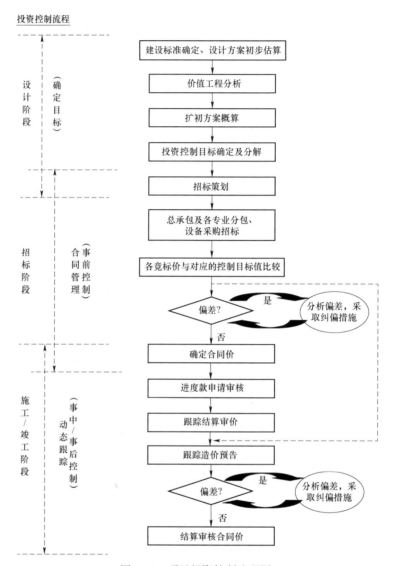

图 2-12　项目投资控制流程图

表 2-1　　　　　　　　　　　**常用合同台账样板示意**

序号	成本项目	合同编号	合同名称	乙方单位	合同金额	签订时间	备注
	前期费用						
1			设计费				
2			勘察费				
	建安工程费（总分包）						
1			总承包				
2			消防工程				

续表

序号	成本项目	合同编号	合同名称	乙方单位	合同金额	签订时间	备注
	配套工程						
1			供电工程				
2			供水工程				
	室内装饰及环保						
1			室内精装修工程				
2			景观工程				

4. 工程竣工验收阶段

工程竣工验收阶段要全面汇集工程项目建设的实际费用，编制竣工决算，如实体现工程项目的实际投资，并总结分析工程建设管理经验，积累技术经济数据和资料。

项目建成竣工验收并投入使用是工程项目完整生命周期的最后阶段，该阶段的投资控制为事后控制，主要是对总承包、分包工程进行竣工结算，对甲供材料进行清算，资料归档及交付运营等工作，是针对项目实际投资效果进行的检验与回顾。通过对项目的目标成本和实际发生的竣工结算进行分析对比，从而总结投资经验和教训，为今后开发同类项目提供科学合理的投资决策依据，提高投资管理水平及效益，寻求项目可持续发展的途径。

工程竣工结算是指建筑企业按照合同规定的内容全部完成所承包的工程，经验收质量合格，并符合合同要求之后，向发包单位进行的最终工程款结算。经审核的工程竣工结算是核定建设工程造价的依据。

（1）竣工交付阶段投资控制的内容。竣工结算是整个项目建设过程投资控制的最后一个阶段，对于竣工结算，主要是对施工单位提供的竣工结算进行审核，根据上报的完整竣工资料、竣工结算、项目实际发生的现场签证、设计变更等各项费用进行审核，严把最后一道关。

竣工结算阶段对投资的控制应重点把握以下几个方面：

1）对建设成本的控制。重点对竣工结算的真实性、可靠性、合理性进行审查，防止不应列入成本的计划外费用计入建设成本。

2）对工程结算编制依据进行控制。包括对施工合同、协议，使用的预算定额、费用定额、材料价差计算方法，设计变更及图纸会审记录，施工现场变更签证单的审核。在审核时重点要查看设计变更及图纸会审记录是否经设计单位盖章，施工变更签证是否为甲乙双方共同签字盖章确认。通过审查合同，查看工程结算取费标准与合同签订的标准是否相符。

3）严格审查工程结算中的各种不合理因素，如多算工程量、高套单价、重复计算取费等。

（2）竣工交付阶段投资控制的指标。竣工交付阶段投资控制主要考察的指标包括实际建设成本变化率和实际投资总额变化率。

1）实际建设成本变化率。实际建设成本变化率反映项目建设成本与批准的概预算所规定的建设成本的偏离程度，计算公式为：

$$实际建设成本变化率 = \frac{实际建设成本 - 预计建设成本}{预计建设成本} \times 100\%$$

2）实际投资总额变化率。实际投资总额变化率反映实际投资总额与项目评估中预计投资总额偏差的大小，包括静态投资总额变化率和动态投资总额变化率，计算公式为：

$$静态（动态）投资总额变化率 = \frac{静态（动态）实际投资总额 - 预计静态（动态）投资总额}{预计静态（动态）投资总额} \times 100\%$$

5. 工程保修阶段

根据工程承包合同，协助处理项目使用期间出现的各种质量问题，选择相关的处理方案和方式，合理确定工程保修费用。

六、工程项目投资管理实用方法

工程项目投资控制的重点在设计阶段，做好设计阶段的投资控制工作对实现项目投资目标有着决定性的意义。在工程设计阶段，可以应用价值工程和限额设计等管理技术和方法，对工程项目的投资进行有效的控制。

1. 明确投资控制管理框架

投资控制管理框架的确定有助于进一步明确项目投资参与各方的工作责任和工作任务，有助于各部门的相互配合，推动项目的实施。

以上海烟草集团有限责任公司基建设备处的固定资产投资项目（见图 2-13）为例，可示意说明投资控制管理框架。

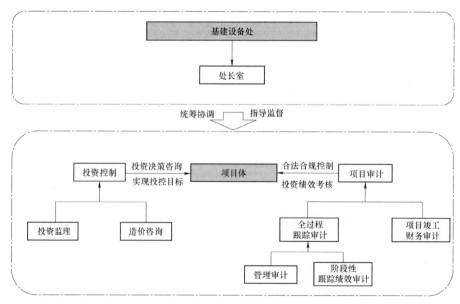

图 2-13　某公司基建设备处投资控制管理框架

2. 编制投资控制工作细分表

通过编制投资控制工作细分表，能够明确每一阶段各工作单位需要完成的任务，为投资管理质量的提升和进度的控制提供保障。

以某公司基建设备处的固定资产投资项目（见表 2-2）为例，示意说明投资控制工作细分表的编制方法、基本内容与结构。

表 2-2　　　　　　　　　　投资控制工作细分表（范例）

阶段	工作内容及要求	工作单位				备注
		投资控制	投资监理	造价咨询	项目审计	
决策阶段	分析和论证项目总投资目标	√		√		
	编制项目总投资规划	√				
	编制设计任务书中有关投资控制的内容，对设计方案提出投资评价	√		√		造价咨询提供数据
	编制设计阶段资金使用计划	√		√		造价咨询提供数据
	编制项目投资估算表	√		√		造价咨询提供数据
设计阶段	根据方案设计审核项目总估算，控制项目总投资规划的执行	√		√		造价咨询配合
	审核项目总概算	√			√	投资控制代表项目体审核设计单位提交的设计概算，审计单位代表项目批复单位审核项目实施单位提交的项目总概算
	采用价值工程方法挖掘节约投资的潜力	√		√		造价咨询提供数据
	编制和调整设计阶段资金使用计划并控制其执行	√		√		造价咨询提供数据
	进行投资计划值与实际值的动态跟踪比较，完成各种投资控制报表和报告，必要时调整投资目标和计划	√		√		造价咨询提供数据
	根据扩初设计文件、设计概算和实施方案，细化投资控制目标，绘制合同框架结构图，编制招标采购计划	√		√		造价咨询提供数据
交易阶段	组织编制招标采购文件，确定招标采购范围、技术要求、商务要求	√		√		造价咨询提供数据
	组织审定招标采购文件	√				
	组织编制招标控制价			√		
	根据项目总体目标需要，统筹协调质量、进度、成本、风险等多方面因素，审定招标控制价	√				
	组织回标分析工作，通过集体讨论确定招标人代表评标指导意见	√		√		造价咨询提供数据

续表

阶段	工作内容及要求	工作单位				备注
		投资控制	投资监理	造价咨询	项目审计	
交易阶段	组织合同谈判，办理合同签订手续	√	√	√	√	投资控制负责，投资监理、造价咨询配合；审计单位负责审核合同签订资料的真实性、完整性
施工阶段	对施工阶段投资目标进行详细的分析、论证	√		√		
	组织审核施工图预算	√		√		
	编制各年、季、月度资金使用（预算）计划并控制其执行	√	√	√		造价咨询提供市场数据，投资监理提供项目实际投资数据
	审核各类工程款和材料设备款的支付申请	√	√			
	参与组织重大方案的技术经济比较和论证	√	√	√		造价咨询提供市场数据，投资监理提供项目实际投资数据
	定期进行投资计划值与实际值的比较，完成各种投资控制报表和报告	√	√			
	审核和处理施工安装费用索赔	√	√	√		造价咨询提供市场数据，投资监理提供项目实际投资数据
	必要时调整投资目标和计划	√	√	√		造价咨询提供市场数据，投资监理提供项目实际投资数据
	审核各类设计变更、技术变更、签证	√	√	√		造价咨询提供市场数据，投资监理提供项目实际投资数据
竣工阶段	编制本阶段资金使用计划并控制其执行	√	√	√		造价咨询提供市场数据，投资监理提供项目投资信息
	进行投资计划值与实际值的比较，提交各种投资控制报告	√	√			投资监理提供项目投资信息
	审核工程款项及金额，处理索赔事项，完成项目结算		√	√	√	投资监理根据项目实际情况完成工程结算报告，造价咨询提供市场数据，审计单位负责审核合同结算资料的真实性、完整性
	编制投资控制最终报告	√	√			
	编制竣工结算计划	√				
	组织完成项目决算审计	√			√	项目审计组织，投资控制配合

3. 设计阶段投资控制的价值工程方法

价值工程是运用集体智慧和有组织的活动，对所研究对象的功能与费用进行系统分析并不断创新，使研究对象以最低的总费用可靠地实现其必要的功能，以提高研究对象价值的思想方法和管理技术。这里的"价值"，是功能和实现这个功能所耗费用（成本）的比值。价值工程表达式为：

$$V = F/C$$

式中　V——价值系数；
　　　F——功能系数；
　　　C——费用系数。

（1）价值工程的特点。价值工程活动的目的是以研究对象的最低寿命周期费用，可靠地实现使用者所需的功能，以获取最佳综合效益。价值工程的主要特点如下。

1）以提高价值为目标。研究对象的价值着眼于全寿命周期费用。全寿命周期费用指产品在其寿命期内所发生的全部费用，即从为满足功能要求进行研制、生产到使用所花费的全部费用，包括生产成本和使用费用。提高产品价值就是以最小的资源消耗获取最大的经济效果。

2）以功能分析为核心。功能是指研究对象能够满足某种需求的一种属性，也即产品的特定职能和所具有的具体用途。功能可分为必要功能和不必要功能，其中，必要功能是指使用者所要求的功能以及与实现使用者需求有关的功能。

3）以创新为支柱。价值工程强调突破、创新和求精，充分发挥人的主观能动作用，发挥创造精神。首先，对原方案进行功能分析，突破原方案的约束。其次，在功能分析的基础上，发挥创新精神，创造更新方案。最后，进行方案对比分析，精益求精。能否创新及其创新程度是关系价值工程成败与效益的关键。

4）技术分析与经济分析相结合。价值工程是一种技术经济方法，研究功能和成本的合理匹配，是技术分析与经济分析的有机结合。因此，分析人员须具备技术和经济知识，做好技术经济分析，努力提高产品价值。

（2）价值工程的基本内容。价值工程可以分为四个阶段：准备阶段、分析阶段、创新阶段和实施阶段。其大致可以分为八项内容：价值工程对象选择、收集资料、功能分析、功能评价、提出改进方案、方案的评价与选择、试验证明和决定实施方案。

价值工程主要回答和解决下列问题：价值工程的对象是什么？它是干什么的？其费用是多少？其价值是多少？有无其他方法实现同样功能？新方案的费用是多少？新方案能满足要求吗？

（3）价值工程在工程项目设计阶段的应用。在工程项目的设计阶段，应用价值工程具有重要的意义，它是投资控制的有效方法之一。尽管在产品形成的各个阶段都可以应用价值工程提高产品的价值，但在不同的阶段进行价值工程活动，其经济效果的提高幅度却是大不相同的。一旦设计图纸完成，产品的价值就基本决定了，因此应用价值工程的重点是在产品的研究和设计阶段。

同一个工程项目、同一单项或单位工程可以有不同的设计方案，也就会有不同的投资费用，就可用价值工程方法进行设计方案的选择。这一过程的目的在于论证拟采用的设计方案技术上是否先进可行，功能上是否满足需要，经济上是否合理，使用上是否安全可靠。价值工程中价值的大小取决于功能和费用，从价值与功能和费用的关系式中可以看出提高产品价值的基本途径：

1）保持产品的功能不变，降低产品成本，以提高产品的价值；

2）在产品成本不变的条件下，提高产品的功能，以提高产品的价值；

3）产品成本虽有增加，但功能提高的幅度更大，相应提高产品的价值；

4）在不影响产品主要功能的前提下，针对用户的特殊需要，适当降低一些次要功能，大幅度降低产品成本，提高产品价值；

5）运用新技术，革新产品，既提高功能又降低成本，以提高价值。

4. 设计阶段投资控制的限额设计方法

所谓限额设计方法，就是在设计阶段根据拟建项目的建设标准、功能和使用要求等，进行投资规划，对工程项目投资目标进行切块分解，将投资分配到各个单项工程、单位工程或分部工程，分配到各个专业设计工种，明确工程项目各组成部分和各个专业设计工种所分配的投资限额。而后，将其提交设计单位，要求各专业设计人员按分配的投资限额进行设计，并在设计的全过程中，严格按照分配的投资限额控制各个阶段的设计工作，采取各种措施，以使投资限额不被突破，从而实现设计阶段投资控制的目标。在工程设计阶段采用限额设计方法控制工程项目投资，是投资控制的有力措施之一。

（1）投资目标分解。采用限额设计方法，在工程设计开始之前就需要确定限额设计的限额目标，即进行投资目标的分解，确定拟分配至各专业设计工种和项目各组成部分的投资限额。投资目标及其分解的准确与合理，是限额设计方法应用的前提。投资限额目标若存在问题，则无法用于指导设计和控制设计工作，设计人员也无法按照分配的限额进行设计。因此，在设计准备阶段需要科学合理地编制投资规划文件，依据批准的可行性研究报告、拟定的工程建设标准、建设项目的功能描述和使用要求等，给出工程项目各专业和各组成部分的投资限额。由于工程设计尚未开始，工程项目的功能要求和使用要求就成为分配投资限额最主要的依据。限额设计的投资目标分解和确定，不能一味考虑节约投资，也不能简单地对投资进行分割，而应该在保证各专业、各组成部分能达到使用功能和拟定标准的前提下，进行投资的合理分配。因此，投资目标的分解和限额分配要尊重科学，实事求是，需要掌握和积累丰富的投资数据及资料，采用科学的分析方法；否则，限额设计很难取得好的效果。此外，投资限额目标一旦确定，必须坚持投资限额的严肃性，不能随意进行变动。

（2）限额设计的控制内容。投资目标的分解工作完成以后，就需在设计全过程中按分配的投资限额指导和控制工程设计工作，使各设计阶段形成的投资费用能够被控制在确定的投资限额以内。

1）建设前期的工作内容。工程项目从可行性研究开始，便要建立限额设计的观念，充分理解和掌握工程项目的设计原则、建设方针和各项技术经济指标，认真做好项目定义及其描述等工作，合理和准确地确定投资目标。可行性研究报告和投资估算获得批准以后，就应成为下一阶段进行限额设计和控制投资的重要依据。

2）方案设计阶段的工作内容。在进入设计阶段以后，首先就应将投资目标及其分配的限额向各专业的设计人员进行说明和解释，使其明确限额设计的基本要求和工作内容，明确各自的投资限额，取得设计人员的理解和支持。在方案设计阶段，以分配的投资限额为目标，通过多方案的分析和比较，合理选定经济指标，严格按照设定的投资限额控制设计工作。如果设计方案的投资费用突破投资限额，则需要对相应专业或工程相应的组成部分或内容进行调整和优化。

3）初步设计阶段的工作内容。在初步设计阶段，严格按照限额设计所分配的投资限额，在保证工程项目使用功能的前提下进行设计，按确定的设计方案开展初步设计的工作。在设计过程中，要跟踪各专业设计的工作，与各专业的设计人员密切配合，对主要工程、关键设备、工艺流程及其相应各种费用指标进行分析和比较，研究实现投资限额的可行方案。随着初步设计工作的进展，经常分析和计算各专业设计及各工程组成部分设计形成的可能的投资费用，并定期或不定期地将可能的投资费用与设定的投资限额进行比较，若两者出现较大差异，需要研究调整方法和措施。工程设计是一项涉及面广、专业性强的技术工作，采用限额设计方法就是要用经济观念来引导和指导设计工作，以经济理念能动地影响工程设计，从而在设计阶段对工程项目投资进行有效的控制。

初步设计的设计文件形成以后，要准确编制设计概算，分析比较设计概算与投资估算的关系，分析比较设计概算中各专业工程费用与投资限额的关系，发现问题及时调整，按投资限额和设计概算对初步设计的各个专业设计文件做出确认。经审核批准后的设计概算，便是下一阶段，即施工图设计阶段控制投资的重要目标计划值。

4）施工图设计阶段的工作内容。施工图设计文件是设计的最终产品，施工图设计必须严格按初步设计确定的原则、范围、内容和投资限额进行。此阶段的限额设计工作应在各专业设计的任务书中，附上设定的投资限额和批准的设计概算文件，供设计人员在设计中参考使用。在施工图设计过程中，局部变更和修改是正常的，关键是要进行核算和调整，使施工图预算不会突破投资限额。对于涉及建设规模和设计方案等的重大变更，则必须重新编制或修改初步设计文件和设计概算，并以批准的修改后的设计概算作为施工图设计阶段投资控制的目标计划值。

施工图设计的设计文件形成以后，要准确编制施工图预算，分析比较施工图预算与设计概算的关系，分析比较施工图预算中各专业工程费用与投资限额的关系，发现问题及时调整，按施工图预算对各个专业施工图设计文件做出最后确认，实现限额设计确定的投资限额目标。

从限额设计的控制内容可见，采用限额设计方法，就是要按照批准的可行性研究报告及投资估算控制初步设计，按照批准的初步设计和设计概算控制施工图设计，使各专业在保证达到功能要求和使用要求的前提下，按分配的投资限额控制工程设计，严格控制设计得不合理变更，通过层层控制和管理，保证工程项目投资限额不被突破，最终实现设计阶段投资控制的目标。

七、工程项目前期管理案例

【例 1】　某项目地库方案设计管理

某项目要求地下要停 200 辆车的车库，按每个车位 30m² 来考虑，那就必须要有

6000m² 的地下车库，车库面积要占到整个面积的 1/3，地下室的建造占整个项目比较多的费用，而地下室有很大一部分是不能销售的，所以会积压大量的资金。

方案一为 6000m² 的地下车库面积，车位 217 个；方案二是做成鱼骨状的，地下车库面积 4500m²，车位 202 个，只差了 15 个车位，然而面积要差 1500m²。

比较这两个方案的土方、基坑围护、地下室结构的底板、顶板、墙体几个方面的测算，最后得出单个车位的成本：方案一：每个车位的成本达到 67 900 元，方案二：每个车位的成本是 57 700 元。

择优选择方案二（见图 2-14）。

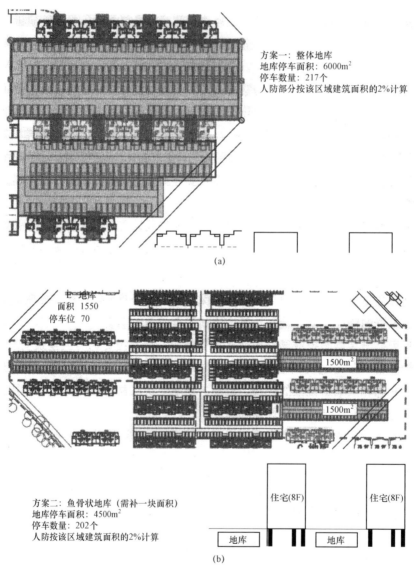

方案一：整体地库
地库停车面积：6000m²
停车数量：217个
人防部分按该区域建筑面积的2%计算

(a)

方案二：鱼骨状地库（需补一块面积）
地库停车面积：4500m²
停车数量：202个
人防按该区域建筑面积的2%计算

(b)

图 2-14　某项目地库方案设计管理

【例2】　某公司钢筋与混凝土限额设计要求（见表2-3、表2-4）。

表2-3　　　　　　　　　　　　某公司钢筋限额分析汇总表

项目名称	建筑面积 /m²	设计钢筋限额指标 /（kg/m²）	测算钢筋指标 /（kg/m²）	备　注
非人防车库	27620.6	145.00	141.00	与限额指标基本一致，限额指标层高3.6m，施工图层高4.0m
人防车库	9000	185.00	226.00	限额指标层高3.7m，施工图层高4.0m
高层地下室（以11号为例）	654.04	145.00	322.14	限额指标层高3.6m，施工图层高5.6m，刚度比严重不合理
高层地上（以11号为例）	7426.81	49.48	55.92	含飘窗等赠送面积

表2-4　　　　　　　　　　　　某公司混凝土限额分析汇总表

项目名称	建筑面积 /m²	设计混凝土限额指标 /（m³/m²）	测算混凝土指标 /（m³/m²）	备注
非人防车库	27620.6	1.30	1.06	限额指标层高3.6m，施工图层高4.0m
人防车库	9000	1.50	1.43	限额指标层高3.7m，施工图层高4.0m
高层地下室（以11号为例）	654.04	1.30	2.45	限额指标层高3.6m，施工图层高5.6m，混凝土比例严重不合理
高层地上（以11号为例）	7426.81	0.38	0.36	含飘窗等赠送面积

第三章

工程项目招标采购及投标相关管理咨询

第一节　工程咨询项目招标采购管理

建设项目的招标采购，是在前期阶段形成的咨询成果［如可行性研究报告、投资人需求书、相关专项研究报告、不同深度的勘察设计文件（含技术要求）、造价文件等］基础上进行招标策划，并通过招标采购活动，选择具有相应能力和资质的中标人，通过合约进一步确定建设产品的功能、规模、标准、投资、完成时间等，并将招标人和中标人的责权利予以明确。招标采购阶段是实现投资人建设目标的准备阶段，该阶段确定的中标人是将前期阶段的咨询服务成果建成优质建筑产品的实施者。

根据现行的《中华人民共和国招标投标法》（以下简称《招标投标法》）、《中华人民共和国招标投标法实施条例》（以下简称《招标投标法实施条例》），招标采购活动包括招标策划、招标、投标、开标、评标、中标、定标、投诉与处理等一系列流程。招标采购活动应当遵循公开、公平、公正和诚实信用的原则。

这里从全过程工程咨询单位的角度出发，在建设项目招标采购阶段，全过程工程咨询单位承担"1＋N"的任务，本章根据综述中"1"和"N"的描述，招标采购阶段的具体咨询工作见表 3-1。

表 3-1　　　　　　　　　"1＋N"模式招标采购阶段全过程工程咨询内容

"1＋N"模式	工作内容
"1"招标采购项目管理业务	①协助招标人制定招标采购管理制度； ②招标采购策划； ③招标采购过程管理； ④合同管理； ⑤招标采购项目后评估
"N"招标采购代理业务	①招标或资格预审公告的编制及发布； ②资格预审及招标文件编制与发布； ③勘察现场（根据实际情况决定）； ④招标答疑； ⑤开标、评标、定标； ⑥中标公示； ⑦投诉质疑处理； ⑧发中标通知书； ⑨签订合同

一、招标采购阶段项目整体规划

(一) 依据

(1) 相关法律法规、政策文件、标准规范等;

(2) 项目可行性研究报告、投资人需求书、相关利益者需求分析、不同深度的勘察设计文件(含技术要求)、决策和设计阶段造价文件等;

(3) 投资人经营计划,资金使用计划和供应情况,项目工期计划等;

(4) 项目资金来源、项目性质、项目技术要求、投资人对工程造价、质量、工期的期望以及资金的充裕程度等;

(5) 承包人专业结构和市场供应能力分析;

(6) 项目建设场地供应情况和周边基础设施的配套情况;

(7) 潜在投标人专业结构和市场供应能力分析;

(8) 项目建设场地供应情况和周边基础设施的配套情况;

(9) 招标过程所形成书面文件;

(10) 合同范本。

(二) 内容

招标策划工作的重点内容包括投资人需求分析、标段划分、招标方式选择、合同策划、时间安排等。充分做好这些重点工作的策划、计划、组织、控制的研究分析,并采取有针对性的预防措施,减少招标工作实施过程中的失误和被动局面,保证招投标质量。

1. 投资人需求分析

全过程工程咨询单位可通过实地调查法、访谈法、问卷调查法、原型逼近法等收集投资人对拟建项目质量控制、造价控制、进度控制、安全环境管理、风险控制、系统协调性和程序连续性等方面的需求信息,编制投资人需求分析报告,主要内容如图 3-1 所示。

2. 标段划分策划

(1) 标段划分的法律规定。《招标投标法》第十九条规定:招标项目需要划分标段、确定工期的,招标人应当合理划分标段、确定工期,并在招标文件中说明。

《招标投标法实施条例》第二十四条规定:招标人对招标项目划分标段的,应当遵守招标投标法的有关规定,不得利用划分标段限制或者排斥潜在投标人。依法必须进行招标的项目的招标人不得利用划分标段规避招标。

(2) 标段划分的基本原则。划分标段应遵循的基本原则:合法合规、责任明确、经济高效、客观务实、便于操作。

(3) 影响标段划分的因素。建设方可以把设计施工合并为一个标段;也可以把设计、施工划分为两个标段;还可以把设计划分为数个标段,如勘察、设计各为一个标段,把施工划分为若干标段,或把主体工程划为一个标段,配套工程按专业划分为相应的标段。影响上述工程标段划分的主要因素为:

1) 工程的资金来源。

2) 工程的性质。一般来说,建设方能够准确全面地提出规模、功能、技术要求的项

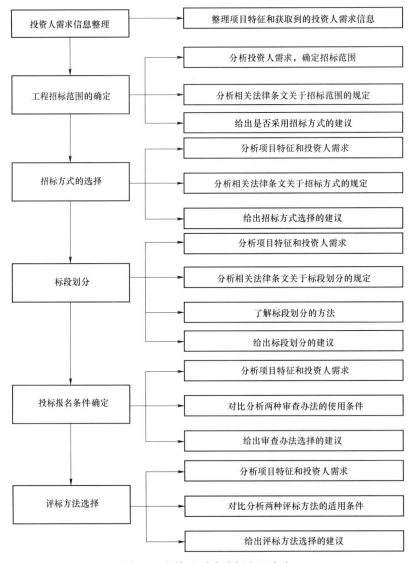

图 3-1　投资人需求分析主要内容

目，可以采用把设计施工合并为一个标段的形式，不具备上述条件的，宜采用设计、施工分别划分为不同标段的形式进行招标。

　　3）工程的技术要求。

　　4）对工程造价的期望。

　　5）对工期的期望。

　　6）对质量的期望。

　　7）资金的充裕程度。

　　以上是通用的影响标段划分形成的因素，不同的工程还有其特殊的因素，就是上述通用的因素，应用到具体的工程中，各个因素应予以考虑的权重也是各不相同的，只有充分遵循上述标段划分的原则，才能客观地评价和平衡影响标段划分的因素，以达到合理划分工程标段的目的。

因此，全过程工程咨询单位应根据拟建项目的内容、规模和专业复杂程度等提出标段划分的合理化建议。

3. 招标方式选择

全过程工程咨询单位应分析建设项目的复杂程度、项目所在地自然条件、潜在承包人情况等，并根据法律法规的规定、项目规模、发包范围以及投资人的需求，确定是采用公开招标还是邀请招标。

（1）公开招标。公开招标是指招标人以招标公告方式，邀请不特定的符合公开招标资格条件的法人或者其他组织参加投标，按照法律程序和招标文件公开的评标方法、标准选择中标人的招标方式。依法必须进行货物招标的招标公告，应当在国家指定的报刊或者信息网络上发布。

根据国家发展改革委 2018 年第 16 号令《必须招标的工程项目规定》的第二条全部或者部分使用国有资金投资或者国家融资的项目包括：

1）使用预算资金 200 万元人民币以上，并且该资金占投资额 10％以上的项目；

2）使用国有企业事业单位资金，并且该资金占控股或者主导地位的项目。

（2）邀请招标。邀请招标是指招标人邀请符合资格条件的特定的法人或者其他组织参加投标，按照法律程序和招标文件公开的评标方法、标准选择中标人的招标方式。邀请招标不必发布招标公告或招标资格预审文件，但应该组织必要的资格审查，且投标人不应少于 3 个。

1）《招标投标法》规定，国家发展计划部门确定的重点项目和省、自治区、直辖市人民政府确定的地方重点项目不适宜公开招标的，经国家发展计划部门或省、自治区、直辖市人民政府批准，可以进行邀请招标。

2）《招标投标法实施条例》规定，国有资金投资占控股或者主导地位的依法必须进行招标的项目，应当公开招标；但有下列情形之一的，可以进行邀请招标：

① 技术复杂、有特殊要求或者受自然环境限制，只有少量潜在投标人可供选择。

② 采用公开招标方式的费用占项目合同金额的比例过大。

以上所列情形，属于规定的需要履行项目审批、核准手续的依法必须进行招标的项目，由项目审批、核准部门在审批、核准项目时做出认定；其他项目由招标人申请有关行政监督部门做出认定。

3）《工程建设项目勘察设计招标投标办法》规定，依法必须进行勘察设计招标的工程建设项目，在下列情况下可以进行邀请招标：

① 项目的技术性、专业性强，或者环境资源条件特殊，符合条件的潜在投标人数量有限。

② 如采用公开招标，所需费用占工程建设项目总投资比例过大的。

③ 建设条件受自然因素限制，如采用公开招标，将影响项目实施时机的。

4）《工程建设项目施工招标投标办法》规定，国家发展改革委确定的重点项目和省、自治区、直辖市人民政府确定的地方重点项目，以及全部使用国有资金投资或者国有资金投资控股或者占主导地位的工程建设项目，应当公开招标；有下列情形之一的，经批准可以进行邀请招标：

①项目技术复杂或有特殊要求，只有少量几家潜在投标人可供选择的。

②受自然地域环境限制的。

③涉及国家安全、国家秘密或者抢险救灾，适宜招标但不适宜公开招标的。

④拟公开招标的费用与项目的价值相比，不值得的。

⑤法律、法规规定不宜公开招标的。

5)《工程建设项目货物招标投标办法》规定，国家发展改革委确定的重点项目和省、自治区、直辖市人民政府确定的地方重点建设项目，其货物采购应当公开招标；有下列情形之一的，经批准可以进行邀请招标：

①货物技术复杂或有特殊要求，只有少量几家潜在投标人可供选择的。

②涉及国家安全、国家秘密或者抢险救灾，适宜招标但不公开招标的。

③拟公开招标的费用与拟公开招标的节资相比得不偿失的。

④法律、行政法规规定不宜公开招标的。

采用邀请招标方式的，招标人应当向三家以上具备货物供应的能力、资信良好的特定的法人或者其他组织发出投标邀请书。

4. 招标合同策划

合同策划包括合同种类选择和合同条件选择。合同种类基本形式有单价合同、总价合同、成本加酬金合同等。不同种类的合同，其应用条件、权利和责任的分配、支付方式以及风险分配方式均不相同，应根据建设项目的具体情况选择合同类型。

合同条件的选择。投资人应选择标准招标文件中的合同条款，没有标准招标文件的宜选用合同示范文本的合同条件，结合招投标目标进行调整完善。

合同策划是全过程工程咨询单位组织招标策划和开展发承包阶段咨询服务的一项重点工作，具体内容详见相关资料，这里不再详述。

5. 招标时间安排

全过程工程咨询单位需要合理制订招标工作计划，既要和设计阶段计划、建设资金计划、征地拆迁计划、工期计划等相呼应，又要考虑合理的招标时间间隔，特别有关法律法规对招标时间的规定，并且要结合招标项目规模和范围，合理安排招标时间。依据现行国家法律法规的规定，各阶段招标时限的规定总结见表3-2。各行业的部门规章或各地的地方性法规、规章有可能对部分事项时限有与此不一致的规定，可以根据各地政策和项目特点进行调整。

表 3-2　　　　　　　依法必须招标的工程建设项目招投标事项时限规定汇总

工作内容（事项）	时　　限
招标文件（资格预审文件）发售时间	最短不得少于 5 日
提交资格预审申请文件的时间	自资格预审文件停止发售之日起不得少于 5 日

续表

工作内容（事项）	时　限
递交投标文件的时间	自招标文件开始发出之日起至投标文件递交截止之日止最短不少于 20 天。大型公共建筑工程概念性方案设计投标文件编制时间一般不少于 40 日。建筑工程实施性方案设计投标文件编制时间一般不少于 45 日
对资格预审文件进行澄清或者修改的时间	澄清或者修改的内容可能影响资格预审申请文件编制的，应当在提交资格预审申请文件截止时间至少 3 日前发出
对资格预审文件异议与答复的时间	对资格预审文件有异议的，应当在提交资格预审申请文件截止时间 2 日前提出，投资人应当自收到异议之日起 3 日内做出答复，做出答复前，应当暂停招投标活动
对招标文件进行澄清或者修改的时间	澄清或者修改的内容可能影响投标文件编制的，应当在提交投标文件截止时间至少 15 日前发出
对招标文件异议与答复的时间	对招标文件有异议的，应当在提交投标文件截止时间 10 日前提出，投资人应当自收到异议之日起 3 日内做出答复，做出答复前，应当暂停招投标活动
对开标异议与答复时间	承包人对开标有异议的，应当在开标现场提出，投资人应当当场做出答复
评标时间	投资人应当根据项目规模和技术复杂程度等因素合理确定评标时间。超过三分之一的评标委员会成员认为评标时间不够的，投资人应当适当延长
开始公示中标候选人时间	自收到评标报告之日起 3 日内
中标候选人公示时间	不得少于 3 日
对评标结果异议与答复时间	承包人对评标结果有异议的，应当在中标候选人公示期间提出，投资人应当自收到异议之日起 3 日内做出答复。做出答复前，应当暂停招投标活动
投诉人提起投诉的时间	自知道或者应当知道其权益受到侵害之日起 10 日内向有关行政监督部门投诉。异议为投诉前置条件的，异议答复期不计算在投诉限制期内
对投诉审查决定是否受理的时间	收到投诉书 5 日内
对投诉做出处理决定的时间	受理投诉之日起 30 个工作日内；需要检验、检测、鉴定、专家评审的，所需时间不计算在内
投资人确定中标人时间	最迟应当在投标有效期满 30 日前确定
向监督部门提交招标投标情况书面报告备案的时间	自确定中标人之日起 15 日内
投资人与中标人签订合同时间	自中标通知书发出之日起 30 日内
退还投标保证金时间	招标终止并收取投标保证金的，应及时退还；承包人依法撤回投标文件的，自收到撤回通知之日起 5 日内退还；投资人与中标人签订合同后 5 个工作日内退还

（三）程序

全过程工程咨询单位通过了解拟建项目情况、投资人需求分析、标段划分、招标方式选择、合同策划、招标时间安排等细节，将工作关键成果进行汇总整理，编写形成招标策划书。工作程序如图 3-2 所示。

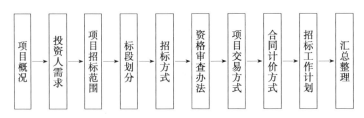

图 3-2　招标策划书编写程序

二、招标采购阶段项目管理

全过程工程咨询单位应组织建立招标采购管理制度，确定招标采购流程和实施方式，规定管理与控制的程序和方法。需要特别强调的是，招标采购活动应当是在国家相关部门监督管理下有秩序地进行的一项涉及面广、竞争性强、利益关系敏感的经济活动。因此，招标投标活动及其当事人应当接受依法实施的监督，这对招标投标的当事人来说是一项法定的义务。由于招标投标活动范围很广，专业性又强，很难由一个部门统一进行监督，而是由各个不同的部门根据规定和各自的具体职责分别进行监督。各省、自治区、直辖市人民政府从本地实际出发，对各部门招投标监督职责分工有具体规定，建设项目的招标采购管理应同时遵守工程建设项目所在地的规定。

（一）全过程工程咨询单位在招标采购阶段需要管理的内容

（1）招标采购策划管理；

（2）招标采购制度管理；

（3）招标采购过程管理；

（4）招标采购合同管理；

（5）招标采购流程评价。

（二）依据

（1）相关法律法规、政策文件、标准规范等；

（2）项目可行性研究报告、投资人需求书、相关利益者需求分析、不同深度的勘察设计文件（含技术要求）、决策和设计阶段造价文件等；

（3）招标人经营计划，资金使用计划和供应情况，项目工期计划等；

（4）项目资金来源、项目性质、项目技术要求、投资人对工程造价、质量、工期的期望以及资金的充裕程度等；

（5）潜在投标人专业结构和市场供应能力分析；

（6）项目建设场地供应情况和周边基础设施的配套情况；

（7）招标过程所形成书面文件；

（8）合同范本。

（三）内容

1. 招标采购策划管理

全过程工程咨询单位对项目进行招标策划：根据工程的勘察、设计、监理、施工以及与工程建设有关的重要设备（进口机电设备除外）、材料采购的费用投资估算或批准概算来进行招标策划，明确哪些须招标，哪些可不用招标，并编制相应的招标文件，通过一系列的招标活动完成对中标人的招标。

2. 招标采购制度管理

全过程工程咨询单位应协助招标人制定招标采购阶段的管理制度，招标采购管理制度中应包含招标采购组织机构及职责、招标采购工作准则、招标采购工作流程、质疑投诉处理、资料移交、代理服务费支付、招标代理机构的考核制度、招标采购人员职业规范、奖励与处罚，以及招标人和招标代理机构等各参建方在招标采购过程中的会签流程等内容，本着规范招标、采购行为，保障招标人的根本利益，兼顾质量和成本，提高工作效率和市场竞争力的原则，完善招标采购制度。

3. 招标采购过程管理

建设项目招标采购过程管理主要包含招标程序管理及各阶段的主要工作内容管理。

招标程序是相应法律法规规定的招标过程中各个环节承前启后、相互关联的先后工作序列。招标程序对招投标各方当事人具有强制约束力。违反法定程序需承担法律责任。

各阶段的主要工作内容是指招标人在招标、投标、开标、评标、定标、签订合同等阶段所要做的或监督委托的招标代理机构应做的主要事项，包括但不限于组织参建单位相关人员进行招标文件（资格预审文件）的讨论审核、工程量清单及控制价的审核，组织相关方人员进行招标答疑、招标流程合规化的监督、协助处理投诉质疑等主要管理工作。

（1）招标文件（资格预审文件）。

1）资格预审文件：招标范围；投标人资质条件；资格审查方法（有限数量制或合格制）；资格审查标准。

2）招标文件：招标范围；投标人资质条件；投标报价要求和内容；评标办法；主要合同条款；价款的调整及其他商务约定。

（2）工程量清单及控制价的审核。工程量清单编制完成后应进行审核，主要审核内容详见图 3-8 工程量清单审核程序图中的内容。

（3）组织相关方人员进行招标答疑。全过程工程咨询单位组织相关参与单位，在开标之前进行招标答疑活动，招标人对任何一位投标人所提问题的回答，必须发送给每一位投标人，保证招标的公开和公平。回答函件作为招标文件的组成部分，如果书面解答的问题与招标文件中的规定不一致，以函件的解答为准。

（4）招标流程合规化的监督。全过程工程咨询单位"协助招标人"严格把关招标流程，从"市场调研、评委抽取、招标条件、资格审查、评标过程、中标结果、合同签订、合同履行"八个关键环节入手，细化为具体监督内容的监督流程，由监督人员在招投标监督过程中执行。

（5）协助处理投诉质疑。全过程工程咨询单位耐心做好质疑答复工作，严防事态升级，重视投诉质疑回复工作。质疑投诉回复是质疑投诉处理的阶段性工作标志，对它的把握要做到恰到好处。全过程工程咨询单位"须协助招标人"耐心做好质疑答复工作，严防事态升级，重视投诉质疑回复工作。要做到按所提疑问逐条仔细给予回复，答复时用词要精准不能产生歧义。

4. 招标采购合同管理

（1）依据。

1）法律法规：

《中华人民共和国合同法》（主席令第 15 号）。

《中华人民共和国标准施工招标文件》（2007 版）。

《建设工程施工合同（示范文本）》（GF—2017—0201）。

其他相关法律法规、政策文件、标准规范等。

2）建设项目工程资料：项目决策、设计阶段的成果文件，如可行性研究报告、勘察设计文件、项目概预算、主要的工程量和设备清单；投资人和全过程工程咨询单位提供的有关技术经济资料；类似工程的各种技术经济指标和参数以及其他有关的资料；项目的特征，包含项目的风险、项目的具体情况等；招标策划书；其他相关资料。

（2）内容。施工合同是保证工程施工建设顺利进行，保证投资、质量、进度、安全等各项目标顺利实施的统领性文件。施工合同应该体现公平、公正和双方真实意愿反映的特点，施工合同只有制定科学才能避免出现争议和纠纷，确保建设目标的实现。

1）合同条款拟订。全过程工程咨询单位须根据项目实际情况，依据《建设工程施工合同（示范文本）》（GF—2017—0201），科学合理拟订项目合同条款。

合同协议书。合同协议书主要包括：工程概况、合同工期、质量标准、签约合同价和合同价格形式、项目经理、合同文件构成、承诺以及补充协议等重要内容，集中约定了合同当事人基本的合同权利义务。

通用合同条款。通用合同条款是合同当事人根据《中华人民共和国建筑法》《中华人民共和国合同法》等法律法规的规定，就工程建设的实施及相关事项，对合同当事人的权利义务做出的原则性约定。

专用合同条款。专用合同条款是根据不同建设工程的特点及具体情况，对通用合同条款原则性约定的细化、完善、补充、修改或另行约定的条款。

补充合同条款。通用合同条款和专用合同条款未有约定的，必要时可在补充合同条款中加以约定。

2）要点分析。

承包范围以及合同签约双方的责任、权利和义务。明确合同的承包范围以及合同签约双方的责任、权利和义务才能从总体上控制好工程质量、工程进度和工程造价，合同的承包范围以及合同签约双方的责权利和义务的描述不应采用高度概括的方法，应对承包范围以及合同签约双方的责权利和义务进行详尽的描述。

风险的范围及分担办法。在合同的制定中，合理确定风险的承担范围是非常重要的，风险的范围必须在合同中描述清楚，合理分担风险，避免把一切风险都推给中标人承担的做法。

严重不平衡报价的控制。"不平衡报价"是中标人普遍使用的一种投标策略，其目的是"早拿钱"（把前期施工的项目报价高）和"多拿钱"（把预计工程量可能会大幅增加的项目报价高），一定幅度的"不平衡"是正常的，但如果严重地不平衡报价，将严重影响造价的控制。为了控制严重不平衡报价的影响，在合同中应明确对严重不平衡报价的处理办法：①投资人有权进行清标并调整的办法；②在合同中设定对工程量增加或减少超过工程量清单中提供的数量的一定幅度（如10%）时，超出或减少部分工程量的单价要进行调整的办法。通过这些条款的设置就能从招标环节杜绝不平衡报价的影响，实现造价的主动控制。

进度款的控制支付. 进度款的支付条款应清楚支付的条件、依据、比例、时间、程序等。工程款的支付方式包括：预付款的支付与扣回方式、进度款的支付条件、质保金的数量与支付方式及工程款的结算等。

工程价款的调整、变更签证的程序及管理。合理设置人工、材料、设备价差的调整方法，明确变更签证价款的结算和支付条件。

违约及索赔的处理办法。清晰界定正常变更和索赔，明确违约责任及索赔的处理办法。合理利用工程保险、工程担保等风险控制措施，使风险得到适当转移、有效分散和合理规避，确保有效履约合同，实现投资控制目标。

（3）程序。全过程工程咨询单位的合同条款策划的程序如图3-3所示。

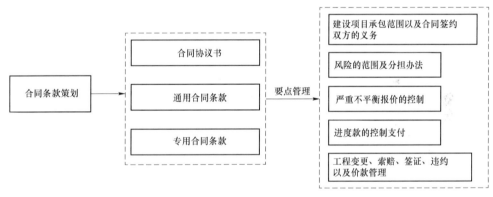

图 3-3　合同策划程序图

（4）注意事项。合同条款策划应注意以下问题：

1）合同条款策划要符合合同的基本原则，不仅要保证合法性、公正性，而且要合理分担风险，促使各方面的互利合作，确保高效率地完成项目目标。

2）合同条款策划应保证项目实施过程的系统性、协调性和可实施性。

3）合同承包范围应清晰，合同主体和利益相关方责任、权利和义务明确。

4）合同管理并不是在合同签订之后才开始的，招标过程中形成的大部分文件，在合同签订后都将成为对双方当事人有约束力的合同文件的组成文件。该阶段合同管理的主要内容有：审核资格预审文件（采用资格预审时），对潜在投标人进行资格预审；审核招标文件，依法组织招标；必要时组织现场踏勘；审核潜在投标人编制投标方案和投标文件；审核开标、评标和定标工作；合同分析和审查工作；组织合同谈判和签订，落实履约担保；合同备案等。对中标人的投标文件进行审核，再签订合同。

5. 招标采购流程评价

在项目招标采购完成之后，全过程工程咨询单位应对招标采购流程进行评估。将合同各参与主体在执行过程中的利弊得失、经验教训总结出来，为投资人同类型招标采购提供借鉴，为项目部及公司决策层提供参考。

（四）程序

全过程工程咨询单位在招标采购阶段的项目管理工作，包括前期协助招标人制定招标采购管理的制度，组织策划招标采购流程，管理招标采购的过程，同时，对招标投标的合同进行管理，招标投标活动完成后，开展招标采购项目后评估。

全过程工程咨询单位的招标采购工作的程序如图 3-4 所示。

（五）注意事项

（1）全过程工程咨询单位在招标采购项目过程中，应对社会资源供需进行深入分析，如拟招标项目需要开挖土方和运输，若项目所在地附近存在土方需求的，则应考虑将开挖土方供应给临近的需求者，以求降低成本、提高社会效益。

（2）应充分考虑项目功能、未来产权划分对标段影响，招标策划工作中应根据投资人的需要，对优先使用的功能、产权明晰的项目优先安排招标和实施。

（3）项目招标策划应与项目审批配套执行，充分考虑审批时限对招标时间安排的影响和带来的风险，避免项目因审批尚未通过而导致招标无效，影响项目建设程序。

（4）招标策划应充分评估项目建设场地的准备情况，特别需要在招标前完成土地购置和征地拆迁工作，现场三通一平条件充足，避免招标结束后中标人无法按时进场施工导致索赔或纠纷问题。

三、招标采购代理

工程招标代理，是指工程招标代理机构接受招标人的委托，从事工程的勘察、设计、施工、监理以及与工程建设有关的重要设备（进口机电设备除外）、材料采购招标的代理业务。工程招标代理工作包括：与招标人签订招标代理合同，拟订招标方案，提出招标申请，发布招标公告或发出投标邀请书，编制、发售资格预审文件，审查投标申请人资格，编制并发售招标文件，编制标的或投标控制价，踏勘现场与答疑，组织开标，组织评标定标与发出中标通知书，招标投标资料汇总与书面报告，协助招标人签订合同、合同备案等。

（一）依据

1. 法律法规

（1）相关法律法规、政策文件、标准规范等；

（2）《中华人民共和国标准施工招标文件（2007 年版）》；

（3）《建设工程招标控制价编审规程》（CECA/GC 6—2011）；

（4）《建设项目全过程造价咨询规程》（CECA/GC 4—2017）；

（5）《中华人民共和国招标投标法》（2017 年修订）；

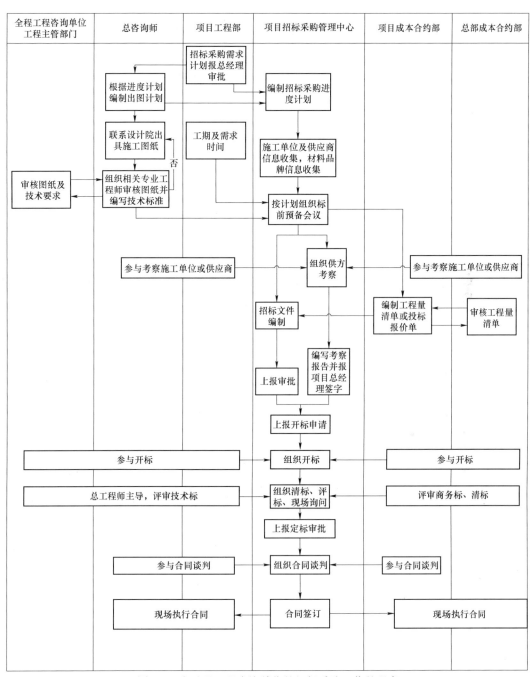

图 3-4 全过程工程咨询单位的招标采购工作的程序

（6）《中华人民共和国招标投标法实施条例》（2017 年修订）；

（7）《建设工程造价咨询成果文件质量标准》（CECA/GC 7—2012）。

2. 建设项目工程资料

（1）项目可行性研究报告、投资人需求书、相关利益者需求分析、不同深度的勘察设计文件（含技术要求）、决策和设计阶段造价文件等；

（2）投资人资金使用计划和供应情况，项目工期计划等；

（3）项目建设场地供应情况和周边基础设施的配套情况；

（4）潜在投标人技术、管理能力、信用情况等；

（5）材料设备市场供应能力；

（6）合同范本；

（7）招标策划书。

（二）内容

全过程工程咨询单位对项目进行招标策划并编制完招标文件后，需要通过一系列招标活动完成对中标人的招标。

1. 招标公告

按现行有关规定，招标公告的基本内容包括：

（1）招标条件。包括招标项目的名称，项目审批、核准或备案机关名称及批准文件编号，招标人的名称，项目资金来源和出资比例，阐明该项目已具备招标条件，招标方式为公开招标。

（2）招标项目的建设地点、规模、计划工期、招标范围、标段划分等。

（3）对投标人的资质等级与资格要求。申请人应具备的资质等级、类似业绩、安全生产许可证、质量认证体系，以及对财务、人员、设备、信誉等方面的要求。

（4）招标文件或资格预审文件获取的时间、地点、方式，招标文件的售价，图纸押金等。

（5）投标文件递交的截止时间、地点。

（6）公告发布的媒体。依法必须招标项目的招标公告应当在国家指定的媒体发布，对于不属于必须招标的项目，招标人可以自由选择招标公告的发布媒介。

（7）联系方式，包括招标人和招标代理机构的联系人、地址、邮编、电话、传真、电子邮箱、开户银行和账号。

（8）其他。对有关部委结合行业的具体特点进行了一些特殊规定，见表3-3。

表3-3   不同类型项目招标公告内容（包括但不限于）

类型	招标公告内容
工程建设项目勘察设计招标投标	①工程概况； ②招标方式、招标类型、招标内容及范围； ③投标人承担设计任务范围； ④对投标人资质、经验及业绩的要求； ⑤购买招标文件的时间、地点； ⑥招标文件工本费收费标准； ⑦投标截止时间、开标时间及地点； ⑧联系人及联系方式等

续表

类型	招标公告内容
工程建设项目施工招标投标	①招标人的名称和地址； ②招标项目的内容、范围、规模、资金来源； ③招标项目的实施地点和工期； ④获取招标文件或资格预审文件的地点和时间； ⑤对招标文件或资格预审文件收取的费用； ⑥对投标人的资格等级要求； ⑦投标截止时间、开标时间及地点
工程建设项目货物招标投标	①投标人的名称和地址； ②招标货物的名称、数量、技术规格、资金来源； ③交货的地点和时间； ④获取招标文件或资格预审文件的地点和时间； ⑤对招标文件或资格预审文件收取的费用； ⑥提交资格预审申请或投标文件的地点和截止日期； ⑦对投标人的资格要求

此外，招标人采用邀请招标方式的，应当向3个以上具备承担招标项目能力、资信良好的特定法人或其他组织发出投标邀请书。投标邀请书的内容和招标公告的内容基本一致，但无须说明发布公告的媒介，需增加要求潜在投标人确认是否收到了投标邀请书的内容。

公开招标的项目，招标人采用资格预审办法对潜在投标人进行资格审查的，应当发布资格预审公告、编制资格预审文件。资格预审公告的基本内容和招标公告的内容基本一致，只需增加资格预审方法，表明是采用合格制还是有限数量制；资格预审结束后，向投标人发送资格预审合格通知书的同时发送投标邀请书。

2. 资格审查

为了保证潜在投标人能够公平地获取投标竞争的机会，确保投标人满足招标项目的资格条件，同时避免招标人和投标人不必要的资源浪费，招标人应当对投标人资格进行审查。资格审查分为资格预审和资格后审两种。

（1）资格预审。资格预审是指招标人采用公开招标方式，在投标前按照有关规定程序和要求公布资格预审公告和资格预审文件，对获取资格预审文件并递交资格预审申请文件的潜在投标人进行资格审查。一般适用于潜在投标人较多或者大型、技术复杂的工程项目。

1）资格预审主要审查潜在投标人或者投标人是否符合下列条件：

① 具有独立订立合同的权利。

② 具有履行合同的能力，包括专业、技术资格和能力，资金、设备和其他物质设施状况，管理能力，经验、信誉和相应的从业人员。

③ 没有处于被责令停业，投标资格被取消，财产被接管、冻结、破产状态。

④ 在最近3年内没有骗取中标和严重违约及重大工程质量问题。

⑤ 法律、行政法规规定的其他资格条件等。

资格审查时，招标人不得以不合理的条件限制、排斥潜在投标人或投标人，不得对潜在投标人或者投标人实行歧视待遇。任何单位和个人不得以行政手段或其他不合理方式限制投标人的数量。

2）资格预审的程序。

① 编制资格预审文件。

② 发布资格预审公告。

③ 出售资格预审文件。

④ 对资格预审文件的澄清、修改。

⑤ 潜在投标人编制并递交资格预审申请文件。

⑥ 组建资格审查委员会。

⑦ 资格审查委员会对资格预审申请文件进行评审并编写资格评审报告。

⑧ 招标人审核资格评审报告，确定资格预审合格申请人。

⑨ 向通过资格预审的申请人发出投标邀请书（代资格预审合格通知书），并向未通过资格预审的申请人发出资格预审结果的书面通知。

3）资格预审文件。资格预审文件是告知申请人资格预审条件、标准和方法，并对申请人的经营资格、履约能力进行评审，确定合格中标人的依据。资格预审文件编制程序如图 3-5 所示。

（2）资格后审。是指在开标后，在评标过程中对投标申请人进行的资格审查。采用资格后审的，对投标人资格要求的审查内容、评审方法和标准与资格预审基本相同，评审工作由招标人依法组建的评标委员会负责。招标人应当在招标文件中载明对投标人资格要求的条件、标准和方法。

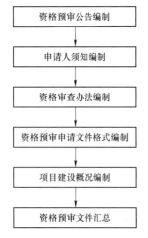

图 3-5　资格预审文件编制程序

经过资格预审的，一般不再进行资格后审，但招标文件另有规定的除外。

3. 招标文件编制

招标文件是招标人向潜在投标人发出的要约邀请文件，是告知投标人招标项目内容、范围、数量与招标要求，投标资格要求，招标投标程序，投标文件编制与递交要求，评标标准和方法，合同条款与技术标准等招标投标活动主体必须掌握的信息和遵守的依据，对招标投标各方均具有法律约束力。

（1）编制招标文件应遵循的原则和要求。招标文件的编制必须遵守国家有关招标投标的法律、法规和部门规章的规定，应遵循下列原则和要求：

1）招标文件必须遵循公开、公平、公正的原则，不得以不合理的条件限制或者排斥潜在投标人，不得对潜在投标人实行歧视待遇。

2）招标文件必须遵循诚实信用的原则，招标人向投标人提供的工程项目情况，特别是工程项目的审批、资金来源和落实等情况，都要确保真实和可靠。

3）招标文件介绍的工程项目情况和提出的要求，必须与资格预审文件的内容相一致。

4）招标文件的内容要能清楚地反映工程项目的规模、性质、商务和技术要求等内容，设计图纸应与技术规范或技术要求相一致，使招标文件系统、完整、准确。

5）招标文件规定的各项技术标准应符合国家强制性标准。

6）招标文件不得要求或者标明特定的专利、商标、名称、设计、原产地或材料、构配件等生产供应者，以及含有倾向或者排斥投标申请人的其他内容。如果必须引用某一生产供应者的技术标准才能准确或清楚地说明拟招标项目的技术标准时，则应当在参照后面加上"或相当于"的字样。

7）招标人应当在招标文件中规定实质性要求和条件，并用醒目的方式标明。

（2）招标文件的内容。

1）按现行有关规定，招标文件的基本内容包括：

① 招标公告或投标邀请书。采用资格预审的形式时，投标邀请书可代资格预审通过通知书，是用来邀请资格预审合格的投标人投标的；在邀请招标时，不发布招标公告，是用投标邀请书直接邀请潜在投标人参加投标。

② 投标人须知。包括工程概况，招标范围，资格审查条件，工程资金来源或者落实情况，标段划分，工期要求，质量标准，现场踏勘和投标预备会，投标文件编制、提交、修改、撤回的要求，投标报价要求，投标有效期，开标的时间和地点等。

③ 评标标准和评标方法。包括选择评标方法、确定评审因素和标准以及确定评标程序。

④ 技术条款（含技术标准、规格、使用要求以及图纸等）。

⑤ 投标文件格式。包括投标函、投标函附录投标担保书、投标担保银行保函格式、投标文件签署授权委托书及招标文件要求投标人提交的其他投标资格格式。

⑥ 拟签订合同主要条款及合同格式。一般分为通用条款和专用条款两部分。通用条款具有普遍适用性；专用条款是针对某一特定工程项目合同的具体规定，是对通用条款的补充和修改。

⑦ 附件和其他要求投标人提供的材料。

对不同类型项目招标文件的内容，有关部委结合行业的具体特点做出一些特殊规定。

2）对工程勘察设计招标文件，《工程建设项目勘察设计招标投标办法》规定，勘察设计招标文件应当包括下列内容：

① 投标须知。

② 投标文件格式及主要合同条款。

③ 项目说明书，包括资金来源情况。

④ 勘察设计范围，对勘察设计进度、阶段和深度的要求。

⑤ 勘察设计基础资料。

⑥ 勘察设计费用支付方式，对未中标人是否给予补偿及补偿标准。

⑦ 投标报价要求及投标有效期。

⑧ 对投标人资格审查的标准。

⑨ 评标标准和方法。

3）对工程项目施工招标文件，《工程建设项目施工招标投标办法》规定，招标人根据施工招标项目的特点和需要编制招标文件。招标文件一般包括下列内容：

① 投标邀请书。

② 投标人须知。

③ 合同主要条款。

④ 投标文件格式。

⑤ 采用工程量清单招标的，应当提供工程量清单。

⑥ 技术条款。

⑦ 设计图纸。

⑧ 评标标准和方法。

⑨ 投标辅助材料。

⑩ 招标人应当在招标文件中规定实质性要求和条件，并用醒目的方式标明。

4）对工程项目货物招标文件，《工程建设项目货物招标投标办法》规定，一般包括下列内容：

① 投标邀请书。

② 投标人须知。

③ 投标文件格式。

④ 技术规格、参数及其他要求。

⑤ 评标标准和方法。

⑥ 合同主要条款。

招标人应当在招标文件中规定实质性要求和条件，说明不满足其中任何一项实质性要求和条件的投标将被拒绝，并用醒目的方式标明；没有标明的要求和条件在评标时不得作为实质性要求和条件。对于非实质性要求和条件，应规定允许偏差的最大范围、最高项数，以及对这些偏差进行调整的方法。

国家对招标货物的技术、标准、质量等有特殊要求的，招标人应当在招标文件中提出相应特殊要求，并将其作为实质性要求和条件。

（3）招标文件的发放。招标代理机构应当以书面的形式通知选定的符合资质条件的投标申请人领取招标文件，书面通知中应包括获取招标文件的时间、地点和方式。

（4）编制招标文件中需要注意事项（需增加内容）：

1）招标文件评分细则中专家打分不能存在空档，量化具体评分分值，如下错误案例：招标文件的评分细则中规定：工程质量保证措施全面、具体、可行性等，评标专家可据实给出一般：1～3分；良：4～6分：优7～9分等。

2）投标文件的内容及格式应与其他章节相对应，不得提出违反法律法规或不合理的其他要求。

3）招标文件中答疑时间、投标截止时间等节点时间满足相关法律法规要求。

4）《合同条款》《投标人须知》《工程量清单》等每个环节是否符合相关规定。

5）必要时，可通过图纸查看招标文件描述的工程概况（规模）、类似业绩要求的规模是否与图纸一致。

4. 现场踏勘与答疑

（1）现场踏勘。招标人组织现场踏勘和招标文件答疑会，应特别注意的是不得向任何单位和个人透露参加现场踏勘和出席交底答疑会的投标人的情况。签到应采取分别签到记录。

（2）答疑或投标预备会。投标人对有需要解释的问题，以书面形式在招标文件或招标人规定的时间内向招标人提出。招标人对有必要解释说明的问题以补充招标文件的形式发放给投标人。

5. 组织评标委员会

招标人或招标代理机构根据招标建筑工程项目特点和需要组建评标委员会，一般工程项目按照当地有关规定执行。大型公共建筑工程或具有一定社会影响的建筑工程，以及技术特别复杂、专业性要求特别高的建筑工程等情况，经主管部门批准，招标人可以从设计类资深专家库中直接确定，必要时可以邀请外地或境外资深专家参加评标。评标委员会成员名单在中标人确定前应当保密。

6. 接受投标有关文件

在投标过程中，全过程工程咨询单位主要的工作内容是接收中标人提交的投标文件和投标保证金等，并审核投标文件和投标保证金是否符合招标文件和有关法律法规的规定。

7. 开标

（1）开标应当在招标文件确定的提交投标文件截止时间的同一时间公开进行，开标地点应当为招标文件中预先确定的地点。

（2）开标时，由中标人或者其推选的代表检查投标文件的密封情况，也可以由投资人委托的公证机构检查并公证；经确认无误后，由工作人员当众拆封，宣读中标人名称、投标价格和投标文件的其他主要内容。

8. 清标

在全过程工程咨询服务中，针对项目的需要，专业咨询工程师（招标代理）在开标后、评标前对投标报价进行分析，编制清标报告成果文件。清标报告应包括清标报告封面、清标报告的签署页、清标报告编制说明、清标报告正文及相关附件。及时检查清标报告内容是否完整和符合有关规定，然后提交总咨询师和投资人复核确认。

清标报告正文宜阐述清标的内容、清标的范围、清标的方法、清标的结果和主要问题等。一般应主要包括：

（1）算术性错误的复核与整理，不平衡报价的分析与整理，错项、漏项、多项的核查与整理。

（2）综合单价、取费标准合理性分析和整理。

（3）投标报价的合理性和全面性分析与整理，投标文件中含义不明确、对同一问题表述不一致、明显的文字错误的核查与整理等。

（4）投标文件和招标文件是否吻合；招标文件是否存在歧义问题，是否需要组织澄清等问题。

9. 评标

（1）投资人或其委托的全过程工程咨询单位应依法组建的评标委员会，与中标人有利害关系的人不得进入相关项目的评标委员会。

（2）评标委员会可以要求中标人对投标文件中含义不明确的内容做必要的澄清或者说明，但是澄清或者说明不得超出投标文件的范围或者改变投标文件的实质性内容（如有时）。

（3）评标委员会应当按照招标文件确定的评标标准和方法，对投标文件进行评审和比较，设有标底的，应当参考标底。评标委员会完成评标后，应当向投资人提出书面评标报告，并推荐合格的中标候选人。

10. 定标（发中标通知书）

（1）根据评标委员会提出的书面评标报告和推荐的中标候选人确定中标人。投资人也可以授权评标委员会直接确定中标人。

（2）中标人确定后，投资人应当向中标人发出中标通知书，并同时将中标结果通知所有未中标的投标人。

（3）中标通知书对投资人和中标人具有法律效力。中标通知书发出后，投资人改变中标结果的，或者中标人放弃中标项目的，应当依法承担法律责任。

全过程咨询机构到相关行政监督部门将定标结果进行备案（或按项目所在地规定）并公示中标候选人。

11. 签订合同

根据《招标投标法》，投资人和中标人应当自中标通知书发出之日起三十日内，按照招标文件和中标人的投标文件订立书面合同。全过程工程咨询单位应协助投资人进行合同澄清、签订合同等工作，同时根据投资人的需求和项目需要，可协助投资人进行合同谈判、细化合同条款等内容。投资人和中标人不得再行订立背离合同实质性内容的其他协议。

（三）程序

全过程工程咨询单位须严格执行有关法律法规和政策规定的程序和内容，规范严谨组织项目招标采购过程管理，具体程序如图3-6所示。

（四）注意事项

（1）全过程工程咨询单位、投资人、中标人和相关利益方应依法做好廉洁管理工作，确保项目招标投标工作公正公平开展。

（2）招标文件、资格预审文件的发售、澄清、修改的时限，或者确定的提交资格预审申请文件、投标文件的时限需符合招标投标法律法规规定。不得擅自更改招标文件规定的投标截止时间和递交地点。

（3）不得超过规定的比例收取投标保证金、履约保证金或者不按照规定退还投标保证金及银行同期存款利息。

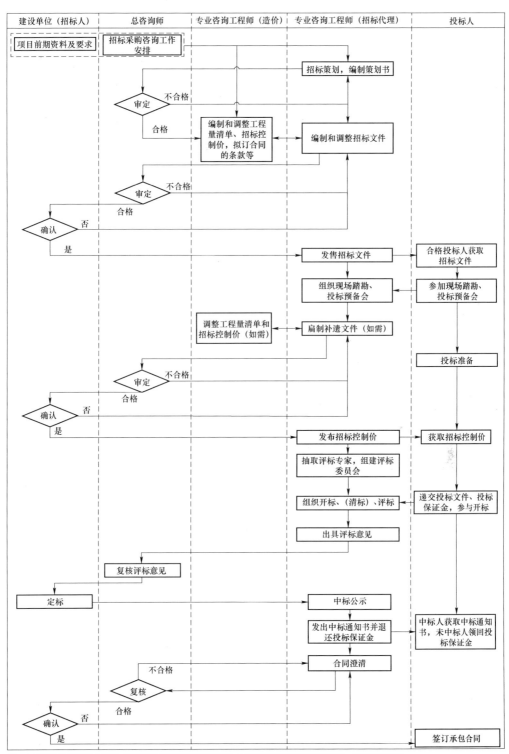

注：如采用资格预审方式招标，则须在发售招标文件前编制和公布资格预审公告和预审文件、组织资格预审。

图 3-6 全过程工程咨询单位招标采购阶段工作程序图

（4）投资人应按规定时限发出中标通知书，中标通知书发出后无正当理由不得改变中标结果。

（5）投资人应按规定时限与中标人订立合同；不得在订立合同时向中标人提出附加条件。

（6）投资人和中标人应按照招标文件和中标人的投标文件订立合同，合同的主要条款与招标文件、中标人的投标文件的内容应一致，投资人、中标人不得订立背离合同实质性内容的协议。

四、全过程咨询项目招标采购投资控制

招标采购阶段投资管控作为建设项目全过程投资管控的重要组成部分，是工程投资事前控制的主要手段，不仅为施工阶段和工程竣工结算阶段的投资管控奠定了基础，而且对于提升建设项目投资管理水平和投资控制效果具有十分重要的意义。

招标采购阶段，是确定合同价款的一个重要阶段，它通过施工图实际算量，已经比较接近工程的实际造价且对建筑成品已经能初步体现，对后期工程竣工结算有着直接的影响。

（一）工程量清单编制与审核

1. 依据

（1）现行《建设工程工程量清单计价规范》；

（2）《建设项目全过程造价咨询规程》（CECA/GC 4—2017）；

（3）国家或省级、行业建设主管部门颁发的计价定额和办法；

（4）建设工程设计文件；

（5）与建设项目有关的标准、规范、技术资料；

（6）招标文件及其补充通知、答疑纪要；

（7）施工现场实际情况、地勘水文资料、工程特点及常规施工方案；

（8）其他相关资料。

2. 内容

（1）分部分项工程量清单编制。分部分项工程量清单是指表示拟建工程分项实体工程项目名称和相应数量的明细清单，应该包括项目编码、项目名称、项目特征、计量单位和工程量五个部分。具体编制要件和要点见表 3-4。

表 3-4 分部分项工程量清单编制

要件	编制要点	备注
项目编码	12 位阿拉伯数字表示，1～9 位按《建设工程工程量清单计价规范》附录的规定设置，10～12 位应根据拟建工程的工程量清单项目名称设置	不得有重码
项目名称	施工图纸中有体现的，规范中有列项则直接列项，计算工程量；施工图纸有体现，规范中没有相应列项，项目特征和工程内容都没提示，则补项，在编制说明中注明	根据《建设工程工程量清单计价规范》结合工程实际确定

续表

要件	编制要点	备注
项目特征描述	根据项目情况介绍	根据项目情况介绍
计量单位	以"吨"为单位，保留三位小数，第四位小数四舍五入；以"立方米""米""千克"保留两位小数，第三位四舍五入；以"个""项""樘""套"等为单位的，应取整数	有两个或两个以上计量单位的，应结合拟建工程项目选择其中一个确定
工程量计算	按《建设工程工程量清单计价规范》附录 A～F 中规定的工程量计算规则计算。另外对于补充工程量计算规则必须符合下述原则；第一具有可算性，第二计算结果具有唯一性	工程量计算要准确

补充项目为附录中未包括的项目，有补充项目时，编制人应做补充，并报省级或行业工程造价管理机构备案，省级或行业工程造价管理机构应汇总报住房城乡建设部标准定额研究所。

（2）措施项目清单编制。措施项目清单是未完成工程项目施工，发生于该工程施工前、施工过程中技术、生活、文明、安全等方面的非实体工程实体项目清单。编制时需考虑多方面的因素，除工程本身，还涉及气象、水文、环境、安全等因素。措施项目清单应根据拟建工程的实际情况列项，若《建设工程工程量清单计价规范》中存在未列项目，可根据实际情况进行补充。

1）措施项目清单的编制依据：

① 拟建工程的施工组织设计。

② 拟建工程的施工技术方案。

③ 与拟建工程相关的工程施工规范和工程验收规范。

④ 招标文件。

⑤ 设计文件。

2）措施项目清单的确定要按照以下要求：

① 参考拟建工程的施工组织设计，以确定环境保护、安全文明施工、二次搬运等项目。

② 参考施工技术方案，以确定夜间施工、混凝土模板与支架、施工排水、施工降水、垂直运输机械、大型机械设备进出场及安拆脚手架等项目。

③ 参考相关施工规范与工程验收规范，以及技术方案没有表述但是为了实现施工规范和验收规范要求而必须发生的技术措施。

④ 确定设计文件中一些不足以写进技术方案的，但是要通过一定的技术措施才能实现的内容。

⑤ 确定招标文件中提出的某些必须通过一定的技术措施才能实现的要求。

（3）其他项目清单编制。其他项目清单是指除分部分项工程量清单、措施项目清单所包含的内容以外，因招标人的特殊要求而发生的与拟建工程有关的其他费用项目和相应数量的清单。其影响因素包括工程建设标准的高低、工程的复杂程度、工程的工期长短、工程的组成内容、发包人对工程管理要求等。其他项目清单的内容包括暂列金额、暂估价、计日工和总承包服务费，未包含项目需要补充。

1）暂列金额指招标人在工程量清单中暂定并包括在合同价款中的一笔款项。用于施工合同签订时尚未确定或者不可预见的所需材料、设备、服务的采购，施工中可能发生的工程量变更、合同约定调整因素出现时的工程价款调整以及发生的索赔、现场签证等费用。

暂估价是指招标人在工程量清单中提供的用于支付必然发生但暂时不能确定价格的材料的单价以及专业工程的金额。

2）在工程实施中，暂列金额、暂估价所包含的工作范围和图纸、标准深化固定后，按照工程专业、设备、材料类别等分类汇总的金额，达到法定招标范围标准的，应由招标人同中标人联合招标，确定承包人和承包价格。

3）在工程实施中，暂列金额、暂估价所包含的工作范围和图纸、标准深化固定后，按照工程专业、设备、材料类别等分类汇总的金额，未达到法定招标范围标准但适用政府采购规定的，应按照政府采购规定确定承包人和承包价格。

4）在工程实施中，暂列金额、暂估价所包含的工作范围和图纸、标准深化固定后，按照工程专业、设备、材料类别等分类汇总的金额，未达到法定招标范围标准也不适用政府采购规定，承包人有法定的承包资格的，由承包人承包，承包人无法定的承包资格但有法定的分包权的，由承包人分包，招标人同承包人结算的价格按招投标文件相关规定确定。

5）在工程实施中，暂列金额、暂估价所包含的工作范围和图纸、标准深化固定后，按照工程专业、设备、材料类别等分类汇总的金额，未达到法定招标范围标准也不适用政府采购规定，承包人既无法定的承包资格又无法定的分包权的，由招标人另行发包。

6）在工程实施中，暂列金额、暂估价所包含的工作范围由其他承包人承包的，纳入项目总承包人的管理和协调范围，由其他承包人向项目总承包人承担质量、安全、文明施工、工期责任，项目总承包人向招标人承担责任。

（4）规费、税金项目清单编制。规费项目清单应包括工程排污费、社会保障费（养老保险、失业保险、医疗保险）、住房公积金、危险作业意外伤害保险费。税金项目清单包括营业税、城市建设维护税、教育费附加。

3. 程序

（1）工程量清单编制流程。依据《建设工程工程量清单计价规范》（GB 50500—2013）和《建设项目全过程造价咨询规程》（CECA/GC 4—2017）实施手册，建设项目工程量清单编制流程图如图3-7所示。

（2）工程量清单审核程序。工程量清单的审核可以分为对封面及相关盖章的审核、工程量清单总说明的审核、分部分项工程量清单的审核、措施项目清单的审核、其他项目清单的审核、规费税金项目清单的审核及补充工程量清单项目的审核。工程量清单审核流程如图3-8所示。

4. 注意事项

在编制工程量清单时，应当做好以下工作：

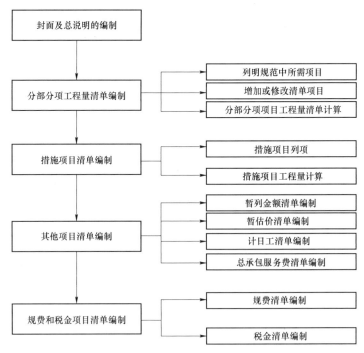

图 3-7　工程量清单编制程序图

（1）充分理解招标文件的招标范围，协助投资人完善设计文件。

（2）认真查看现场，措施项目应该与施工现场条件和项目特点相吻合。

（3）工程量清单应表达清晰，满足投标报价要求。

（4）在工程量清单中应明确相关问题的处理及与造价有关的条件的设置，如暂估价；工程一切险和第三方责任险的投保方、投保基数及费率及其他保险费用；特殊费用的说明；各类设备的提供、维护等的费用是否包括在工程量清单的单价与总额中；暂列金额的使用条件及不可预见费的计算基础和费率。

（5）工程量清单的编制人员要结合项目的目的要求、设计原则、设计标准、质量标准、工程项目内外条件，及相关资料和信息全面兼顾进行，不能仅仅依靠施工图进行编制，还应分析研究施工组织设计、施工方案，只有这样才可以避免由于图纸设计与实际要求不吻合造成的设计变更。

（二）招标控制价编制与审核

1. 依据

（1）现行《建设工程工程量清单计价规范》《建设项目全过程造价咨询规程》（CECA/GC 4—2017）；

（2）国家或省级行业建设主管部门颁发的计价依据和办法；

（3）经过批准和会审的全部建设工程设计文件及相关资料，包括施工图纸等；

（4）与建设项目有关的标准、规范、技术资料；

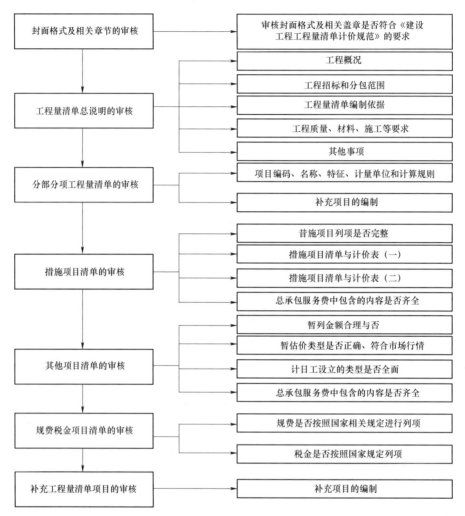

图 3-8　工程量清单审核程序图

（5）招标文件及其补充通知、答疑纪要；

（6）施工现场情况、工程特点及常规施工方案；

（7）批准的初步设计概算或修正概算文件；

（8）工程造价管理机构发布的工程造价信息及市场价格；

（9）招标控制价编制委托代理合同；

（10）其他相关资料。

对于实际工程项目编制招标控制价，采用编制前期准备工作中所收集的相关资料和文件作为依据。

2. 内容

招标控制价计价的内容应该根据《建设工程工程量清单计价规范》（GB 50500—2013）的具体要求来编制，具体如图 3-9 所示。

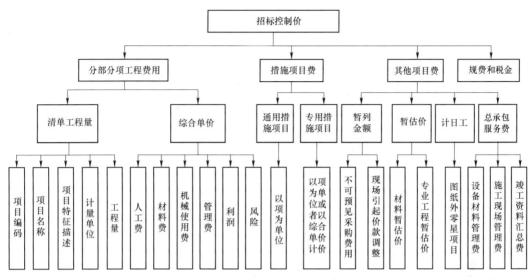

图 3-9　招标控制价组成内容

3. 程序

（1）招标控制价编制程序。招标控制价编制工作的基本程序包括编制前准备、收集编制资料、编制招标控制价价格、整理招标控制价文件相关资料、形成招标控制价编制成果文件，具体如图 3-10 所示。

（2）招标控制价审核程序。招标控制价审核工作的基本流程包括审核前准备、审核招标控制价文件、形成招标控制价审核成果文件，具体如图 3-11 所示。

4. 注意事项

（1）编制招标控制价应与招标文件（含工程量清单和图纸）相吻合，并结合施工现场情况确定，确保招标控制价的编制内容符合现场的实际情况，以免造成招标控制价与实际情况脱离。

（2）招标控制价确定既要符合相关规定，也要有可靠的信息来源，又要与市场情况相吻合。

（3）措施项目费用的计取范围、标准必须符合规定，并与拟定的合适的施工组织设计和施工方案相对应。

（4）在编制招标控制价时，要有对招标文件进行进一步审议的思路，对存在的问题及时反馈处理，避免合同履行时的纠纷或争议等问题。

（三）合同价款的约定

1. 签约合同价与中标价的关系

（1）签约合同价是指合同双方签订合同时在协议书中列明的合同价格；

（2）对于以单价合同形式招标的项目，工程量清单中各种价格的合计即为合同价；

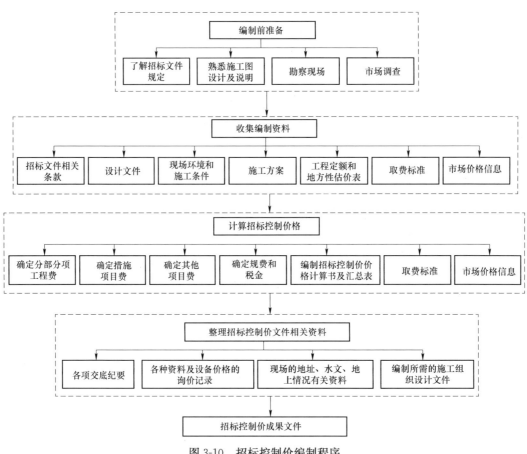

图 3-10 招标控制价编制程序

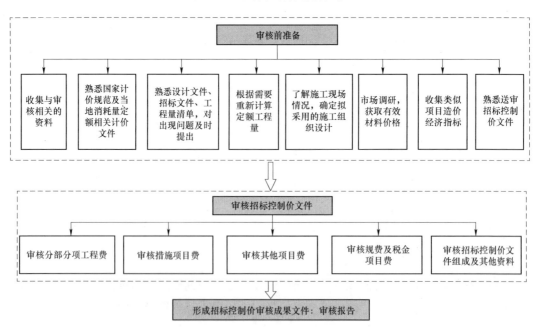

图 3-11 招标控制价审核程序

（3）签约合同价就是中标价，因为中标价是指评标时经过算术修正的并在中标通知书中申明招标人接受的投标价格。

2. 合同价款约定的规定和内容

（1）合同签订的时间及规定。招标人和中标人应当在投标有效期内自中标通知书发出之日起 30 天内按招标文件和投标文件订立合同。

1）中标人违约。中标人无正当理由拒签合同的，招标人取消其中标资格，其投标保证金不予退还；给招标人造成的损失超过投标保证金数额的，中标人还应当对超过部分予以赔偿。

2）招标人违约。发出中标通知书后，招标人无正当理由拒签合同的，招标人向中标人退还投标保证金；给中标人造成损失的，还应当赔偿损失。

招标人与中标人签订合同后 5 日内，应当向中标人和未中标的投标人退还投标保证金及银行同期存款利息。

（2）合同价款类型的选择。招标的工程：价款依据招投标文件在书面合同中约定。不得违背招投标文件中关于工期、造价、质量方面的实质性内容。招标与投标文件不一致，以投标文件为准。

不招标的工程：招标投标双方认可的合同价款基础上，在合同中约定。

1）鼓励采用单价方式：实行工程量清单计价的建筑工程。

2）总价方式：技术难度较低，工期较短的建设工程。

3）成本加酬金方式：紧急抢险、救灾以及施工技术特别复杂的建设工程。

（四）其他

1. 中标后，对中标人投标书的复核

评标结果出来，当初步确定中标人后，需要对中标人投标书的复核或进行清标工作。

2. 清标

（1）清标的定义和目的：所谓清标就是通过采用核对、比较、筛选等方法，对投标文件进行的基础性的数据分析和整理工作。其目的是找出投标文件中可能存在疑义或者显著异常的数据，为初步评审以及详细评审中的质疑工作提供基础。技术标和商务标都有进行清标的必要，但一般清标主要是针对商务标（投标报价）部分。

清标也是国际上通行的做法，在现有建设工程招标投标法律法规的框架体系内，清标属于评标工作的范畴。

清标的实质是通过清标专家对投标文件客观、专业、负责的核查和分析，找出问题、剖析原因，给出专业意见，供评标专家和投资人参考，以提高评标质量，并为后续的工程项目管理提供指引。

（2）清标工作组的组成。清标应该由清标工作组完成，也可以由招标人依法组建的评标委员会进行。清标工作组应该由招标人选派或者邀请熟悉招标工程项目情况和招标投标程序、专业水平和职业素质较高的专业人员组成，招标人也可以委托工程招标代理单位、工程造价咨询单位或者监理单位组织具备相应条件的人员组成清标工作组。清标工作组人员的具体数量应该视工作量的大小确定，一般建议应该在 3 人以上。

（3）清标工作的原则。清标工作是评标工作的基础性工作。清标工作是仅对各投标文件的商务标投标状况做出客观性比较，不能改变各投标文件的实质性内容。清标工作应当客观、准确、力求全面，不得营私舞弊、歪曲事实。

清标小组的任何人员均不得行使依法应当由评标委员会成员行使的评审、评判等权力。

清标工作组同样应当遵守法律、法规、规章等关于评标工作原则、评标保密和回避等国家相关的关于评标委员会的评标的法律规定。

（4）清标工作的主要内容。

1）算术性错误的复核与整理。

2）不平衡报价的分析与整理。

3）错项、漏项、多项的核查与整理。

4）综合单价、取费标准合理性分析与整理。

5）投标报价的合理性和全面性分析与整理。

6）形成书面的清标情况报告。

（5）清标的重点有以下几项。

1）对照招标文件，查看投标人的投标文件是否完全响应招标文件。

2）对工程量大的单价和单价过高于或过低于清标均价的项目要重点查。

3）对措施费用合价包干的项目单价，要对照施工方案的可行性进行审查。

4）对工程总价、各项目单价及要素价格的合理性进行分析、测算。

5）对投标人所采用的报价技巧，要辩证地分析判断其合理性。

6）在清标过程中要发现清单不严谨的表现所在，妥善处理。

（6）清标报告的内容。清标报告是评标委员会进行评审的主要依据，它的准确与否将可能直接影响评标委员会的评审结果和最终的中标结果，因此，至关重要，清标报告一般应包括如下内容：

1）招标工程项目的范围、内容、规模等情况。

2）对投标价格进行换算的依据和换算结果。

3）投标文件算术计算错误的修正方法、修正标准和建议的修正结果。

4）在列出的所有偏差中，建议作为重大偏差的情形和相关依据。

5）在列出的所有偏差中，建议作为细微偏差的情形和进行相应补正所依据的方法、标准。

6）列出投标价格过高或者过低的清单项目的序号、项目编码、项目名称、项目特征、工程内容，与招标文件规定的标准之间存在的偏差幅度和产生偏差的技术、经济等方面原因的摘录。

7）投标文件中存在的含义不明确、对同类问题表述不一致或者有明显文字错误的情形。

8）其他在清标过程中发现的，要提请评标委员会讨论、决定的投标文件中的问题。

3. 审核评标方法和评分标准

（1）审核拟采用的评标方法。在《标准施工招标文件》中给出了经评审的最低投标价法和综合评估法，审核项目的评标方法是否适合项目的特点。

（2）审核评分标准。在招标文件的"评标办法前附表"中，招标代理机构对各项评分因素均制定了评分标准，并确定了施工组织设计、项目管理机构、投标报价、其他评分因素的权重，还确定了评标基准价的计算方法。对上述评分标准进行审核时应掌握下列原则：

1）施工组织设计评分标准要强调投标人对工程项目特点、重点、难点的把握，以及施工组织和施工方案的针对性、科学性和可行性。

2）项目管理机构评分标准要强调项目经理和技术负责人的任职资格学历和实实在在的业绩，应要求附证明材料；强调项目管理机构人员的到位承诺；应增加对项目经理、技术负责人等主要成员面试的评分。

3）投标报价的权重要适当，对技术不复杂、规模不太大或对投标人均比较了解，且对各投标人均较信任情况下，权重宜加大；反之，权重不宜过大。

4）其他评分因素可增加对各投标单位考察的结果、施工单位及项目经理的信用评分（市场与现场管理联动）等项内容，使评标不只是评委对投标文件的评审，应综合投标人的实际素质、能力、业绩和信用程度。

4. 确定中标人

投标人对清标存在问题给予书面答复澄清承诺函，最终经评标委员会提出的书面评标报告和推荐的中标候选人确定中标人。

全过程咨询机构到相关行政监督部门将定标结果进行备案（或按项目所在地规定）并公示中标候选人。

5. 合同洽谈及签订

全过程工程咨询单位应协助投资人进行合同澄清、洽谈、细化合同条款等工作，投资人和中标人应当自中标通知书发出之日起三十日内，按照招标文件和中标人的投标文件订立书面合同。

五、工程总承包模式的发承包招标

《国务院办公厅关于促进建筑业持续健康发展的意见》（国办发〔2017〕19号）明确提出："完善工程建设组织模式，加快推行工程总承包。"工程总承包（EPC），是指从事工程总承包的单位按照与投资人签订的合同，对工程项目的设计、采购、施工等实行全过程或者若干阶段承包，并对工程的质量、安全、工期和造价等全面负责的工程建设组织实施方式。

工程总承包模式是国际上常用的工程项目的承发包模式之一，它可以从根本上解决传统承发包模式下设计和施工不协调而造成的弊端，由承包人承担工程项目的勘察、设计、采购、施工、试运行等全过程的工作，从而保证项目建设过程的流畅性和协作性，然而，它对投资人的要求也更加严格，要求投资人必须提出明确的建设需求和建设目标，项目具备相应的发包条件。本节简要阐述在工程总承包模式下，全过程工程咨询单位如何开展发承包阶段咨询服务工作。

（一）工程总承包模式发承包介入分析

由于中国特定的市场环境，在项目实施初期，无法完全确定投资人和产权人之间的关系，建设产品需要在实施阶段不断完善、逐渐明晰，导致 EPC 模式施行条件不充分，再加上缺乏经验积累和完整的法律法规体系，EPC 模式实施缺乏有效的指引。当前，国家大力推行 EPC 模式，本书通过分析研究该模式的原理，结合国内 EPC 的实施情况，认为有必要对招标发起的时点、招标条件，投资人和承包人所需要承担的风险等进行正确引导，以便更好地发挥 EPC 模式的积极作用。

EPC 模式与 DBB 模式的发承包流程、要点基本相同，但发承包条件、内容和风险分担有区别。

在 EPC 模式下，投资人必须提出明确的建设需求和建设目标。因此，发承包最早的介入时间应该在项目决策完成后，最好介入时间在初步设计文件获审批后，最晚不晚于施工图设计完成。即建设项目的全过程工程咨询服务的发承包阶段可以前移至决策阶段之后和施工图设计完成之前。

合理确定 EPC 模式招标的介入时点，明确发承包条件是项目采用工程总承包模式的重要准备工作，是确保 EPC 项目成功实施的关键因素。

1. 介入时点分析

根据《住房城乡建设部关于进一步推进工程总承包发展的若干意见》（建市〔2016〕93 号）（简称"93 号文"）的规定，投资人可以根据项目的特点，在可行性研究、方案设计或者初步设计完成后，按照确定的建设规模、建设标准、投资限额、工程质量和进度要求等进行工程总承包项目发包。全过程工程咨询单位为 EPC 项目提供发承包咨询服务，介入时点可参照图 3-12，并根据拟建项目的时间情况选定具体时点，以保证发承包双方准备充分、招投标流程的顺利实施。

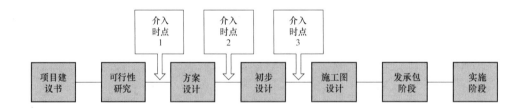

图 3-12 工程总承包招标介入时点嵌入图

各省市政府行政主管部门出台的关于工程总承包模式招标的介入时点不完全相同，有的省市是两个介入时点，有的省市则是三个介入时点，也有个别模式只有一个介入时点，但与"93 号文"规定的时间节点基本一致。不同的介入时点对应的招标条件不同，全过程咨询机构对招标管理的工作内容也不同。

2. 介入时点选择的影响要素分析

工程总承包项目在招标过程中选择的介入时点可能不同，而不同的介入时点所对应的项目准备工作也不一样。一方面表现在工程项目的基本建设程序上，另一方面表现在项目自身的要求上。根据各地和各行业的项目实施经验，项目所属行业规范成熟度、项目自身特点、投资人控制能力和承包人管理能力是影响工程总承包模式介入时点的重要因素。全过程工程咨询单位应根据项目的自身情况，科学有效选定项目发承包的时间节点，一方面保证咨询工作顺利开展，确保 EPC 项目顺利实施，另一方面为投资人提高项目效益。

（1）行业规范成熟度对工程总承包模式介入时点的影响。各地实施工程总承包的相关管理办法中，大致可分为两大介入时点，即项目可行性研究（估算）完成或初步设计（概算）完成。该类原则的设定来源于生产类（工业）项目采用工程总承包模式的情形。

工业建筑和民用建筑工程中的居住建筑中，由于设备类型相对固定、建筑结构形式类似、功能需求明确、技术方法相对成熟，投资人仅需提供准确的功能需求，便可设置出稳定的造价指标，由此，方案设计、初步设计图纸与施工图纸的变化不大，在工程总承包人与投资人的可控范围之内，介入时点的选择可相对前移到时点 1。

土木工程（包括道路、轨道交通、城市道路、桥涵、隧道、水工、矿山、架线与管沟、其他土木工程）其建设目标、功能需求非常明确，技术方法相对成熟，而潜在承包人的经验如果能主动用到项目的实施阶段，将更有利于项目的节约、高效实施，品质的提升，因此，介入时点的选择可相对前移到时点 2。

除居住建筑外的民用建筑，建设功能复杂多样，使用需求千差万别；投资人和产权人角色可能不一致，存在在项目建成后才确定产权人的情况；产品标准化程度不高，个性化特征明显，规范程度相对有限，即使信任水平再高，也存在风险难以把控、标准难以统一的情况，因此，介入时点的选择应在初步设计之后完成，即时点 3。

（2）项目自身特点对工程总承包模式介入时点的影响。根据项目所属行业的不同，项目的属性也有所不同，导致工程总承包模式招标的介入时点也会不同。

1）项目目标的明确性：投资人对于项目目标的明确程度不同，导致招标会在不同的时点进行。如果投资人在前期决策阶段对于项目的目标、规模、标准都很明确，就可以选择在可行性研究之后进行招标，但是如果条件不明确，则需要考虑在初步设计完成后，项目的建设规模和标准确定之后进行招标。

2）项目的约束性：通常工程总承包项目会受到工期、成本、质量和空间等条件的约束。这些约束条件是否明确以及它们是否合理，是导致工程总承包模式介入时点不同的重要原因。一旦在可行性研究阶段项目的约束条件明确且合理，根据类似项目的历史资料，投资人可以选择在可行性研究之后进行招标。但是如果项目的约束条件模糊或者约束条件苛刻，投资人则需要通过完成初步设计来明确和落实项目约束条件的可行性，来保证项目在此约束条件下能够顺利完成，吸引总承包商进行投标。

3）项目的风险性和管理复杂性：如果项目参照类似已完工程，能够明确未来可能发生的风险，会降低未来投资商和承包商进行项目管理的复杂性，因此可以选择在可行性研究之后的招标介入时点。如果项目未来不确定性很强且风险不可控，则对发承包双方的管理能力要求很高，因此，投资商应于完成项目的初步设计后进行招标以满足双方对于未来风险预估和项目可控的要求。

（3）投资商控制能力对工程总承包模式介入时点的影响。作为工程项目的重要一方，投资商对于本项目的要求以及项目特点的了解是工程总承包项目前期决策和准备的重要工作。如果投资商在项目的决策阶段和可行性研究阶段，对项目的功能要求和建筑实体有明确的规划，就可以选择提早进行总承包商的招标，将明确的投资商要求写进招标文件中，以保证承包商能够在考虑项目需求结合自身能力的基础上进行投标。

（4）承包商管理能力对工程总承包模式介入时点的影响。工程总承包商是工程总承包项目的重要执行者，在行业内总承包商的能力和信誉是投资商选择招标介入时点的一个重要因素，总承包商不仅要使项目能够满足投资商的要求，更要保证工程可以成功实施。以公路工程为例，该行业内的工程总承包商都有着丰富的公路工程经验，对于公路工程的实施和管理有着很强的控制能力，因此投资商可以根据承包商的信誉和业绩来选择更有能力和更有经验的承包商来帮助自己完成线路优化，并结合承包商积累的历史数据完成设计、管理和施工，力求保证项目的成功完成，即更早进行招标。

（二）工程总承包模式发承包条件

工程总承包项目建设的前期准备工作是投资商为投资计划从设想到顺利实现逐步创造条件的工作，是工程项目投资决策逐步深入、完善和具体化的工作，是全过程工程咨询单位协助投资人通过招标方式选择总承包的前置条件。前期准备工作包括城市规划、项目建议书、可行性研究和设计任务书、场地进入条件等，这是中国工程项目基本建设的必要程序。

结合我国国情，工程总承包项目的招标可以发生在不同的介入时点（包括介入时点1、2、3），但对所有工程项目，必须完成如下前期准备工作，包括城市规划、项目建议书和可行性研究报告，具备场地进入条件，其他前期准备工作结合不同招标介入时点再确定。

所有条件必须满足相关规定：可行性研究报告的编制需要满足《投资项目可行性研究指南（试用版）》对可行性研究报告的编制深度要求；设计文件需要满足《建筑工程设计文件编制深度规定（2016版）》的要求；场地必须保证产权明晰没有纠纷，同时明确土地拆迁、安置、补偿的相关协议书，而投资人应是实际的土地拆迁、安置、补偿责任主体。

1. 工程总承包项目招标的前期准备是必须完成的基本建设程序

截至2017年年底，住房城乡建设部以及有关省市主管部门陆续制定了一系列关于推进工程总承包的政策文件。经梳理和归纳，按照国家及省市有关规定的政策文件对工程总承包项目招标条件的规定是明确的，包括：项目建议书已完成审批、核准或者备案手续，建设资金来源已经落实，可行性研究报告及投资估算已取得国家有关部门批复、核准或备案文件等；可在实际实施过程中，存在后置审批情况，建议进一步规范实施行为，有效发挥EPC模式的积极作用。

2. 工程总承包项目招标的前期准备是项目自身必须具备的条件

各地方的招标条件中除了对工程总承包项目不同招标介入时点下的必要流程进行了规定，同时部分省市也对工程总承包项目自身的条件进行了规定，包括细化建设规模、细化建设标准、划分工作责任等。本书对于工程总承包项目不同介入时点下项目前期准备工作的研究，不仅包括项目的基本建设程序，也包括项目的自身条件，为工程总承包模式下，投资人做好招标的前置条件提供了标准和规范，保证在不同介入时点下工程总承包项目招标过程的顺利进行。

全过程工程咨询单位应积极发挥专业作用，在工程总承包项目中协助投资人做好前期工作，深入研究工程项目建设方案，在可行性研究、方案设计或者初步设计完成后，在项目承发包范围、建设规模、建设标准、功能需求、投资限额、工程质量和进度要求确定后，进行工程总承包项目发包。若项目建设范围、建设规模、建设标准、功能需求不明确等，前期条件不充分的，不宜采用工程总承包方式和开展工程总承包发包工作。

（三）工程总承包模式发承包招标文件编制

全过程工程咨询单位接受投资人的委托，根据投资人的要求和项目前期资料，科学合理开展工程总承包项目发承包咨询工作，招标过程可参考本章第二节的内容，但由于工程总承包项目自身特殊性，全过程工程咨询单位的总咨询师、专业咨询工程师（招标代理、造价等）在开展发承包咨询服务时应重点做好以下几方面的工作：

1. 发包方式选择

工程总承包项目可以依法采用招标（公开招标、邀请招标）或者直接发包的方式选择工程总承包人。工程总承包项目范围内的设计、采购或者施工中有任意一项属于依法必须招标的，应当采用招标的方式选择工程总承包单位。

2. 招标文件编制

工程总承包项目由于其发标前具备的准备条件，与传统的项目发承包模式所具备的条件不同，全过程工程咨询单位在编制招标文件时，应重点关注下列内容：

（1）发包前完成水文、地形等的勘察和地质资料的整理供承包人参考，收集工程可行性研究报告、方案设计文件或者初步设计文件等基础资料，确保其完整性和准确性；

（2）招标的内容及范围，主要包括设计、采购和施工的内容及范围、规模、标准、功能、质量、安全、工期、验收等量化指标；

（3）投资人与中标人的责任和权利，主要包括工作范围、风险划分、项目目标、价格形式及调整、计量支付、变更程序及变更价款的确定、索赔程序、违约责任、工程保险、不可抗力处理条款、投资人指定分包内容等；

（4）要求利用采用建筑信息模型或者装配式技术等新技术的，在招标文件中应当有明确要求和费用的分担。

3. 评标办法

工程总承包项目评标一般采用综合评估法，评审的主要因素包括承包人企业信用、工程总承包报价、项目管理组织方案、设计方案、设备采购方案、施工组织设计或者施工计划、工程质量安全专项方案、工程业绩、项目经理资格条件等。全过程工程咨询单位应结合拟建项目情况，针对上述主要评审因素进行认真研究，科学制定项目的评标办法和细则。

4. 合同计价方式

工程总承包项目宜采用固定总价合同。全过程工程咨询单位应依据住房城乡建设主管部门制定的计价规则，为投资人拟订合法科学的计价方式和条款，并协助投资人和总承包人在合同中约定具体的工程总承包计价方式和计价方法。

依法必须招标的工程项目，合同固定价格应当在充分竞争的基础上合理确定。除合同约定的变更调整部分外，合同固定价格一般不予调整。

5. 风险分担

全过程工程咨询单位应协助投资人加强风险管理，在招标文件、合同中约定合理的风险分担方法。投资人承担的主要风险一般包括：

（1）投资人提出的建设范围、建设规模、建设标准、功能需求、工期或者质量要求的调整。

（2）主要工程材料价格和招标时基价相比，波动幅度超过合同约定幅度的部分。

（3）因国家法律法规政策变化引起的合同价格的变化。

（4）难以预见的地质自然灾害、不可预知的地下溶洞、采空区或者障碍物、有毒气体等重大地质变化，其损失和处置费由投资人承担；因工程总承包单位施工组织、措施不当等造成的上述问题，其损失和处置费由工程总承包单位承担。

（5）其他不可抗力所造成的工程费用的增加。

除上述投资人承担的风险外，其他风险可以在合同中约定由工程总承包人承担。

六、国际工程招标

国际工程是指一个工程项目的策划、咨询、融资、采购、承包、管理以及培训等各个阶段或环节，其主要参与者（单位或个人、产品或服务）来自不止一个国家或地区，并且按照国际上通用的工程项目管理理念进行管理的工程。国际工程包括我国公司去海外参与投资或实施的各项工程，也包括国际组织或国外的公司到中国来投资和实施的工程。

招标是一种国际上普遍应用的、有组织的市场采购行为，是建筑工程项目、货物及服务中广泛使用的买卖交易方式。

招标是国际通用的一种发包方式之一。多数国家都制定了适合本国特点的招标法规，以统一其国内招标办法，但还没有形成一种各国都应遵守的带有强制性的招标规定。国际工程招标，也都根据国家或地区的习惯选用一种具有代表性，适用范围广，并且适用本地区的某一国家的招标法规，如世界银行贷款项目招标和采购法规、英国招标法规和法国使用的工程招标制度等。

世界银行制定了包括国际竞争性招标、国内竞争性招标、有限国际性招标等的一整套工程采购招标体系。在执行中，普遍认为该招标体系能够体现该行的采购政策。世界银行的采购政策要点是：既经济，又有效益；促进卖方之间公平自愿参加竞争，形成买方市场，取得交易活动的主导地位，在卖方的竞争中，合理取得各种对买方有利的条件；招标程序公开，机会均等，手续严密，评定公正；适当保护和扶植借款国的工业建筑发展。世界银行的招标方法，相对更适合发展中国家情况。

（一）国际工程招投标的特点

1. 法规性强

招标和投标是市场上购买大宗商品的基本方法。在市场经济条件下，招标投标既利于市场规范化管理，也有利于社会资源的有效利用。国内外项目招标投标有相应的规定，工程招标投标必须遵循相应的法律法规。

2. 专业性强

工程招标投标涉及工程技术、工程质量、工程经济、合同、商务、法律法规等，专业性强。主要体现在：

（1）工程技术专业性强。

（2）招投标工作专业性要求高。

（3）招标与投标的法律法规的专业性强。

3. 透明度高

在整个招标和招标过程中必须遵循"公平、公正、公开"的原则。招标过程中的高透明度是保证招标公平公正的前提。

4. 风险性高

工程招标投标都是一次性的，确定买卖双方经济合同关系在前，产品或服务的提供在后。买卖双方以未来产品的预期价格进行交易，招标投标的市场交易方式的这种特殊性，决定了其风险性。产品是未来即将生产或提供的，产品生产的质量、提供的服务要等到得到产品后或服务完成后才可确知；交易价格是根据一定原则预期估计的，产品的最终价格也要到提供产品或服务终了时才能最后确定。这些无论对业主还是承包人都具有风险。加强招标投标中的风险控制是保证企业经营目标实现的重要手段。

5. 理论性与实践性强

工程招标投标的基本原理和招标工作程序及招标投标文件的组成、标底标价的计算、投标策略等以及所涉及的各个方面都具有很强的理论性。同时，工程项目招标投标也具有很强的实践性，只有通过实际编制招标投标文件、参加工程招标投标工作实践，才能全面掌握工程招标投标技术的实际应用。

（二）国际工程招标方式

目前国际上采用的招标方式基本上可以归纳为四类：公开招标、邀请招标、两阶段招标和议标。

1. 公开招标

公开招标，也称为无限竞争性公开招标（Unlimited Competitive Open Bidding，UCOB）。这种招标方式先由招标人在国内外有关报纸及刊物上刊登招标广告，凡对该招标项目感兴趣的投标人，都有同等的机会了解投标要求，进行投标，以形成尽可能广泛的竞争格局。

公开招标方式多用于政府投资的工程，也是世界银行贷款项目招标采购的方式之一。

公开招标具有代表性的做法有世界银行贷款项目公开招标方式和英国、法国的公开招标方式。

（1）世界银行贷款项目的公开招标方式。世界银行公开招标方式包括国际竞争性招标和国内竞争性招标两种。

1）国际竞争性招标。国际竞争性招标，是世界银行贷款项目的一种主要招标方式，该行规定，限额以上的货物采购和工程合同，都必须采用此种招标方式。限额是指对一般借款国，限额界限在 10 万～25 万美元。我国在世界银行贷款项目金额都比较大，故对我国的限额放宽一些，目前我国和世界银行商定，限额在 100 万美元以上的采用国际竞争性招标。

国际竞争性招标有很多特点，但有三点是最基本的：

第一，广泛地通告投标机会，使所有合格的国家里一切感兴趣并且合格的企业都可以参加投标。通告可以用各种方式进行，经常是多种形式结合使用：在一种官方杂志上公布；在国内报纸上登广告；通知驻该国首都的各国使馆；以及（对于大的、特殊的或重要的合同）在国际发行的报纸或有关的外贸杂志或技术杂志上登广告。除了使用期刊或报纸刊登广告外，世界银行、美洲开发银行、亚洲开发银行和联合国开发计划署现在还要求必须通过联合国《发展论坛报（商业版）》的《一般采购通告》栏目发布采购机会。

第二，必须公正地表述准备购买的货物或正要进行的工程技术的说明书，以保证不同国籍的合格企业能够尽可能广泛地参与投标。

第三，必须根据标书中具体说明的评标的标准，一般是将评标价格最低的合格投标人为中标人。这条规则对于保证竞争程序得以公平进行是很重要的。

国际竞争性招标最适用于采购大型设备及大型土木工程施工，这些项目不同国籍的承包商都会有兴趣参加投标。

国际竞争性招标虽然耗时长，但还是各国适用的采购场合中达到其采购目的的最佳办法。

2）国内竞争性招标。国内竞争性招标，顾名思义，是通过在本国国内刊登广告，按照国内招标办法进行。在不需要或不希望外商参加投标的情况下，政府倾向于国内竞争性招标；也有些工程规模小、地点分散或属于劳动密集型工程，外商对此缺乏兴趣，因此，采用国内竞争性招标。

国内竞争性招标与国际竞争性招标的不同点表现在：

第一，广告只限于刊登在国内报纸或官方杂志，广告语言可用本国语言，不必通知外国使馆驻工程所在国的代表。

第二，招标文件和投标文件均可用本国文字编写；投标银行保函可由本国银行出具；投标报价和付款一般使用本国货币；评价价格基础可为货物使用现场价格；不实行国内优惠和借款人规定的其他优惠；履约银行保函可由本国银行出具；仲裁在本国进行；从刊登广告或发出招标文件到截止投标准备时间为：设备采购不少于 30 天，工程项目不少于 45 天。

除上述不同点外，其他程序与国际竞争性招标相同，也必须考虑公开、经济和效益因素。

（2）英、法的公开招标方式。英国和法国的招标制度，也具有一定的代表性。

1）英国的公开招标方式。英国的公开招标方式，是由招标人公开发布广告或登报，投标人自愿投标，投标人的数目不限。承包商报的投标书均原封保存，直至招标截止时才由有关负责人当众启封。按照这种招标方式，往往会形成低价中标。英国公开招标方式，多用于政府投资工程，私人投资工程一般不采用这种方式。

2）法国的公开招标方式。法国的公开招标有两种方式，即价格竞争性公开招标和竞争性公开招标。据法国《公共事业法典》规定，公开招标需在官方公报发表通告，愿参加投标的法人企业均可申报。价格竞争性公开招标，在工程上规定上限价格，招标只能在此范围内进行；竞争性公开招标不规定该工程的上限价格，而是综合考虑包括价格以外的其他要素然后决定中标者。实际上，90％的招标都是最低价中标。

3）公开招标标的特点：

第一，为一切有能力的承包商提供一个平等的竞争机会（A Fair Competitive Opporrtunity）。

第二，业主可以选择一个比较理想的承包商：丰富的工程经验；必要的技术条件；良好的资金状况。

第三，利于降低工程造价。

第四，有可能出现投机商，应加强资格预审，认真评标。这些投机商会故意压低报价以挤掉其他态度严肃认真而报价较高的承包商。也可能在中标后，在某一施工阶段以各种借口要挟业主。

2. 邀请招标

邀请招标，也称为有限竞争性选择招标（Limited Competitive Selected Bidding）。这种招标方式一般不在报上登广告，业主根据自己的经验和资料或请咨询公司提供承包商的情况，然后根据企业的信誉、技术水平、过去承担过类似工程的质量、资金、技术力量、设备能力、经营能力等条件，邀请某些承包商来参加投标。

（1）邀请招标的步骤。邀请招标的具体做法一般包括以下几个步骤：

1）招标人在自己熟悉的承包商（供货商）中选择一定数量的企业，或者采取发布通告的方式在报名的企业中选定。然后审查选定企业的资质，做出初步选择。

2）招标人向初步选中的投标人征询是否愿意参加投标。在规定的最后答复日期之前，选择一定数量同意参加投标的施工企业，制定招标名单。要适当确定邀请企业的数量，不宜过多。限制邀请投标人的数量，除了是想减少审查投标书等工作量和节省招标费用外，还因为施工企业参加投标后，需做大量的工作：查勘现场、参加标前会、编制标书等，都需要支付较大的费用。邀请的单位越多，耗费的投标费用越大。对不中标的施工企业来说，支出的费用最终还是要在其他工程项目中得到补偿，这就必然导致工程造价的提高。所以，对一些投标费用较高的特殊工程，邀请单位还可适当减少。

制定邀请名单，应尽可能保证选定的单位都是符合招标条件的。这样，在评标时就可以主要依靠报价（或性价比）的高低来选定中标单位。对那些未被选中的投标人，应当及时通知他们。

3）向名单上的企业发出正式邀请和招标文件。

4）投标人递交投标文件，选定中标单位。

（2）邀请招标的特点。这种方式由于参加投标施工企业的数量有限，不仅可以节省招标的费用，缩短招标的时间，也增加了投标人的中标概率，对双方都有一定的好处。但这种方式限制了竞争范围，可能会把一些很有实力的竞争者排除在外。因此，有些国家和地区，国家投资项目等特别强调自由竞争、机会均等公正原则时，对招标中使用邀请招标的方式制定了严格的限制条件。这些条件一般包括：

1）项目性质特殊，只有少数企业可以承担。

2）公开招标需要的费用太高，与招标所能得到的好处不成比例。

3）公开招标未能产生中标单位。

4）因工期紧迫和保密等特殊要求，不宜公开招标。

国外私人投资的项目，多采用邀请招标。

3. 两阶段招标

两阶段招标（Two-Stage Bidding），也称为两段招标。实质上是一种公开招标和邀请招标综合起来的招标方式。第一段，按公开招标方式进行招标，经过开标和评标之后，再邀请最有资格的数家承包商进行第二阶段投标报价，最后确定中标者。世界银行的两步招标法及法国的指定招标就属于这种方式。

（1）两阶段招标的适用范围。两阶段招标一般适用于以下两种情况：

1）在第一阶段报价、开标、评标之后，如最低标价超出标底 20％，且经过减价之后仍达不到要求时，可邀请其中标价最低的几家商谈，再做第二阶段投标报价。

2）对一些大型、复杂的项目，可考虑采用两阶段招标。先要求投标人提交"技术标"，即进行技术方案招标。通过技术标的投标人才能提交商务标。

有时，承包商在投标时把技术标与商务标分开包装。先评技术标，技术标通过，打开其商务标；技术标未通过者，商务标原封不动，退还给投标人。

（2）两阶段招标的特点。

1）应用一些专业化强的项目，如一些大型化工设备安装就常常采用这种方式。

2）投标过程较长，在十分必要时才采用。

4. 议标

议标，也称为谈判招标或指定招标（Negotiated Bidding）。招标人与几家潜在的投标人就招标事宜进行协商，达成协议后将工程委托承包（或指定供货）。

（1）议标的优点。这种招标方式的优点是不需要准备完整的招标文件，节约时间，可以较快地达成协议，开展工作。

（2）议标的缺点。议标的缺点很明显，且由于议标背离了公开竞争的原则，必然导致一些弊病。如招标人反复压价；招投标双方互相勾结，损害国家的利益；招标过程不公开、不透明，失去了公正性。

（3）议标的适用范围。一般来说，只有特殊工程才采用议标确定中标商。这里所说的特殊工程主要包括以下几种情况：因需要专门技术或设备、军事保密性工程或设备、抢险救灾项目、小型项目等。

七、电子招投标模式

国家发展改革委、住房城乡建设部等八部委颁布的《电子招标投标办法》对电子招标投标进行了定义：电子招标投标活动是指以数据电文形式，依托电子招标投标系统完成的全部或者部分招标投标交易、公共服务和行政监督活动。

对其进行分析可知，电子招标投标活动，一是招标投标文本、程序采用数据电文形式；二是依托构成的电子招标投标网络系统；三是具有完成交易、信息服务和在线监督三项职能的综合交易平台。交易平台是以数据电文形式完成招标投标交易活动的信息平台；公共服务平台是满足交易平台之间信息交换、资源共享需要，并为市场主体、行政监督部门和社会公众提供信息服务的信息平台；行政监督平台是行政监督部门和监察机关在线监督电子招标投标活动的信息平台。

在招标投标涉及的三大平台中，交易平台是招标投标相对人招标采购的交易市场，体现了相对人的私有权利，其组建运营应当依靠市场在竞争中发展，政府的作用是提供维持公平市场秩序的保障，权力不应当干预交易平台的建立、运行和竞争，不能指定运营商或进行地区保护等。服务平台是为社会提供公共信息服务的平台，属于公益性质。可以由政府或协会、招标投标交易场所等部门以公益为目的按专业或行业建立、运营。在线监督平台属于行政权力维持和保证市场秩序的渠道，监督平台由政府行政监督部门和监察部门依照法定分工组建和维持其运行并开展监督活动。三大平台所展现的功能涵盖工程项目招标投标的不同方面，功能相互补充，全方位互联互通，共同促进电子招标投标系统的全面发展。

电子招标投标市场发展的最终目标，是在全国范围内建立起交易平台、公共服务平台、行政监督平台三大平台，以及分类清晰、功能互补、互联互通的电子招标投标系统，最终实现所有招标项目全过程电子化。电子招投标的推广提升了对招标投标市场的管理机制，基于企业内部网络和外部互联网，建立一个多方、多部门、多层级协同工作的物资采购网上招投标平台，全面实现网上招投标，建立物资供应商信用及准入控制机制，对中标人进行跟踪监管和闭环管理，促进和物资供应商重视诚信，重视竞争，促进中标人不断提高履约质量。

（一）电子招标模式

电子招标投标的发展对于我国的招标投标市场建设至关重要，电子招标系统模式是整个电子招标投标活动应用的基础。从我国电子招标投标市场的发展历程来看，在招标投标市场运行的电子招标应用模式主要有离线评标模式和全过程在线模式两种。在这两种电子招标应用模式中，大部分的电子招标投标系统都包含了在线发布招标公告、出售标书、在线答疑和在线开标功能，部分公司在先前简单开标模式的基础上进一步研发，实现了电子招标系统离线评标功能，随着我国信息化技术的快速发展，成熟的 IT 网络环境及高度标准化的业务流程使得部分公司实现了全过程的在线开标评标功能，为电子招标投标市场的逐步完善起到重要作用。电子招标模式主要有以下两种：

1. 离线评标模式

离线评标模式是在简单开标模式的基础上发展起来的。通过对我国电子招标投标市场相关信息技术与网络环境的进一步建设，优化各个阶段的操作流程，离线评标模式基本上能够将招标投标信息电子化和招标投标服务在线化的功能覆盖到招标投标的各个环节，因此离线评标模式比简单的开标模式在操作功能上和信息安全功能上优势更明显，能够处理很多招标投标活动出现的复杂情况，同时也避免了很多招标投标的电子信息安全问题。离线评标模式的评标过程是在与互联网隔离的环境下进行的，将该功能模块分割出来主要是考虑评标过程的安全问题而采用的一种过渡方案，该电子招标模式是随着市场成熟度的发展而发展的，在整个社会和相关企业的信用环境和网络安全环境、网络安全保障技术成熟了之后可以采用全过程的在线电子评标模式。离线评标模式的具体功能展示如图 3-13 所示。

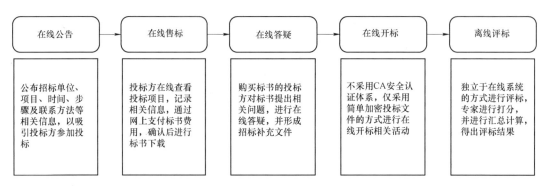

图 3-13　离线评标模式流程

2. 全过程在线模式

全过程在线的电子招标投标模式是将招标投标相关活动网络化的最优模式，电子招标投标的所有活动均在线进行，统一的网络环境使得招标方、投标方、评标专家以及相关招标投标代理机构之间的联系更为方便快捷，是一个完整而统一的电子招标投标应用系统。在整个电子招标投标模式的应用过程中，整体的网络环境和统一的操作流程使得电子招标投标活动变得更加便捷和流畅，有效地节省了复杂的招标投标活动所带来的时间成本和经济成本，而整体的网络数据库存储，使得电子招标投标有迹可循，相关的电子招标投标活动依据和档案查找方便，电子化、网络化的电子招标投标信息以及相关信息的储存为招标投标的存档带来了极大的方便，也便捷了政府相关部门对招标投标活动的监督与管理，有效地促进了我国电子招标投标市场整体的发展。全过程的在线化加快了招标投标参与方之间的信息共享与信息流动，提高了招标投标的工作效率，全过程在线模式的具体功能展示如图 3-14 所示。

我国的电子招标采购工作已经有了一定的应用基础。在一些国际招标领域，以及一些企业单位，其电子招标采购工作已经开始。中国采购与招标网已经实现了标书网上下载、评标专家网上抽取、开标过程网上公示等功能。当然据了解，在大多数行业的电子招标应用过程中，投标、开标、评标等环节的电子化程度还普遍偏低。电子招投标作为一种新型的招标模式，已经引起了国家相关部门的高度重视。

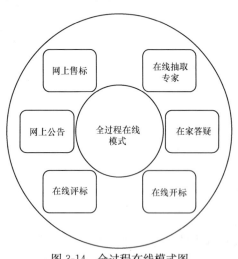

图 3-14　全过程在线模式图

相比传统招标模式，电子招标的优势主要在于提高招标投标的效率、以网络为载体减少监管机构压力、便于数据存取和获得、减少废标率、建立招投标市场诚信等，总之，招标投标电子化，有利于我国加快建设资源节约型、环境友好型社会。

（二）电子招投标与传统招投标风险的差异性分析

1. 风险来源分析

对工程项目的传统招标投标方式进行风险分析，发现风险来源主要集中在两个方面：一个是招标投标的过程风险，另一个是招标投标的外部环境风险。传统招标方式风险源于招标程序及招标过程中不同阶段的具体工作。传统招标包括招标准备阶段、招标阶段和评标阶段，涉及招标文件和招标风险的准备，资格预审风险和评估方法风险，合同管理风险和重新招标风险；传统招标模式的外部环境风险包括保险管理、市场风险和法律风险。根据电子招标模型分析发现，电子招标不仅包括招标投标的过程风险和招标投标的外部环境风险，还包括电子招标信息技术风险。电子投标模式依靠先进的电子信息技术和综合网络环境进行电子投标平台招标、评标、电子投标信息传输、数据存储、网络运行安全等一系列活动。它是保障电子招标模式应用的基础，也是电子信息技术风险的主要来源。除电子信息技术风险外，网络运行监督风险、政府权力和干预风险是电子竞价模式的风险来源。这表明电子招标模式的风险来源比传统招标模式更为广泛和复杂。

2. 风险影响分析

不同性质类型的风险对传统招标和电子招标有不同的影响。招标风险分为内部流程风险和外部环境风险。内部风险是影响招投标活动的主要因素，它对招标和投标活动产生了更大的影响，风险造成的后果更为严重。外部风险是影响招标投标活动的次要因素，对招标投标活动的影响有一定的局限性。在传统模式下，招标过程中的大部分风险都是部分风险，在风险发生时不会影响风险。电子招标模式风险的发生，特别是电子信息技术风险的发生，不仅会导致项目招标投标活动的失败，而且会对整个电子招标行业产生一系列不利影响。由于电子投标的所有信息都基于电子信息网络和数据库存储模型，一旦电子投标信息和企业相关信息泄露，将对整个招标和招标市场产生巨大影响，影响整个招标投标市场的发展。因此，应根据不同类型风险的特点制定风险应对策略，全过程工程咨询单位坚决控制整体风险的发生，避免或减少当地风险带来的损失。

第二节 建筑工程投标

一、投标准备

建设工程项目施工投标是一项系统工程，全面而充分的投标准备工作是中标的前提与保障。投标人的投标准备工作主要有建立投标工作机构、投标决策（投标前的决策、投标过程决策）、办理投标事宜、研究招标文件、现场踏勘、参加标前答疑会。

（一）建立投标机构

对投标人而言，建设工程项目施工投标关系建筑安装企业的经营与发展。随着建筑领域科学技术的进步，如"新材料、新工艺、新技术"的推广与应用，BIM 管理技术在招标投标及工程项目管理中的广泛应用等，建筑工程越来越多地成为技术密集型项目，这样势必给投标人带来两方面的挑战：一方面是技术上的挑战，要求投标人具有先进的科学技术，能够完成"高、新、尖、难"工程；另一方面是管理上的挑战，要求投标人具有现代先进的组织管理水平，能以较低价（必须合理）中标。实践证明投标人建立一个组织完善、业务水平高、强有力的投标机构是获取中标的根本保证。

1. 建设工程项目施工投标工作机构形式

建设工程项目施工投标工作机构有两种形式：一种是常设固定机构；另一种是临时机构。

（1）常设固定投标机构。一般情况下，大型集团（企业）常设专门机构或职能部门从事较大工程项目投标或工程施工投标。中标后将其中标的项目根据集团公司的内部管理下发给各下属部门。该形式机构有如下特点：

1）能够充分发挥投标企业资质、人员、财力、技术装备、经验、业绩及社会信誉等方面的优势参与国内外投标竞争；

2）机构人员相对固定，机构内部分工明确，职责清晰，分析、比较以往投标成败原因，总结投标经验，收集数据、持续改进成为常态化的管理工作；

3）公司管理成本因该常设机构而略有增加；

4）组织机构管理层次一般为三个层次，即负责人、职能小组负责人和职员；

负责人：一般由集团（企业）的技术负责人或主管生产经营副总经理担任。主要职责是负责投标全过程的决策。

职能工作小组负责人：按专业划分，负责审核技术方案、投标报价及金融等投标其他事务性管理工作。

职员：包括工程技术类人员、经济管理类人员和综合事务性人员。工程技术人员按专业划分，负责编制投标工程施工方案、拟定保证措施、编制施工进度计划；经济类人员按专业划分，负责编制各专业工程投标报价；综合事务性人员负责市场调查，收集项目投标相关的重要信息。

（2）临时机构。通常情况下，企业的下属部门是具有独立法人单位或企业分支机构，在获取招标信息并决定投标后，组建临时投标工作机构，并代表该企业进行投标。该机构的成员大部分为项目中标后施工项目部成员，这种投标机构具有如下特点：

1）机构灵活，可根据招标项目的内容聘请相关人员；

2）投标工作与机构中的每个人的利益密切相关，使投标工作机构人员工作态度积极、严谨，投标方案更加成熟合理；

3）投标成本相对低，但有时因人员缺乏或专业不强等其他原因，致使投标工作遇到困难，或影响投标文件质量。

2. 投标工作机构人员素质要求

（1）决策及经营管理类人才。是指专门从事工程承包经营管理，制订和贯彻经营方针与规划、负责全面筹划和安排的决策人才，这类人应具备的素质为：

1）专业技术素质：知识渊博、较强的专业水平，对其他相关学科也应有相当的知识水平，能全面、系统地观察和分析问题。

2）法律与管理素质：具有一定的法律知识和实际工作经验，充分了解国内外有关法律及国际惯例，对开展投标业务所遵循的各项规章制度有充分的了解，有丰富的阅历和预测、决策能力。

3）社会活动能力：有较强的思辨能力和社会活动能力，视野广阔、有胆识、勇于开拓，具有综合、概括分析预测、判断和决策能力，在经营管理领域有造诣，具有较强的谈判交流能力。

（2）专业技术类人才。所谓专业技术类人才，指工程设计、施工中的各类技术人员，如建造师、结构工程师、造价师、土木工程师、电气工程师、机械工程师、暖通工程师、机械工程师等各专业技术人员。他们应具备深厚的理论又具备熟练的实际操作能力，在投标时能够根据项目招标范围、发包方式、招标人实质性要求，从本公司的实际技术优势及综合实力出发，编制科学合理的施工方案、技术措施、进度计划及合理的工程投标报价。

（3）报价及商务金融类人才。所谓报价商务金融类人才，是指从事投标报价、金融、贸易、税法、保险、预决算等专业方面人才，财务人员需具有会计师资格。

以上是对投标机构人员个体素质的基本要求，一个投标班子仅仅个体素质良好还不够，还需要各方的共同参与、协同作战，充分发挥集体力量。

（二）投标决策

在市场经济条件下，承包商获得工程项目承包任务的主要途径是投标，但是作为承包商，并不是逢标必投，应根据诸多影响因素来确定投标与否。投标决策的正确与否，关系到能否中标和中标后的效益以及企业的发展前景。所谓决策包括三个面的内容：

1）针对招标投标项目，根据投标人的实力决定是否投标；

2）倘若投标，是投什么性质的标；

3）在投标中如何采用以长制短，以优胜劣的策略和技巧。

投标决策分两阶段进行，即投标决策的前期阶段和投标决策的后期阶段。

1. 投标决策的前期阶段

投标决策的前期阶段是指在购买投标人资格预审资料前后完成的决策研究阶段，此阶段必须对投标与否做出论证。

（1）决定是否投标的原则。

1）承包投标工程的可行性和可能性。如本企业是否有能力承揽招标工程，竞争对手是否有明显的优势等，对此要进行全面分析。

2）招标工程的可靠性。如建设工程的审批程序是否已经完成，资金是否已经落实等。

3）招标工程的承包条件。如承包条件苛刻，企业无力完成施工，则应放弃投标。

（2）明确投标人应具备的条件。投标人应当具备承担招标项目的能力。投标活动对参加人有一定的要求，不是所有感兴趣的法人或其他组织都可以参加投标，投标人必须按照招标文件的要求，具有承包建设项目的资质条件、技术装备、经验、业绩，以及财务能力，必须满足项目招标人的要求。

（3）投标决策时应考虑的基本因素。工程项目施工投标决策考虑的因素主要有两个方面，即主观因素和客观因素。主观因素主要包括如下几个方面：

1）技术因素：

① 工程技术管理人员的专业水平是否与招标项目相适应。

② 机械装备是否满足招标工作要求。

③ 是否具有与招标项目类似工程施工管理经验。

2）经济因素：

① 是否具有招标人要求的垫付资金的能力。

② 是否具有新增或租赁机械设备的资金。

③ 是否具有支付或办理担保能力。

④ 是否具有承担不可抗力风险能力。

3）管理因素：

① 是否具备适应建设领域先进管理技术与方法，例如 BIM 技术在施工全过程的管理与应用。

② 是否具备可操作的质量控制、安全管理、工期控制、成本控制的经验与方法。

③ 是否具备对技术、经济等突发事件的处理能力。

4）信誉因素。企业是否具有良好的商业信誉，是否获得关于履约的奖项。客观因素主要包括如下几个方面：

① 发包人和监理人情况。发包人的民事主体资格、支付能力、履约信誉、工作方式；监理工程师以往在工程中是否客观、公正、合理地处理问题。

② 项目情况。招标工程项目的技术复杂程度及要求；对投标人类似工程经验的要求；中标承包后对本企业今后的影响。

③ 竞争对手和竞争形势。竞争程度是否激烈；竞争对手的优势、历年的投标报价水平、在建工程项目以及自有技术等；市场资源供给及价格情况。

（4）投标决策的定量分析方法。进行投标决策时，只有把定性分析和定量方法结合起来，才能定出正确决策。决策的定量分析方法有很多，如投标评价表法、概率分析法、线性规划法等。下面具体叙述投标评价表法的应用：

1）根据具体情况，分别确定影响因素及其重要程度。

2）逐项分析各因素预计实现的情况。可以划分为上、中、下三种情况。为了能进行定量分析，对以上三种情况赋予一个定量的数值。如"上"得 10 分，"中"得 5 分，"下"得 0 分。

3）综合分析。根据经验统计确定可以投标的最低总分，再针对具体工程评定各项因素的加权综合总分，与"最低总分"比较，即可做出是否可以投标的决策。举例见表 3-5。

表 3-5　　　　　　　　　　　投 标 评 价 表

八项标准	权数	判断等级			得分
		上（10分）	中（5分）	下（0分）	
1. 工人和技术人员的操作技术水平	20	10	—	—	200
2. 机械设备能力	20	—	5	—	100
3. 设计能力	5	10	—	—	50
4. 对工程的熟悉程度和管理经验	15	10	—	—	150
5. 竞争的程度是否激烈	10	—	5	—	50
6. 器材设备的交货条件	10	—	—	0	0
7. 对今后机会的影响	10	10	—	—	100
8. 以往对类似工程的经验	10	10	—	—	100
合计	100				700
可接受的最低分值					650

　　该工程投标机会评价值为 700 分，而该承包商规定可以投标最低总分为 650 分。故可以考虑参加投标。

　　（5）放弃投标的项目。通常情况下，下列招标项目应放弃投标：

　　1）定量分析法中投标综合总分值低于规定最低总分的项目；

　　2）本企业主管和兼营能力之外的项目；

　　3）工程规模、技术要求超过本施工企业技术等级的项目；

　　4）本企业生产任务饱和，而招标工程的盈利水平较低或风险较大的项目；

　　5）本企业技术等级、信誉、施工水平明显不如竞争对手的项目。

2. 投标决策的后期阶段

　　如果决定投标，即进入投标决策的后期阶段，它是指从申报资格预审至投标报价前完成的决策研究阶段。即依据招标文件的实质性要求确定本企业本次投标的目的（保本、盈利、占领市场或扩大市场），从工程技术人员配备、机械设备投入，是否使用新材料、新工艺、新技术以及自有技术的应用等方面进行决策，重点在于投标报价要合理、施工方案要科学合理，应用 BIM 技术进行工程项目方案的展示以及项目施工的全过程的管理，以确保投标获得成功。

（三）办理投标有关事宜

1. 投标报名

　　（1）投标报名的形式。投标报名方式通常有两种，一种是现场报名，另一种是网上报名。

　　1）现场报名。拟投标人根据获取的资格预审公告（或招标公告），按其要求的时间地点携带其法人单位的营业执照、资质证书和相关介绍信等手续报名参加资格预审或投标。资质条件不符合招标人要求的法人单位或组织不能参与投标竞争。

　　2）网上报名。拟投标人根据获取的资格预审公告（或招标公告），按其要求的时间及指定的网址上传本单位的营业执照、资质证书以及公告要求提交的其他文件（包括各类证明文件），并保证其上传文件的真实性及有效性。

（2）异地投标报名。《招标投标法》第六条规定：依法必须进行招标的项目，其招标投标活动不受地区或者部门的限制。任何单位或各人不得违法限制或者排斥本地区、本系统以外的法人或其他组织参加投标，不得以任何方式非法干涉招标投标活动。

有些工程项目招标时，对项目所在省、地区以外的投标人，做了相关的规定。摘录本书案例如下：

> ·········
> 4. 合格的投标人
> 4.1 投标人的资质等级要求见投标须知前附表第 9 项。
> 4.2 投标人合格条件：
> ·········
> 4.2.8 投标人如果是非本省注册企业，应到××省住房和城乡建设厅办理备案手续，开具针对本项目投标的"外省建筑业企业投标备案介绍信"。

2. 购买资格预审文件或招标文件

拟投标人根据资格预审公告或招标公告要求，凭法人或其他组织相关证书、证明文件方可购买资格预审文件或招标文件。

3. 提交投标保证金

投标保证金是指在招标投标活动中，投标人随投标文件一同递交给招标人的一定形式和金额的投标责任担保。

《中华人民共和国政府采购法实施条例》释义：当招标文件规定了投标人应当提交投标保证金后，投标保证金就属于投标的一部分了。投标人应当按照招标文件的规定提交保证金。《条例》规定，投标人未按照招标文件规定提交保证金的，其投标无效。

（1）投标保证金的作用。投标保证金最基本的功能是对投标人的投标行为产生约束作用。投标保证金为招标活动提供保障。

招投标是一项严肃的法律活动，招标人的招标是一种要约行为，投标人作为要约人，向招标人（要约邀请方）递交投标文件之后，意味着响应招标人发出的要约邀请。在投标文件递交截止时间至招标人确定中标人的这段时间内，投标人不能要求退出竞争或修改投标文件。而一旦招标人发出中标通知书，做出承诺，则合同即告成立，中标的投标人必须接受，并受到约束。否则，投标人要承担合同订立过程中的缔约过失责任，就要承担投标保证金被招标人没收的法律后果。

（2）投标保证金的数额。根据国家七部委颁发的第 30 号令《工程建设项目施工招标投标办法》第三十七条规定，投标保证金一般不得超过项目估算价的百分之二，但最高不得超过八十万元人民币。投标保证金有效期应当与投标有效期一致。

投标人在递交投标文件之前或同时，按招标人须知前附表规定的金额、担保形式和投标保证金格式递交投标保证金，并作为其投标文件的组成部分。联合体投标的，其投标保证金由牵头人递交，并应符合投标人须知前附表的规定。投标人不按要求提交投标保证金的，其投标文件作废标处理。

（3）现金形式。根据国家七部委颁发的第30号令《工程建设项目施工招标投标办法》第三十七条规定："招标人可以在招标文件中要求投标人提交投标保证金。投标保证金除现金外，可以是银行出具的银行保函、保兑支票、银行汇票或现金支票。"

投标保证金有如下几种形式：

1）现金。通常适用于投标保证金额度较小的招标活动。

2）银行汇票。由银行开出，交由汇款人转交给异地收款人，该形式适用于异地投标。

3）银行本票。本票是出票人签发，承诺自己在见票时无条件将确定的金额给收款人或者持票人的票据。对于用作投标保证金的银行本票而言，则是由银行开出，交由投标人递交给招标人，招标人再凭银行本票至银行兑取现金。

4）支票。对于作为投标保证金的支票而言，其由投标人开出，并由投标人交给招标人，招标人再凭支票在自己的开户行存款。

5）投标保函。投标保函是投标人申请银行开立的保证函，保证投标人在中标人确定之前不得撤销投标，在中标后应该按着招标文件和投标文件与招标人签订合同。如果投标人违反规定，开立保证函的银行将根据招标人的通知，支付银行保函规定数额的资金给招标人。

（4）投标保证金提交的时间（《招标投标法》规定）：在潜在投标人资格预审合格后，购买招标文件时提交，或在提交投标文件时提交，或在招标文件规定的截止时间提交。

（5）投标保证金没收。出现下列情形之一投标保证金被没收：

1）投标人在投标函格式规定的投标有效期内撤回其投标；

2）中标人在规定的时间内未能与招标人签订合同；

3）根据招标文件规定，中标人未提交履约保证金；

4）投标人采用不正当手段骗取中标。

（6）投标保证金退还。《工程建设项目施工招标投标办法》（七部委第30号令）第六十三条规定：招标人最迟应当在与中标人签订合同后五日内，向中标人和未中标的投标人退还投标保证金及银行同期存款利息。

（四）研究招标有关文件

投标人必须研究招标相关文件，即研究资格预审文和招标文件。

1. 研究资格预审文件

通常拟投标人从如下几个方面研究资格预审文件：

（1）资格预审申请人的基本要求；

（2）申请人须提交的有关证明；

（3）资格预审通过的强制性标准（人员、设备、分包、诉讼以及履约等）；

（4）对联合体的提交资格预审的要求；

（5）对通过预审单位建议分包的要求。

2. 研究招标文件

通常拟投标人研究招标文件主要研究投标须知、合同条款、评标标准和办法、技术要求及工程图纸、工程量清单等。

（1）研究投标须知。重点了解投标须知中的招标范围、计划开竣工时间、合同工期，投标人资质条件、信誉，是否接受联合体投标、现场勘察形式及时间、预备会时间、投标截止日期和时间、投标有效期，分包、偏离，投标保证金金额、形式及提交时间，财务状况，投标文件的形式和份数，开标时间及地点，招标控制价等。

（2）研究合同条件。

1）要确定下列时间：合同计划开竣工时间、总工期和分阶段验收的工期、工程保修期等；

2）关于延误工期赔偿的金额和最高限定，以及提前工期奖等；

3）关于保函的有关规定；

4）关于付款的条件，有否预付款、关于工程款的支付以及拖期付款有否利息、扣留保修金的比例及退还时间等；

5）关于材料供应，有否甲供材料或材料的二次招标；

6）关于合同价格调整条款；

7）关于工程保险和现场人员事故保险等；

8）关于不可抗力造成的损失的赔偿办法；

9）关于争议的解决。

（3）研究招标项目技术要求及工程图纸。招标文件对工程内容、技术要求、工艺特点、设备、材料和安装方法等均做了规定和要求。近年的特大异形建筑层出不穷，招标人通常要求投标人应用 BIM 技术相关软件建模、模拟施工全过程。投标人则应按招标人提出的要求完成所有需要通过 BIM 技术展示的投标。

研究图纸要从各专业图纸进行研究，即研究土建（建筑、结构）、给水排水、暖通、电气等专业图纸，如果图纸中存在缺陷或错误，投标人在规定的时间向招标人提出并得到澄清。

（4）核算工程量清单。目前大多数工程投标报价采用工程量清单计价方式，工程量清单随附于招标文件，工程量清单中的"项"与"量"的准确与否关系到投标报价的准确程度，并直接影响到中标以后的合同管理工作，投标人在投标文件编制之前必须对工程量清单的"项"与"量"进行核定。核算工程量清单具体工作如下：

1）依据图纸核定清单项目设置是否有错、重、漏现象，清单项目特征描述是否与图纸相符；

2）依据各专业图纸进行工程量的计算，核定工程量清单中的量的准确性，并核对计量单位的准确性；

3）工程量清单存在的问题汇总待预备会或答疑时提出，并要获得招标人对此做出的回复。

（五）调查投标环境

投标环境是招标工程项目施工的自然、经济和社会条件。这些条件都是工程施工的制约因素，必然影响工程成本及其他管理目标的实现。施工现场考察是投标人必须经过的投标程序。按照国际惯例，投标人提出的报价单一般被认为是在现场考察的基础上编制的。

一旦报价单提出之后，投标人就无权因为现场考察不周、情况了解不细或因素考虑不全面而提出修改投标书、调整报价或提出补偿等要求。

1. 国内投标环境调查要点

（1）施工现场条件。

1）施工场地周边情况，布置临时设施、生活暂设的可能性，现场是否具备开工条件；

2）进入现场的通道，给水排水（是否有饮用水）、供电和通信设施；

3）地上、地下有无障碍物，有无地下管网工程；

4）附近的现有建筑工程情况；

5）环境对施工的限制。

（2）自然地理条件。

1）气象情况，包括气温、湿度、主导风向和风速、年降雨量以及雨季的起止期；

2）场地的地理位置、用地范围；

3）地质情况，地基土质及其承载力，地下水位；

4）地震及其抗震设防烈度，洪水、台风及其他自然灾害情况。

（3）材料和设备供应条件。

1）砂石等大宗材料的采购和运输条件；

2）须在市场采购的钢材、水泥、木材、玻璃等材料的可能供应来源和价格；

3）当地供应构配件的能力和价格；

4）当地租赁建筑机械的可能性和价格等；

5）当地外协加工生产能力等。

（4）其他条件。

1）工地现场附近的治安情况；

2）当地的民风民俗；

3）专业分包的能力和分包条件；

4）业主的履约情况；

5）竞争对手的情况。

2. 国际投标环境调查要点

（1）政治情况。

1）工程所在国的社会制度和政治制度；

2）政局是否稳定；

3）与邻国关系如何，有无发生边境冲突和封锁边界的可能；

4）与我国的双边关系如何。

（2）经济条件。

1）工程项目所在国的经济发展情况和自然资源状况；

2）外汇储备情况及国际支付能力；

3）港口、铁路和公路运输以及航空交通与电信联络情况；

4）当地的科学技术水平。

（3）法律方面。

1）工程项目所在国的宪法；

2）与承包活动有关的经济法、工商企业法、建筑法、劳动法、税法、外汇管理法、经济合同法及经济纠纷的仲裁程序等；

3）民法和民事诉讼法；

4）移民法和外办管理法。

（4）社会情况。

1）当地的风俗习惯；

2）居民的宗教信仰；

3）民族或部落间的关系；

4）工会的活动情况；

5）治安状况。

（5）自然条件。

1）工程所在地的地理位置、地形、地貌；

2）气象情况，包括气温、湿度、主导风向和风力，年平均和最大降雨量等；

3）地质情况，地基土质构造及特征、承载能力，地下水情况；

4）地震、洪水、台风及其他自然灾害情况。

（6）市场情况。

1）建筑和装饰材料、施工机械设备、燃料、动力、水和生活用品的供应情况，价格水平，过去几年的物价指数以及今后的变化趋势预测。

2）劳务市场状况，包括工人的技术水平、工资水平，有关劳动保险和福利待遇的规定，在当地雇用熟练工人、半熟练工人和普通工人的可能性，以及外籍工人是否被允许入境等。

3）外汇汇率和银行信贷利率。

4）工程所在国本国承包企业和注册的外国承包企业的经营情况。

（六）汇编释疑文件

投标人在完成研究招标文件、熟悉图纸、核算工程量清单以及现场勘察工作后，针对招标文件存在疑问及对现场的疑问，需以书面形式进行汇总形成释疑文件，并按招标文件要求的时间地点提交。通常释疑文件采用如下形式（见工程案例释疑申请文件范例）。

释 疑 申 请

致：××管理中心

我方是××工程项目施工招标的投标人，经研究招标编号××××××××××第七标段《招标文件》之文本部分、图纸部分、工程量清单部分以及现场勘察后，有如下疑问：

一、文本部分

1. 第×部分，第×条："………"（第×页）

（续）

2. 第×部分，第×条："………"（第×页）

3. 第×页投标文件格式要求：提交近三年的财备状况表，目前是 3 月份，财务审计报告在 5 月底才能完成，近三年是从哪一年计？

………

二、图纸部分

（一）土建工程

1. 建筑图：××图 ××问题

2. 结构图：××图 ××问题

（二）给水排水工程

1. 给水系统……

2. ××立面图

（三）通风空调工程

1. ××图××设备标高……

2. ××图××风管标高……

（四）电气工程

1. 低压系统图第××回路与××系统图线路规格不一致

2. ××系统图有×条工作回路、×条备用回路，在平面图中仅有×条回路……

（五）弱电系统

1. ……

2. ……

三、工程量清单部分

（一）项的偏差

1. 土建部分

（1）编号 01×××××××××与×××××××项是否有重复

……

（n）编号 01×××××××02 项目特征描述与图纸有偏差

2. 给水排水部分

××规格的给水管，清单项目未见

……

3. 电气部分

××规格导线动力回路未列清单项目

（二）工程量偏差

1. 土建部分

（1）编号 01×××××××03 经我方核算其工程量为×××m^3

……

（n）编号 01×××××××02 经我方核算其工程量为×××m^2

（续）

2. 给水排水部分

编号××××××××××项目××规格的给水管，经我方核算其工程量为×××m

......

3. 电气部分

编号××××××××××项目××规格导线管内穿线工程量为×××m

四、现场勘察部分

2014年2月10日经招标人组织（或经招标人允许自行）勘察位于××××地点招标项目施工场地发现有如下情况与招标文件不一致：

1. 现场仍有大量苗木

2. 现场与交通主干道接壤道路尚未铺通

3. 局部低洼相对—1000mm

如上四个方面的疑问敬请释疑。

投标人：××建设工程公司（公章）

法人代表：（签字或盖章）

2017年5月7日

（七）参加投标预备会

投标预备会召开的目的是向投标人进行工程项目技术要求交底，以及澄清招标文件的疑问，解答投标人对招标文件和勘察现场中所提出的疑问。

招标文件一般均规定在投标前召开标前会议。投标人应在参加标前会议之前把招标文件中存在的问题以及疑问整理成书面文件，按照招标文件规定的方式、时间和地点要求，送到招标人或招标代理机构处。一些共性问题一般在标前会议上得到解决，但关于图纸、清单等问题通常是以"答疑文件"形式在规定时间内下发给所有获得招标文件的投标人，无论其是否提出了疑问。《招标投标法》第二十三条规定："招标人对已发出的招标文件进行必要的澄清或者修改的，应当在招标文件要求提交投标文件截止时间至少十五日前，以书面形式通知所有招标文件收受人。该澄清或者修改的内容为招标文件的组成部分。"

招标人对投标人提出的疑问的答复的书面文件通常称为"答疑文件"。答疑文件是招标文件的组成部分，是投标人编制投标文件的重要依据，是合同文件的组成部分，是合同履行过程中解决争议的重要依据。

投标人在接到招标人的书面澄清文件后，依据招标文件以及澄清文件编制投标文件。

二、投标及投标技巧

（一）建设工程投标程序

建设工程投标人在取得投标资格后参加投标一般要经过以下几个程序：

（1）投标人了解并跟踪招标信息，提出投标申请。建筑企业根据招标广告或投标邀请书，分析招标工程的条件，依据自身的实力，选择并确定投标工程。向招标人提出投标申请，并提交有关资料。

（2）接受招标人的资质审查。

（3）购买招标文件及有关技术资料。

（4）参加现场踏勘，并对有关疑问提出质询。

（5）编制投标书及报价。投标书是投标人的投标文件，是对招标文件提出的要求和条件做出的实质性响应。

（6）参加开标会议。

（7）接受中标通知书，与招标人签订合同。

（二）投标策略与技巧

投标策略（技巧），是指投标人在投标竞争中的指导思想与系统工作部署，以及其参与投标竞争的方式和手段。投标策略作为投标取胜的方式、手段和艺术，贯穿于投标竞争的始终，内容十分丰富。在投标与否、投标项目的选择、投标报价等方面，无不包含投标策略。

投标策略在投标报价过程中的作用更为显著。恰当的报价是能否中标的关键，但恰当的报价并不一定是最低报价。实践表明，标价过高，无疑会失去竞争力而落标；而标价过低（低于正常情况下完成合同所需的价格或低于成本），也会成为废标而不能入围。

投标策略的种类较多，下面简单地介绍几种在投标过程中常见的策略，希望能对大家有所启发，以便可以在日后的实际投标过程中举一反三，不断提高。

1. 增加建议方案

有时招标文件中规定，可以提出一个建议方案，即可以修改原设计方案，提出投标者的方案。投标者这个时候应抓住机会，组织一批有经验的设计和施工工程师，对原招标文件的设计和施工方案进行仔细研究，提出更为合理的方案以吸引业主，促成自己的方案中标。这种新建议方案可以降低总造价或缩短工期，或使工程运用更合理。但是需要注意，对原招标方案一定也要报价。建议方案不要写得太具体，要保留方案的技术关键，防止业主将此建议方案交给其他承包商。

同时需要强调的是，建议方案一定要比较成熟，有很好的操作性和可行性，不能空谈而不切实际。

2. 不平衡报价法

所谓不平衡报价，是对常规报价的优化，其实质是在保持总报价不变的前提下，通过提高工程量清单中一些基价细目的综合单价，同时降低另外一些细目的单价来使所获工程款收益现值最大。即对施工方案实施可能性大的报高价，对实施可能性小的报低价，目的是"早收钱"或"快收钱"。即赚取由于工程量改变而引起的额外收入，改善工程项目的资金流动，赚取由通货膨胀引起的额外收入。

原则一般有以下几条：

（1）先期开工的项目（如开办费、土方、基础等隐蔽工程）的单价报价高，后期开工的项目（如高速公路的路面、交通设施、绿化等附属设施）的单价报价低。

（2）经过核算工程量，估计在后期会增加工程量的项目的单价报价高，后期工程量会减少的项目的单价报价低。

（3）图纸不明确或有错误的，估计今后会修改的项目的单价报价高，估计今后会取消的项目的单价报价低。

（4）没有工程量，只填单价的项目（如土方工程中挖淤泥、岩石、土方超运等备用单价）其单价报价高（这样既不影响投标总价，又有利于多获利润）。

（5）对暂定金额项目，分析其让承包商做的可能性大时，其单价报价高；反之，报价低。

（6）零星用工（记日工）单价一般可稍高于工程中的工资单价，因为记日工不属于承包总价的范围，发生时实报实销。但如果招标文件中已经假定了记日工的"名义工程量"，则需要具体分析是否报高价，以免提高总报价。

（7）对于允许价格调整的工程，当利率低于物价上涨时，后期施工的工程细目的单价报价高；反之，报价低。

对于不平衡报价法，有些问题是需要注意的，简单介绍如下：

（1）不平衡报价要适度，一般浮动不要超过30%，否则，"物极必反"。因为近年业主评标时，对报价的不平衡系数要分析，不平衡程度高的要扣分，严重不平衡报价的可能会成为废标。

（2）对钢筋和混凝土等常规项目最好不要提高单价。

（3）如果业主要求提供"工程预算书"，则应使工程量清单综合单价与预算书一致。

（4）同一标段中工程内容完全一样的计价细目的综合单价要一致。

例如，在广州市花旗银行基础工程的投标中，广东某水电公司就是采用此方案而夺标的。花旗银行基础工程主要包括地下室四层及挖孔桩。投标该公司时考虑到其地处广州市繁华的商业区和密集的居民区，是十分繁忙的交通枢纽，采用爆破方法不太可行，因此在投标时将该方案的单价报得很低，而将采用机械辅以工人破碎凿除基岩方案报价较高。该公司由于按原设计方案报价较低而中标。施工中，正如该公司预料的以上因素，公安部门不予批准爆破，业主只好同意采用机械辅以工人破碎开挖，使其不但中标，而且取得了较好的经济效益。

3. 突然袭击法

由于投标竞争激烈，为迷惑对方，有意制造一些假象，如表现出对该工程兴趣不大，投标只是走个过场（或准备投高标），表现出无利可图不想干等假象。到投标截止前几小时，突然前往投标，并压低投标价（或加价），从而使对手措手不及而败北。

4. 多方案报价法

对于一些招标文件，如果发现工程范围不明确，条款不清楚或很不公正，技术规范要求过于苛刻时，要在充分估计投标风险的基础上，按多方案报价法处理，即将原招标文件报一个价，然后再提出，如果某某条款做某些变动，报价可降低多少，由此可报出一个较低的价。这样可以降低总价，吸引业主。

5. 优惠取胜法

向业主提出缩短工期、提高质量、降低支付条件，提出新技术、新设计方案，提供物资、设备、仪器（交通车辆、生活设施）等，以优惠条件取得业主赞许，争取中标。

6. 扩大标价法

这种方法也比较常用，即除了按正常的已知条件编制价格外，对工程中变化较大或没有把握的工作，采用扩大单价，增加"不可预见费"的方法来减少风险。但是这种方法往往因为总价过高而不易中标。

7. 低价投标夺标法

这是一种非常规手段，承包商为了打开某一地区的市场，依靠自身的雄厚资本实力，采取一种不惜代价、只求中标的低价投标方案。应用这种方法的承包商必须有较好的资信条件，并且提出的施工方案也先进可行。

（三）投标报价

投标报价是投标书的核心组成部分，招标人往往将投标人的报价作为主要标准来选择中标人，同时也是招标人与中标人就工程标价进行谈判的基础。因此，报价的策略、技巧、标价评估与决策是做出合适的投标报价的关键。

1. 投标报价的主要依据

（1）设计图样。

（2）工程量表。

（3）合同条件，尤其是有关工期、支付条件、外汇比例的规定。

（4）相关的法律、法规。

（5）拟采用的施工方案、进度计划。

（6）施工规范和施工说明书。

（7）工程材料、设备的价格及运费。

（8）劳务工资标准。

（9）当地的物质生活价格水平。

除了依据上述因素以外，投标报价还应该考虑各种相关的间接费用。

2. 投标报价的步骤

做好投标报价工作，需充分了解招标文件的全部含义，采用已熟悉的投标报价程序和方法；应对招标文件有一个系统而完整的理解，从合同条件到技术规范、工程设计图纸，从工程量清单到具体投标书和报价单的要求，都要严肃认真对待。其步骤一般为：

（1）熟悉招标文件，对工程项目进行调查与现场考察。

（2）结合工程项目的特点、竞争对手的实力和本企业的自身状况、经验、习惯，制定投标策略。

（3）核算招标项目实际工程量。

（4）编制施工组织设计。

（5）考虑土木工程承包市场的行情，以及人工、机械及材料供应的费用，计算分项工程直接费用。

（6）分摊项目费用，编制单价分析表。

（7）计算投标基础价。

（8）根据企业的管理水平、工程经验与信誉、技术能力与机械装备能力、财务应变能力、抵御风险的能力、降低工程成本增加经济效益的能力等进行获胜分析与盈亏分析。

（9）提出备选投标报价方案。

（10）编制出合理的报价，以争取中标。

3. 投标报价的原则

建设工程投标报价时，可参照下述原则确定报价策略：

（1）按招标要求的计价方式确定报价内容及各细目的计算深度；

（2）按经济责任确定报价的费用内容；

（3）充分利用调查资料和市场行情资料；

（4）以施工组织设计确定的基本条件为依据；

（5）投标报价计算方法应简明适用。

4. 国际工程投标报价的组成和计算

工程项目投标报价的具体组成应随投标的工程项目内容和招标文件进行划分。国际工程招标一般采用最低价中标或合理低价中标方式，投标价的确定要经过工程成本测算和标价确定两个阶段。标价是由成本、利润和风险费组成的，其中成本包括直接费用和间接费用，其计算方法具体如下。

（1）直接费用。指由工程本身因素决定的费用。其构成受市场现行物价影响，但不受经营条件的影响。工程直接费用一般由人工费、施工机械费、材料设备费等组成。

1）人工费。人工费单价需根据工人来源情况确定。我国到国外承包工程，劳动力来源主要有两方面，一是国内派遣工人；二是雇用当地工人（包括第三国工人）。人工费单价的计算就是指国内派出工人和当地雇用工人平均工资单价的计算。在分别计算出这两类工人的工资单价后，再考虑工效和其他一些有关因素，就可以确定在工程总用工量中这两类工人完成工日所占的比重，进而加权平均计算出平均工资单价。

考虑到当地雇用工人的工效可能较低，而当地政府又规定承包商必须雇用部分当地工人，因此计算工资单价时还应把工效考虑在内，根据已经掌握的当地雇用工人的工效和国内派出工人的工效，确定一个大致的工效比（通常为小于1的数字），用下式计算：

考虑工效的平均工资单价=（国内派出工人工资单价×国内派出工人工日占
总工日的百分比＋当地雇用工人工资单价×
当地工人工日占总工日的百分比）/工效比

国内派出工人工资单价。可按下式计算：

国内派出工人工资单价=一个工人出国期间的全部费用/（一个工人参加施工

年限×年工作日）

出国期间的全部费用应当包括从工人准备出国到回国休整结束后的全部费用，可由国内和国外两部分费用构成。

工人施工年限应当以工期为基础，由多数或大多数工人在该工程的工作时间来确定。

工人的年工作日是工人在一年内的纯工作天数。一般情况下可按年日历天数扣除休息日、法定节假日和天气影响的可能停工天数计算。实际报价计算中，每年工作日不少于300天，以利于提高报价的竞争能力。

当地雇用工人工资单价。当地工人包括工程所在国具有该国国籍的工人和在当地的外籍工人。当地雇用工人工资单价主要包括下列内容：日标准工资（国外一般以小时为单位）；带薪法定假日、带薪休假日工资；夜间施工或加班应增加的工资；按规定由承包商支付的所得税、福利费、保险费等；工人招募和解雇费用；工人上下班交通费；按有关规定应支付的各种津贴和补贴等［如高空或地下作业津贴和上下班时间（视离家距离而定）补贴］，该项开支有时可高达工资数的20％～30％。

在计算报价时，一般直接按工程所在地各类工人的日工资标准的平均值计算。

若所算的国内派出工人工资单价和当地雇用工人工资单价相差甚远，还应当进行综合考虑和调整。当国内派出工人工资单价低于当地雇用工人工资单价时，固然是竞争的有利因素，但若采用较低的工资单价就会减少收益，从长远考虑更不利，应向上调整。调整后的工资单价以略低于当地工人工资单价5％～10％为宜。当国内派出工人工资单价高于当地工人工资单价时，如在考虑了当地工人的工效、技术水平后，派出工人工资单价仍有竞争力，就不用调整；反之，应向下调。若下调后的工资单价仍不理想，就要考虑不派或少派国内工人。

国际承包工程的人工费有时占到总造价的20％～30％，大大高于国内工程的比率。确定一个合适的工资单价，对于做出有竞争力的报价是十分重要的。

2）施工机械费。指用于工程施工的机械和工器具的费用。由于工程建设项目大都采用机械化施工，所以施工机械费占直接费用的主要部分。该费用在工程建成后不构成发包人的固定资产，而是承包商的设备。其主要施工机械费以台时费为单位，辅助施工机械费则只计算总费用，类似于国内概预算中的小型机具使用费。主要施工机械台时费为：施工机械折旧费、施工机械海洋运保费、施工机械陆地运保费、施工机械进口税、施工机械安装拆卸费、施工机械修理费、施工机械燃料费和施工机械操作人工费。

以上八项费用合计成施工机械台时费，其中属于固定费用的有施工机械折旧费、施工机械海洋运保费、施工机械陆地运保费、施工机械进口税等，这些费用即使不运转也要计算。属于运转费用的有施工机械安装拆卸费、施工机械修理费、施工机械燃料费、施工机械操作人工费。

国外承包工程施工机械除了承包企业自行购买外，有些还可以租赁使用，如果决定租赁机械，则施工机械费（台班单价）就可以根据事先调查的市场租赁价来确定。

3）材料设备费。材料和（永久）设备费用在直接费用中所占的比例很大，准确计算材料、设备的预算价格是计算投标报价的重要一环。为了准确确定材料、设备的预算价格，我国有些对外公司根据对外承包工程的经验，依据材料、设备来源的不同，制定出两种表格，一种是当地市场材料、设备优选价格统计表；另一种是国内和第三国采购材料、设备价格比较表。在计算报价时，通过这两种价格表的比较，进行材料、设备的选择。上述价格表一般每半年调整一次，以保证其准确性。下面介绍不同来源的材料、设备单价计算。

国内和第三国采购材料、设备单价的计算，主要包括以下几部分内容。①采购材料、设备的价格。包括材料、设备出厂价及包装费，还应考虑因满足承包工程对材料、设备质量及运输包装的特殊要求而增加的费用。②全程运杂费。即由材料、设备厂家到工地现场存储处所需的运输费和杂费。对于设备，还要加上设备安装费和运行调试费（如果在工程量清单中这两项不单列的话）及备用件费用。若业主对设备采用单独招标的方式，则承包商在报价中仅考虑设备安装费和运行调试费。全程运杂费包括国内段运杂费、海运段运保费和当地运杂费。

国内段运杂费是指由厂家到出口港装船的一切费用，其计算一般采用综合费率法：

$$国内段运杂费＝运输装卸费＋港口仓储装船费$$

$$运输装卸费＝（10\%～12\%）×材料采购价格$$

$$港口仓储装船费＝（3\%～5\%）×材料采购价格$$

海运段运保费是指材料由出口港到卸货港之间的海运费和保险费。具体计算应包括材料的基本运价、附加费和保险费。其中，基本运价按有关海运公司规定的不同货物品种、等级、航线的运输基价计算；附加费是指燃油附加、超重附加、直航附加、港口附加等费用；保险费则按有关的保险费率计算。

当地运杂费是指材料由卸货现场到工地现场存储地所需的一切费用：

$$当地运杂费＝上岸费＋运距×运价＋装卸费$$

当地采购材料、设备。一般按当地材料、设备供应商报价，由供应商运到工地。有些材料也可自己组织运输。另外，对一些大宗材料，如块石、石子、卵石和沙子等，也可自己组织开采和加工，其预算价格按实际消耗费用计算。

材料消耗定额可根据招标文件中有关技术规范要求，结合工程条件、机械化施工程度，参照国内定额确定。材料的运输损耗和加工损耗计入材料用量，不增加单价。

（2）间接费用。间接费用是指除直接费用以外的经营性费用。它直接受市场状况变化的影响，另外还要依据招标文件的规定，对间接费用构成项目进行增删。间接费用一般由如下费用组成。

1）临时设施工程费。包括全部生产、生活和办公所需的临时设施，施工区内道路、围墙及水、电、通信设施等。如果在工程量清单通用费项目中有大型临时设施项目，如砂石料加工系统、混凝土拌和系统、附属加工车间等（一般用项目总包干价投标），则间接费用中仅包括小型临时设施费用。

2）保函手续费。指投标保函、预付款保函、履约保函（或履约担保）、保留金保函等交纳的手续费。银行保函均要按保函金额的一定比例，由银行收取手续费。例如，中国银行一般收取保函金额的 0.4%～0.6% 年手续费。外国银行一般收取保函金额的 1% 年手续费。

3）保险费。承包工程中一般的保险项目有工程保险、施工机械保险、第三者责任险、人身意外保险、材料和永久设备运输保险、施工机械运输保险。其中，后三种险已计入人工、材料和永久设备、施工机械单价中，不要重复计算。而工程保险、第三者责任险、施工机械保险、发包人和监理工程师人身意外险的费用，一般为合同总价的 0.5%～1.0%。

4）税金。应按招标文件规定及工程所在国的法律计算。各国情况不同，税种也不同。由于各国对承包工程的征税办法及税率相差极大，因此应预先做好调查。一般常见税金项目有合同税、利润所得税、营业税、增值税、社会福利税、社会安全税、养路及车辆牌照税、关税、商检等。上述税种中额度最大的是利润所得税或营业税，有的国家分别达到30%和40%以上。

5）业务费（包括投标费、监理工程师和发包人费、代理人佣金、法律顾问费）。

投标费。包括购买资格预审文件和招标文件费用、投标期间差旅费、编制资格预审申请和投标文件费。

监理工程师（或称工程师）和发包人费。指承包商为他们提供现场工作和生活环境而支付的费用。主要包括办公和居住用房，以及其室内全部设施和用具、交通车辆等费用。有的招标文件在工程量清单中对上述费用开发项目有明确的规定，投标人可按此要求填报该项费用。也可按招标文件的规定由投标人配备，并计入间接费用中的业务费。

代理人佣金。投标人通过代理人协助收集、通报消息，并帮助投标，以及中标后协助承包商了解当地政治、社会和经济状况，解决工作和生活等的困难问题。其费用按实际情况计列，代理费一般约为总合同价的 0.5%～3%。小工程费率高些，大工程费率低些。上述情况适用于我国施工单位参加国际招标的投标。我国境内工程建设项目进行国际招标时，外国公司参与投标，一般也雇用代理人，以便尽快了解国情和市场情况。但是，国内招标时国内施工单位是无须雇用代理人的。

法律顾问费。一般是雇用当地法律顾问支付固定的月工资。当受理法律事务时，还需增加一定数量的酬金。

6）管理费。包括施工管理费和总部管理费。

施工管理费。包括现场职员的工资和补贴、办公费、差旅费、医疗费、文体费、业务经营费、劳动保护费、生活用品费、固定资产使用费、工具/用具使用费、检验和试验费等。应根据实际需要逐项计算其费用，一般情况下为投标总价的 1%～2%。

总部管理费。指上级管理总部对所属项目管理企业收取的管理费，一般为投标总价的2%～4%。

7）财务费。主要指承包商为实施承包工程向银行贷款而支付的资金利息，并计入成本。首先应编制工程进度计划投入的资金、预计工程各项收入及各项支出，以季度为单位的资金平衡表（工程资金流量表）。根据资金平衡表算出施工期间各个时期承包商垫付资金数量及垫付时间，再计算资金利息。

另外，发包人为解决资金不足的问题，应在招标文件中规定由承包商贷款先垫付部分或全部工程款项，并规定还款的时间和年限，以及规定应付给的利息。承包商应对银行贷款利率做出评估，应将此利息计入投标报价中，即计入成本中。

（3）利润和风险费。

1）利润。按照国内概预算编制办法的规定，施工单位承包工程任务时计取的计划利润为工程成本的 7%（或分为施工技术装备费与计划利润，两项合计 7%）。但是建筑市场竞争激烈，工程利润也是随市场需求而变化的。一般按工程成本价格 3%～10% 估算。

2）风险费。其内容及费率由投标人根据招标文件要求及竞争状况自行确定。基本上包括备用金（也称暂定金额）和风险基金等。

备用金，指发包人在招标文件中和工程量清单中以备用金标明的金额，是供任何部分施工，或提供货物、材料、设备或服务，或供不可预料事件的费用的一项金额。这项金额应按监理工程师的指示全部或部分使用，或根本不予动用。投标人的投标报价中只能把备用金列入工程总报价，不能以间接费用的方式分摊入各项目单价中。

风险基金，土木工程的承包、经营是一种在技术经验、经济实力和管理水平等方面存在竞争的事业。既然是竞争，就必然伴随着风险。承包商有以下主要风险：

资金额度和来源的可靠程度，以及工程所在国经济状况给承包商带来的风险。

选择何种合同标准范本，以及承包商对合同条件的理解带来的风险。

对现场调查不够，对困难估计不足造成的风险。

工程设计水平、工程水文和地质勘测不深造成的风险。

恶劣的天气带来的风险。

工程各控制性工期和总工期的风险。

发包人对监理工程师的授权、独立处理合同争议的能力和公正程度，以及争议裁决委员会协调能力方面的风险。

承包商自身能力、施工和管理水平的风险等。

风险基金对投标人来说是一项很难估算的费用。对那些在合同实施过程中通过索赔可补偿的风险不计在风险基金之中，以免投标总价过高而影响中标。

认真对各类风险因素进行分析，列出可能产生的风险清单，确定主要风险；严格界定风险内涵并考虑风险因素之间的相关性；先怀疑，后排除，不要轻易否定或排除某些风险因素；排除与确认并重。对于肯定不能排除但又不能肯定予以确认的风险按确认考虑；必要时可做实验论证。对于风险可采用回避风险，即以一定的方式中断风险源，使其不发生或不再发展，从而避免可能产生的潜在损失。但回避的同时可能会产生另一种新的风险，风险回避的同时也失去了从风险中获利的可能，或风险回避可能不实际或不可能。还有一种就是风险转移。任何一种风险都应由最适宜承担该风险或最有能力进行损失控制的一方承担。符合这一原则的风险转移是合理的，可以取得双赢或多赢的结果。

（4）工程综合单价的确定。以投标人在施工组织设计中确定的施工方法、施工强度、施工机械型号和选定的生产效率为前提，同时对项目设计、技术质量要求及施工活动进行分析，制定出合适的施工机械组合和人员配备。再以上述各项费用为计算基础，据此用实物法分别计算完成各项目工程任务时所消耗的各种材料（永久设备的安装）数量和费用；所消耗施工机械的工时和费用（按施工机械的生产效率计算投入工时，按施工机械的固定费和运转费计算台时费）；所使用人工工时和费用（按劳动效率计算投入工时，按工资、补贴和福利等费用计算工时费用）。

上述各项资源投入费用之和被此项目产出的工程数量除，即为此项目的基础单价。有经验的成熟投标人为发挥自己企业的优势，以及加快计算投标报价的速度，往往运用自己的施工实践确定工程项目的保本价，计算各项目的基础单价（考虑施工条件差异后的修正价）。这种做法既准确又快捷，是首选的方法。而对未经历过的承包项目采用上述方法计算基础单价、各基础单价乘工程量清单中各项工程数量，然后相加汇总即得出直接费用总额。进而根据上述各项费用，算出间接费用、利润和风险基金等总额，并全部摊入各工程项目中，最后计算出各工程项目（工程量清单中各项目）综合单价。按此综合单价填入工程量清单表，即成为投标人已报价的工程量清单表。

计算综合单价公式为：

$$某项目综合单价＝\left(1+\frac{间接费＋利润＋风险基金}{直接费总额}\right)×某项基础单价$$

各项综合单价乘相应项目工程数量即为各项目合价，合价相加汇总再加上通用费（包括进场费、退场费、各大型临时设施费等以总价或费率包干费用）和备用金，即为投标人投标报价的总价。

间接费用、利润和风险基金总额，在实际投标中要依据竞争情况确定摊入项目。如早期施工项目多摊入，后期施工项目少摊入，投标总价不变，这样做可以在工程施工初期将多结算的工程价款作为承包商的流动资金，以减少银行贷款的额度，从而减少发包人支付银行贷款的利息，降低投标人"评标价格"，增加中标的概率。

5. 国内工程投标报价的组成和计算

《建筑工程施工发包与承包计价管理办法》第五条规定，施工图预算、招标标底和投标报价由成本（直接费用、间接费用）、利润和税金构成。其编制可以采用以下计价方法：

（1）工料单价法。分部、分项工程量的单价为直接费用。直接费用由人工、材料、机械的消耗量及其相应价格确定。间接费用、利润、税金按照有关规定另行计算。

（2）综合单价法。分部、分项工程量的单价为全费用单价。全费用单价综合了分部、分项工程所发生的直接费用、间接费用、利润、税金。

三、投标文件的编制

（一）投标文件的主要内容

投标文件应严格按照招标文件的各项要求来编制，一般来说投标文件的内容主要包括以下几点：①投标书；②投标书附录；③投标保证金；④法定代表人；⑤授权委托书；⑥具有标价的工程量清单与报价表；⑦施工组织设计；⑧辅助资料表；⑨资格审查表；⑩对招标文件的合同条款内容的确认和响应；⑪按招标文件规定提交的其他资料。

（二）投标文件编制要点

（1）招标文件要研究透彻，重点是投标须知、合同条件、技术规范、工程量清单及图纸。

（2）为编制好投标文件和投标报价，应收集现行定额标准、取费标准及各类标准图集，收集掌握政策性调价文件及材料、设备价格情况。

（3）投标文件编制中，投标单位应依据招标文件和工程技术规范要求，并根据施工现场情况编制施工方案或施工组织设计。

（4）按照招标文件中规定的各种因素和依据计算报价，并仔细核对，确保准确，在此基础上正确运用报价技巧和策略，并用科学方法做出报价决策。

（5）填写各种投标表格。招标文件所要求的每一种表格都要认真填写，尤其是需要签章的一定要按要求完成，否则有可能会因此导致废标。

（6）投标文件的封装。投标文件编制完成后要按招标文件要求的方式分装、贴封、签章。

（三）编制资格预审申请文件

资格预审申请文件是拟投标人向招标人提交的证明其具备完成招标项目的资质与能力的文件，是招标人对投标人进行投标资格预审的重要依据。

1. 资格预审申请文件的内容

根据住房城乡建设部建市〔2010〕88 号文颁布的《房屋建筑和市政工程标准施工招标资格预审文件》（2010 年版）规定，投标资格预审申请文件包括以下内容：

（1）资格预审申请函；

（2）法定代表人身份证明和授权委托书；

（3）联合体协议书；

（4）申请人基本情况表；

（5）近年财务状况表；

（6）近年完成的类似项目情况表；

（7）正在施工的和新承接的项目情况表；

（8）近年发生的诉讼和仲裁情况；

（9）其他材料：

1）其他企业信誉情况表（年份同诉讼及仲裁情况年份要求）；

2）拟投入主要施工机械设备情况表；

3）投入项目管理人员情况表；

4）其他。

招标人可根据招标项目的特点对资格预审申请文件另作要求。

2. 资格预审申请文件形式

资格预审申请文件的形式有两种，一种是纸质文件，通常工程项目要求递交纸质资格预审申请文件；另一种是电子版文件，适用电子招标，资格预审文件直接上传至指定的网址。

3. 资格预审申请文件数量

招标人如果要求提供纸质申请文件，其数量在该招标项目《资格预审文件》的"申请人须知"中说明；如果招标人要求提交电子版文件，提交一份电子版文件即可。

4. 资格预审申请文件编制依据

（1）拟投标人依据招标项目《资格预审文件》、招标人给定的《资格预审申请文件》格式及要求编写。

（2）依据申请人（拟投标人）资质条件、业绩、财务状况、技术装备、自身的实力和能力据实编写。

（3）依据拟派往招标项目的项目经理组织机构情况编写。

5. 资格预审申请文件编制方法

资格预审申请文件按招标项目资格预审文件提供的格式、内容和要求编写。具体方法见资格预审申请文件范例：

××住宅　工程项目施工第七标段施工招标

资格预审申请文件

正本

申请人：＿＿＿＿××建设工程公司×＿＿（盖单位章）

法定代表人或其委托代理人：＿＿王×＿＿（签字）

＿＿2017＿年＿3＿月＿7＿日

注："资格预审申请文件封面"填写时需加盖公章，法人代表或授权人签字。

主要项目管理人员简历表

岗位名称		安全员	
姓名	管××	年龄	27
性别	女	毕业学校	××学院
学历和专业	大学工程监理	毕业时间	2007年
拥有的执业资格	安全员	专业职称	助理工程师
执业资格证书编号	158××××××××	工作年限	10年
主要工作业绩及担任的主要工作	×××项目安全员 2007××大学学生公寓工程项目见习技术员 2011××住宅小区安全员助理 2012×××广场项目安全员		

-37-

说明：主要项目管理人员指项目副经理、技术负责人、合同商务负责人、专职安全生产管理人员等岗位人员。应附注册资格证书、身份证、职称证、学历证、养老保险复印件，专职安全生产管理人员应附有效的安全生产考核合格证书，主要业绩须附合同协议书。

承　诺　书

××××管理中心（招标人名称）：

我方在此声明，我方拟派往　××工程项目施工　（项目名称）×标段施工（以下简称"本工程"）的项目经理张××（项目经理姓名）现阶段没有担任任何在施建设工程项目的项目经理。

我方保证上述信息的真实和准确，并愿意承担因我方就此弄虚作假所引起的一切法律后果。

特此承诺

申请人：　　××建设工程公司××　　（盖单位章）

法定代表人或其委托代理人：　　　王×　　　

　2017　年　5　月　7　日

说明："承诺书"必须由法定代表人签署。

6. 资格预审申请文件编写注意事项

（1）投标资格预审申请文件，严格按照招标项目《资格预审文件》中申请人须知、申请文件格式及审核内容编写，如有必要，可以增加内容，并作为资格预审申请文件的组成部分。

（2）文件填写的有关数据、经验业绩或在建工程名称要准确，并且随附证明文件要齐全。

（3）有关证明类文件要具有真实性、有效性和时效性。

（4）资格预审申请文件所有需签字盖章的文件要有效签署。

（5）文件形式、装订、标识、数量或包封要符合资格预审文件的要求。

（四）编制投标文件投标函部分

投标文件是投标人对招标文件提出的实质性要求和条件做出响应的书面文件。

投标文件是招标人对投标人评审的依据，是投标人中标后与招标人签订合同的依据，投标文件是合同文件的组成部分。

1. 投标文件组成

我国目前由国务院发展改革部门会同有关行政监督部门和住房城乡建设部制定的标准文本主要有现行《中华人民共和国标准施工招标文件》《中华人民共和国房屋建筑和市政工程标准施工招标文件》《中华人民共和国简明标准施工招标文件》。

（1）《中华人民共和国标准施工招标文件》（2007版）（国家发展改革委、财政部、原建设部等九部委56号令发布）适用于依法必须进行招标的工程建设项目，一定规模以上，且设计和施工不是由同一承包商承担的工程施工招标。投标文件包括下列内容：

1）投标函及投标函附录。

2）法定代表人身份证明及授权委托书。

3）联合体协议书。

4）投标保证金。

5）已标价工程量清单。

6）施工组织设计，包括：

附表一：拟投入本标段的主要施工设备表；

附表二：拟配备本标段的试验和检测仪器设备表；

附表三：劳动力计划表；

附表四：计划开、竣工日期和施工进度网络图；

附表五：施工总平面图；

附表六：临时用地表。

7）项目管理机构：

① 项目管理机构组成表；

② 主要人员简历表。

8）拟分包项目情况表。

9）资格审查资料：

① 投标人基本情况表；

② 近年财务状况表；

③ 近年完成的类似项目情况表；

④ 正在施工的和新承接的项目情况表；

⑤ 近年发生的诉讼及仲裁情况。

10）其他材料。

（2）现行《中华人民共和国房屋建筑和市政工程标准施工招标文件》是《中华人民共和国标准施工招标文件》的配套文件，适用于一定规模以上，且设计和施工不是由同一承包人承担的房屋建筑和市政工程的施工招标。投标文件包括下列内容：

1）投标函及投标函附录。

2）法定代表人身份证明或授权委托书。

3）联合体协议书。

4）投标保证金。

5）已标价工程量清单。

6）施工组织设计，包括：

附表一：拟投入本工程的主要施工设备表；

附表二：拟配备本工程的试验和检测仪器设备表；

附表三：劳动力计划表；

附表四：计划开、竣工日期和施工进度网络图；

附表五：施工总平面图；

附表六：临时用地表；

附表七：施工组织设计（技术暗标部分）编制及装订要求。

7）项目管理机构：

① 项目管理机构组成表；

② 主要人员简历表。

8）拟分包计划表。

9）资格审查资料：

① 投标人基本情况表；

② 近年财务状况表；

③ 近年完成的类似项目情况表；

④ 正在施工的和新承接的项目情况表；

⑤ 近年发生的诉讼和仲裁情况；

⑥ 企业其他信誉情况表（年份要求同诉讼及仲裁情况年份要求）；

⑦ 主要项目管理人员简历表。

10）其他材料。

（3）现行《中华人民共和国标准设计施工总承包招标文件》适用于设计施工一体化的总承包招标，投标文件包括下列内容：

1）投标函及投标函附录。

2）法定代表人身份证明或授权委托书。

3）联合体协议书。

4）投标保证金。

5）价格清单。

6）承包人建议书。

7）承包人实施方案。

8）资格审查资料。

9）其他资料。

（4）现行《中华人民共和国简明标准施工招标文件》适用于工期不超过 12 个月、技术相对简单且设计和施工不是由同一承包人承担的小型项目施工招标，投标文件包括下列内容：

1）投标函及投标函附录。

2）法定代表人身份证明。

3）授权委托书。

4）投标保证金。

5）已标价工程量清单。

6）施工组织设计。

7）项目管理机构。

8）资格审查资料。

依据上述国家颁发的标准文件，招标人可根据招标项目的具体情况进行内容的增加。招标人可在招标文件中对投标文件内容组成进行组合，但实质内容不发生改变，通常具体工程项目施工招标文件中对投标文件的组成及格式有明确要求。例如本教材案例中投标文件由三个部分组成，即投标函部分、商务部分、技术部分；因案例招标项目采用资格预审，所以投标文件不包括资格审查部分。

2. 投标文件编制依据

（1）依据工程项目《招标文件》（包括招标人下发的答疑文件或招标文件的澄清文件、招标文件随附的工程量清单、图纸），编制投标文件，并且必须对招标文件的实质要求做出响应。

（2）依据投标人的资格条件及相关信息编制投标函。

（3）依据工程项目招标文件规定遵循的国家或项目所在地区的工程质量标准、规范编制投标文件的技术方案。

（4）依据工程项目招标文件确定的计价依据、招标项目所在地的市场供给和物价水平，以及本企业的自给情况和施工方案确定投标报价。

3. 投标文件编制步骤

投标文件的编制步骤如图 3-15 所示。

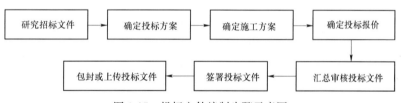

图 3-15　投标文件编制步骤示意图

（1）研究招标文件（包括随附文件）。

（2）确定投标方案，是指确定报价策略及工程技术方案策略。

（3）确定施工方案，是指经投标班子决策后采取的技术方案，比如是否采用企业自有技术，是否采用"新材料、新工艺、新技术"，在招标文件允许的前提下是否建议采取其他方案等，但施工方案必须实质性响应招标文件要求，并达到科学合理的水平。

（4）确定投标报价，是指根据招标文件的招标范围、图纸、工程量清单（如有时）、计价规范、评标标准和办法、市场材料价格、是否有外协加工、工程施工方案以及报价策略最终确定投标报价。

（5）汇总审核投标文件，是指投标文件各个组成部分编写完毕后，对文件进行的组合，以及对文件进行全面的审核。

（6）签署投标文件，是指投标文件审核无误后，对文件进行签字或盖章。

（7）包封或上传投标文件，是指投标文件签署完成后按招标文件要求进行装订、包封和标识；如果是电子招标，则根据招标文件要求进行上传。

4. 投标文件编制方法

投标人依据招标文件投标须知及招标文件确定的投标文件格式编制投标文件。

投标文件的投标函部分、商务部分、技术部分、投标文件封面及目录编制方法如下：

（1）投标文件投标函部分编制。投标函是指投标人按照招标文件的条件和要求，向招标人提交的关于投标人有关报价、质量或承诺等说明的函件。工程项目施工招标文件一般要求投标函部分包括法定代表人身份证明、授权委托书、投标函、投标函附录、投标文件对招标文件的商务和技术偏离、招标文件要求投标人提交的其他投标资料，有的招标文件将投标保证金提交情况作为投标函部分的文件。

投标函部分编制范例如下：

1）投标函部分首页：

××工程项目施工（项目名称）

投　标　文　件

备案编号：SG×××××××××

标　段：七

项目名称：　　××工程项目施工

投标文件内容：　投标文件投标函部分

投　标　人：　××建设工程公司　　（盖公章）

法定代表人或其委托代理人：　钟××　（签字并盖章）

日　期：2017 年　4　月　27　日

说明：投标文件投标函部分的首页必须按招标文件给定的格式填写并签字、盖章。

2）招标文件要求投标人提交的其他投标资料：

六、招标文件要求投标人提交的其他投标资料
——投标保证金交接收据

收 据

交款单位： ××建设工程公司 收款方式； 支票

人民币（大写） ￥×××××元

收款事由： "××工程项目施工"第四标段投标保证金

2017年4月7日

单位盖章：

财务主管：
记 账：
出 纳：
经 办：

-6-

说明："招标文件要求投标人提交的其他资料"，如果投标保证金在购买招标文件时提交，该部分通常将投标保证金提交证明文件附于其中。

5. 编制投标文件商务部分

投标文件中商务部分（也称经济标）的主要内容是建设工程投标报价，它是投标人计算和确定的承包该项工程的投标总价格。投标人应根据招标文件规定的报价范围、计价依据以评标标准和办法以及工程的性质、规模、结构特点、技术复杂难易程度、施工现场实际情况、当地市场技术经济条件及竞争对手情况等，确定经济合理的报价，并且达到总价合理、分部分项报价合理、项目（定额项目、清单项目）单价合理。

通常招标文件要求投标文件商务部分为投标报价部分。文件一般包括投标总价、总说明、工程项目投标报价汇总表、单项工程投标报价汇总表、单位工程投标报价汇总表、分部分项工程量清单与计价表等计价表格。

6. 编制投标文件技术部分

（1）投标文件技术部分编制依据。投标文件技术部分编制依据国家现行的技术质量验

收标准、招标项目技术要求，并结合投标人综合实力确定科学合理的项目组织机构与实施方案。

（2）投标文件技术部分的组成。招标文件通常要求投标文件技术部分包括两部分内容，即施工组织设计和项目组织机构。

1）施工组织计编制。施工组织设计是对招标项目工程施工活动实施科学管理的重要依据。施工组织设计要对工程在人力、物力、时间和空间以及技术组织等方面做出统筹安排，主要内容如下：

① 工程概况。

② 目标部署。

③ 编制依据。

④ 施工方案（分部分项工程施工）。包括：

a. 施工准备。

b. 分部分项工作内容。

c. 施工流程。

d. 分部分项工程施工方法。

⑤ 技术组织保证措施。包括：

a. 安全技术组织措施。

b. 质量技术组织措施。

c. 工期技术组织措施。

d. 管理技术组织措施。

e. 文明技术组织措施。

f. 成品与半成品保护技术组织措施。

g. 季节性施工技术组织措施。

h. 保证质量技术组织措施。

⑥ 计划安排。包括：

a. 劳动力组织安排。

b. 物资采购计划：主要和辅助材料计划；周转材料计划；设备、机具购置或租赁计划。

c. 拟投入的施工机械（包括机具、仪器、仪表）。

d. 临时用地计划。

e. 临时用电计划。

f. 施工进度计划（网络图、横道图）。

⑦ 应急预案。

⑧ 施工平面布置图。

2）项目组织机构部分。依据招标文件要求（专业、执业资格、工作经验、安全生产考核等）配备项目组织机构成员，并说明项目组织运行管理制度、岗位责任制度以及管理工作流程等。

7. 投标文件目录编制及封面设计

（1）封面设计。建筑工程施工项目投标文件封面设计原则是保证信息完整前提下，达到宣传投标人的企业方针及综合实力的效果。例如可以将投标项目的 BIM 模型以图片形式置于封面，封面力求简洁美观、色调庄重。

（2）目录编制。投标文件的目录分为一级、二级目录，投标文件编制完成后，按招标文件的要求进行组合及排序后，最终决定目录。通常一级目录包括投标文件各组成部分名称，二级目录包括各组成部分的子目录。工程案例投标文件目录范例如下：

目　　录

第一章　投标函部分

一、法定代表人身份证明

二、授权委托书

三、投标函

四、投标函附录

五、投标文件对招标文件的商务和技术偏离

六、招标文件要求投标人提交的其他投标资料

第二章　商务部分

一、投标总价

二、附表

表 1　总说明

表 2　工程项目投标报价汇总表

表 3　单项工程投标报价汇总表

表 4　单位工程投标报价汇总表

表 5　分部分项工程量清单与计价表

表 6　工程量清单综合单价分析表

表 7　措施项目清单与计价表（一）

表 8　措施项目清单与计价表（二）

表 9　其他项目清单与计价汇总表

　表 9-1　暂列金额明细表

　表 9-2　材料暂估单价表

　表 9-3　专业工程暂估价表

　表 9-4　计日工表

　表 9-5　总承包服务费计价表

表 10　规费、税金项目清单与计价表

表 11　投标主要材料设备表

第三章　技术部分

第一部分　施工组织设计

一、目标部署

二、工程概况

三、编制依据

四、施工方案

（一）建筑工程施工方案

（二）给水排水工程施工方案

（三）电气工程施工方案

五、确保安全生产技术组织措施

六、确保工程质量技术组织措施

七、确保工期技术组织措施

八、确保成本技术组织措施

九、确保文明施工技术组织措施

十、季节性施工措施（冬雨季施工、已有设施、管线的加固、
保护等特殊情况下的施工措施等）

十一、关键施工技术、工艺及工程项目实施的重点、难点和解决方案

十二、成品保护措施

十三、应急预案

十四、拟投入主要施工机械

十五、拟投入主要物资计划

（一）主要材料计划

（二）周转材料计划

（三）设备装置采购计划

十六、劳动力安排计划

十七、施工进度计划（网络图）

十八、施工总平面布置图

第二部分 "措施费项目"的施工组织说明

第三部分 项目管理机构配备情况

第四部分 招标文件要求投标人提交的其他技术资料

说明："目录"需标注页码，通常投标文件的整体目录如上所示，如招标文件要求投标文件技术标与商务标单独包封，则分册编目。

四、投标文件审核与包封

投标文件是投标人应招标文件的要求编制的实质性响应文件，文件组成、内容、格式，以及应招标文件需提供的证明投标人资质、经验、业绩、财务状况、技术准备以及信誉必须真实有效，投标文件编制完成后，要依据招标文件对投标文件进行全面审核。

（一）审核投标有关文件的符合性

投标有关文件主要是指资格审查申请文件和投标文件。

1. 资格审查申请文件符合性

（1）满足资格预审文件的强制性的标准。如企业资质、经验、经营情况、项目经理资质等。

（2）证明类的文件必须是真实、有效的并具有时效性。

（3）文件的格式必须与资格审查申请文件相一致，不得删改。

（4）文件签署必须符合要求。

2. 投标文件的符合性

所谓符合性鉴定是检查投标文件是否实质上响应招标文件的要求，实质上响应的含义是其投标文件应该与招标文件的所有条款、条件规定相符，无显著差异或保留。符合性鉴定一般包括投标文件响应性、投标文件完整性以及投标文件一致性。

（1）投标文件的响应性。

1）投标人以及联合体形式投标的所有成员是否已通过资格预审，获得投标资格。

2）投标文件中是否提交了承包人的法人资格证书及投标负责人的授权委托证书；如果是联合体，是否提交了合格的联合体协议书以及投标负责人的授权委托证书。

3）投标保证的格式、内容、金额、有效期、开具单位是否符合招标文件要求。

4）投标文件是否按规定进行了有效的签署等。

（2）投标文件的完整性。投标文件中是否包括招标文件规定应递交的全部文件，如标价的工程量清单、报价汇总表、施工进度计划、施工方案、施工人员和施工机械设备的配备等，以及应该提供的必要的支持文件和资料。

（3）与招标文件的一致性。

1）凡是招标文件中要求投标人填写的空白栏目是否全都填写，做出明确的回答，如投标书及其附录是否完全按要求填写。

2）对于招标文件的任何条款、数据或说明是否有任何修改、保留和附加条件。

通常符合性鉴定是评标的第一步，如果投标文件实质上不响应招标文件的要求，将被列为废标予以拒绝，并不允投标人通过修正或撤销其不符合要求的差异或保留，使之成为具有响应性投标。

（二）审核投标有关文件的有效性

投标文件的有效性主要包括投标文件中所有的文件有效签署、投标文件分册有效包封和投标文件的有效标识。例如，案例中的标识要求如下：

18.2 投标文件的正本和副本均需打印或使用不褪色的墨水笔书写。字迹应清晰、易于辨认，并应在投标文件封面的右上角清楚地注明"正本"或"副本"。正本和副本如有不一致之处，以正本为准。投标报价电子光盘与文本文件正本不一致时，以文本文件为准。

18.3 投标文件封面（或扉页）、投标函均应加盖投标人印章并经法定代表人或其委托代理人签字或盖章。由委托代理人签字或盖章的在投标文件中须同时提交授权委托书。授权委托书格式、签字、盖章及内容均应符合要求，否则授权委托书无效。委托代理人必须是投标企业正式职工，投标文件中必须提供委托代理人在投标企业缴纳社会保险的证明（必须是社保局出具的社会保险的证明，企业自行出具的无效）。

18.4 除投标人对错误处须修改外，全套投标文件应无涂改或行间插字和增删。如有修改，修改处应由投标人加盖投标人的印章或由投标文件签字人签字或盖章。

（三）投标文件包封与装订

如果投标文件要求以纸质形式文件提交，文件的装订与包封应严格按照招标文件进行。例如，工程案例中的对投标文件的要求如下：

19. 投标文件的装订、密封和标记

19.1 投标文件的装订要求一律用 A4 纸装订成册，商务标与投标函共同装订、技术标单独装订。每份投标文件的商务标和投标函可以装订成一册或多册，具体册数由投标人根据投标文件厚度自行决定，但技术标必须装订成一册。

19.2 投标文件是否设内层密封袋、如何设内层密封袋及如何密封标记均由投标人自行决定（开标时对内层密封袋不查验）。投标文件的商务标与投标函可以密封在一个或多个外层密封袋中（外层密封袋个数由投标人自行决定），投标文件的技术标必须密封在一个外层密封袋中，各外层投标文件的密封袋上应标明：招标人名称、地址、工程名称、项目编号、标段、商务标或技术标，并注明开标时间前不得开封的字样。外层密封袋的封口处应加盖密封章，外层密封袋上可以有投标单位的名称或标志。

19.3 对于投标文件没有按本投标须知第 19.1 款、第 19.2 款的规定装订和加写标记及密封，招标人将不承担投标文件提前开封的责任。

内外包封封贴范例如下：

××　工程项目施工

投标文件
（正本）
标　段：七

投标人：××建设工程公司

地　　址：××市××区××路 **777** 号

邮　　编：××××××

招标人：×××××管理中心

地　　址：××市××路

2017 年 4 月 27 日 9:00 时前不得开封

说明：内包封贴严格按照招标文件关于内包封的标识要求不得做任何增加、修改或删除，按招标文件要求分为正本内包封贴和副本内包封贴。

××　工程项目施工

招标文件
标　段：七

备案编号：×××××××××××

标　段：　　　　七

投标人：×××××住房管理中心

地　　址：××市××路

2017 年 4 月 27 日 9:00 时前不得开封

说明：外包封严格按照招标文件关于外包封的标识要求不得做任何增加、修改或删除。

（四）投标文件递送

投标文件按招标文件包封（不包括网上投标）标识后，按招标文件指定的时间地点及须携带的证件递送投标文件。案例中递送文件的相关规定见下文：

---

20. 投标文件的提交

投标人应按本须知前附表第 17 项所规定的地点，于投标截止时间前提交投标文件。

21. 投标文件提交的截止时间

21.1　投标文件的截止时间见本须知前附表第 17 项规定。

21.2　招标人可按本须知第 9 条规定以修改补充通知的方式，酌情延长提交投标文件的截止时间。在此情况下，投标人的所有权利和义务以及投标人受制约的截止时间，均以延长后新的投标截止时间为准。

21.3　到投标截止时间止，招标人收到的投标文件少于 3 个的，招标人将依法重新组织招标。

22. 迟交的投标文件

招标人在本须知第 21 条规定的投标截止时间以后收到的投标文件，将被拒绝参加投标并退回给投标人。

23. 投标文件的补充、修改与撤回

23.1　投标人在提交投标文件以后，在规定的投标截止时间之前，可以书面形式补充修改或撤回已提交的投标文件，并以书面形式通知招标人。补充、修改的内容为投标文件的组成部分。

23.2　投标人对投标文件的补充、修改，应按本须知第 19 条有关规定密封、标记和提交，并在内外层投标文件密封袋上清楚标明"补充、修改"或"撤回"字样。

23.3　在投标截止时间之后，投标人不得补充、修改投标文件。

23.4　在投标截止时间至投标有效期满之前，投标人不得撤回其投标文件，否则其投标保证金将被没收。

（五）编制投标文件应注意的事项

（1）投标文件应按招标文件提供的投标文件格式进行编写，如有必要，表格可以按同样格式扩展或增加附页。

（2）投标函在满足招标文件实质性要求的基础上，可以提出比招标文件要求更有利于招标人的承诺。

（3）投标文件应对招标文件的有关招标范围、工期、投标有效期、质量要求、技术标准等实质性内容做出响应。

（4）投标文件中的每一空白都必须填写，如有空缺，则被视为放弃意见。实质性的项目或数字（如工期、质量等级、价格等）未填写的，将被作为无效或废标处理。

（5）计算数字要准确无误。单价、合价、分部合价、总标价及大写数字均应仔细核对。

（6）投标保证金、履约保证金的方式，可按招标文件的有关条款规定选择。

（7）投标文件应尽量避免涂改。若确有改动，改动之处应加盖单位章或由投标人的法定代表人或授权的代理人签字确认。

（8）投标文件必须由投标人的法定代表人或其委托代理人签字或盖单位章。委托代理人签字的，投标文件应附法定代表人签署的授权委托书。

（9）投标文件应字迹清楚、整洁、纸张统一、装帧美观大方。

（10）投标文件的正本为一份，副本份数按招标文件前附表规定执行。正本和副本的封面上应清楚地标记"正本"或"副本"的字样。当副本与正本不一致时，以正本为准。

（11）投标文件的正本与副本应分别装订成册，并编制目录，具体装订要求按招标文件前附表规定执行。

第四章

工程项目合同管理咨询

第一节　全过程咨询项目合同管理简介

建设项目的合同管理是指投资人与全过程工程咨询单位通过合同的方式明确各方的权利义务，并授权全过程工程咨询单位对工程项目建设进行全过程或分阶段的管理和服务活动。同时，全过程工程咨询单位根据投资人委托的管理和服务的内容，承担与工程建设相关的管理工作，协调各承包人、供应商之间的合同关系，合同起草、编制，合同条款解释及合同争议与纠纷解决等。

一、合同管理组织模式

1. 合同管理各责任部门之间的组织关系

在建设项目中，投资人与全过程工程咨询单位签署合同后，全过程工程咨询单位在授权范围内，根据项目立项时招标核准的方式选择勘察单位、设计单位、施工单位、监理单位及材料、设备供应商，同时，根据合同中约定的方式进行项目管理。建设项目的合同模式一般有以下几种：①投资人不直接与项目参与方签署合同，其授权全过程工程咨询单位与各参建单位分别签订合同。在此模式下，由分管管理变为集中管理后，全过程工程咨询单位在具备专业、技术和经验积累的优势下，能对项目进行科学的管理，有利于做好"质量、工期、投资"三大控制；投资人需要对全过程工程咨询单位的信任度很高，管理工作量小但要求其所承担的风险大。此模式一般适用于政府投资项目。②投资人及全过程工程咨询单位共同与各参建单位签订合同，形成三方合同，并在合同中明确全过程工程咨询单位项目管理的权利和义务。此模式投资方在管理方面工作量较大，适用于投资方有一定基础。③投资人直接与各参建单位签署合同，在各参建单位的合同中明确全过程工程咨询单位项目管理的权利和义务。这需要投资人有较全面的部门设置、管理能力，全过程工程咨询单位主要在投资人和参建各方中起润色和协助的作用。三种合同模式如图 4-1 所示。

2. 合同管理各参与方之间的工作职责关系

根据上述合同关系示意图可以看出，建设项目的合同管理中关键的主体是全过程工程咨询单位，它与投资人签订委托合同，为投资人提供服务，接受投资人的监督，同时，在接受委托后，负责勘察、设计、施工、招标代理、造价咨询、工程监理、采购等合同的协调管理工作。全过程工程咨询单位合同管理过程中各参与方主要职责如表 4-1 所示。

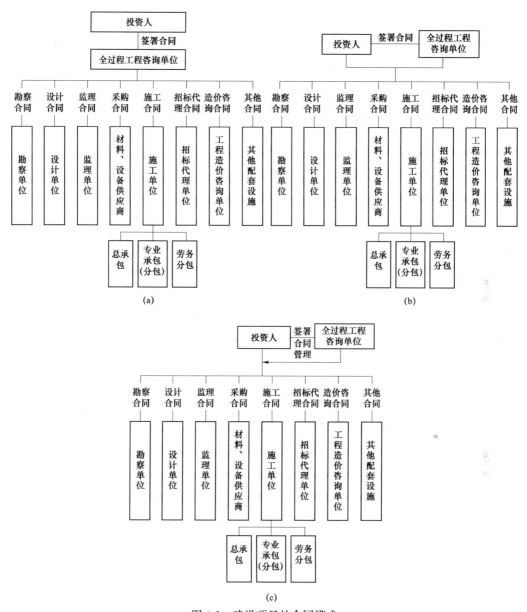

图 4-1　建设项目的合同模式

注：图中专业分包主要指投资人指定的分包商及总承包人分包的一般分包商。

表 4-1　　　全过程工程咨询单位合同管理过程中参与各方工作内容一览表

工作职责内容	各参与单位职责分工								
	投资人	全过程工程咨询单位	招标代理公司	勘察单位	设计单位	施工单位	监理公司	工程造价咨询公司	设备供应商
建设工程合同管理工作计划	审批	编制	参与						
建设工程合同结构	审批	编制	参与				参与	参与	

续表

工作职责内容	各参与单位职责分工								
	投资人	全过程工程咨询单位	招标代理公司	勘察单位	设计单位	施工单位	监理公司	工程造价咨询公司	设备供应商
建设工程合同评审	审批	负责	参与				参与	参与	
建设工程招标工作	监督	管理	负责				参与	参与	
建设工程合同谈判	参与	组织	负责	参与	参与	参与	参与	参与	参与
建设工程合同签订	参与	负责	参与	参与	参与	参与	参与	参与	参与
建设工程合同补充协议签署	审查	负责	参与	参与	参与	参与	参与	参与	参与
建设工程合同执行情况审查、分析、总结	监督	组织	参与	参与	参与	负责	参与	参与	
建设工程合同履行、文件记录的收集、整理	监督	组织		参与	参与	参与	参与	参与	参与
合同管理总结报告编写	审查	负责	参与	参与	参与	参与	参与	参与	参与

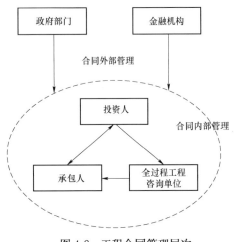

图 4-2　工程合同管理层次

二、合同管理原则目标

工程合同管理，既包括各级工商行政管理机关、建设行政主管机关、金融机构对工程合同的管理，也包括发包单位、全过程工程咨询单位、承包单位对工程合同的管理。可将这些管理划分为两个层次：第一层次是政府部门及金融机构对工程合同的管理，即合同的外部管理；第二层次则是工程合同的当事人及全过程工程咨询单位对工程合同的管理，即合同的内部管理，如图 4-2 所示。

其中，外部管理侧重于宏观的管理，而内部管理则是关于合同策划、订立、实施的具体管理，本书所讲述的是投资人、全过程工程咨询单位、承包人对合同的内部管理。

1. 合同管理原则

合同管理是法律手段与市场经济调解手段的结合体，是工程项目管理的有效方法。合同管理制自提出、试用到推广，如今已经十分成熟。合同管理具有很强的原则性、权威性和可执行性，这也是合同管理能真正发挥效力的关键。一般说来，合同管理应遵循以下几项基本原则：

（1）权威性原则。在市场经济体制下，人们已习惯于用合同的形式来约定各自的权利义务。在工程建设中，合同更是具有权威性的，是双方的最高行为准则。工程合同规定和协调双方的权利、义务，约束各方的经济行为，确保工程建设的顺利进行；双方出现争端，应首先按合同解决，只有当法律判定合同无效，或争执超过合同范围时才借助于法律途径。

在任何国家，法律只是规定经济活动中各主体行为准则的基本框架，而具体行为的细节则由合同来规定。例如 FIDIC 合同条件在国际范围内通用，可适用于各类国家，包括法律健全的或不健全的，但对它的解释却比较统一。许多国际工程专家告诫，承包人应注意签订一个有利的和完备的合同，并圆满地执行合同，这无论是对于工程的实施，还是对于各方权益的保护都是很重要的。

（2）自由性原则。合同自由原则是在当合同只涉及当事人利益，不涉及社会公共利益时所运用的原则，它是市场经济运行的基本原则之一，也是一般国家的法律准则。合同自由体现在以下内容。

1）合同签订前，双方在平等自由的条件下进行商讨。双方自由表达意见，自己决定签订与否，自己对自己的行为负责。任何人不得对对方进行胁迫，利用权力、暴力或其他手段签订违背对方意愿的合同。

2）合同自由构成。合同的形式、内容、范围由双方商定；合同的签订、修改、变更、补充、解除，以及合同争端的解决等由双方商定，只要双方一致同意即可。合同双方各自对自己的行为负责，国家一般不介入，也不允许他人干涉合法合同的签订和实施。

（3）合法性原则。合同的合法性原则体现在以下内容。

1）合同不能违反法律。合同不能与法律相抵触，否则无效，这是对合同有效性的控制。合同自由原则受合同法律原则的限制，所以工程实施和合同管理必须在法律所限定的范围内进行。超越这个范围，触犯法律，会导致合同无效，经济活动失败，甚至会带来承担法律责任的后果。

2）合同不能违反社会公众利益。合同双方不能为了自身利益，而签订损害社会公众利益的合同，例如不能为了降低工程成本而不采取必要的安全防护措施，不设置必要的安全警示标志，不采取降低噪声、防止环境污染的措施等。

3）法律对合法的合同提供充分保护。合同一经依法签订，合同以及双方的权益即受到法律保护。如果合同一方不履行或不正确地履行合同，致使对方受到损害，则必须赔偿对方的经济损失。

（4）诚实信用原则。合同是在双方诚实信用基础上签订的，工程合同目标的实现必须依靠合同双方及相关各方的真诚合作。

1）双方互相了解并尽力让对方了解己方的要求、意图、情况。投资人应尽可能地提供详细的工程资料、信息，并尽可能详细地解答承包人的问题；承包人应提供真实可靠的资格预审文件，各种报价文件、实施方案、技术组织措施文件。

2）提供真实信息，对所提供信息的正确性承担责任，任何一方有权相信对方提供的信息是真实、正确的。

3）不欺诈、不误导。承包人按照自己的实际能力和情况正确报价，不盲目压价，明白投资人的意图和自己的工程责任。

4）双方真诚合作。承包人正确全面完成合同责任，积极施工，遭到干扰应尽力避免投资人损失，防止损失的发生和扩大。

(5) 公平合理原则。经济合同调节合同双方经济关系，应不偏不倚，维持合同双方在工程中一种公平合理的关系，这反映在如下几个方面：

1) 承包人提供的工程（或服务）与投资人支付的价格之间应体现公平，这种公平通常以当时的市场价格为依据。

2) 合同中的权利和义务应平衡，任何一方在享有某一项权利的同时必须履行对应的义务；反之在承担某项义务的同时也应享有对应的权利。应禁止在合同中出现规定单方面权利或单方面义务的条款。

3) 风险的分担应合理。由于工程建设中一些客观条件的不可预见性，以及临时出现的特殊情况，不可避免地会产生一些事故或意外事件，使得投资人或承包人遭受损失。工程建设是投资人和承包人合力完成的任务，风险也应由双方合力承担，而且这种风险的分担应尽量保证公平合理，应与双方的责权利相对应。

4) 工程合同应体现出工程惯例。工程惯例指工程中通常采用的做法，一般比较公平合理，如果合同中的规定或条款严重违反惯例，往往就违反了公平合理原则。

2. 合同管理目标

在工程建设中实行合同管理，是为了工程建设的顺利进行。如何衡量顺利进行，主要用质量、工期、成本三个因素来评判，此外使得投资人、承包人、全过程工程咨询工程师保持良好的合作关系，便于日后的继续合作和业务开展，也是合同管理的目标之一。

(1) 质量控制。质量控制一向是工程项目管理中的重点，因为质量不合格意味着生产资源的浪费，甚至意味着生产活动的失败，对于建筑产品更是如此。由于建筑活动耗费资金巨大、持续时间长，若出现质量问题，将导致建成物部分或全部失效，造成财力、人力资源的极大浪费。建筑活动中的质量又往往与安全紧密联系在一起，不合格的建筑物可能会对人的生命健康造成危害。

工程合同管理必须将质量控制作为目标之一，并为之制订详细的保证计划。

(2) 成本控制。在自由竞争的市场经济中，降低成本是增强企业竞争力的主要措施之一。在成本控制这个问题上，投资人与承包人是既有冲突，又必须协调的。合理的工程价款为成本控制奠定基础，是合同中的核心条款。此外，为成本控制制订具体的方案、措施，也是合同的重要内容。

(3) 工期控制。工期控制是工程项目管理的重要方面，也是工程项目管理的难点。工程项目涉及的流程复杂、消耗人力物力多，再加上一些不可预见因素，都为工期控制增加了难度。

施工组织计划对于工期控制十分重要。承包人应制订详细的施工组织计划，并报投资人备案，一旦出现变更导致工期拖延，应及时与投资人、咨询协商，各方协调对各个环节、各个工序进行控制，以保证最终圆满完成项目目标。

(4) 各方保持良好关系。投资人、承包人和咨询三方的工作都是为了工程建设的顺利实施，因此三方有着共同的目标。但在具体实施过程中，各方又都有着自己的利益，不可避免要发生冲突。在这种情况下，各方都应尽量与其他各方协调关系，确保工程建设的顺利进行；即使发生争端，也要本着互谅互让、顾全大局的原则，力争形成对各方都有利的局面。

三、合同管理工作内容

工程合同管理是一个动态的过程，从合同策划、合同订立到合同实施及实施过程中的索赔，可分为不同的阶段进行管理，如图 4-3 所示。

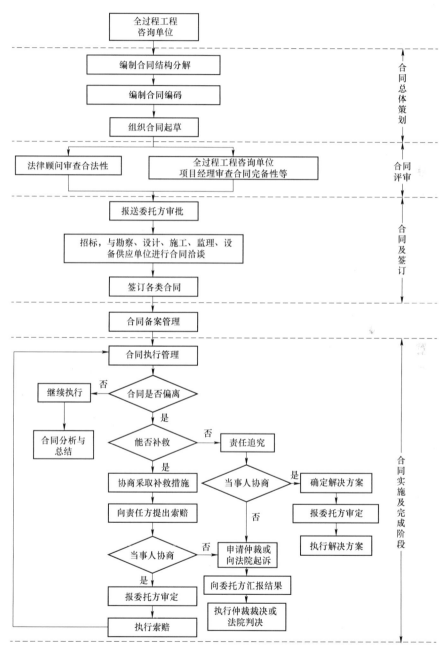

图 4-3　合同管理流程图

1. 合同策划阶段

策划阶段的管理是项目管理的重要组成部分，是在项目实施前对整个项目合同管理方案预先做出科学合理的安排和设计，从合同管理组织、方法、制度、内容等方面预先做出计划与方案，以保证项目所有合同的圆满履行，减少合同争议和纠纷，从而保证整个项目目标的实现。合同策划大致包括以下内容：

（1）项目合同管理组织机构及人员配备。

（2）项目合同管理责任及其分解体系。

（3）项目合同管理方案设计，具体包括以下几个方面。

1）项目发包模式选择。

2）合同类型选择。

3）项目分解结构及编码体系。

4）合同结构体系（合同分解、标段划分）。

5）招标方案设计。

6）招标文件设计。

7）合同文件设计。

8）主要合同管理流程设计，包括投资控制流程、工期控制流程、质量控制流程、设计变更流程、支付与结算管理流程、竣工验收流程、合同索赔流程、合同争议处理流程等。

2. 合同签订阶段

在一般的买卖合同或服务合同中，只要交易双方就权利义务达成一致，合同便即成立。而建设工程却并非如此。建设工程的合同签订首先要经过招投标，选定合适的承包人；在确定中标单位之后，还必须通过合同谈判，将双方在招投标过程中达成的协议具体化或做某些增补或删减，对价格等所有合同条款进行法律认证，最终订立一份对双方均有法律约束力的合同文件，此时，合同签订才算完毕。根据我国《工程建设项目施工招标投标办法》，投资人和承包人必须在中标通知书发出之日起 30 日内签订合同。可见，建设工程的合同签订也要遵循严格的程序，不能一蹴而就。

合同签订阶段一般包括四个基本阶段：招标投标、合同审查、合同谈判、合同订立。

3. 合同实施阶段

工程合同的履行，是指工程建设项目的投资人和承包人根据合同规定的时间、地点、方式、内容及标准等要求，各自完成合同义务的行为。

对于投资人来说，履行建设工程合同最主要的义务是按约定支付合同价款，而承包人最主要的义务是按约定交付工作成果。但是，当事人双方的义务都不是单一的最后交付行为，而是一系列义务的总和。例如，对工程设计合同来说，投资人不仅要按约定支付设计报酬，还要及时提供设计所需要的地质勘探等工程资料，并根据约定给设计人员提供必要的工作条件等；而承包人除了按约定提供设计资料外，还要参加图纸会审、地基验槽等工作。对施工合同来说，投资人不仅要按时支付工程备料款、进度款，还要按约定按时提供现场施工条件，及时参加隐蔽工程验收等；而承包人义务的多样性则表现为工程质量必须达到合同约定标准，施工进度不能超过合同工期等。

总之，建设工程合同的实施，内容丰富，持续时间长，是其他合同不能比拟的，因此也可将建设工程合同的实施分为几个方面：合同分析、合同控制、合同变更管理、合同索赔管理、合同信息管理。

4. 合同收尾阶段

建设项目实施完成后，全过程工程咨询单位需要对合同的实施情况，即合同各参与主体在执行过程中的情况进行客观分析和总结，建立评价体系为全过程工程咨询单位后续选择承包人、材料供应商等做好评价工作。

第二节 全过程项目合同管理策划

一、合同目标策划

工程合同总体策划是确定对整个工程项目有重大影响的，带根本性和方向性的合同问题，是确定合同的战略问题。它对整个项目的计划、组织、控制有决定性的影响。在项目的开始阶段，投资人（有时是企业的战略管理层）必须就如下合同问题做出决策：

（1）承发包模式的策划，即将整个项目工作分解成几个独立的合同，并确定每个合同的工程范围。合同的承发包模式决定了工程项目的合同体系。

（2）合同种类和合同条件选择。

（3）合同的主要条款和管理模式的策划。

（4）工程项目相关的各个合同在内容、时间、组织、技术上的协调等。

建设工程的合同管理作为工程管理的一个重要组成部分，在服务于工程整体目标的同时，又具有其自身的独特特点。其目标与特点主要包括以下几个方面。

1. 通过对建设工程合同的管理，达到工程建设预期的理想效果

建设工程由于涉及工程的发包商作为发包主体，将建设工程委托给承包人进行承建，由于主体双方信息的不对称，双方的最终目标可能出现偏差，因此在这种委托—代理关系确立之时，通过签订建设工程合同，约定最终工程的建设目标，以合同管理的方式，达到承包人的最终目标与发包商目标的一致性。而同时，具体的承包人又涉及将工程进行再一次分包处理，结果就会导致工程质量出现越来越大的偏离，因此，只有以合同管理的形式，事先约定工程的质量标准，这样才可以达到工程建设的预期效果，保证工程的质量。

2. 缩短工程工期、降低工程成本，使投资收益最大化

作为理性的经济人，在建设工程项目中的每一参与主体都会从自身利益最大化的角度出发，因此在项目建设过程中难免会出现诸多问题。而由于建设工程作为一个非常庞大的复杂性系统，其需要管理的内容非常多，只有通过合同管理的形式，明确每一部分、每一环节、每一人员的责任和义务，以及需要达到的目标，这样才可以有效地控制工程建设的各种成本，减少部门之间的沟通协调费用，降低成本，同时通过合同的激励效益可以在保证工程质量的同时，缩减工程周期，使承包人发挥自身最大的效益。也只有通过这种方式，明确各方的权利义务，调动各方的积极主动性，扩大收益，降低成本，从而最终达到投资者投资效益的最大化，才能实现整体社会效益的最优。

3. 以合同管理的形式，明确各方的权利和义务

在工程建设过程中，矛盾与分歧在所难免，如何将这些分歧减少到最少是工程合同管理的一大目标。在建设工程中，各方签订的合同就是事先以约定的方式来明确自身的责任、权利与义务，当出现问题，协商不能够解决的时候，这时候就需要按照合同事先约定的事项进行处理，从而达到双方目标的一致性。而合同管理还有一大任务，就是在项目一方出现违约的情况下的处理：通过合同的约定，在一方出现违约或者工程质量、进度没有达到事先约定的水平时，受损方可以要求另一方进行赔偿。因此，在对建设工程的合同管理进程中，应该尽可能地服务于这三大目标，使得合同管理的目的性更加明确。

二、项目合同总体策划

合同策划指依据投资人的项目管理模式和组织机构职能，制定工程的整体合同文件体系以及施工、设计某一类别的合同文件体系，详细分析、研究和确定合同协商、签订、履行和争议中的各项问题，形成合同策划方案，从而指导工程合同的签订实施等。在建设项目的开始阶段，投资人必须对项目建设过程中一些重大合同问题做出决策，工程项目的总目标和实施战略确定后，必须对与工程相关的合同进行总体策划，过程如图4-4所示。

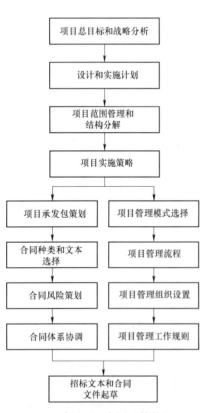

图4-4　建设项目合同总体策划流程图

在工程合同的总体策划中，应对与工程项目相关的各种因素给予考虑。这些因素可分为工程项目特点、投资人信息、承包人信息及项目所处环境四个方面。

（1）工程项目特点。工程项目的类型、总目标，工程项目的范围和分解结构（WBS），工程规模、特点，技术复杂程度，工程技术设计准确程度、工程质量要求和工程范围的确定性、计划程度，招标时间和工期的限制，项目的盈利，工程风险程度，工程资源（如资金、材料、设备等）供应及限制条件等。

（2）投资人信息。投资人的资信、资金供应能力、管理风格、管理水平和具有的管理力量，投资人的目标以及目标的确定性，投资人的实施策略，投资人的融资模式和管理模式，期望对工程管理的介入深度，投资人对工程师和承包人的信任程度等。

（3）承包人信息。承包人的能力、资信、企业规模、管理风格和水平，在本项目中的目标与动机，目前经营状况，过去同类工程经验、企业经营战略、长期动机，承包人承受和抗御风险的能力等。

（4）项目所处环境。工程所处的法律环境，建筑市场竞争激烈程度，物价的稳定性，地质、气候、自然、现场条件的确定性，资源供应的保证程度，获得额外资源的可能性，工程的市场方式（流行的工程承发包模式和交易习惯），工程惯例（如标准合同文本）等。

建设项目的合同策划，是指在法律许可范围内，根据投资人总的目标要求，通过对合同条款做合理、完善的策划，使项目在建设过程中的时间、资金使用关系中选择最佳结合点，保证项目获得满意的经济效益和社会效益。合同策划就是对建设项目建设工程中有重大影响的合同问题进行研究和决策。通过合同策划，一般要确定以下几个问题：项目结构分解、工程承投资方式、合同类型、招标方式、合同条件、重要合同条款等。

在建设项目建设过程中，开发商通过合同分解项目目标，委托项目任务，并实施对项目的控制。投资人作为工程（或服务）的买方，是工程的需要者（或所有者，或投资者）。投资人根据对工程的需求确定总体战略，确定工程项目的整体目标，这个目标是所有相关的工程合同的灵魂。要实现工程项目的目标，将整个目标任务分为多少包（或标段），以及如何划分这些标段并进行组合，投资人对项目结构分解（WBS）确定工程项目范围内和实施周期内的全部工作。如图 4-5 所示，通过合同将建筑工程的勘察设计、各专业施工、设备和材料的供应、管理等工作委托出去，由其他单位完成。

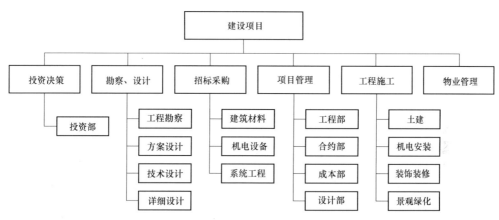

图 4-5　建设项目工作结构分解图

根据项目结构分解结果，投资人须签订下列合同：咨询（监理）合同、勘察设计合同、工程施工合同、物资采购合同、贷款合同等。由投资人与工程承包人签订工程施工合同，由一个或几个承包人负责或分别负责工程土建、机械、电器、通信、装饰等工程的施工。与投资人签订的合同通常称为主合同，按照工程承包人式和范围不同，投资人可能订立几十份合同，例如将各专业工程分别甚至分阶段委托，将材料和设备供应分别委托，也可能将上述委托以各种形式合并，例如将土建、安装委托给一个承包人，将整个设备和材料委托给一个成套设备供应企业，甚至可以将整个工程的勘察设计、供应、工程施工、管理一并委托给一个承包人，签订一个总包合同。所以一份合同的工程范围和内容也有很大的差别。

三、合同类型选择

针对项目的应用范围和特点选择工程项目合同类型，采用不同合同形式实施工程建设。不同设计深度与选择合同类型的关系见表 4-2。

表 4-2　　　　　　　　　　不同设计深度适用的合同类型

合同类型	设计阶段	设计文件主要内容	设计深度要求
总价合同	施工详图设计阶段	1. 详细设备清单 2. 详细材料清单 3. 施工详图 4. 施工图预算 5. 施工组织设计	1. 设备材料的安排 2. 非标准设备的制造 3. 施工图预算的编制 4. 施工组织设计的编制 5. 其他施工要求
单价合同	技术设计阶段	1. 较详细的设备清单 2. 较详细的材料清单 3. 工程所需的设计文件 4. 修正总概算	1. 设计方案中重大技术问题的要求 2. 有关试验方面的要求 3. 有关设备制造方面的要求
成本补偿合同	初步设计阶段	1. 总概算 2. 设计依据、指导思想 3. 建设规模、产品方案 4. 主要设备选型和配置 5. 主要材料需要概数 6. 主要建筑物、构筑物 7. 公用辅助设施 8. 主要技术经济指标	1. 主要材料设备订货 2. 项目总造价控制 3. 技术设计的编制 4. 施工组织设计的编制

由于建设项目有较高的成本要求，投资人的管理和控制工作比较细致，建设项目一般多采用分阶段分专业工程平行发包的模式。这种模式下，投资人将面对众多的承包人（包括设计单位、供应单位、施工单位等），一个项目可能多达上百份合同签约对象，管理跨度较大，容易造成项目协调的困难，使用这种形式，项目的计划必须周全、准确、细致。

国内外主要的标准工程合同条件：

1. 我国建设工程合同范本

20 多年来，我国在工程合同的标准化方面做了许多工作，颁布了一些合同范本。其中最重要也最典型的是《建设工程施工合同（示范文本）》。它作为在我国国内工程中使用最广的施工合同标准文本，经过多年的使用并修改，已积累了丰富的经验。在此基础上我国陆续颁布了《建设工程施工合同（示范文本）》《建设工程施工专业分包合同（示范文本）》《建设工程施工劳务分包合同（示范文本）》等合同文本。这些文本反映出我国建设工程合同法律制度和工程惯例，更符合我国的国情。

2. FIDIC 合同条件

（1）"FIDIC"词义解释。"FIDIC"是国际咨询工程师联合会的缩写。在国际工程中普遍采用的标准文本是 FIDIC 合同条件。FIDIC 合同条件是在长期的国际工程实践中形成并逐渐发展和成熟起来的国际工程惯例。它是国际工程中通用的、标准化的、典型的合同文件。任何要进入国际承包市场，参加国际投标竞争的承包人和工程师，以及面向国际招标的工程的投资人，都必须精通和掌握 FIDIC 合同条件。

（2）FIDIC 合同条件的特点。FIDIC 合同条件经过数十年的使用和几次修改，已逐渐形成了一个非常科学的、严密的体系。它有如下特点：

1）科学地反映了国际工程中的一些普遍做法，反映了最新的工程管理程序和方法，有普遍的适用性。所以，许多国家起草自己的合同条件通常都以 FIDIC 合同作为蓝本。

2）条款齐全，内容完整，对工程施工中可能遇到的各种情况都做了描述和规定。对一些问题的处理方法都规定得非常具体和详细，如保函的出具和批准，风险的分配，工程量计算程序，工程进度款支付程序，完工结算和最终结算程序，索赔程序，争执解决程序等。

3）它所确定的工作程序和方法已十分严密和科学，文本条理清楚、详细和实用，语言更加现代化，更容易被工程人员理解。

4）公正、合理。比较科学公正地反映合同双方的经济责权利关系：合理地分配合同范围内工程施工的工作和责任，使合同双方能公平地运用合同有效地、有力地协调，这样能高效率地完成工程任务，提高工程的整体效益；合理地分配工程风险和义务，例如明确规定了投资人和承包人各自的风险范围，投资人和承包人各自的违约责任，承包人的索赔权等。

3. ICE 合同

英国土木工程师学会（The Institute of Civil Engineers，缩写为 ICE）是设于英国的国际性组织，拥有英国及 140 多个国家和地区的会员，创立于 1818 年。1945 年 ICE 和土木工程承包人联合会颁布 ICE 合同条件第一版。它主要在英国和其他英联邦以及历史上与英国关系密切的国家的土木工程中使用，特别适用于大型的比较复杂的工程，特别是土方工程以及需要大量设备和临时设施的工程。

该文本虽在 1954 年正式颁布，但它的风险分摊的原则和大部分的条款在 19 世纪 60 年代就出现，并一直在一些公共工程中应用。ICE 合同使用的要求：

（1）有工程量表。

（2）咨询工程师的作用。

（3）承包人不承担主要设计。

（4）承包人投标时要求价格固定不变。

4. NEC 合同

1993 年由英国土木工程师学会颁布 NEC 合同，它是一个形式、内容和结构都很新颖的工程合同。它在工程合同的形式的变更方面又向前进了一步。它在全面研究目前工程中的一些主要合同类型的结构的基础上，将它们相同的部分提取出来，构成核心条款，将各个类型的合同的独特的部分保留作为主要选项条款和次要选项条款。合同报价的依据由成本组成表及组成简表等组成。其结构形式见表4-3。

表 4-3 合同报价结构形式一览表

核心条款	主要选项	次要选项
1. 总则		1. 履约保函
2. 承包人主要责任		2. 母公司担保
3. 工期	1. 有分项工程表的标价合同	3. 预付款
4. 测试与缺陷	2. 有工程量清单的标价合同	4. 多种货币
5. 付款	3. 目标合同	5. 价格调整
6. 补偿事件	4. 成本补偿合同	6. 保留金
7. 所有权	5. 管理合同	7. 提前奖与误期罚款
8. 风险和保险		8. 功能欠佳罚款
9. 争端和合同终止		9. 法律的变化

这种结构形式像搭积木，通过不同部分的组合形成不同种类的合同，使NEC合同有非常广泛的适用面。它能够实现用一个统一的文本表示不同的合同类型。

（1）按计价方式可适用单价、总价、成本加酬金、目标合同；

（2）按照专业和承包范围不同可适用于工程施工、安装、EPC总承包、管理承包；

（3）可以由承包人编制工程量表或由投资人提出工程量清单。

5. 其他常用的合同条件

（1）JCT合同条件。JCT合同条件为英国合同联合仲裁委员会制定的标准合同文本。它主要在英联邦国家的私人工程和一些地方政府工程中使用，主要适用于房屋建筑工程的施工。

（2）AIA合同条件。美国建筑师学会作为建筑师的专业社团，已有近140年的历史。该机构致力于提高建筑师的专业水平，促进其事业的成功并通过改善其居住环境提高大众的生活水准。AIA出版的系列合同文件在美国建筑业界及国际工程承包界，特别在美洲地区具有较高的权威性。

四、合同策划内容

建设工程合同内容包括中标通知书、投标书及其附件，标准、规范及有关技术文件，图纸、工程量清单、工程报价单或预算书等，与合同条件共同组成完整的工程合同。建设工程合同内容策划就是建设工程合同条件的编写策划，包括工程合同条件制定、标准合同条件选择、主要合同条款的确定等。

建设工程合同条件指书面的合同条件，包括合同双方当事人的权利和义务关系、工程价款、工期、质量标准、合同违约责任和争议的解决等内容，是工程合同的核心文件。简单工程合同条件可能只是一份简单的合同。目前国际工程和国内工程普遍采用标准合同或者示范文本。合同大部分内容已经标准化，只有部分空白条款需要由合同当事人双方确定。如果存在通用合同条件和专用合同条件，则通用合同条件一般不变，合同主要条款通过专用条件的有关条款由双方协调确定。

在建设工程实践中，建设工程合同一般选用标准合同条件。投资人在合同策划时应从《合同法》的角度就合同的实质性条款，即合同标的，数量，质量，价款或者报酬，履约的期限、地点和方式，违约责任，解决争议的办法等一些重要的合同条款进行研究和确定。合同主要条款有：

（1）工程承包范围，包括工作内容具体描述和工作界面的明确划分等。

（2）合同工期，包括开工时间、竣工时间、工期延误及工期违约处理等。

（3）各方一般权利与义务，包括投资人、咨询人、承包人和设计人的一般权利和义务，以及投资人对咨询人的授权约定等。

（4）限额设计，包括限额设计的范围、设计标准、限额设计指标、奖惩等。

（5）质量与检验，包括工程质量执行与验收的规范和标准，验收的程序，以及质量争议的处理等。

（6）安全施工，包括安全施工与检查、安全风险防范、事故处理及争议解决等。

（7）合同价款与支付，包括合同价款、变更调整条件和方式，价格风险分配，价款支付，结算审计及履约保证等。

（8）材料设备供应，包括承发包双方供应的材料设备划分，检验、保管责任及材料设备价格的确定等。

（9）竣工验收及结算，包括竣工验收及结算方式，以及工程保修的约定等。

（10）违约及索赔，包括承发包双方的违约责任及处理方式，以及激励措施等。

（11）争议解决方式、地点，适用于合同关系的法律及转包、分包的约定等。

项目管理的控制是通过合同来实现的，合同条款的表达应清晰、细致、严密，不能自相矛盾或有二义性。合同条件应与双方管理水平相配套，过于严密、完善的合同没有可执行性；最好选用双方都熟悉的合同条件，便于执行。投资人应理性地对待合同，合同条件要求合理但不苛刻，应通过合同来制约承包人，但不是捆住承包人。同时为使承包人投标时能充分考虑合同条件、责任范围和风险分配，合理地降低承包人报价中的不可预见风险费用，宜在招标文件中列出合同的全部内容。由于投资人负责起草招标文件和草拟合同文本，居于合同的主体地位，应确定的主要合同条款包括适用于合同关系的法律及争执仲裁地点、程序；付款方式，合同价格的调整条件、范围、调整方法；合同双方风险的分担，即将风险在投资人与承包人之间合理分配；对承包人的激励措施，恰当地采取激励措施可激励承包人缩短工期、提高质量、降低成本、提高管理积极性；保函、保留金和其他担保措施，对违约行为的处罚规定和仲裁条款等。

五、合同策划流程

（1）研究企业和项目战略，确定企业和项目对合同的要求。一个项目采用不同的组织形式和项目管理体制，则有不同的任务分解形式和合同类型。

（2）确定合同总体原则和目标，建立全面合同管理结构体系。

（3）分层次、分对象对不同合同的投资人式、招标方式、合同类型、主要合同条件等重要问题进行研究，并逐一做出决策和安排，提出合同措施。

（4）在项目过程中，开始准备每一项合同招标和合同签订时都要进行一次合同策划评价。

六、策划注意事项

由于建设工程合同的管理具有专业性、协调性、风险性和动态性的特点，因此对于建设工程合同的管理人员而言，应该把握住工程合同的管理要点，努力降低合同管理风险。

1. 合同的签订主体

由于建设工程是比较复杂的工程项目，因此，对于合同的签订而言，会存在不同的签订主体，因此，在对建设工程合同的管理过程中，应该明确合同的签订主体，明确签订主体，以有效防范和控制风险。

2. 合同文本的规定事项

在对建设工程合同进行管理时，首先，应该明确合同签订所适用的法律法规，这在国际工程项目中尤其重要；其次，应该对于合同签订时的中标书、建设协议书、工程图纸、工程的预结算资料加强管理，明确合同中的相关事项条款，对其中的特别事项规定应该引起尤其注意。

3. 合同约定的建设工程价款

工程价款作为建设工程合同管理的重要方面，是指在建设工程正常完工的情况下，投资人需要付给承包人的总款项，对于建设工程合同价款的管理一般是事前由承包人和投资人共同商议决定的，但是最终的价款则需要在该协议价款上进行适当修改，以弥补对工程质量、完工期限等方面的问题。

4. 工程进度约定

工程进度对于建设工程企业来说是非常关键的，这关系到承包人能否按照发包商的要求及时交付工程，从而也涉及最终承包人能够具体获得多少工程价款，因此对于工期，在建设工程合同中一般都会加以明确。同时在工程进度中，双方也会约定一旦工程出现不能按时交付的责任归属和赔偿与免责情形。

5. 建设工程的验收

建设工程的交付与验收，是工程得以完工的最终标志，也是承包人与发包商权利与义务即将得到终结的标志。工程的验收一般经由发包商或者有发包商委托代理的监理工程方进行确定，如果工程在规定期限内得到顺利验收，标志工程的完结，但是如果工程的验收质量不合格，则需要承包人按照发包商的要求，再重新进行确定，保证工程质量，同时承包人在工程完工后的一定期限内还承担有工程的保修责任。

6. 工程风险

建设工程由于其特殊性，影响工程进度、质量的风险因素比较多，受到外部环境的影响较大。因此对于建设工程而言，不确定性较强。因此，在建设工程合同中，应该尽可能地将预知的风险详细描述，同时对于规避风险的措施以及发生风险之后的处理措施都应该给予详细说明，这样才能够在工程施工进程中减少各方的矛盾纠纷。而且，在各方签订工程项目合同时，应该对提供的材料进行详细审核与说明，合理预知风险，对于未知的风险应该尽可能协商处理，共同承担相应的风险损失。

7. 索赔

索赔是建设工程合同中非常重要的一项，建设工程因为其复杂与专业性，而且在施工的过程中，工程很容易受到外部环境的干扰，导致工程出现许多问题。因此，当自身的利益受损之后，如果确定是由于对方的过失导致的自身利益损失，这时就可以按照合同里的相关条款规定，向责任方进行索赔，如果双方对于责任的归属问题不能详细划分的话，则在合同中也应该做出规定，由独立、公正的第三方机构进行仲裁确认，一经确认，责任方应该立即做出赔偿。

8. 违约责任

一般违约责任和合同的赔偿条款是联系在一起的，违约责任是指合同的一方因为自身的失误或者由于客观环境等因素造成，但责任归结于自身，给合同另一方造成了损失、伤害时，需要确定自身的责任行为。在建设工程合同中，应该具体规定违约情形，并根据不同情形确定相应的违约责任。同时，当违约发生时，在确定责任归属之后，具体的赔偿方案的选择也需要在建设工程合同中做出明文规定。

第三节　全过程工程咨询项目合同体系与内容确定

一、合同体系确定

全过程工程咨询单位在合同策划中的管理工作主要是合同管理策划及合同结构策划。

1. 合同管理策划

合同管理策划的内容包括制定合同管理原则、合同管理组织结构和合同管理制度。

（1）制定合同管理的原则。

1）所有建设内容必须以合同为依据。

2）所有合同都闭口。

3）与组织结构相联系。

4）与承包模式相联系。

5）尽量减少合同界面。

6）动态管理合同。

（2）制定合同管理组织结构。合同管理任务必须由一定的组织机构和人员来完成。要提高合同管理水平，必须使合同管理工作专门化和专业化。全过程工程咨询单位应设立专门机构或人员负责合同管理工作。

对不同的组织和工程项目组织形式及合同管理组织的形式不一样，通常有如下几种情况：

1）全过程工程咨询单位的合同管理部门（或科室），应派专人专门负责与该项目有关的合同管理工作。

2）对于大型的工程项目，应设立项目的合同管理小组，专门负责与该项目有关的合同管理工作。合同管理小组一般由设计经理、采购经理和施工的项目经理等组成，分别负责设计合同、采购合同和施工合同的履行、管理或控制，并指定其中一人为合同管理负责人。合同管理负责人在该系统中负责所承担项目的合同管理日常工作，向项目经理或合同其他执行人员提供合同管理信息，对合同履行提出意见和建议。

3）对一般的项目或较小的工程，可设合同管理员。而对于全过程工程咨询单位指定分包的，且工作量不大、不复杂的工程，可不设专门的合同管理人员，而将合同管理任务分解下达给各职能人员。

（3）制定合同管理制度。主要包括制定合同体系、合同管理办法以及合同审批制度。使合同管理人员明确项目合同体系、合同管理要求，执行合同审批流程。

2. 合同结构策划

合同结构策划主要包括合同结构分解和合同界面协调。

（1）合同结构分解。

1）结构分解。工程项目的合同体系是由项目的结构分解决定的，将项目结构分解确定的项目活动通过合同方式委托出去，即形成项目的合同体系。一般建设项目中，全过程工程咨询单位首先应决定对项目结构分解中的活动如何进行组合，以形成一个个合同。在某建设项目中，合同的部分结构分解见表4-4。

合同体系策划时应进行合同的结构分解，并应遵循以下规则：

①保证合同的系统性和完整性。

②保证各分解单元间界限清晰、意义完整、内容大体上相当。

③易于理解和接受，便于应用，充分尊重人们已形成的概念、习惯，只有在根本违背施工合同原则的情况下才做出更改。

④便于按照项目的组织分工落实合同工作和合同责任。

⑤考虑不可预见因素。

表 4-4   **某项目合同的部分结构分解**

合同类别	合同名称
勘察、设计类	（1）工程地质勘察合同；（2）建筑设计合同；（3）深基坑支护设计合同；（4）室内装饰装修设计合同；（5）总坪绿化景观设计合同；（6）弱电深化设计合同；（7）人防工程设计合同；（8）工艺及流程设计合同；（9）施工图审查合同
咨询类	（1）建设工程项目管理合同；（2）建设工程监理合同；（3）建设工程招标代理合同；（4）建设工程造价咨询合同；（5）工程及周边建、构筑物沉降观测合同；（6）环境影响评价合同；（7）土壤氡气浓度检测合同；（8）房产面积测绘合同；（9）二次供水给水产品检测合同；（10）室内环境检测合同
施工类	（1）临时用水施工合同；（2）临时用电施工合同；（3）临时围墙修建合同；（4）深基坑支护施工合同；（5）施工总承包施工合同；（6）专业承（分）包合同；（7）劳务分包合同；（8）电梯采购及安装施工合同；（9）弱电工程施工合同；（10）变配电工程施工合同；（11）室内装饰装修施工合同；（12）外墙装饰工程施工合同；（13）总坪绿化景观施工合同；（14）工艺设备采购及安装合同；（15）燃气工程施工合同；（16）正式用水施工合同
采购类	甲供设备、材料采购合同

注：此表应根据不同的项目结构分解进行调整。

2）合同结构分解的编码设置。全过程工程咨询单位在合同结构分解以后，为便于管理应建立相应的合同编码体系。合同的编码设计直接与 WBS 的结构有关，一般采用"父码＋子码"的方法编制。合同结构分解在第一级表示某一合同体系，为了表示合同特征以及与其他合同的区别，可用 1～2 位数字或字母表示，或英文缩写，或汉语拼音缩写，方便识别。第二级代表合同体系中的主要合同，同样可采用 1～2 位的数字或英文缩写、汉语拼音缩写等表示。以此类推，一般编到各个承包合同。根据合同分解结构从高层向低层对每个合同进行编码，要求每个合同有唯一的编码。某项目合同编码体系如图 4-6 所示。

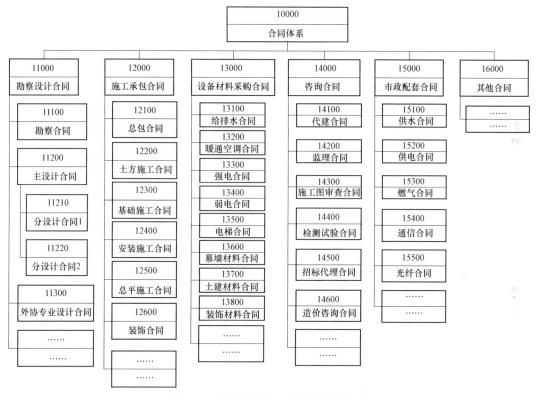

图 4-6　某项目建设工程合同编码体系

合同编码应具有以下特征：

①统一性、包容性。在该建设工程项目的合同中，有许多合同，如勘察设计合同、施工合同、监理合同、保险合同、技术合同、材料合同等，为了方便管理，所有合同的编码必须统一，且编码适合于所有的合同文件。

②编码的唯一性。在各种类型合同中存在着多种合同，比如技术合同中有咨询合同、质量检测合同等，为了区分这些合同，合同编码必须保持唯一性。

③能区分合同的种类和特征。

④编码的可扩充性。合同编码应反映该项目的对象系统，但该项目的组成十分复杂，在项目实施过程中可能会增加、减少或调整。因此，合同编码系统应当能适应这种变更需要。一旦对象系统发生变化，在保证其编码的规则和方法不变的情况下，能够适应描述变

化了的对象系统。

⑤便于查询、检索和汇总。编码体系应尽可能便于管理人员识别和记忆，从合同编码中能够"读出"对应的合同，同时适合计算机对其进行处理。

（2）合同界面协调。合同界面按照合同技术、价格、时间、组织协调进行统一布置。

1）技术上的协调。主要包括以下几个内容：

各合同之间设计标准的一致性，如土建、设备、材料、安装等应有统一的质量、技术标准和要求。

分包合同必须依据总承包合同的条件订立，全面反映总分包合同相关内容，并使各个合同保持条款的一致，不能出现矛盾。

各合同所定义的专业工程应有明确的界面和合理的搭接，明确这些工作相应的责任主体。

2）价格上的协调。在工程项目合同总体策划时必须将项目的总投资分解到各个合同上，作为合同招标和实施控制的依据。

对大的单位工程或专业分项工程（或供应）尽量采用招标方式，通过竞争降低价格。

对全过程工程咨询单位来说，通过以前的合作及对合同进行的后评价，建立信誉良好的合作伙伴，可以有效减少管理过程的磨合和提高管理效率，也可以确定一些合作原则和价格水准，这样可以保证总包和分包价格的相对稳定性。

3）时间上的协调。

按照项目的总进度目标和实施计划确定各个合同的实施时间安排，在相应的招标文件上提出合同工期要求，并使每个合同相互吻合和制约，满足总工期要求。

按照每个合同的实施计划（开工要求）安排该合同的招标工作。

项目相关的配套工作的安排。例如某项目，存在甲供材料和生产设备的供应、现场的配合等工作，则必须系统地安排这些配套工作计划，使之不影响后续施工。

有些配套工作计划是通过其他合同安排的，对这些合同也必须做出相应的计划。

4）组织上的协调。组织上的协调在合同签约阶段和工程施工阶段都要重视，不仅是合同内容的协调，而且是合同管理过程的协调。

（三）程序

全过程工程咨询单位合同体系策划的程序如图 4-7 所示。

（四）注意事项

合同体系策划应注意以下问题：

（1）合同体系策划要符合合同的基本原则，不仅要保证合法性、公正性，而且要促使各方面的互利合作，确保高效率地完成项目目标。

（2）合同体系策划应保证项目实施过程的系统性和协调性。

（3）全过程工程咨询单位在合同体系策划时应该理性地决定工期、质量、价格的三者关系，追求三者的平衡，公平地分配项目的风险。

（4）合同体系策划的可行性和有效性应在工程的实施中体现出来。

（五）成果范例

合同界面划分见表 4-5。

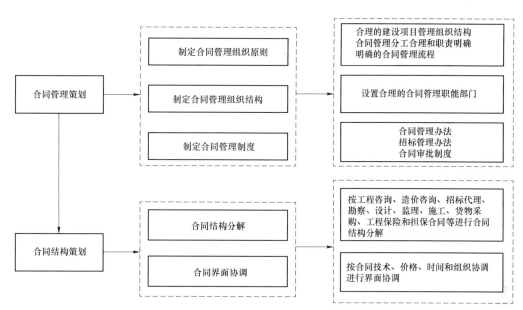

图 4-7　全过程工程咨询单位合同体系策划工作程序图

表 4-5　　　　　　　　　　合 同 界 面 划 分 表

序号	××合同（主合同）	相关合同	合同主要内容	与主合同的界面	备注
1	（合同主要 工作内容）	××合同			
2		××合同			
3		××合同			
……					

二、合同内容确定

(一) 依据

(1)《中华人民共和国合同法》。

(2) 各类合同的管理办法，如《建筑工程施工发包与承包计价管理办法》《建设工程价款结算暂行办法》等。

(3) 勘察、设计类合同的示范文本，如《建设工程勘察合同（示范文本）》（GF—2016—0203）、《建设工程设计合同示范文本（房屋建筑工程）》（GF—2015—0209）等。

(4) 施工类合同的示范文本，如《建设工程施工合同（示范文本）》（GF—2017—0201）、《建设工程施工专业分包合同（示范文本）》（GF—2003—0213）、《建设工程施工劳务分包合同（示范文本）》（GF—2003—0214）等。

(5) 服务类合同的示范文本，如《建筑工程招标代理合同（示范本文）》（GF—2005—0215）、《建筑工程造价咨询合同（示范文本）》（GF—2015—0212）、《建设工程委托监理合同（示范文本）》（GF—2012—0202）等。

（6）项目的特征，包含项目的风险、项目的具体情况等。

（7）其他相关资料，如委托方的需求。

（二）内容

合同内容的策划主要包括合同的起草、重要合同条款的确定以及合同计价类型的选择。

1. 合同条件的起草

合同条件中应当包含以下条款：

（1）合同当事人的名称（或姓名）和地址。合同中记载的当事人的姓名或者名称是确定合同当事人的标志，而地址则对确定合同债务履行地、法院对案件的管辖等方面具有重要的法律意义。

（2）标的。标的即合同法律关系的客体。合同中的标的条款应当标明标的的名称，以使其特定化，并能够确定权利义务的范围。合同的标的因合同类型的不同而变化，总体来说，合同标的包括有形财务、行为和智力成果。标的是合同的核心，是双方当事人权利和义务的焦点。没有标的或者标的不明确的，合同将无法履行。

（3）数量。合同标的的数量衡量合同当事人权利义务大小。它将标的定量化，以便计算价格和酬金。合同如果标的没有数量，就无法确定当事人双方权利和义务的大小。双方当事人在订立合同时，必须使用国家法定计量单位，做到计量标准化、规范化。

（4）质量。合同标的的质量是指检验标的内在素质和外观形态优劣的标准，是不同标的物之间差异的具体特征，它是标的物价值和使用价值的集中体现。在确定标的的质量标准时，应当采用国家标准或者行业标准，或有地方标准的按地方标准签订。如果当事人对合同标的的质量有特别约定时，在不违反国家标准和行业标准的前提下，双方可约定标的的质量要求。

（5）价款和报酬。价款和报酬是指取得利益的一方当事人作为取得利益的代价而应向对方支付的金钱。价款通常是指当事人一方为取得对方转让的标的物，而支付给对方一定数额的货币。酬金通常是指当事人一方为对方提供劳务、服务而获得一定数额的货币报酬。根据市场定价机制确定合同价款，如招标竞价等。

（6）履行期限、地点和方式。履行的期限是指当事人交付标的和支付价款报酬的日期；履行地点是指当事人交付标的和支付价款报酬的地点；履行方式是合同当事人履行合同和接受履行的方式，即约定以何种具体方式转移标的物和结算价款和酬金。

（7）违约责任。违约责任是指合同当事人一方或双方不履行或不完全履行合同义务时，必须承担的法律责任。违约责任包括支付违约金、赔偿金、继续履行合同等方式。法律有规定责任范围的按规定处理，法律没有规定范围的按当事人双方协商约定办理。

（8）解决争议的方法。解决争议的方法是指合同当事人解决合同纠纷的手段、地点，即合同订立、履行中一旦产生争议，合同双方是通过协商、仲裁还是通过诉讼解决其争议。

2. 合同中重要条款的确定

重点需要在各个合同中明确各责任主体相关的责任和义务，保证各个合同条款的统一性和一致性，主要包括但不限于以下内容：

（1）全过程工程咨询单位义务。

1）全过程工程咨询单位根据投资人的要求，应在规定的时间内向施工单位移交现场，并向其提供施工场地内地下管线和地下设施等有关资料，保证资料的真实、准确和完整。

2）全过程工程咨询单位应按合同的有关规定在开工前向承包人进行设计交底、制定相关管理制度，并负责全过程合同管理，支付工程价款的义务。

3）按照有关规定及时协助办理工程质量、安全监督手续。

4）其他的义务。

（2）监理单位义务。监理单位根据《建设工程监理规范》（GB/T 50319—2013）及监理合同的约定，可以对项目前期、设计、施工及质量保修期全过程监理，包括质量、进度、投资控制、组织协调、安全、文明施工等，如发布开工令、暂停施工或复工令等；工期延误的签认和处理等；施工方案认可、设计变更、施工技术标准变更等，并配合全过程工程咨询单位进行工程结算和审计工作。

（3）总承包人的义务。

1）除按一般通用合同条款的约定外，在专用合同条款中约定由投资人提供的材料和工程设备等除外，总承包人应负责提供为完成工作所需的材料、施工设备、工程设备和其他物品等，并按合同约定负责临时设施的统一设计、维护、管理和拆除等。

2）总承包人应当对在施工场地或者附近实施与合同工程有关的其他工作的独立承包人履行管理、协调、配合、照管和服务义务，并在合同中约定清楚由此发生的费用是否包含在承包人的签约合同价中。

3）总承包人还应按监理单位指示为独立承包人以外的他人在施工场地或者附近实施与合同工程有关的其他工作提供可能的条件，并在合同中约定清楚由此发生的费用是否包含在承包人的签约合同价中。

4）其他义务。总承包人应遵从投资人关于工程技术、经济管理（含技术核定、经济签证、设计变更、材料核价、进度款支付、索赔及竣工结算等）、现场管理而制定的制度、流程、表格及程序等规定，并负责管理与项目有关的各分包商，统一协调进度要求、质量标准、工程款支付、安全文明施工等方面。

（4）分包商。除按一般通用合同条款的约定，还应在专用条款做如下约定：

1）除在投标函附录中约定的分包内容外，经过投资人、全过程工程咨询单位和监理单位同意，承包人可以将其他非主体、非关键性工作分包给第三人，但分包人应当符合相关资质要求并事先经过投资人、全过程工程咨询单位和监理单位审批，投资人、全过程工程咨询单位和监理单位有权拒绝总承包人的分包请求和总承包人选择的分包商。

2）在相关分包合同签订并报送有关行政主管部门备案后的规定时间内，总承包人应将副本提交给监理单位，总承包人应保障分包工作不得再次分包。

3）未经投资人、全过程工程咨询单位和监理单位审批同意的分包工程和分包商，投资人有权拒绝验收分包工程和支付相应款项，由此引起的总承包人费用增加和（或）延误的工期由总承包人承担。

（5）付款方式。

1）一次性付款。此种付款方式简单、明确，受到的外力影响因素较少，手续相对单一。即投资人在约定的时间一次履行付款义务。该方式适用于造价低、工期短、内容简单的合同。

2）分期付款。一般分为按期付款和按节点付款。在总承包施工合同实施中，如按月度付款、按季度付款。即当月、当季完成的产值乘以付款比例进行支付；按节点付款，如根据工程实施节点如主体、二次结构、竣工等，完成相应进度才给予支付对应的进度款。

3）其他方式付款。主要依据合同约定付款形式。如设计单位先行付款方式。

4）特殊的付款方式，如PPP项目中向使用者收费模式，比如建设桥梁，收取一定期限的过桥费等。

（6）合同价格调整。合同中应明确约定合同价格调整条件、范围、调整方法，特别是由于物价、汇率、法律、规税、关税等的变化对合同价格调整的规定。

（7）对承包人的激励措施。如：对提前竣工，提出新设计，使用新技术、新工艺使建设项目在工期、投资等方面受益，可以按合同约定进行奖励，奖励包括质量奖、进度奖、安全文明奖等。

3. 合同计价类型选择

按照计价方式可以分为单价合同、总价合同和成本加酬金合同。

（1）单价合同。单价合同是最常见的合同种类，适用范围广。如实行工程量清单计价的工程，应采用单价合同，FIDIC施工合同条件也属这样的合同，在这种合同中，承包人仅按合同规定承担报价的风险，即对报价（主要为单价）的正确性和适宜性承担责任，而工程量变化的风险由投资人承担。由于风险分配比较合理，能够适应大多数工程，能调动承包人和投资人双方的管理积极性。单价合同又可分为固定单价合同和可调单价合同两种形式。

1）固定单价合同。签订合同双方在合同中约定综合单价包含的风险范围，在约定的风险范围内综合单价不再调整。风险范围以外的综合单价调整方法，在合同中约定。

2）可调单价合同。一般在招标文件中规定合同单价是可调的，合同签订的单价根据合同约定的条款如在工程实施过程中物价发生变化等，可做调整。

（2）总价合同。完成项目合同内容后，以合同总价款支付工程费用。合同总价款在合同签订时确定并固定，不随工程的实际变化而变化。总价合同以一次包死的总价格委托给承包人。在这类合同中承包人承担了工作量增加和价格上涨的风险，除非设计有重大变更，一般不允许调整合同价格。总价合同可分为固定总价合同和可调总价合同两种类型。

1）固定总价合同，建设规模较小，技术难度较低，承包人的报价以审查完备详细的施工图设计图纸及计算为基础，并考虑到一些费用的上升因素，如施工图纸及工程要求不变动则总价固定，但施工中图纸或工程质量要求有变更或工期要求提前时，则总价也应随之改变。适用于工期较短（一般不超过1年），对工程项目要求十分明确的项目，由于承包人将为许多不可预见的因素付出代价，一般报价较高。

2）可调总价合同。在报价及签订合同时，以招标文件的要求及当时的物价计算总价合同。但在合同条款中约定：如果在执行合同中由于市场变化引起工程成本增加达市场变化到某一限度时，合同总价应相应调整。这种合同投资人承担市场变化这一不可预见的费用因素的风险，承包人承担其他风险。一般工期较长的项目，采用此种合同。

（3）成本加酬金合同。成本加酬金合同也称为成本补偿合同，是指工程施工的最终合同价格是按照工程的实际成本再加上一定的酬金计算的：在合同签订时，工程实际成本往往不能确定，只能确定酬金的取值比例或者计算原则。

在这类合同中，承包人不承担任何风险，而投资人承担了全部工程量和工程价格风险，所以在这种合同体系中，承包人在工程中没有成本控制的积极性，不仅不愿意降低成本，还有可能期望提高成本以提高工程经济效益。一般在以下情况下使用：投标阶段依据不准无法准确估价，缺少工程的详细说明；工程特别复杂，工程技术、结构方案不能预先确定；时间特别紧急，如抢险、救灾以及施工技术特别复杂的建设工程，双方无法详细地计划和商讨。

（三）程序

全过程工程咨询单位合同内容策划的程序如图 4-8 所示。

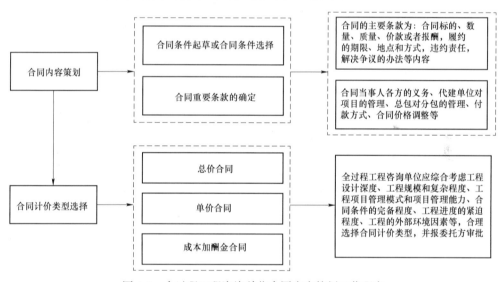

图 4-8　全过程工程咨询单位合同内容策划工作程序

（四）注意事项

（1）应根据项目的特点选择合适的合同示范文本。

（2）对在标前会议上和合同签订前的澄清会议上的说明、允诺、解释和一些合同外要求，都应以书面的形式确认，即在合同条款中加以体现。

（3）新确定的、经过修改或补充的合同条文与原来合同条款之间是否有矛盾或不一致，或是否存在漏洞和不确定性。

（4）应当确保合同的条款准确、无歧义，合同双方对合同条款的理解一致。

第四节　全过程咨询项目合同全过程评审、谈判、签约

一、合同评审

合同评审是指在签订正式合同前对施工合同的审查，包括招投标阶段对招标文件中的合同文本进行审查以及合同正式签订前对形成合同草稿的审查。合同审查的一般内容包括对合同进行结构分析，检查合同内容的完整性及一致性，分析评价合同风险。

施工合同审查方法是结合施工合同示范文本，以及具体工程项目背景和实际情况，对比分析拟定施工合同条款，重点审查施工合同与示范文本之间的偏差，具体如下：

1. 工作内容

指承包人所承担的工作范围。如施工承包人应完成的工作一般包括施工、材料和设备的供应、工程量的确定、质量要求等，应审查这些内容是否与招标投标文件内容一致，工作内容的范围是否清楚，责任是否明确，合同描述是否清晰。

2. 合同当事人的权利和义务

由于施工合同的复杂性，合同当事人应仔细、全面审查施工合同，重点分析各当事人及参与者的权利义务，以防止以后发生纠纷。

3. 价款

价款是施工合同双方关注的焦点，是合同的核心条款。合同价款包括单价、总价、工资、加班费和其他各项费用，以及付款方式和付款条件等。在审查价格时，主要分析计价方式及可能的风险、合同履行期间商品价格可能的波动风险、价款支付风险等。

4. 工期

工期也是施工合同的关键条款。工期条款直接影响合同价格结算及违约罚款等。施工合同工期审查重点要坚持科学合理的态度，合理确定合同工期。审查时还应注意工期延误责任的划分，如投资人、承包人、不可抗力、其他原因等造成的工期延长。

5. 质量

工程质量标准直接影响价格、实施进度以及工程验收等，有关质量条款的审查重点是技术规范、质量标准、中间验收和竣工验收标准等。

6. 违约责任

违约责任是施工合同的必备条款。通过违约责任条款明确不履行合同的责任。如合同未能按期完工或工程质量不符合要求，不按期付款等的责任。

二、合同谈判与签约

1. 谈判的目的

从承包人的角度看，其谈判的目的是协商和确定施工合同的合理价格，调整完善施工合同条款，修改不合理的合同条款，以最大化收益。

投资人通过谈判分析投标者报价的构成，审核投标价格组成的合理性和价格风险，并进一步了解和审查投标者的施工技术措施是否合理，以及负责项目实施的班子力量是否足够雄厚，能否保证工程的质量和进度。通过谈判还可以更好地听取中标人的建议和要求，吸收其合理建议，最后保证项目的顺利完工。

通常需要谈判的内容非常多，而且双方均以维护自身利益为核心进行谈判，更增加了谈判的难度和复杂性。由于受项目的特点，不同的谈判的客观条件等因素影响，在谈判内容上通常是有所侧重，需谈判小组认真仔细地研究，具体谋划。

2. 施工合同的签订

在正式签订施工合同前，合同双方当事人应该制定规范的合同管理制度和审批流程，并严格按照制度流程办事。为了降低施工合同风险，在施工合同签订过程中应坚持以下原则：

（1）未经审查的合同不签。

（2）不合法的合同不签。

（3）低于成本价的合同不签。

（4）有失公平的合同不签。

（5）不符合招标程序或手续不全的合同不签。

（6）承包人资质不符合要求的合同不签。

第五节　全过程工程咨询项目合同履行阶段的合同管理

一、工程合同履行和分析

1. 工程合同履行

工程合同履行是指工程建设项目的投资人和承包人根据合同规定的时间、地点、方式、内容及标准等要求，各自完成合同义务的行为。根据当事人履行合同义务的程度，合同履行可分为全部履行、部分履行和不履行。

对于投资人来说，履行工程合同最主要的义务是按约定支付合同价款，而承包人最主要的义务是按约定交付工作成果。但是，当事人双方的义务都不是单一最后交付行为，而是一系列义务的总和。例如，对工程设计合同来说，投资人不仅要按约定支付设计报酬，还要及时提供设计所需要的地质勘探等工程资料，并根据约定给设计人员提供必要的工作条件等；而承包人除了按约定提供设计资料外，还要参加图纸会审、地基验槽等工作。对施工合同来说，投资人不仅要按时支付工程备料款、进度款，还要按约定按时提供现场施工条件，及时参加隐蔽工程验收等；而承包人义务的多样性表现为工程质量必须达到合同约定标准，施工进度不能超过合同工期等。

2. 工程合同分析

（1）分析合同漏洞，解释争议内容。工程的合同状态是静止的，而工程施工的实际情况千变万化，一份再完备的合同也不可能将所有问题都考虑在内，难免会有漏洞。同时，有些工程的合同是由投资人起草的，条款较简单，诸多合同条款的内容规定得不够详细、合理。在这种情况下，分析这些合同漏洞，并将分析的结果作为合同的履行依据是非常必要的。

当合同中出现错误、矛盾和多义性解释，以及施工中出现合同未做出明确约定的情况，在合同实施过程中双方会有许多争执。要解决这些争执，首先必须做合同分析，按合同条款，分析它的意思，以判定争执的性质。其次，双方必须就合同条款的解释达成一致。特别是在索赔中，合同分析为索赔提供了理由和根据。

（2）分析合同风险，制定风险对策。工程承包风险较高，存在诸多风险因素，这些风险有的可能在合同签订阶段已经经过合理分摊，但仍有相当的风险并未落实或分摊不合理。因此，在合同实施前有必要做进一步的全面分析，以落实风险责任，并对自己承担的风险制定和落实风险防范措施。

（3）分解合同工作，落实合同责任。合同事件和工程活动的具体要求（如工期、质量、技术、费用等）、合同双方的责任关系之间的逻辑关系极为复杂，要使工程按计划有条理地进行，必须在工程开始前将它们落实下来，这都需要进行合同分析分解合同，以落实合同责任。

（4）进行合同交底，简化合同管理工作。在实际工作中，由于许多工程小组、项目管理职能人员所涉及活动和问题并不涵盖整个合同文件，而仅涉及小部分合同内容，因此他们没有必要花费大量的时间和精力全面把握合同，而只需要了解自己所涉及的部分合同内容。为此，可采用由合同管理人员先做全面的合同分析，再向各职能人员和工程小组进行合同交底的方法。

另外，由于合同条款采用了法律语言，专业性很强，工程人员不容易理解到位。应由合同管理人员通过合同分析，将合同约定用最简单易懂的语言和形式表达出来，使大家更好地了解自己的合同责任，从而使日常合同管理工作简单、方便。

二、勘察设计合同管理

1. 依据

建设项目勘察设计合同管理主要遵循建设项目勘察设计相关的法律法规的约束和规范，主要如下：

（1）《中华人民共和国合同法》（主席令第 15 号）；

（2）《中华人民共和国建筑法》（主席令第 46 号）；

（3）《建设工程勘察设计管理条例》（国务院令第 662 号文）；

（4）《建设工程勘察设计资质管理规定》（建设部令第 160 号）；

（5）《中华人民共和国招标投标法》（主席令第 21 号）；

（6）《中华人民共和国招标投标法实施条例》（国务院令第 698 号）；

（7）本地区的地方性法规和建设工程勘察设计管理办法。

2. 内容

（1）编制勘察设计招标文件；

（2）组织并参与评选方案或评标；

（3）起草勘察设计合同条款及协议书；

（4）跟踪和监督勘察设计合同的履行情况；

（5）审查、批准勘察设计阶段的方案和结果；

（6）勘察设计合同变更管理。

3. 程序

（1）建设工程勘察、设计任务通过招标或设计方案的竞投，确定勘察、设计单位后，应遵循工程项目建设程序，签订勘察、设计合同。

（2）签订勘察合同：由投资人、设计单位或有关单位提出委托，经双方协商同意，即可签订。

（3）签订设计合同：除双方协商同意外，还必须具有上级机关批准的设计任务书。小型单项工程必须具有上级机关批准的设计文件。

4. 注意事项

（1）全过程工程咨询单位应当设专门的合同管理机构对建设工程勘察设计合同的订立全面负责，实施控制。承包人在订立合同时，应当深入研究合同内容，明确合同双方当事人的权利义务，分析合同风险。

（2）在合同的履行过程中，无论是合同签订、合同条款分析、合同的跟踪与监督、合同的变更与索赔等，都是以合同资料为依据的。因此，承包人应有专人负责，做好现场记录。保存记录是十分重要的，这有利于保护好自己的合同权益，及成功地索赔。设计中的主要合同资料包括：设计招投标文件；中标通知书；设计合同及附件；委托方的各种指令、变更中和变更记录等；各种检测、试验和鉴定报告等；政府部门和上级机构的批文，文件和证等。

（3）合同的跟踪和监督就是对合同实施情况进行跟踪，将实际情况与合同资料进行对比。存在偏差，合同管理人员应当及时将合同的偏差信息及原因分析结果和建议提供给项目人员，以便及早采取措施，调整偏差。同时，合同管理人员应当及时将投资人的变更指令到本方设计项目负责人或直接传达给各专业设计部门和人员。具体而言，合同跟踪和对象主要有勘察设计工作的质量、勘察设计任务的工作量的变化、勘察设计的进度情况目的概预算。

三、施工过程合同管理

（一）合同管理

1. 合同实施控制

工程项目的实施过程实质上是与项目相关的各个合同的履行过程。要确保项目正常、按计划、高效率的实施，必须正确地执行各个合同。为此在项目施工现场需全过程工程咨询单位负责各个合同的协调与控制。

（1）依据。在建设项目施工阶段，全过程工程咨询单位对合同控制的依据如下：

1）合同协议书；

2）中标通知书；

3）投标书及附件；

4）施工合同专用条款；

5）施工合同通用条款；

6）标准、规范及现有有关技术文件；

7）图纸；

8）工程量清单；

9）招标文件及相关文件；

10）施工项目合同管理制度；

11）其他相关文件。

（2）内容。全过程工程咨询单位或其发包的造价部门应协助投资人采用适当的管理方式，建立健全的合同管理体系以实施全面合同管理，确保建设项目有序进行。全面合同管理应做到：

1）建立标准合同管理程序；

2）明确合同相关各方的工作职责、权限和工作流程；

3）明确合同工期、造价、质量、安全等事项的管理流程与时限等。

合同实施控制主要包括合同交底、合同跟踪、合同实施诊断、合同调整以及补充协议的管理：

1）合同交底。在合同实施前，全过程工程咨询单位应进行合同交底。合同交底应包括合同的主要内容、合同实施的主要风险、合同签订过程中的特殊问题、合同实施计划和合同实施责任分配等内容。

2）合同跟踪。在工程项目实施过程中，由于实际情况千变万化，导致合同实施与预定目标（计划和设计）的偏离。如果不采取措施，这种偏差常常由小到大，逐渐积累，最终会导致合同无法按约定完成。这就需要对工程项目合同实施的情况进行跟踪，以便提早发现偏差，采取措施纠偏。主要内容包括：

①跟踪具体的合同事件。对照合同事件的具体内容，分析该事件实际完成情况。

②注意各工程标段或分包商的工程和工作。一个工程标段或分包商可能承担许多专业相同、工艺相近的分项工程或许多合同事件，所以必须对其实施的总情况进行检查分析。

③总承包人必须对各分包合同的实施进行有效的管理和监督，这是总承包人合同管理的重要任务之一。

④为一切索赔和反索赔做准备。全过程工程咨询单位与总承包商、总承包商和分包商之间利益是不一致的，相互之间常常会有利益争执，在合同实施中，双方都在进行合同管理，都在寻找向对方索赔的机会，所以双方都有索赔和反索赔的任务。

⑤在合同跟踪过程中，全过程工程咨询单位的主要工作是对重点事件及关键工作进行监督和跟踪。如：

a. 及时提醒委托方提供各种工程实施条件，如及时发布图纸、提供场地，及时下达指令、做出答复，及时支付工程款等，这常常是承包人推卸责任的托词，所以应特别重视。

b. 要求设计部门按照合同规定的进度提交质量合格的设计资料，并应保护其知识产权，不得向第三人泄露、转让。

c. 督促监理单位与施工单位必须正确、及时地履行合同责任，与监理单位和施工单位多沟通，尽量做到使监理单位和承包人积极主动地做好工作，如提前催要图纸、材料，对工作事先通知等。

d. 出现问题时及时与委托方沟通。

e. 及时收集各种工程资料，对各种活动、双方的交流做出记录。

f. 对有恶意的承包人提前防范，并及时采取措施。

3）合同实施诊断。合同实施诊断是在合同实施跟踪的基础上进行的，是指对合同实施偏差情况的分析。合同实施偏差的分析，主要是评价合同实施情况及其偏差，预测偏差的影响及发展的趋势，并分析偏差产生的原因，以便对该偏差采取调整措施。合同实施诊断的主要内容：

①合同执行差异的原因分析。通过对不同监督和跟踪对象的计划和实际的对比分析，不仅可以得到差异，而且可以探索引起这个差异的原因。原因分析可以采用鱼刺图，因果关系分析图（表），成本量差、价差分析等方法定性或定量地进行。

②合同差异责任分析。即分析这些原因由谁引起，该由谁承担责任，这常常是索赔的理由。一般只要原因分析详细，有根有据，则责任自然清楚。责任分析必须以合同为依据，按合同规定落实双方的责任。

③合同实施趋向预测。分别考虑不采取调控措施和采取调控措施以及采取不同的调控措施情况下，合同的最终执行结果。

a. 最终的工程状况，包括总工期的延误，总成本的超支，质量标准，所能达到的生产能力（或功能要求）等。

b. 承包人将承担什么样的后果，如被罚款、被清算，甚至被起诉，对承包人资信、企业形象、经营战略造成的影响等。

c. 最终工程经济效益（利润）水平。

4）采取调整措施。经过合同诊断之后，应当按照合同约定调整合同价款的因素主要有以下几类：①法律法规变化；②工程变更；③项目特征不符；④工程量清单缺项；⑤工程量偏差；⑥计日工；⑦物价变化；⑧暂估价；⑨不可抗力；⑩提前竣工（赶工补偿）；⑪误期赔偿；⑫索赔；⑬现场签证；⑭暂列金额；⑮发承包双方约定的其他调整事项。

通过合同诊断，根据合同实施偏差分析的结果，督促承包人应采取相应的调整措施。主要有以下几类：

组织措施，例如增加人员投入，重新计划或调整计划，派遣得力的管理人员。

技术措施，例如变更技术方案，采用新的更高效率的施工方案。

经济措施，例如增加投入，对工作人员进行经济激励等。

合同措施，例如进行合同变更，签订新的附加协议、备忘录，通过索赔解决费用超支问题等。

5）补充协议的管理。项目建设期间拟与各单位签订各种补充合同、协议的，应在合同、协议签订前，按照备案、审核程序，将拟签订合同、协议交监理公司，对其合法性和合理性以及与施工合同有关条款的一致性进行审核。

在收集整理监理单位意见的基础上，出具审核意见上报委托方，委托方应及时进行审核，并将审核意见反馈至全过程工程咨询单位。全过程工程咨询单位在一定时间内将修改结果以书面形式向委托方报告。各种补充合同、协议经上述程序修改完后方可签署，签署完成的合同、协议应及时归档，并做好合同文件签发记录。

2. 程序

通过合同跟踪、收集、整理能反映工程实施状况的各种资料和实际数据，如各种质量报告、实际进度报表、各种成本和费用开支报表及其分析报告，将其与项目目标进行对比分析可以发现差异。根据差异情况确定纠偏措施，制订下一阶段工作计划。合同控制流程如图 4-9 所示。

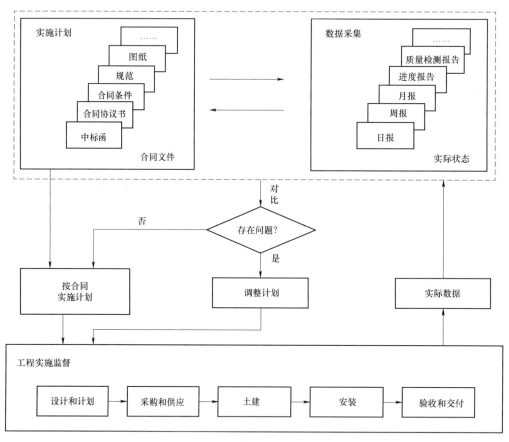

图 4-9　合同控制流程

合同控制方法如下：

（1）建立合同支付台账，对合同进行跟踪管理。

（2）咨询单位协调合同争议问题，并配合完成合同争议的仲裁和诉讼事宜。

（3）采用统一指挥、分散管理的方式。由全过程工程咨询单位负责并牵头，现场管理工程师、合同管理人员参与的管理模式。由全过程工程咨询单位组织制定合同管理制度；对于各类合同，现场管理工程师应跟踪合同执行情况，并及时向合同管理人员反映有关情况的变化，合同管理人员采集信息后应及时集成信息，最终向施工单位报告，以便做出是否按合同执行的判断，报委托方审批后做出是否继续执行合同或修改合同内容，签订补充协议的决定。

（4）明确合同管理各种工作的流程，如图 4-10 所示。

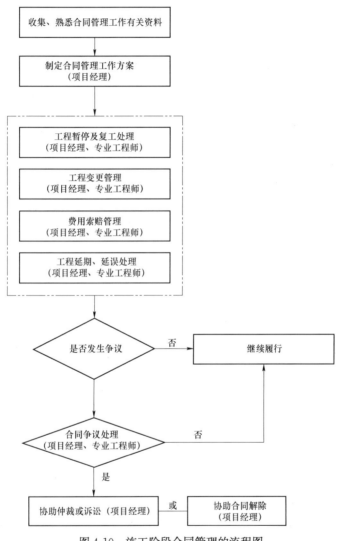

图 4-10　施工阶段合同管理的流程图

（5）动态跟踪合同内容的执行。根据合同实施中各种反馈的信息形成总控信息，比较合同规定的质量要求与实际的工程质量、合同进度与工程实际进度、合同计划投资与实际支出等，并将有关偏差的信息反馈到全过程工程咨询单位，并向委托方汇报，及时调整和采取措施进行控制。

（6）根据合同和工程建设实际情况提供月度资金需求报告。

（7）报请委托方批准月支付进度，并根据进度表对费用支出进行控制。

（8）审查各项合同的预算、进度付款和结算，报委托方批准支付。

（9）确认由于变更引起的影响工程正常进度的承包人工程量的增减，并就其有效性向委托方提出建议。

（10）要求承包人必须提供风险转移措施，包括合同履约保证金、担保和保险等手段，保证能够消除不可抗力外的干扰因素对工程目标所产生的影响。

（11）合同实施完成后，需填写工程合同竣工确认流程表。

3. 注意事项

（1）合同文本采用国家修订的合同示范文本，合同的专用条款必须是双方协商一致的，不应提出单方面的不合理要求。

（2）合同价格实行闭口，严格按照承包人的投标价格执行，不任意压价或增加附带条件。

（3）不接受任何标后的优惠条件，严格按照承包人在投标文件中提出的竞争措施和优惠条件执行。

（4）必须明确所有的合同专用条款内容，所有合同内容同样实行闭口。

（5）明确所有工程范围内的设计变更（除设计内容增加外），避免承包人提出索赔（包括费用索赔和进度索赔）。

（6）为了确保合同管理有效性，由全过程工程咨询单位负责管理合同事宜，并对各类合同指定专人管理。

4. 成果范例

（1）合同文件签发记录见表4-6。

表4-6　　　　　　　　　　合 同 文 件 签 发 记 录

项目名称：						
序号	日期	合同名称	监理	咨询	合同缔约方	备注
1						
2						
......						

（2）合同支付台账见表4-7。

表4-7　　　　　　　　　　合 同 支 付 台 账

序号	合同名称	合同编号	合同金额	申请支付单位	支付约定	申请时间	期数	申请金额	支付金额（跟踪）	累计金额	备注
1											
2											
......											

（3）工程合同竣工确认流程表见表4-8。

表 4-8　　　　　　　　　　　　工程合同竣工确认流程表

合同名称：		合同金额：	
合同编号：			
施工单位：			
	开工时间：	竣工时间：	
验收项目	验收情况		
工作情况	合格/不合格		
1. 施工内容			
2. 施工质量			
3. 施工进度			
4. 文明施工			
5. 其他	项目部经理签字：		
资料归档 情况说明	齐全/一般/差		
	对工程部提交的资料进行汇总填写此栏，从以下几方面控制： 1　造价主管提供原存档合同，结算报告书，竣工结算申请书； 2　项目资料员提供实体竣工的资料，如：竣工报告、质量保证资料、工程保修资料等； 3　其他资料 项目经营管理部：		
合同总金额	一审结算总价： 一审结算说明： 造价主管签字：		
	二审结算总价： 二审结算说明： 审计部经理签字：		
全过程工程咨询单位意见： 年　月　日			
委托方批复： 年　月　日			

（二）对施工单位与材料供应商的合同管理

1. 依据

全过程工程咨询单位对各参与主体合同管理的依据除了国家和地方相关的法律法规、政策性文件，主要是双方在招投标以及合同履行过程中签署的文件，包括中标通知书、合同协议书、专用条款、通用条款、补充协议、合同管理制度、总包管理制度等。

2. 内容

（1）采购合同管理。

1）协助配合投资人检验采购的材料、设备。全过程工程咨询单位应对材料、设备供应商提供的货物进行检验，保证提供符合合同规定的货物，以及商业发票或相等的电讯单证。

2）保证供应进度满足施工进度要求。全过程工程咨询单位应对材料、设备供应商的供应时间进行监督，防止因材料、设备不到位导致的施工进度拖延、窝工等情况。

3）甲供材料、设备采购合同管理。全过程工程咨询单位中应注意对甲供材料、设备供应合同的管理，在梳理合同结构时，首先需要明确甲供材料、设备范围，并根据总进度要求，及时完成甲供材料、设备的招标、供应工作，不能因甲供材料、设备供应的滞后影响施工进度。

（2）施工合同管理。项目施工合同管理包括全过程工程咨询单位协助投资人对总承包人的管理以及总承包人对分包商的管理两层意义。全过程工程咨询单位对施工合同的管理主要指协助配合投资人对总承包人的管理；对分包商的管理一般是通过总承包人实施，总分包管理职责划分应在合同体系策划时就提前界定。分包商不仅指总承包人按合同约定自行选择的分包商，也指投资人（或委托方）通过招投标等方式选择的分包商。

（3）全过程工程咨询单位对一般分包合同的管理。项目中主要存在两类承包人，一类是总承包人，另一类是分包商，全过程工程咨询单位通过监理单位主要对总承包人的质量、进度、投资等进行管理，任何分包商的管理均应纳入总包管理中，包括进度的统一、质量的检查、投资的管理、安全文明施工管理、现场协调等方面，对此，应要求总包商完成相应的分包管理制度。

一般分包商是指与总承包人签订合同的施工单位。全过程工程咨询单位不是该分包合同的当事人，对分包合同权利义务如何约定也不参与意见，与分包商没有任何合同关系，但作为工程项目的管理方和施工合同的当事人，对分包合同的管理主要表现为对分包工程的批准。

3. 程序

全过程工程咨询单位对总包合同的管理主要体现在对总承包人和指定分包商的管理程序上：

（1）明确总承包人的义务。投资人与全过程工程咨询单位应监督总承包人按照合同约定的承包人义务完成工作，并督促承包人在产生变更、索赔等事件时，及时、合格地完成施工工作。

（2）监督承包人工作的履行情况。全过程工程咨询单位应对承包人施工情况进行监督，保证其按照合同约定的质量、工期、成本等要求完成工作内容，并及时对变更、索赔等事件进行审核和处理。

（3）总承包人对指定分包的管理。全过程工程咨询单位应协助配合投资人要求承包人指定专人对分包商的施工进行监督、管理和协调，承担如同主合同履行过程中监督的职责。承包人的管理工作主要通过发布一系列指示来实现。接到监理就分包工程发布的指示后，应将其要求列入自己的管理工作内容，并及时以书面确认的形式转发给分包商令其遵守执行，也可以根据现场的实际情况自主地发布有关的协调、管理指令。

全过程工程咨询单位应要求分包商参加工地会议，加强分包商对工程情况的了解，提高其实施工程计划的主动性和自觉性。

4. 注意事项

（1）分包合同对总承包合同有依附性，因此，总承包合同修改，分包合同也应做相应的修改。

（2）分包合同保持了与总承包合同在内容上、程序上的相容性和一致性，分包合同在管理程序的时间定义上应比施工合同更为严格。

（3）分包商不仅应掌握分包合同，而且还应了解总承包合同中与分包合同工程范围相关的内容。

（三）合同争议处理

1. 依据

（1）当事人双方认定的各相关专业工程设计图纸、设计变更、现场签证、技术联系单、图纸会审记录。

（2）当事人双方签订的施工合同、各种补充协议。

（3）当事人双方认定的主要材料、设备采购发票，加工订货合同及甲供材料的清单。

（4）工程预（结）算书。

（5）招投标项目要提供中标通知书及有关的招投标文件。

（6）经委托方批准的施工组织设计、年度进度记录。

（7）当事人双方认定的其他有关资料。

（8）合同执行过程中的其他有效文件。

2. 内容

由于诸多不确定因素的影响，在合同执行过程中难免会出现合同争议问题。合同争议又称合同纠纷，合同常见的纠纷及处理方法见表4-9。

表4-9 合同常见纠纷及处理方法

合同纠纷种类	合同纠纷的成因	相应的防范措施
合同主体纠纷	（1）投资人存在主体资格问题 （2）承包人无资质或资质不够 （3）因联合体承包导致的纠纷 （4）因"挂靠"问题产生的纠纷 （5）因无权代理导致的纠纷	（1）加强对投资人主体资格的审查 （2）加强对承包人资质和相关人员资格的审查 （3）联合体承包应合法、规范、自愿 （4）避免"挂靠" （5）加强对授权委托书和合同专用章的管理
合同工程款纠纷	（1）建筑市场竞争过分激烈 （2）合同存在缺陷 （3）工程量计算不正确及工程量增减 （4）单价和总价不匹配 （5）因工程变更导致的纠纷 （6）因施工索赔导致的纠纷 （7）因价格调整导致的纠纷 （8）工程款恶意拖欠	（1）加强风险预防和管理能力 （2）签订权责利清晰的书面合同 （3）加强工程量的计算和审核，避免合同缺项 （4）避免总价和分项工程单价之和的不符 （5）加强工程变更管理 （6）科学规范地进行施工索赔 （7）正确约定调价原则，签订和处理调价条款 （8）利用法律手段保护自身合法利益

续表

合同纠纷种类	合同纠纷的成因	相应的防范措施
施工合同质量及保修纠纷	(1) 违反建设程序进行项目建设 (2) 不合理压价和缩短工期 (3) 设计施工中提出违反质量和安全标准的不合理要求 (4) 将工程肢解发包或发包给无资质单位 (5) 施工图设计文件未经审查 (6) 使用不合格的建筑材料、构配件和设备 (7) 未按设计图纸、技术规范施工以及施工中偷工减料 (8) 不履行质量保修责任 (9) 监理制度不严格，监理不规范、不到位	(1) 严格按照建设程序进行项目建设 (2) 对造价和工期的要求应符合客观规律 (3) 遵守法律、法规和工程质量、安全标准要求 (4) 合理划分标段，不能随意肢解发包工程 (5) 施工图设计文件必须按规定进行审查 (6) 加强对建筑材料、构配件和设备的管理 (7) 应当按设计图纸和技术规范等要求进行施工 (8) 完善质量保修责任制度 (9) 严格监理制度，加强质量监督管理
合同工期纠纷	(1) 合同工期约定不合理 (2) 工程进度计划有缺陷 (3) 施工现场不具备施工条件 (4) 工程变更频繁和工程量增减 (5) 不可抗力影响 (6) 征地、拆迁遗留问题及周围相邻关系影响工期	(1) 合同工期约定应符合客观规律 (2) 加强进度计划管理 (3) 施工现场应具备通水、电、气等施工条件 (4) 加强工程变更管理 (5) 避免、减少和控制不可抗力的不利影响 (6) 加强外部关系的协调和处理
合同分包与转包纠纷	(1) 因资质问题导致的纠纷 (2) 因承包范围不清产生的纠纷 (3) 因转包导致的纠纷 (4) 因对分包管理不严产生的纠纷 (5) 因配合和协调问题产生的纠纷 (6) 因违约和罚款问题产生的纠纷	(1) 加强对分包商资质的审查和管理 (2) 明确分包范围和履约范围 (3) 严格禁止转包 (4) 加强对分包的管理 (5) 加强有关各方的配合和协调 (6) 避免违约和罚款
合同变更和解除纠纷	(1) 合同存在缺陷 (2) 工程本身存在不可预见性 (3) 设计与施工存在脱节 (4) "三边工程"导致大量变更 (5) 因口头变更导致纠纷 (6) 单方解除合同	(1) 避免合同缺陷 (2) 做好工程的预见性和计划性 (3) 避免设计和施工的脱节 (4) 避免"三边工程" (5) 规范变更管理，变口头为书面指令 (6) 规范解除合同的约定
施工合同竣工验收纠纷	(1) 因验收标准、范围和程序等问题导致的纠纷 (2) 隐蔽工程验收产生的纠纷 (3) 未经竣工验收而提前使用导致的纠纷	(1) 明确验收标准、范围和程序 (2) 严格按规范和合同约定对隐蔽工程进行验收，注意验收当事方签字确认 (3) 避免工程未经竣工验收而提前使用
施工合同审计和审价纠纷	(1) 有关各方对审计监督权的认识偏差 (2) 审计机关的独立性得不到保证 (3) 因工程造价的技术性问题导致的纠纷 (4) 因审计范围、时间、结果和责任承担而产生的纠纷	(1) 正确认识审计监督权 (2) 确保审计机关的独立性 (3) 确保审计的科学和合理 (4) 规范审计工作

3. 程序

（1）造价或监理工程师对合同价款争议的暂定。

1）若投资人和承包人之间就工程质量、进度、价款支付与扣除、工期延期、索赔、价款调整等发生任何法律上、经济上或技术上的争议，首先应根据已签约合同的规定，提交合同约定职责范围内的总监理工程师或造价工程师解决，并抄送另一方。总监理工程师或造价工程师在收到此提交件后 14 天内应将暂定结果通知投资人和承包人。发承包双方对暂定结果认可的，应以书面形式予以确认，暂定结果成为最终决定。

2）发承包双方在收到总监理工程师或造价工程师的暂定结果通知之后的 14 天内，未对暂定结果予以确认也未提出不同意见的，视为发承包双方已认可该暂定结果。

3）发承包双方或一方不同意暂定结果的，应以书面形式向总监理工程师或造价工程师提出，说明自己认为正确的结果，同时抄送另一方，此时该暂定结果成为争议。在暂定结果不实质影响发承包双方当事人履约的前提下，发承包双方应实施该结果，直到其按照发承包双方认可的争议解决办法被改变为止。

（2）管理机构的解释或认定。

1）合同价款争议发生后，发承包双方可就工程计价依据的争议以书面形式提请工程造价管理机构对争议以书面文件进行解释或认定。

2）工程造价管理机构应在收到申请的 10 个工作日内就发承包双方提请的争议问题进行解释或认定。

3）发承包双方或一方在收到工程造价管理机构书面解释或认定后仍可按照合同约定的争议解决方式提请仲裁或诉讼。除工程造价管理机构的上级管理部门做出了不同的解释或认定，或在仲裁裁决或法院判决中不予采信的外，第 2）条规定的工程造价管理机构做出的书面解释或认定是最终结果，对发承包双方均有约束力。

全过程工程咨询单位在处理建设工程施工合同争议时应进行下列工作：①了解合同争议情况；②及时与合同争议双方进行协商；③提出处理方案后，由总监理工程师进行协调；④当双方未能达成一致时，总监理工程师应独立、公平地提出处理合同争议的意见。

在建设工程施工合同争议处理过程中，对未达到建设工程施工合同约定的暂停履行合同条件的，项目监理机构应要求建设工程施工合同双方继续履行合同。

在建设工程施工合同争议的仲裁或诉讼过程中，项目监理机构应按仲裁机关或法院要求提供与争议有关的证据。

合同争议有四种解决途径：协议和解、调解、仲裁及诉讼。当合同争议产生以后，合同法提倡当事人首先采用和解或调解的方式，这种方式省时省力不伤和气，若和解和调解的方式都无法解决争议则采用仲裁或诉讼的方式。争议处理的程序如图 4-11 所示。

（1）协商和解。

1）合同价款争议发生后，发承包双方任何时候都可以进行协商。协商达成一致的，双方应签订书面和解协议，和解协议对发承包双方均有约束力。

2）如果协商不能达成一致协议，投资人或承包人都可以按合同约定的其他方式解决争议。

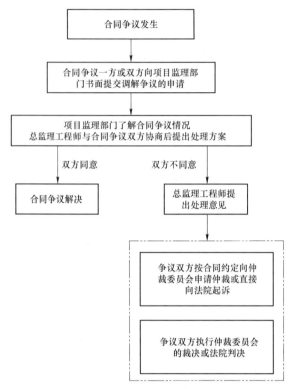

图 4-11　合同争议处理的程序图

（2）调解。

1）发承包双方应在合同中约定或在合同签订后共同约定争议调解人，负责双方在合同履行过程中发生争议的调解。

2）合同履行期间，发承包双方可以协议调换或终止任何调解人，但投资人或承包人都不能单独采取行动。除非双方另有协议，在最终结清支付证书生效后，调解人的任期即终止。

3）如果发承包双方发生了争议，任何一方可以将该争议以书面形式提交调解人，并将副本抄送另一方，委托调解人调解。

4）发承包双方应按照调解人提出的要求，给调解人提供所需要的资料、现场进入权及相应的设施。调解人应被视为不是在进行仲裁人的工作。

5）调解人应在收到调解委托后 28 天内，或由调解人建议并经发承包双方认可的其他期限内，提出调解书，发承包双方接受调解书的，经双方签字后作为合同的补充文件，对发承包双方具有约束力，双方都应立即遵照执行。

6）如果发承包任一方对调解人的调解书有异议，应在收到调解书后 28 天内，向另一方发出异议通知，并说明争议的事项和理由。但除非并直到调解书在协商和解或仲裁裁决、诉讼判决中做出修改，或合同已经解除，承包人应继续按照合同实施工程。

7）如果调解人已就争议事项向发承包双方提交了调解书，而任一方在收到调解书后

28 天内，均未发出表示异议的通知，则调解书对发承包双方均具有约束力。

（3）仲裁、诉讼。

1）如果发承包双方的协商和解或调解均未达成一致意见，其中的一方已就此争议事项根据合同约定的仲裁协议申请仲裁，应同时通知另一方。

2）仲裁可在竣工之前或之后进行，但投资人、承包人、调解人各自的义务不得因在工程实施期间进行仲裁而有所改变。如果仲裁是在仲裁机构要求停止施工的情况下进行，承包人应对合同工程采取保护措施，由此增加的费用由败诉方承担。

3）上述有关的暂定或和解协议或调解书已经有约束力的情况下，如果发承包中一方未能遵守暂定或和解协议或调解书，则另一方可在不损害己方可能具有的任何其他权利的情况下，将未能遵守暂定或不执行和解协议或调解书达成的事项提交仲裁。

4）投资人、承包人在履行合同时发生争议，双方不愿和解、调解或者和解、调解不成，又没有达成仲裁协议的，可依法向人民法院提起诉讼。

4. 注意事项

（1）合同争议产生后，合同双方当事人应当做到有理有节，尽量争取和解或调解。

（2）通过仲裁、诉讼的方式解决工程合同争议的，应当特别注意有关仲裁时效与诉讼时效，及时主张权利。

（3）合同当事人应全面搜集证据，确保客观充分。

（4）合同当事人当遇到情况复杂、难以准确判断的争议时，应尽早聘请专业律师，尽早介入争议处理。

（四）合同解除处理

1. 依据

（1）现行法律、法规。

（2）达到合同解除的事实及证据。

（3）解除合同的法定条件、解除合同的法定要件、解除合同的法定情形。

2. 内容

因投资人原因导致施工合同解除时。全过程工程咨询单位或其发包的监理单位应按施工合同约定与投资人和施工单位按下列款项协商确定施工单位应得款项，并应签发工程款支付证书：

（1）施工单位按施工合同约定已完成工作的应得款项。

（2）施工单位按批准的采购计划订购工程材料、构配件、设备的款项。

（3）施工单位撤离施工设备至原基地或其他目的地的合理费用。

（4）施工单位人员的合理遣返费用。

（5）施工单位合理的利润补偿。

（6）施工合同约定的投资人应支付的违约金。

因施工单位原因导致施工合同解除时，项目监理单位应按施工合同约定，从下列款项中确定施工单位应得款项或偿还投资人的款项，并应与投资人和施工单位协商后，书面提交施工单位应得款项或偿还投资人款项的证明：

（1）施工单位已按施工合同约定实际完成工作的应得款项和已给付的款项。

（2）施工单位已提供的材料、构配件、设备和临时工程等的价值。

（3）对已完工程进行检查和验收、移交工程资料、修复已完工程质量缺陷等所需的费用。

（4）施工合同约定的施工单位应支付的违约金。

因非投资人、施工单位原因导致施工合同解除时，项目监理单位应按施工合同约定处理合同解除后的有关事宜。

（五）合同风险管理与防范

1. 依据

（1）合同各方当事人签订的合同、补充协议等。

（2）风险防范的管理制度及措施。

（3）以往实施的类似项目。

（4）风险分担的基本原则：即由最有控制力的一方承担风险。

2. 内容

（1）合同风险类型。建设项目合同风险，是建设项目各类合同从签订到履行过程中所面临的各种风险。建设项目的合同风险，按照来源可分为设计风险、施工风险、环境风险、经济风险、财务风险、自然风险、政策风险、合同风险、市场风险等，如图 4-12 所示。这些风险中，有的是因无法控制、无法回避的客观情况导致的客观性风险，包括自然风险、政策风险和环境风险等，有的则主要是由人的主观原因造成。

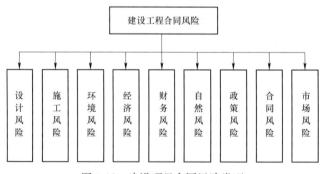

图 4-12　建设项目合同风险类型

（2）合同的风险型条款。无论何种合同形式，一般都要明确规定合同双方应承担的风险条款。常见的有：

1）工程变更的补偿范围和补偿条件。

2）合同价格的调整条件。

3）对合同条件中赋予的投资人（或工程师）的认可权和检查权必须有一定的限制和条件。

4）按照合同条款进行工期、费用索赔的机制。

5）其他形式的风险条款。

3. 程序

建设项目合同风险管理是对建设项目合同存在的风险因素进行识别、度量和评价，并且制订、选择和实施风险处理方案，从而达到风险管理目的的过程。建设项目合同风险管理全过程分为两个主要阶段：风险分析阶段和风险控制阶段。风险分析阶段主要包括风险识别与风险评价两大内容，而风险控制阶段则是在风险分析的基础上，对风险因素制订控制计划，并对控制机制本身进行监督以确保其成功。风险分析阶段和风险控制阶段是一个连续不断的循环过程，贯穿于整个项目运行的全过程。其整个流程如图 4-13 所示。

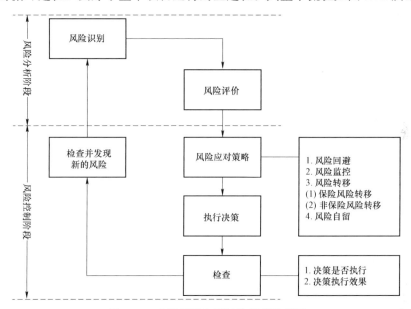

图 4-13　建设项目合同风险管理流程图

项目实施完成后，应当根据产生的风险和制定的相应措施，形成风险管理表。

4. 方法

建设项目合同风险基本防范对策主要有四种形式，即风险回避、风险控制、风险转移和风险自留。

（1）风险回避对策。风险回避是指管理者预测到项目可能发生的风险，为避免风险带来的损失，主动放弃项目或改变项目目标。风险回避的方法应在项目初期采用，否则到了项目施工阶段时再采用会给项目造成不可估量的损失。风险回避能使项目避免可能发生的风险，但项目也失去了从风险中获利的可能性。

（2）风险监控对策。风险监控是在项目实施过程中对风险进行监测和实施控制措施的工作。风险监控工作有两方面内容：①实施风险监控计划中预定规避措施对项目风险进行有效的控制，妥善处理风险事件造成的不利后果。②监测项目变量的变化，及时做出反馈与调整。当项目变量发生的变化超出原先预计或出现未预料的风险事件，必须重新进行风险识别和风险评估，并制订规避措施。

（3）风险转移对策。风险转移是指将风险有意识地转给项目其他参与者或项目以外的第三方，这是风险管理中经常采用的方法。愿意接受风险的人或组织往往是有专业技术特长和专业经验，能降低风险发生的概率、减少风险造成的损失。风险转移主要有两种方式：保险风险转移和非保险风险转移。

保险风险转移是指通过购买保险的方法将风险转移给保险公司。非保险风险转移是指通过签订合作或分包协议的方式将风险转移出去。通过合同条款的约定，在投资人与承包人之间进行分配。一般投资人在风险分配中处于主宰地位。任何工程建设中都存在着不确定性因素，因此会产生风险并影响造价，风险无论由谁承担，最终都会影响投资人的投资效益，合理的风险分配，可以充分发挥发包、承包双方的积极性，降低工程成本，提高投资效益，达到双赢的结果。

（4）风险自留。风险自留是一种财务性管理技术，由自己承担风险所造成的损失。对既不能转移又不能分散的工程风险，由风险承担人自留。采用这种风险处理方式，往往是因为风险是实施特定项目无法避免的，但特定项目所带来的收益远远大于风险所造成的损失，或处理风险的成本远远大于风险发生后给项目造成的损失。

5. 注意事项

（1）工程开工前，应监督相应单位对项目风险和重大风险源进行评估，制定相应的防范措施和应急预案，并经审核。

（2）在项目实施过程中，要不断收集和分析各种信息和动态，捕捉风险的前奏信号，以便更好地准备和采取有效的风险对策，以抵抗可能发生的风险，并且把相关的情况及时向保险人反映。

（3）在风险发生后，应尽力保证工程的顺利实施，迅速恢复生产，按原计划保证完成预定的目标，防止工程中断和成本超支。

（4）全过程工程咨询单位应定期以书面形式向委托方上报风险管理情况专项报告。

6. 成果文件

项目风险管理表见表 4-10。

表 4-10　　　　　　　　　　　　　　风 险 管 理 表

阶段	风险识别	主要风险	风险程度			控制措施	风险管理记录	过程记录	责任人
			高	中	低				
项目前期	报建								
	设计								
	……								
项目实施	安全文明								
	质量								
	……								
……	……								
项目保修	……								
全过程工程咨询单位风险管理负责人：									

第六节 基于 EPC 工程总承包模式的合同管理咨询

一、工程总承包合同管理简介

1. EPC 工程总承包合同管理的内容及特点

从工程总承包的特点分析，其合同管理可以划分为两个层次，一是作为项目的总承包商与项目业主之间的合同管理，即主合同管理，这时总承包商为承包人，业主为发包人；二是总承包商与分包单位之间的合同管理，即总承包商对分包的合同管理，这时总承包商是发包人，分包单位是承包人。

EPC 工程总承包合同管理的特点如下：

（1）合同实施风险大。对于国际工程而言，EPC 工程总承包项目由于项目所在国的经济环境、政治环境、自然环境、法律环境各自不同，承包商承担的不可控制和不可预测的风险很多。相对的，业主占有得天独厚的地理、环境优势。因此，承包商在国际工程承包合同的实施过程中困难重重、风险很大。

（2）合同管理工作时间长。一般 EPC 项目建设周期都比较长，加上一些不可预见的因素，合同完工一般都需要两年甚至更长时间。合同管理工作必须从领取标书直到合同关闭，长时间内连续不间断进行。

（3）合同管理变更、索赔工作量大。对于国际 EPC 总承包工程而言，大多是规模大、工期长、结构复杂的工程项目。在施工过程中，由于受到水文气象、地质条件变化的影响，以及规划设计变更和人为干扰，工程项目的工期、造价等方面都存在着变化的因素。因此，超出合同条件规定的事项可能层出不穷，这就使得合同管理中变更索赔任务很重，工作量很大。

（4）合同管理的全员性。EPC 合同文件一般包括合同协议书及其附件、合同通用条款、合同特殊条款、投标书、中标函、技术规范、图纸、工程量表及其他列入的文件，在项目执行过程中所有工作已被明确定义在合同文件中，这些合同文件是整个工程项目工作的集合体，同时也是所有管理人员工作中必不可少的指导性文件，是项目管理人员都应充分认识并理解的文件。因此，承包商的合同管理具有全员参与性。

（5）合同管理涉及更多的协调管理。EPC 工程总承包项目往往参与的单位多，通常涉及业主、总包、合作伙伴、分包、材料供应商、设备供应商、设计单位、运输单位、保险单位等十几家甚至几十家单位。合同在时间上和空间上的衔接和协调极为重要，总承包商的合同管理必须协调和处理各方面的关系，使相关的各个合同和合同规定的各工程合同之间不相矛盾，在内容、技术、组织、时间上协调一致，形成一个完整、周密、有序的体系，以保证工程有秩序、按计划地实施。

（6）合同实施过程复杂。EPC 工程总承包项目从购买标书到合同结束，从局部完成到整体完成往往要经历几百个甚至几千个合同事件。在这个过程中如果稍有疏忽就可能导致前功尽弃，造成经济损失。所以总承包商必须保证合同在工程的全过程和每个环节上都顺利完成。正是由于总承包工程合同管理具有风险大、任务量大、实施过程复杂、需要全员参与和更多的管理协调的特点，决定了 EPC 工程总承包合同管理要有自己的特点。

二、EPC 工程总承包合同关系体系

1. 主合同的关系体系

从业主的角度，围绕业主有第一层次的合同内容，如图 4-14 所示。在 EPC 总承包合同模式下，业主通过 EPC 合同将设计、采购、施工等内容通过交钥匙合同一并交给总承包商，并通过邀请招标文件、投标须知以及最后形成的合同文件明确工作范围、工期、质量、验收、设计施工标准的使用、培训等。工程保障性内容如项目的征地、水电的服务等，也都是通过合同条款和内容应当落实的。业主层面的合同内容和合同

图 4-14　主合同关系体系

体系，构成了第一层总承包合同关系。

2. 分合同的关系体系

围绕着总承包商的项目干系人与总承包商签署一系列合同就组成了 EPC 合同体系和 EPC 总承包行业的价值链体系。总承包商作为 EPC 合同主要执行者、责任者和风险管控者，为完成工程项目必须与专业分包商分工合作，分包商是通过合同的纽带与 EPC 总承包商形成经济关系和责任义务关系的。管理这些分包商的平台和依据也是合同。为此，从 EPC 总承包角度看，围绕着总承包商有第二层次的合同内容即分包合同关系体系，如图 4-15 所示。

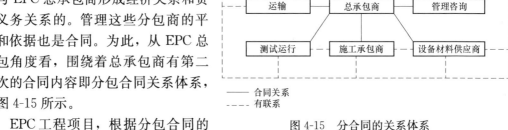

—— 合同关系
---- 有联系

图 4-15　分合同的关系体系

EPC 工程项目，根据分包合同的内容可以分为以下几类。

（1）设计服务合同。设计服务合同是根据项目要求签订的，包括项目前期工程勘察、基本设计、施工图设计、竣工图设计以及现场服务等工作内容。

（2）设备材料采购合同。EPC 总承包需要采购工程的永久设备和材料，在某些行业的 EPC 总承包中，采购合同累计金额约占总合同金额的 60％以上。设备采购合同还包括项目进入安装调试阶段后发现和发生设备丢失、损害和漏采购的补漏、补缺合同。

（3）施工合同。施工分包合同内容主要包括土建、安装以及设备调试和分系统调试期间的耗材等。国外 EPC 总承包施工分包合同较国内工程合同包括的内容更加广泛、合同执行的要求也更高，对施工单位自身的要求也更高。因此，合同范围的界定以及施工合同在分包的审批是合同管理的重点之一。

（4）物流服务合同。EPC 总承包项目需要大宗的设备材料，与国内项目相比，国外项目物流服务工作难度更大。大宗的设备材料往往需要海运，如果条件允许，部分设备材料

还可以采用空运和陆路运输。物流合同内容包括设备材料的集港、报关、运输、清关和项目所在地的清关、运输和入库等。

（5）保险服务合同。保险是转移风险的有效措施和防火墙，在 EPC 总承包项目中应按照合同规定投保。如建筑工程一切险、施工机具险、人员保险、车辆保险、设备材料运输险、第三方责任险等。明确保险数额、索赔流程和支撑性文件是此类合同管理的一个重点。

（6）管理服务合同。视 EPC 总承包商自身和项目的需要，需要加强某方面的管理和协调力量，采用管理服务合同方式引入专业队伍，确保管理有效。例如，某项目为确保当地政府和相关部门对消防系统设备和系统安装审查一次通过，通过管理咨询方式邀请项目所在地有经验的消防设计审查咨询公司帮助完成图纸和设备选型的审核工作。

（7）其他服务性合同。调试、性能性试验、运行服务合同是根据 EPC 合同的约定，总承包商引进专业公司来完成上述工作的劳动服务合同。其他根据现场管理需要，临时邀请项目人员的方式进行的，如邀请翻译、律师等，也属于此类合同。

三、EPC 工程总承包合同管理存在的问题与对策

通过实际调查与分析发现，单纯从技术对合同要求的相应度看，无论是在国内市场，还是在国外市场，我国 EPC 承包商都是能够胜任 EPC 项目的，部分技术甚至走在世界前列；但若从项目管理水平角度分析，大部分企业则缺乏有效的管理体系及管理措施，和国际主流承包商差距明显，在合同管理方面上存在诸多问题。

1. 对主要问题的分析

（1）对 EPC 条款缺乏深入了解。国内工程项目的合同是以发包的形式制定的，在制定过程中一些条款有利于发包方，且存在边执行、边修改合同的情况。虽然 FIDIC 编制的合同条款中对国际 EPC 项目的总承包合同具有标准化、示范性的要求，但实际操作时，我国大部分承包商因急于获得项目，仍参考国内做法，寄希望于执行过程中修改合同，在签约时对于合同条款中隐含的风险没有充分重视或视而不见。虽然我国企业走出去执行国际 EPC 项目多年，也通过执行过程积累了经验，交了学费，但整体水平发展速度仍相对缓慢，无法满足风险管理的要求。当然，FIDIC 编制的合同条款作为国际通用性的范本被大部分业主采用，但也存在一些业主采取自制的、非标准化的合同文本，这就要求 EPC 承包商更要全面了解项目所在国的法律法规，及时发现合同中对承包商不利的条款。

（2）合同管理体系和制度建设尚不完善。在一些工程项目中，由于不重视对合同体系的建设，加之项目的管理部门混乱，合同管理程序不够明确，缺乏必要的审查以及对合同管理的控制与监督不到位，我国承包商对国际 EPC 项目合同中存在着的明显的不公平不能及时发现。合同管理制度及管理体系的缺失，在实际执行过程中的风险就表现为重复采购、成本超支、款项超付等。

（3）合同管理信息化滞后。随着现代信息技术的高速发展与网络技术的普及，现代信息技术在各行各业中的应用越来越广泛，但对于我国承包商而言，由于缺乏对合同归档的重视、缺乏信息化管理的新理念，合同的管理手段较为落后，特别是对于合同的归档管理

更显得乏力、分散，也没有明确的规定与程序化的设计。在合同履约过程中并没有严格进行监督与控制，在合同履约完毕后也没有及时进行总结与评价分析，对合同的粗放式管理使得我国 EPC 承包商屡屡在国际合同中吃大亏，有的企业甚至因此走向破产。

（4）合同管理人才缺失。EPC 项目合同的内容涉及多方面的知识与理论，专业性极强，一般专业人员也需要特别培训及学习才能胜任 EPC 项目合同管理工作。而现实是，具有较强的专业知识、法律知识与工程管理知识的人才本就匮乏，相关企业对这个问题的重视程度也不够，这就造成了我国 EPC 合同管理人才的缺失。

2. 解决问题的有效对策

为了尽快提高我国承包商的 EPC 项目的合同管理能力，解决其在合同管理中常见的问题，应努力采取如下措施：

（1）树立较强的合同管理意识。针对我国承包商在 EPC 项目合同管理中存在的法律意识缺失的问题，应将合同管理的时点前置到项目签约时，在 EPC 项目履约全过程树立较强的合同风险管理意识。明确项目执行过程中对合同的遵循和履行，简而言之就是"做工程就是履行合同的过程"。特别是在项目的施工过程中，一定要最大限度遵循合同，承包商一定要熟知合同条款，遇到突发事件或问题，承包商应首先明确事件是否与合同有关，是否是合同中的一个事件，如果这一事件属于合同中的事件，那么该依据合同条款中的哪些约定程序来解决？这些全面的思考可以有效地防止承包商陷入合同纠纷风险中。特别是对任何项目进行决策前，都要从合理性、可行性、经济性、合同效应等方面进行全盘考虑。

（2）在企业内部树立全员参与的合同管理理念。对于合同的全面管理涉及工期、成本、质量、财务、劳务等与工程项目相关的各方面的内容，这就要求企业必须在内部树立全员参与合同管理的新理念，不要将合同管理的责任全部推到合同的管理部门，企业的工程部、财务部、设计部等都必须全员参与，每一名员工都是自身工作职责范围内的合同管理员。

（3）加强对合同实施的过程性管理。对于 EPC 项目合同的管理必须重视对其进行过程管理。首先，建立清晰的文件管理系统，及时对各项合同文件进行整理与分析，如有必要还必须建立专档，一定要对所有合同事件中的证据准备齐全；其次，加强对合同书面证据的收集，一定要做到有函必回，一定要将所有的与合同相关的承诺落实到书面上，保存证据，以备不时之需；最后，一定要提高相关合同管理人才的引进和培训，帮助本企业尽快建立起一支业务素质过硬、思想素质过硬、理论知识扎实的合同管理人才队伍。

总之，国际 EPC 工程总承包的项目管理已经基本趋于成熟，其丰富的项目管理经验、成熟的市场条件、规范的合同文本设计、精细化的合同管理等都为我国企业走出国门带来了巨大的挑战与机遇。我国一些承包商在承揽了国际 EPC 项目后由于种种原因出现了亏损，绝大部分都可追溯至 EPC 合同签约阶段缺乏对关键条款的理解，因此必须在签订合同前审查 EPC 合同的条款，将合同中潜在的风险列出清单，在合同签约时与业主就风险清单中的项目进行商讨，争取在合同条款中属于自己的权利，尽可能地降低合同风险带来的损失，为我国企业走向国际市场奠定基础。

四、EPC 工程总承包项目主合同管理

EPC 项目中的主合同是总承包商与业主双方在工程中各种经济活动的依据，是工程建设过程中双方的最高行为准则和双方纠纷解决的依据，同时，又是总承包商实施分包计划的纲领性蓝图。为此，加强对主合同的管理至关重要，对于实现 EPC 项目目标具有十分重要的意义。

（一）招投标阶段的工作

招投标阶段是工程合同形成阶段，招投标的行为后果直接影响工程项目的实施，在招投标阶段实施合同管理有利于总包商规避风险，有利于选择合适的分包商，有利于总包商准确地报价和对风险采取有效的对策。在这一阶段，承包商合同管理的主要工作内容是：市场调研风险评估、招标文件审核分析、合同谈判及签订。

1. 市场调研

在投标、承接 EPC 项目前，首先应对项目进行信息追踪、筛选，对业主资质、项目资金来源等进行认真调查、分析、了解，弄清项目立项、业主需求、资金给付等基本情况。在此基础上，总承包商还应组织技术人员到项目现场进行实地考察，对工程所需当地主要材料、劳动力供应数量及价格、社会化协作条件和当地物价水平等做到准确了解、掌握。另外，就是到当地建设主管部门、税务主管部门、会计师事务所进行咨询，对项目所在地的经济、文化、法规等做到更全面的了解。承接 EPC 工程总承包项目前，对以上项目基本信息的收集、整理和分析工作，是决定是否承接该项目的前提，更是规避、防范工程总承包企业风险的第一关。

2. 招标文件的审核

虽然在招投标安排下，承包商修改招标书的合同条件（含通用条件和专用条件）的机会较小，但是仍然有在投标书中针对一些关键问题提出澄清、偏差或者要求删除的可能。至于议标项目，承包商与业主谈判修改合同文件的余地较大。无论哪一种情况，通过风险审核至少可以对有关条件和条款做到心中有数，在编写投标书时尽量防范或规避这些风险，并且在商务澄清、技术澄清和合同文件谈判时予以落实。

（1）审核环节。首先，总承包商要对业主制定的招标文件进行细致而深入的研究，对模糊不清的条款要及时誊清，招标单位的誊清文件、会议记录、其他补充文件以及后来的中标通知书等都将成为合同的组成部分，同时要对招标文件条款进行审核与分析，特别是业主针对合同总价风险控制方法、付款方式、结算方式、质保金及保修服务条款等制定的条件进行仔细研究。因为，这将是投标方下一步是否响应业主招标要求，能否中标及中标后 EPC 工程总承包项目合同签订的基础。经分析，一旦决定参与竞争承接项目，以上信息就将成为投标文件编制、工程成本测算的重要依据，同时，也基本框定了下一步合同具体条款及合同总价。作为总包商的合同管理部门和相关人员，应将此项工作视为合同管理的首要条件来控制，这是总承包合同签署的前提。

其次，总承包商应对施工现场进行详细调查，如地形、地貌、水文地质条件、施工现场、交通、物资供应等条件进行调查。通过对招标文件的研究分析和现场调查所发现的问

题进行分类归纳，并做好书面记录，以便在合同管理各个阶段予以高度重视。

最后，应注意的是，在一份 EPC 合同中，承包商的风险贯穿了整个合同的每一个条款和每一份附件。在审核合同正文条款以及有关附件时，应该从头到尾仔细审核，不遗漏任何一个潜在的风险。例如，对于档案式的合同文件，在招标文件（含通用条件和专用条件）、投标文件、技术澄清、商务澄清、合同协议书等文件之间，还有一个合同文件构成和合同文件的优先顺序问题，通常规定在具有最高合同文件效力的合同协议书中，应该特别注意对优先顺序的规定是否合理。下面我们对合同的审核重点加以介绍。

（2）审核要点。

1）工程范围。工程范围技术性比较强，必须首先审核合同文件是否规定了明确的工程范围，注意承包商的责任范围与业主的责任范围之间的明确界限划分。有的业主将一个完整的项目分段招标，此时应该特别注意本承包商的工程范围与其他承包商的工程范围之间的界限划分和接口。

2）文件顺序。EPC 合同中要有明确规定合同文件效力优先次序的条款，否则一旦产生纠纷，很难得到合理解决。在一份原油处理厂 EPC 总承包合同中，"工程范围"规定该合同项下的原油处理厂的设计能力为接受原油 150000BPD，但合同协议附件技术规范规定，设计能力为出口量 150000BPD，工艺流程图显示也是 150000BPD。如果按照工艺流程图处理能力设计，与合同协议附件规定的处理量相比，该原油处理厂的处理能力要增大约 1%。整个系统的设备、设施参数都要做相应调整。业主认为设计规范和工艺图都明确表示为处理量 150000BPD，同时项目性能担保也规定为 150000BPD。因此，业主要求承包商按照原油处理厂处理能力为 150000BPD 设计。承包商认为"工程范围"作为合同协议的附件二，而"技术规范"是合同协议的附件四，前者应当优先于后者。因此，该原油处理厂的处理能力应当为接受能力 150000BPD。如果业主要求按照出口能力 150000BPD 规模设计，那么属于合同工作范围变更，业主应当给予变更补偿。为此，双方发生争端。

在本例中，由于合同不同文件，对合同标的规定不一致，导致承包商与业主之间就工程处理量的理解发生分歧。该 EPC 总承包合同对合同文件优先顺序做了规定，即如果合同组成部分相互之间含糊不清或者矛盾，其解释优先顺序按照附件排列顺序，附件二"工程范围"应当优先于附件四"技术规范"和附件七"性能担保"。因此，从合同规定来看，该合同的设计能力应以原油进口量为准。如果业主坚持承包商按照出口量为 150000BPD 规模设计，那么，应当属于合同变更，FIDIC 编制的标准合同都对合同文件的优先次序做了专门性规定。

3）合同价款。EPC 合同的合同价款通常是固定的封顶价款。关于合同价款，重点应审核以下两个方面：

①合同价款的构成和计价货币。此时应注意汇率风险和利率风险，以及承包商和业主对汇率风险和利率风险的分担办法。例如：国际工程中，在一些亚非国家承包项目，合同价款往往分成外汇计价部分和当地货币计价部分。由于这些国家的通货膨胀率通常会高于美元或欧元，应考虑在合同中规定当地货币与美元或欧元之间的固定汇率，并规定超过这一固定汇率如何处理。

②合同价款的调整办法。这里主要涉及两个问题：一是延期开工的费用补偿。有的项

目签完合同后并不一定能够马上开工,原因是业主筹措项目资金尚需时间,这时就有必要规定一个调价条款。例如:合同签订后如果6个月内不能开工,则价款上调××%;如果12个月内不能开工,则价款上调××%;超过12个月不能开工,则承包商有权选择放弃合同或者双方重新确定合同价款。投标书中更应该注意对投标价格规定有效期限(如4个月,用于业主评标),以防业主开标期限拖延或者在与第一中标人的合同谈判失败后依次选择第二中标人、第三中标人使得实际中标日期顺延、物价上涨造成承包商骑虎难下。二是对于工程变更的费用补偿规定是否合理。至少对于费用补偿有明确的程序性规定,以免日后出现纠纷。有的业主在招标书中规定,业主有权指示工程变更,承包商可以提出工期补偿,但是,不得提出造价补偿,这是不公平的。应该修改为根据具体情况承包商有权提出工期和造价补偿,报业主确认,并规定协商办法和程序。

4)支付方式。

①如果是现汇付款项目(由业主自筹资金加上业主自行解决的银行贷款),应当重点审核业主资金的来源是否可靠,自筹资金和贷款比例是多少,是政府贷款、国际金融机构(如世界银行、亚洲开发银行)贷款还是商业银行贷款。总之,必须审核业主的付款能力,因为业主的付款能力将成为承包商的最大风险。

②如果是延期付款项目(大部分付款是在项目建成后还本付息,故需要承包商方面解决卖方信贷),应当重点审核业主对延期付款提供什么样的保证,是否有所在国政府的主权担保、商业银行担保、银行备用信用证或者银行远期信用证,并注意审核这些文件草案的具体条款。上述列举的付款保证可以是并用的(同时采用其中两个),也可以是选用的(只采用其中一个)。当然,对承包商最有利的是并用的方法。例如,既有政府担保又有银行的远期信用证。对于业主付款担保的审核,应该注意是否为无条件的、独立的、见索即付的担保。对于业主信用证的审核,应该注意开证行是否承担不可撤销的付款义务,并且信用证是否含有不合理的单据要求或者限制付款的条款。此时还应该审核提供担保或者开立远期信用证的银行本身的资信是否可靠。例如,某中国公司曾经试图做一个非洲某国的电站项目,业主提出由非洲进出口银行提供延期付款担保,但是经承包商调查非洲进出口银行的年报,却发现该银行的净资产额不足以开立该项目所需的巨额银行担保。

③审核合同价款的分段支付是否合理。通常,预付款应该不低于10%,质保金(或称"尾款")应该为5%,或者不高于10%,里程碑付款(按工程进度支付的工程款)的分期划分及支付时间应该保证工程按进度用款,以免承包商垫资过多,既增加风险又增加利息负担。要防止业主将里程碑付款过度押后延付的倾向。还要注意,合同的生效,或者开工指令的生效,必须以承包商收到业主的全部预付款为前提,否则承包商承担的风险极大。

④应该审核业主项目的可行性。除了其本身的经济实力外,业主的付款能力关键取决于能否取得融资,如银行贷款、卖方信贷、股东贷款、企业债券等。融资的前提除了技术可行性之外,还有财务可行性。财务可行性的关键则是项目的内部收益率能否保证投资回收和适当利润。在电站建设投资额(主要涉及折旧)确定的前提下,影响电站收入和运行成本的主要因素涉及燃煤电站的上网电量、上网电价和燃煤成本,燃气电站的上网电量、上网电价和燃气成本。水电站虽然没有燃料成本,但需注意它的上网电量可能会受到枯水

季节的制约。

⑤尽量不要放弃承包商对项目或已完成工程的优先受偿权。根据我国合同法的规定，承包商对建设工程的价款就该工程折价或者拍卖的价款享有"优先受偿权"。在英国、美国和实行英美法律体系的国家和地区，承包商的这种"优先受偿权"被称为"承包商的留置权"。有的业主在招标文件中规定，承包商必须放弃对项目或已经完成的工程（包括已经交付到工地的机械设备）的"承包商的留置权"。对此，应该提高警惕。因为这往往意味着：业主准备将项目或已经完成的工程（包括已经交付到工地的机械设备）抵押给贷款银行以取得贷款。如果承包商放弃了"承包商的留置权"，势必面临一旦业主破产，就会货款两空的风险。

5）承包商的三个银行保函。通常业主会要求承包商在合同履行的不同阶段提供预付款保函、履约保函和质量保证金的保函等三个银行保函。如果业主只要求提供其中的两个（如省略了履约担保），不要盲目乐观，此时很可能是业主跟你搞了一个文字游戏而已。例如，某中方公司在东南亚某国承包一个电站项目，业主名义上没有要求承包商开具银行履约保函，但是，该项目的预付款保函却规定该预付款保函的全部金额必须在合同项下的工程完成量的价值达到合同价款的90%时才失效，等于是一份预付款保函加一份变相的履约保函。以下按照顺序分别介绍这三个银行保函。

①预付款保函。审核预付款保函的重点有三项，一是预付款保函必须在承包商收到业主全部预付款之时才同时生效，而且生效的金额以实际收到的预付款金额为限；二是应当规定担保金额递减条款，即随着工程的进度用款，预付款金额逐步递减直至为零（递减方法有许多变种可以采用，包括按照预付款占合同价款的同等比例从里程碑付款中逐一扣减；按照设计图纸交付进度以及海运提单证明的已装运设备的发票金额逐一扣减；限定在海运提单证明主要设备已装运之后预付款保函失效等多种方法）；三是预付款保函的失效越早越好，尽量减少与履约保函相重叠的有效期限。应该避免预付款保函与履约保函并行有效直至完工日。如果对预付款保函的有效期做如此规定，则无异于将预付款保函变成了第二个履约保函，增加承包商的担保额度及风险。尤其应当拒绝预付款保函超越完工期，与质保金保函重叠。

②履约保函。审核履约保函的重点有三项，一是履约保函的生效尽量争取以承包商收到业主的全额预付款为前提。二是履约保函的担保金额应该不超过合同价款的一定比例，如10%。此时应注意，通常现汇项目的业主会要求承包商提供较高的履约保函比例，如20%或30%。但是，对延期付款项目，鉴于承包商已经承担了业主延期付款的风险，应该严格将履约保函的比例限制在10%以下。三是履约保函的失效期应争取在完工日、可靠性试运行完成日或者商业运行日之前，并避免与质保金保函发生重叠，否则会增加承包商的风险。也就是说，在质保金保函生效之前，履约保函必须失效。否则，等于在质保期内业主既拿着质保金保函，又拿着履约保函，两个保函的金额相加，会增加承包商被扣保函额度的风险。

③质保金保函。也称"滞留金保函"或"保留金保函"。审核质保金保函的重点有三项：一是质保金保函的生效应该以尾款的支付为前提条件。也就是说，业主支付5%的尾款，承包商就交付5%的质保金保函；业主支付10%的尾款，承包商就交付10%的

质保金保函。应该避免在业主还未交付尾款的情况下，承包商的质保金保函却提前生效的规定。二是质保金保函的金额不应该超过工程尾款的金额，通常为合同价款的 5％ 或 10％，最多不能超过 10％。三是质保金保函的失效应当争取不迟于最终接受证书签发之日。为了避免业主无限期推迟签发最终接受证书，也可以争取规定："本质保金保函在消缺项目完成之日或者最终接受证书签发之日起失效，以早发生者为准，但无论如何不迟于 ×× 年 ×× 月 ×× 日。"

6）误期罚款。对误期罚款，应重点审核以下三个方面：

①工期和罚款的计算方法是否合理。例如，燃煤电站项目应尽量争取从开工日到可靠性试运行的最后一天为工期，逾期则罚款。有的项目规定除了上述工期罚款之外，还另行规定了同期并网的误期罚款。此时应注意：如果有一台以上的机组，应将每台机组的罚款工期分别计算，并争取性能测试不计入工期考核。如果是燃气电站，由于是联合循环，往往是将整个电站的所有机组合并考核工期和性能指标。也有的业主比较苛刻，规定从开工指令发出之日到商业运行日为工期，并对商业运行设定了许多条件，甚至将承包商付清违约罚款（包括误期罚款）作为达到商业运行的先决条件之一。应该尽量避免这种苛刻的规定。

②罚款的费率是否合理，是否过高，是否重复计算。

③罚款是否规定了累计最高限额。为了限制承包商的风险，应争取规定累计最高限额，例如，合同规定"本合同项下对承包商每台机组的累计误期罚款的最高限额不得超过合同价款的 5％ 或者该台机组价款的 10％"。

7）性能指标罚款的审核。

①对性能指标的确定和罚款的计算方法是否合理。以电站项目为例，通常应该对每台机组的性能考核缺陷单独计算。

②罚款的费率是否合理，是否过高，是否重复计算。如电站项目，应对机组的出力不足、热耗率超标、厂用电超标、排放量、噪声等考核指标的具体罚款数额或幅度予以审核。

③罚款是否规定了累计最高限额。以某电站项目为例，为了限制承包商的风险，应尽量争取规定对每台机组性能考核缺陷的累计罚款不超过该台机组价格的 ×× ％，例如 5％。

④要特别注意审核业主对性能指标超标的拒收权。因为拒收对承包商的打击是致命的，所以必须严格审核性能指标超标达到什么数值拒收是否合理。以电站项目为例，有的业主规定如果机组的出力低于保证数值的 95％ 或者热耗率超过保证数值的 105％，业主有权拒收整个工程。

8）承包商违约的总计最高罚款金额和总计最高责任限额。许多 EPC 合同并不规定对承包商违约的总计最高罚款金额。这个总计最高罚款金额包括上述误期罚款限额、性能指标罚款限额在内，通常应该低于上述各个分项的罚款限额的合计数额。如有可能，应尽量争取规定一个总计最高罚款金额，如不超过合同价款的 20％，以免万一出现严重工期延误、性能指标缺陷的情况，使承包商承担过度的赔偿风险。

总计最高责任限额与上述总计最高罚款金额不同，它通常除了上述合同约定的误期罚款、性能指标罚款之外，还包括缺陷责任期内的责任以及承包商在合同项下的任何其他违约责任。所以，总计最高责任限额要大于总计最高罚款金额。通常，承包商的总计最高责任限额不应超出合同价款的100%。也有的EPC合同并不区分上述两个概念。在约定各个分项的误期罚款限额、性能指标罚款限额之后，不再约定总计最高罚款金额，而是直接规定一个总计最高责任限额，如合同价款的35%。总之，规定一个或数个最高限额以限制承包商的赔偿责任对承包商是有利的，关键是具体限额定得是否合理可行。

9）业主责任条款。

①业主最大的责任是向承包商按时、足额付款。合同条款中应该争取对业主拖延付款规定罚息，并且对业主拖延付款造成的后果规定违约责任。

②在合同中明确规定业主有义务对施工现场提供条件标准，其中包括：施工现场应该具有什么样的道路，施工用电、用水、通信等条件。

③注意规定业主按期完成其本身工程范围内工程的责任，例如，在电站项目的EPC合同项下，业主应该按期完成输变电工程和接入系统，以确保电站的按时并网发电。如果是燃气电站，还应该规定业主应该按期完成天然气的接通，以不延误机组的同步并网、性能测试和可靠性试运行。

④在分标段招标的EPC合同项下，还应争取规定：如果业主聘用的其他承包商施工，干扰了本合同承包商施工，业主应该承担的责任。

⑤业主往往在招标文件中规定，对于招标文件中的信息的准确性业主不负责任，承包商有义务自己解读、分析并核实这些信息。这里有一个区别：例如水文地质情况，承包商可以自己调查并复核有关情况；但是，对于招标文件中有关设计要求的技术参数，应该属于业主的责任范围。

10）税收条款。对税收条款的审核应明确划分承包商承担项目所在国的税收种类，业主承担项目所在国税收种类。如有免税项目，则应明确免税项目的细节，并明确规定万一这些免税项目最终无法免税，承包商应有权从业主那里得到等额的补偿。

11）保险条款：

①明确工程保险的范围。目前境外EPC工程总承包项目主要涉及的险种有建筑（安装）一切险、第三者责任险、货物运输险和雇主责任险。

建筑（安装）一切险及第三者责任险（EAR&TPL）条款属于列明除外的条款，即条款的范围为列明除外责任以外的自然灾害和意外事故造成的损失。该保险责任范围由两部分组成，第一部分主要是针对工程项下的物质损失，包括工程标的有形财产的损失和相关费用的损失。第二部分主要是针对被保险人在施工过程中因可能产生的第三者责任而承担经济赔偿责任导致的损失。该保险的被保险人不限于EPC项目所有参与者，包括项目所有者即业主、总承包商、土建和安装的分包商以及材料设备供应商等。

货物运输险承保的是项目建设过程中相关方所面临的材料和设备以及施工机具在运输途中由于自然灾害或意外事故可能遭到的损害或灭失的风险，保险范围是从供货仓库开始装运至项目现场的全程风险，包括运输过程中的临时仓储。雇主责任险承保的是被保险人的雇员在受聘期间从事工作过程中因遭受意外导致伤亡、残疾或患有与职业有关的职业病而依法或根据雇佣合同应当由被保险人承担的经济赔偿责任。

②投保与保险有效性的维续。由于EPC工程总承包项目具有多样性和复杂性，各国

保险法不同，项目的实际情况和业主的要求也不尽相同，因此，进行保险合同安排时，需要根据项目的实际情况设计保险方案：

a. 一般合同规定，保险合同需要由业主批准，在合同签订前应与业主书面确认相应保险条款，明确保险公司的范围。

b. 在项目谈判期间，应争取由中国保险公司承保，原因是我国企业 EPC 工程所在国大多数属于发展中国家，当地保险公司承保能力有限，出险后理赔无法获得充足的保障，国内保险市场相对稳定，像 PICC、平安和太平洋在境外的业务都非常成熟。在 EPC 工程领域的投保实践中，更多的国家会要求在项目所在国出单，此时可以由当地保险公司出单，通过再保险的方式将尽可能多的份额回分国内，通过采取穿透条款（cut through）的方式，由再保险公司独立承保并承担理赔责任，降低海外保险带来的风险。

c. 安装一切险的保险额一般是合同总额，但在工程建设过程中往往会根据实际情况扩充合同范围，这将导致合同总价的增加，这时应及时通知保险公司增加保额，以免出险后由于投保的额度不足，而无法获得足额赔偿。

d. 安装工程保险在保险单上有列明的保险期限，保险公司仅承担列明期限内的保险责任，但是如果在保险到期日无法按时完工时，应及时进行保险延期。值得注意的是，随着完工比例的增加而逐渐上升的过程，在工程项目后期办理安装保险延期的保险费率和难度都将大大增加。

e. 货运险投标时应尽量提供运输货物的详细价格。货运保险发生的损失往往是一批货的某几项配件或者主体设备的一部分受损，而货运险是定值保险，受损项目往往由于事前无法提供明细价格而不能获得及时有效的补偿。

对保险条款的审核除了应当注意关于承包商必须投保的险别、保险责任范围、受益人、重置价值、保险赔款的使用等规定是否合理外，还应注意避免在保险公司的选择上受制于人。例如，孟加拉国为了保护本国的保险业，规定凡是政府投资的项目，其工程险必须向本国的国营保险公司投保，而该国的国营保险公司只有一家。一旦受此限制，在保险费的谈判上就会处于非常被动的地位。也有的国家规定本国境内项目的工程险必须向本国保险公司投保。所以，在合同的保险条款内应尽量争取排除这种限制性条款。

如果受所在国法律的限制，工程险必须向所在国的保险公司投保，则退一步，还可以争取在合同中规定，作为投保人的承包商有权自行选择第一层保险公司背后的再保险公司。因为大多数亚非国家的保险公司往往对重大项目的承保能力有限，通常是向国际上具有一定实力的再保险公司（如慕尼黑再保险公司、瑞士再保险公司等）寻求再保险的报价之后才自己报价。如果承包商保留对再保险公司的选择权，那么就有可能通过自己选择甚至组织再保险来降低保费。

12）知识产权条款。知识产权条款的类型主要分为三类：一是知识产权权属约定；二是侵权责任约定；三是保密约定。知识产权权属条款指的是合同双方约定合同标的中的知识产权客体（如某某产品、某项目设计方案等）；产生的知识产权类型（如专利权、著作权、版权等）以及各类知识产权的权属和知识产权转让许可的利益分配。有的涉及专利和技术诀窍的知识产权归属，涉及技术后续开发的知识产权归属。侵权责任约定，指的是合同双方在合同中约定，一旦发生合同标的物侵犯第三方知识产权的情况，由何方承担应诉和赔偿责任，以及侵权行为如影响合同履行的相应的违约责任，等等。保密约定是指合同双方约定本合同中需保密的内容、保密期限、保密措施等事项。

①知识产权归属。工程总承包项目包括设计、采购、施工，通常在设计阶段会产生较多的知识产权，如技术诀窍、专利、软件著作权、图纸版权等。业主往往不仅希望得到这些技术成果的使用权，还希望得到知识产权，便于将来在其他项目上的实施。因此，工程总承包合同最常出现争议的知识产权条款是知识产权归属。一些业主通常会在合同中要求享有本项目产生的知识产权，甚至在招标方案中便已写明承包方投标方案的知识产权归发包方所有。在此情况下，承包方不得因短期利益放弃自身合法权利，应根据业主需求分析其要求知识产权权属的目的，采取合理的应对措施，在知识产权保护与利益之间进行平衡，可采取的应对措施有以下三种。

a. 根据我国《专利法》和《著作权法》相关规定，在无约定的情况下，专利和著作权等知识产权归实际完成者所有。因此，若无知识产权权属约定，知识产权由谁创造就归谁所有，承包商可说服业主在合同中不设知识产权归属条款，由国家相关法律规定为准，可以规避知识产权争议。

b. 若业主要求享有知识产权是为了自己将来能够在该项目上自行实施和改进，在此情况下，承包商可以在合同中明确给予业主技术使用许可，约定业主可以在合同项目范围内使用该技术，但不得转让或许可给他人。这样既满足了业主的需要，又保护了承包商的知识产权。

c. 若业主要求享有知识产权不仅是为了在本项目使用，还想在其他项目上推广实施，这时承包方可根据项目实际情况与甲方协商，至少要求共同拥有本项目产生的知识产权，并约定将来该知识产权实施的收益分配比例，以保证自己的市场利益。

②侵权责任。工程总承包项目中，通常也包括该项目所用技术或产品的侵权责任。业主一般会要求承包方所提供的技术和产品，不得侵犯第三人知识产权，一旦发生侵权纠纷由承包方承担一切责任。面对此类条款，承包方为保证自身合法利益可以从以下四方面考虑应对策略。

若引起侵权纠纷的产品或技术，是承包商应业主要求而设计和采纳的，应在合同中约定免除承包商的侵权责任。

若引起侵权纠纷的产品或技术，并非是承包商独家提供的，还包括其他承包商提供的产品或技术，则应约定不能由承包商承担全部责任。

若引起侵权纠纷的产品或技术，并非在合同约定的使用范围内使用，应在合同中约定免除承包商的侵权责任。

一旦发生合同所属侵权行为，对合同执行造成损失，可以赔偿直接损失，但不能视为违约。另外为了降低承包商可能的侵权风险，最好与业主在合同中约定，一旦发生侵权纠纷，在承包商协调解决侵权纠纷时，业主不得做出任何不利于承包商的认错表示或行为。

③保密约定。对于工程总承包合同执行过程中，业主提供给承包商的技术资料，业主通常要求保密，在合同中约定了保密内容和保密期限。这时承包商需考虑以下几个方面的应对策略。

保密责任应当是双向的，不仅承包商需对业主承担保密责任，业主也需对承包商提供的技术成果进行保密。

为了业绩宣传的需要，明确保密范围和例外情形。

④其他限制技术进步的条款。在一些工程总承包合同中，业主为保护自身利益，有时会提出一些限制性条款，例如，要求承包商不得在业主提供的技术上进行改进或创新，后续开发的技术知识产权归业主所有等。但我国《合同法》已有相关规定，此类条款属于非法垄断技术、阻碍技术进步，属于无效条款，承包商可引用相关条款说服业主删除此类条款。

工程总承包商在项目合同的审核或谈判过程中，不仅要把眼光放在价格、付款条件、性能考核、罚则等常规的关键条款上，也应将知识产权条款作为一个主线贯串在项目谈判过程中，采取有效合理的知识产权条件制定策略，能够做到既取得既得利益，又保护知识产权，提升整个合同质量，保证项目顺利有序进行。

13）法律适用条款和争议解决条款。

①法律适用条款。就国际 EPC 工程而言，法律适用条款通常均规定适用项目所在国的法律，这一条几乎没法改变。有的外商在我国内地投资的项目，却在合同条款中规定适用外国法律为合同的准据法，这是不能同意的。因为关于工程项目（如电站等）的许多法律是属地法，只要项目建在中国，就必须受这些法律的约束，如项目的设计规范、质量标准、环保法规、建设法规、消防法规、安全生产标准等，均必须适用所在地的法律。有的业主因为是国际资本，工程项目建在印度，却要求 EPC 合同的准据法规定为英格兰法，这也应尽量避免。

此外，还有两点应该引起注意：一是尽量争取适用所在国法律的同时，更多地适用国际惯例。例如，关于 EPC 合同以及 FIDC 编制的条款、"跟单信用证统一惯例"（国际商会第 600 号出版物）（UCP）、"国际商会见索即付保函统一规则"（国际商会第 758 号出版物）（URDG）等。二是尽量争取如果法规变化导致承包商的工程造价（成本及开支）增加，业主应该予以等额补偿。

②争议解决条款。就国际 EPC 工程而言，关于争议解决条款的审核重点有以下几个方面。

应该避免在项目所在国或业主所在国仲裁，争取在第三国国际仲裁，尤其应该避免在一些对中方怀有偏见的西方国家仲裁机构仲裁。例如，某中国公司在南亚某国的项目，因该项目的股东在美国、迁就了业主的要求，规定在美国仲裁协会仲裁，最终被裁决巨额赔款。更奇怪的是，整个仲裁裁决书才一页，既没有对案情的陈述、分析，也没有判案的理由，只有裁决时间、仲裁员姓名、申请人姓名、被申请人姓名和裁决赔款的金额和支付时间。

应该明确选择仲裁机构和仲裁条款。如果适用联合国国际贸易法委员会仲裁规则等实行的"临时仲裁"规则，则可以不选择仲裁机构，但是，必须明确仲裁庭的组成程序。"临时仲裁"并不是指仲裁裁决是临时的，而是指仲裁庭并不是从属于一个常设的仲裁机构，仲裁庭是"临时"组成的。

必须明确规定仲裁裁决是终局的，对双方均有约束力。任何一方不应试图另行向司法当局寻求其他裁决，但是，任何一方均有权向有适当管辖权的法院申请对仲裁裁决书的强制执行。此外，还应该规定仲裁程序中使用的语言文字，以及仲裁费用的分担办法等。

3. 合同商务谈判及签订

在招标投标的商务谈判中，承包商应注意以下问题：

（1）商务谈判的基本策略。商务谈判是指人们为了实现交易目标而相互协商的活动。"讨价还价"是商务谈判的基本内涵，除此之外，商务谈判还有另外两层意思：一是寻求达成交易的途径，二是进行某种交换。

商务谈判作为以人为主体而进行的一项活动，自然受到商务谈判者的态度、目的及商务谈判双方所采用的商务谈判方法的影响。商务谈判按商务谈判者所采取的态度和方法来区分可分为三种：

1）软式商务谈判。软式商务谈判也称"友好型商务谈判"。商务谈判者尽量避免冲突，随时准备为达成协议而做出让步，希望通过商务谈判签订一个皆大欢喜的合同。软式商务谈判强调建立和维护双方的友好关系，是一种维护关系型的商务谈判。这种商务谈判达成协议的可能性最大，商务谈判速度快、成本低、效率高。但这种方式并不是明智的。一旦遇到强硬的对手，往往步步退让，最终达成的协议自然是不平等的。实际商务谈判中，很少有人采用这种方式，一般只限于双方的合作非常友好，并有长期业务往来的情况下使用。

2）硬式商务谈判。硬式商务谈判也称"立场型商务谈判"。商务谈判者将商务谈判看作一场意志力的竞争，认为立场越硬的人获得的利益越多。因此，商务谈判者往往将注意力放在维护和加强自己的立场上，处心积虑地要压倒对方。这种方式有时很有效，往往能达成十分有利于自己的协议。

但这种方式同样有其不利的一面。如果双方都采用这种方式进行商务谈判，就容易陷入骑虎难下的境地，使商务谈判旷日持久，这不仅会增加商务谈判的时间和成本，降低效率，而且还可能导致商务谈判的破裂。即使某一方迫于压力而签订了协议，在协议履行时也会采取消极的行为。因此，硬式商务谈判可能有表面上的赢家，但没有真正的胜利者。

3）原则式商务谈判。原则式商务谈判有四个特点：①主张将人与事区别对待，对人温和，对事强硬；②主张开诚布公，商务谈判中不得采用诡计；③主张在商务谈判中既要达到目的，又不失风度；④主张保持公平公正，同时又不让别人占你的便宜。

原则式商务谈判与软式商务谈判相比，注重了与对方保持良好的关系，同时也没有忽略利益问题。原则式商务谈判要求商务谈判双方尊重对方的基本要求，寻找双方利益的共同点，千方百计使双方各有所获。当双方的利益发生冲突时，根据公平原则寻找共同性利益，各自做出必要的让步，达成双方均可接受的协议，而不是一味退让，以委曲求全来换取协议。原则式商务谈判与硬式商务谈判相比，主要区别在于主张调和双方的利益，而不是在立场上纠缠不清。这种方式致力于寻找双方对立面背后存在的共同利益，以此调解冲突。它既不靠咄咄逼人的压服，也不靠软弱无力的退让，而是强调双方地位的平等性，在平等基础上共同促成协议。这样做的好处是，商务谈判者常常可以找到既符合自己利益，又符合对方利益的替代性方案，使双方由对抗走向合作。

在 EPC 工程项目招标投标阶段，原则式商务谈判策略得到广泛应用。

（2）商务谈判的两种观点。商务谈判是每一笔交易的必经路程。大多数情况下，目的一致（为了盈利）的方式各异的谈判双方最终都要通过商务谈判来达到交易。众所周知，商务谈判实际上是一个艰难的沟通和相互认可的过程，特别是一项 EPC 工程的商务谈判中，充满大量的冲突和妥协。在各类商务谈判中，总有一方占上风。这种优势产生于供需关系的不平衡、商务谈判人员能力的差异。商务谈判的结果是否令人满意，取决于商务谈判者是否具备高超的商务谈判技巧、准确的判断力和英明的策略。对于商务谈判有两种完全不同的观点："零和博弈"与"创造附加值"。

第一，零和博弈。零和博弈论者认为，商务谈判双方的利益总和是固定的，一方的直接获利就是另一方的损失，一方获利多了，另一方受损就多。"零和博弈"商务谈判的特点是：从一开始，商务谈判就集中在如何分配已经存在的优势、劣势、盈利、损失、责任、义务上，双方的利益取向是相反的。如果一味地运用这种商务谈判方式，容易导致一方认为自己是赢家，另一方认为自己是输家，或双方都认为自己是输家。这种观点认为，"零和博弈"的结果必定有赢有输，所谓"双赢"的结果是不可能存在的。在亲切的微笑、友好的握手、盛情的宴会背后，双方都在为赢得最大利益而针锋相对。典型的例证是，正是认识到"零和博弈"的趋势，许多刚刚开放的发展中国家在制定开放引资政策时，就对外国投资者在本国取得的最大利益做出法律规定，如给予本国投资者以否决权、51%以上的控股权等。

目前，太多的商务谈判者运用零和博弈方式，这样的商务谈判容易发展成为口角、欺诈、不愿倾听、单方辩论、产生不确定感和不信任感，更糟糕的是没有创造出更多的附加值。这样的商务谈判方式即使成功了，收益也是有限的，或者得不偿失。

第二，创造附加值。"创造附加值"，即双方建立长期的合作伙伴关系，达到"双方共赢"的结果。商务谈判要求双方就不同方案对每一方的全部费用和盈利产生的影响进行坦率的、建设性的讨论，提出创造附加值或降低建造成本的办法，并公平地分配其中的利益。这种合作能创造附加值，当一方获得更多时，无须对方受损或减少收益。

创造附加值的方式对商务谈判双方有很高的要求，如果商务谈判者对这种商务谈判方式的好处缺乏远见，他们就不能展开坦率和建设性的对话。

上述两种商务谈判方式都有其存在的依据，这不是孰是孰非的问题，而是为了达到最好的结果，如何使两者有机地结合起来的问题。通过初步的合作，双方可以建立起良好的相互信任的关系，创造出能令双方都受益的附加值。在附加值被创造出来后，双方还可以通过零和博弈方式，有效地分配附加值。对于 EPC 工程总承包项目的建设，更应该提倡创造附加值的方式。

一是 EPC 工程总承包项目的关键问题是保证工程的进度和质量。这方面一旦出现问题，处理的结果绝不是扣除一点违约金那么简单。若能在保证质量的基础上将工期有所提前，就能让业主的投资尽早得到回报。

二是 EPC 工程总承包项目的工程内容极其复杂，合同条款上难免有考虑不周或说明不清的地方，如果业主和承包商相互不合作、不配合，势必会发生很多的合同争议，双方处理起来既非常棘手，同时也耗费双方大量的时间和精力。

三是 EPC 工程总承包项目工期一般很长，施工质量的好坏直接影响到项目在运营期的运行质量和成本。而施工质量在建设期的验收阶段是不能完全反映出来的，需要经过运营期的检验方可得出结论。

工程总承包项目为了保证工程按期完成，在国际 EPC 项目中普遍采用的做法是在合同中确立若干个进度里程碑，并根据每个里程碑的重要程度事先设定不同金额的奖金或违约罚金。

工程实施中以这些里程碑来考核进度，实现一个就奖励一次。同样一旦某个里程碑出现延误，业主则扣除该里程碑所对应的违约金作为对承包商的处罚。有的项目甚至约定若最后的竣工目标没有实现，则以前阶段发放的奖金将全部扣除，以鞭策承包商按时完成所有里程碑设定的目标。

具体实践中可以采取更好的做法，即在设定里程碑的同时，一方面按照国际上的通行惯例，从合同价格中提取一部分金额分配到各个里程碑中，作为合同价款；另一方面，业主还准备等额的奖金，同样分配到这些里程碑中。承包商如果按时完成了某个里程碑，将会得到双倍的支付，反之若未能按时完成某个里程碑，则不仅得不到合同价格内的合同价款，同时还将失去一笔数量不菲的奖金。通过各种方式，可以激发承包商积极合作、保质保量完成工程的热情，使工程进度提前，创造极其可观的附加值，为业主提前运营、提前取得效益、提前偿还贷款利息都带来极大的好处。为此，业主也会额外向承包商增发一笔可观的奖金。这是对"创造附加值"商务谈判思想的运用。

（二）履约阶段的工作

合同履约过程中的合同管理与控制是 EPC 工程总承包项目合同管理的重要环节。EPC 工程总承包项目合同一旦签订，整个工程建设的总目标就已确定，这个目标经分解后落实到项目部、分包商和所有参与项目建设的人员，就构成了目标体系。分解后的目标是围绕总目标进行的，分解后各个小目标的实现及其落实的质量，直接关系到总目标的实现，控制这些目标就是为了保证工程实施按预定的计划进行，顺利地实现预定的目标。

1. 合同交底

EPC 工程总承包项目合同签订后，EPC 项目的总承包商首先应该明确主合同确定的工作范围和义务，项目的主要管理人员要向项目的具体的执行者进行合同交底，对合同的主要内容和潜在的风险做解释和说明，并根据合同要求分解合同目标，实现目标管理。使项目部所有人员熟悉合同中的主要内容、规定及要求，了解作为总承包商的合同责任、工程范围以及法律责任，并依据合同制订出工程进度节点计划。按照节点计划，项目各部门负责人随即对各自部门人员进行较详细分工，即将每个节点作为一个小目标来管理，当每个小目标都实现的时候，那么总的目标也就实现了。克服在传统工程管理中只注重按图样来划分工作范围，而忽略以合同交底工作的习惯。合同交底意义重大，只有明确了合同的范围和义务才能在项目实施过程中不出现或少出现偏差。

做好合同交底，总包商应积极组织相关人员进行 EPC 工程总承包项目的现场管理培训，本着"磨刀不误砍柴工"的精神，聘请专业人员对现场的工程人员进行系统的培训，重点内容是在实施工程管理的过程中，将现场管理与合同实质联系起来，并用工程进度、工程质量、工期等作为评定现场管理的标准，同时与现场项目经理的绩效相挂钩，以保证工程项目随时处于受控状态，避免工程管理人员依靠经验管理项目的情况出现。

2. 合同控制

合同控制是指双方通过对整个合同实施过程的监督、检查、对比引导和纠正来实现合同管理目标的一系列管理活动。在合同的履行中，通过对合同的分析，对自身和对方的监督，事前控制、提前发现问题并及时解决等方法进行履约控制的做法符合合同双方的根本利益。采用控制论的方法，预先分析目标偏差的可能性并采取各项预防性措施来保证合同履行，具体有以下几项内容。

（1）分析合同，找出漏洞。对合同条款的分析和研究不仅仅是签订合同之前的事，它应贯穿于整个合同履行的始终。不管合同签订得多么完善，都难免存在一些漏洞，而且在工程的实施过程中不可避免会发生一些变更。在合同执行的不同阶段，分析合同中的某些条款可能会有不同的认识。这样可以提前预测发生争议的可能性，提前采取行动，通过双方协商、变更等方式弥补漏洞。

（2）制订计划，随时跟踪。由于计划之间有一定的逻辑关系，比如工程建设中某项里程碑的完成必定要具备一些前提条件，把这些前提条件也做成合同计划，通过分析这些计划事件的准备情况和完成情况，预测后续计划或里程碑完成的可能性和潜在风险。

（3）协调和合同约定的传递。合同的执行需要双方各个部门的组织协调和通力配合，虽然多个部门都在执行合同的某一部分，但不可能都像主管合约部门的人员一样了解和掌握整个合同的内容和约定。因而，合约部门应该根据不同部门的工作特点，有针对性地进行合同内容的讲解，用简单易懂的语言和形式对各部门的责任和权利、对承包商的监督内容、可能导致对自身不利的行为、哪些情况容易被对方索赔等合同中较为关键的内容进行辅导性讲解，以提高全体人员履行合同的意识和能力。

（4）广泛收集各种数据信息，并分析整理。比如各种材料的国内外市场价格，承包商消耗的人员、机械、台班、变更记录、支付记录、工程量统计等。准确的数据统计和数据分析，不仅对与对方进行变更、索赔的商务谈判大有裨益，也利于积累工程管理经验，建立数据库，实现合同管理的信息化。

3. 变更管理

（1）工程变更概念。广义上说，变更指任何对原合同内容的修改和变化。但在工程项目中，严格地讲，变更分为合同变更与工程变更。从一般定义上讲，合同变更指任何对原合同的主体或内容的修改和变化。但从我国合同法的第五章的有关规定看，合同变更仅指合同内容的变更，合同主体的变更称为合同的转让。因此，合同变更仅指合同内容的变更。合同的变更不影响当事人要求赔偿的权利。原则上，提出变更的一方当事人对因合同变更所受损失应负赔偿责任。

工程变更则是指在工程项目实施过程中，按照合同约定的程序对部分或全部工程在材料、工艺、功能、构造、尺寸、技术指标、工程数量及施工方法等方面做出的改变。引起工程变更的原因有多种，如设计的变更、更改设备或材料、更改技术标准、更改工程量、变更工期和进度计划、质量标准。频繁的工程变更是 EPC 工程总承包项目的工程合同的显著特点之一。由于大部分工程变更工作给承包商的计划安排、成本支出都会带来一定的影响，重大的变更可能会打乱整个工程部署，同时变更也是容易引起双方争议的主要原因之一，所以工程变更必须引起合同双方的高度重视，是合同管理的重要内容。

EPC 银皮书及 FIDIC 合同条件均规定，业主有权实施工程变更（但当事人任何一方无权擅自修改合同内容，否则承担法律责任），并一般对工程变更的提出与处理都有详细的规定，比如工程变更发生的前提条件、工程变更处理的流程、工程变更的费用确定等。至于具体的操作，则需要双方在工作程序中做出具体的规定。一般情况下，只有变更导致工程量变化达到 15％以上，承包商才可停工协商，变更的实施必须由双方代表协商一致后才可以执行。

大多数情况下，国际工程合同尤其是采用 FIDIC 条款为蓝本的合同授予了业主直接签发工程变更令的权力，承包商必须无条件地先执行工程变更令，然后再与业主协商处理因执行该变更令而给承包商带来的费用或工期等问题。这主要是考虑到工程变更发生的频繁性以及避免双方过久地争执而影响工程的工期进度。

（2）工程变更的种类。常见的工程变更类型有两种：工期变更和费用变更。最容易引起双方争议和纠纷的是费用变更，因为无论是工期变更，还是合同条款的变更，最终往往都有可能归结为费用问题。合同中通常会规定合同变更的费用处理方式，双方可以据此计算变更的费用。

（3）工程变更费用。在确定变更工作的费用时，国际工程合同则赋予业主在多种费用计算方法中选择或采用某种计算方式的权利。这种选择权并不代表业主可以随心所欲地一味选择对自己有利的计算方法，其衡量的标准应该是"公平合理"。对于一个有经验的承包商，工程变更和索赔是获得成本补偿的重要机会。

对于业主来说，必须尽量避免太多的变更，尤其是因为业主临时改变、增加工程项目功能要求，合同范围界定不清，自身失误等原因引起的返工、停工、窝工。变更导致争议性的问题时，如果承包商按照业主的要求实施了变更，那么，对承包商造成的间接费用是否应给予补偿？涉及工程量较大的变更，或处于关键路径上的变更，可能影响承包商后续的诸多工作计划，引起承包商部分人员的窝工。对此，业主除了补偿执行该项变更本身可能发生的费用外，对承包商后续施工计划造成的影响所引起的费用或承包商的窝工费用，是否应该给予补偿？我国合同法以及国际工程合同条款中对此均未有明确的规定，只是更多地从"公平合理"的角度做了简单的说明。这些纠纷就需要合同管理者与业主进行磋商和协调。

4. 索赔管理

（1）索赔动因。EPC 工程总承包项目建设规模大、周期长、合作单位多，环节繁多，情况复杂。为此，其合同管理是一个动态过程：一方面合同在实施过程中，经常受到外界干扰，出现不可预见事件、地质情况意外、政治局势变化、政府新法令实施、物价上涨等，这些情况将影响工程成本和工期；另一方面，随着工程项目的进展，业主可能会有新的要求，合同本身也在不断变化，绝对不变的合同是不存在的。此外三边工程（边设计、边施工、边修改）在施工过程中的不可预见性、随意性较大，引发的变更较多，这也是合同管理的难点。依据法律和合同的规定，对非承包商过错或疏忽而属于业主及其代表责任的事情，造成损失的，总包商可以向业主方提出补偿或延期的请求。许多国际工程项目中，成功的索赔成为承包商获取收益的重要途径，很多有经验的承包商常采用"中标靠低价，赢利靠索赔"的策略，因而索赔受到合同双方的高度重视。

索赔必须有合理的动因才能获得支持。一般来说，只要是业主的违约责任造成的工期延长或承包商费用的增加，承包商都可以提出索赔。业主违约包括业主未及时提供设计参数、未提供合格场地、审核设计或图纸的延误、业主指令错误、延迟付款等，因恶劣气候条件导致施工受阻，以及 FIDIC 条款中所列属于承包商"不可抗力"因素导致的延迟均可提出索赔。当然有的业主会在合同的特殊条款中限定可索赔的范围，这时就要看合同的具体规定了。向业主索赔以及业主对承包商的反索赔是合同赋予双方的合法权利。发生索赔事件并不意味着双方一定要诉讼或仲裁。索赔是在合同执行过程中的一项正常的商务管理活动，大多可以通过协商、商务谈判和调解等方式得到解决。

（2）索赔管理中需要注意的一些问题。

1）对于业主无过错的事件，比如恶劣气候条件和不可抗力等给承包商造成的损失，承包商有责任及时予以处理，尽早恢复施工。然后再提交影响报告和证据并提出补偿请求。

2）工期索赔中要注意引起工期变化的事件对关联事件的影响。工程中计算工期索赔的办法是网络分析法，即通过网络图分析各事项的相互关系和影响程度。如对关键路径没有造或影响，则不应提出工期索赔。

3）重视研究反索赔工作。习惯上将业主审核承包商的索赔材料以减少索赔额、业主对承包商的索赔等称为"反索赔"。通过收集必要的工程资料、加强工程的监督和管理，不仅可以减少承包商对业主的索赔，还可以作为业主向承包商提出反索赔的依据。承包商要多研究反索赔的理论与实践，尽量不给业主反索赔的机会，或者尽量在索赔前就做好应对业主反索赔的工作准备。

综上所述，在合同履行过程中，承包商的合同管理人员要对合同规定的条款了如指掌，随时注意各种索赔事件的发生，一旦发现属于业主责任的索赔事件，应及时发出索赔意向通知书并精心准备索赔报告。总承包商还应尽量保证分包文件的严密性，保证设计质量，尽量减少设计变更，减少分包单位的索赔概率。

5. 保险管理

保险管理是合同管理的重要内容之一，在合同履约阶段，不可避免会发生保险事故，总承包商应积极应对保险索赔事件。保险的基本职能是分散风险和经济补偿，分散风险是前提条件，经济补偿是分散风险的目的。了解保险公司理赔程序，理解相关保险法规和保险原则，是风险事件发生后，充分利用保险的损失补偿职能，及时获得赔偿的重要条件。保险索赔过程中总包商应注意以下的问题。

（1）认定保险责任。保险公司在处理理赔工作时首先要对损失进行定性分析，确定损失原因，认定保险责任范围，工程项目的损失并不总是单一原因造成的，原因经常错综复杂，有些原因有时并不完全是保险责任，对于这种情况，认定责任归属时将使用"近因原则"进行判定，因此，发生风险事件时，应根据"近因原则"充分分析损失原因，掌握发生损失的决定因素。总承包商在这一阶段应做的工作是积极配合保险公司所进行的责任认定，提供真实、可靠的索赔原因分析等有关资料，协助保险公司尽快完成对保险责任的认定，尽快获得索赔款项。

（2）核准损失量。确定保险责任后，保险公司会对损失的工程量和货币量进行确认，并依据保险合同的相关规定核算赔款。保险公司遵循的是"被保险人不可获利原则和赔偿方式由保险人选择原则"。保险公司的赔偿责任是使被保险标的恢复到出险前的状态，这种恢复不能使受损标的状态好于保险事故发生前，主要有三种方式：第一种是支付赔款，当被保险人不打算修复或重置受损设备时，根据受损情况，核定准确的损失金额支付给被保险人；第二种是修复，在受损设备遭到部分损失并可以修复的情况下，保险公司支付给被保险人相应的修复费用，这种修复由被保险人完成，也可以由第三人完成；第三种是重置，当设备的损失程度已经达到全部损失或者修复费用已经超过该设备的原价值，保险公司支付相应的费用进行重置。上述三种方式的选择权在保险公司，但作为被保险人的总承包商可提供相应的证据为保险公司的选择提供参考，争取获得更为有利的赔偿方式。

（3）注意核对保险规定。保险事故发生后，并不是所有事故都可以得到索赔，承包商应核对本事件是否符合保险合同要求。例如，我国某公司在国外承包了一项大型工程，按照 EPC 合同规定业主负责工程一切险的保险，承包商负责雇主责任险、第三方责任险以及施工机具保险。在施工过程中由于突发洪水，将正建的工程冲毁，造成较大损失，承包商向业主提出索赔。业主回复，按照业主保险单，承包商是联合被保人，承包商可以向保险公司直接索赔，业主可以协助安排保险索赔事宜。

在通知保险公司后，保险公司派来了理赔估算师，对损失进行估算，双方认可的损失共计 28 万美元。在理赔估算师回到保险公司后，承包商与业主接到保险公司信函，通知按保险合同规定，保险公司没有赔偿义务，因为保险合同单免赔额为 30 万美元。承包商于是向业主提出索赔，业主认为该损失应该由承包商承担。承包商查阅了保险合同文件，原来合同规定："工程一切险保险单免赔额范围的损失由承包商承担"。

（4）应用代位求偿原则。"代位求偿"是指保险公司在向被保险人支付了保险赔偿之后，依法取得被保险人享有的向第三方责任人请求赔偿的权利，取代被保险人的位置向第三方责任人进行追偿。发生保险事故时，一旦存在有责任的第三方，被保险人——总承包商就应该注意对求偿权益的保全，并在获得保险赔偿之后将该权利转让给保险公司。

（5）把握索赔时效。被保险人提供的损失原因分析、弥补损失的相应合同、发票以及第三方责任求偿书等文件是保险公司理赔的重要依据。总承包商应保管好此类资料，并积极提交，注意索赔的时效为：索赔期限从损害发生日起，至向保险公司提供上述材料止，不得超过两年。

随着"一带一路"倡议的实施，总承包商企业应与中国保险公司联手，建立长久的关系，不断解决新问题，融入新元素，从民族利益角度出发，将保险利益尽量留在国内，从而促进工程总承包企业和保险公司的双赢。

6. 纠纷处理

EPC 项目产生纠纷的原因有很多，双方的行为均可能导致在履约过程中产生实质性纠纷。业主方的因素主要有：未充分考虑项目具体情况和 EPC 合同特点，对不适用 EPC 合同的工程项目套用 EPC 合同格式；采取不适宜的管理方式，过多干涉承包商设计、施工工作，随意变更设计、材料和质量标准等。

承包商的因素主要有：违约行为，如转包工程；质量保证体系缺位导致质量缺陷；未能及时对业主的不合理要求提出异议，以致工程变更失控，导致工期延误等。如果 EPC 项目产生的纠纷不能得到及时、正确的处理，排除对立，就有可能影响整个建设项目的进度甚至质量。为此，纠纷处理是合同管理的重要工作。

承包商可以根据具体情况采用合适的非诉讼方式解决。如当事人双方通过友好协商（双方在不借助外部力量的前提下自行解决）、对抗性谈判、第三人调解方式、ADR 方式来解决双方之间的实质性纠纷。有些纠纷通过上述非诉讼方式仍然不能解决，可以进一步通过仲裁（借助仲裁机构的判定，属于正式的法律程序）和司法诉讼（进入司法程序）进行处理。下面我们仅对仲裁与司法诉讼做一介绍。

1. 仲裁

仲裁属于法律程序，有法律效力。目前，有 70 多个国家加入了联合国《承认和执行外国仲裁裁决公约》，中国也是成员国。缔约国的法院有强制执行不遵守仲裁决议的当事人的权利。即使未加入该公约，一般国家之间的双边或多边协议也会保证仲裁协议的有效执行。双方有选择仲裁方式的自由。双方当事人可以在合同中约定，或在争议发生后再行约定仲裁条款。

对于仲裁应注意以下事项，仲裁应符合国家法律的规定。大多数国家的法律规定，合同争议采用或裁或审制。如《中华人民共和国仲裁法》规定了两项基本制度：或裁或审制和一裁终局制，以保证仲裁机构决议的权威性。一些国内企业对此在认识上存在误区，认为协商不成可以调解，调解不成可以仲裁，仲裁不服可以起诉（除非有充分的证据证明仲裁机构违反仲裁程序或国家的法律规定，存在受贿舞弊等行为），片面地认为只有诉讼才是最具权威性和最有法律效力的措施，其实这种认识是错误的。最好选择仲裁规则与仲裁地国家的法律相一致的仲裁。合同双方都希望仲裁能够在自己的国家适用本国法律进行，这是不公平的，除非一方的合同地位占据绝对优势。最常见的处理办法是选择第三国并按该国的仲裁规则进行仲裁。这就要求对该国的仲裁规则有清楚的认识。

坚持"能协商就协商，能调解的就调解，能不通过仲裁的就不通过仲裁，能不诉讼的就不诉讼"的原则。不管怎样，走上仲裁庭或法院对合同双方都不是一件好事，除非一方违反了合同的基本原则进行恶意欺诈。不论采用仲裁还是诉讼都会劳神费力。尤其是旷日持久的取证、辩论，对公司商誉的影响、对双方的合作关系都是一种伤害。

2. 诉讼

对有些不接受仲裁的国家或双方当事人不愿意采用仲裁的情况，除了协商、调解之外的唯一解决办法就是诉讼。对国际合同的诉讼，一般应注意以下两点。

（1）合同中尽量写明法律的适用规则以及争议提交某一指定国指定地点的指定法院。如果合同中未指定法院，那么可能会有两个或两个以上国家的法院有资格做出判决，而不同国家法院的判决结果可能是不同的，甚至某些国家不同州的法院的判决结果也是不同的。

（2）合同在选择适用法律时，要考虑合同双方对该法律的了解程度。对该法律的哪些强制性规定会妨碍合同争端的合理解决，该法律的规则变化时如何处理，该法律适用于整个合同还是合同中的某一部分等内容都要进行规定。

作为一个完整的合同管理过程，合同管理还包括合同结算、合同执行结果反馈等后续过程，以及贯穿于整个合同执行过程中的各种程序的编写发布、各种数据的整理分析等，这里不进行赘述了。

EPC项目总承包商的合同管理从市场调查、项目分析、工程投标、发标、签约、组织实施直至通过业主验收、质保期满收到最后的质量保证金为止，贯穿整个过程。它既是项目实施的有力保证，又是企业管理水平的综合体现。EPC总承包商必须紧紧抓住这一主线，在每个EPC工程总承包项目实施过程中认真总结、不断完善，不断提升自身管理水平，使每一个项目均成为企业的闪光点，从而全面提升企业竞争力，树立企业良好形象。

（三）收尾阶段的工作

1. 收尾的基本概念

在合同双方当事人按照总承包合同的规定，履行完各自的义务后，应该进行合同收尾工作。就是说，如果总承包商按合同要求为业主所建设的提供工程项目竣工，那么合同可能在工程交付后终止。

在多阶段项目中，合同条款可能仅适用于项目的某个特定阶段。在这些情况下，合同收尾过程只对该项目阶段适用的合同进行收尾。EPC合同的收尾包括分包合同的收尾工作和总承包合同的收尾工作。在合同收尾后，未解决的争议可能需进入诉讼程序。合同条款和条件可规定合同收尾的具体程序。

工程项目合同提前终止是合同收尾的一项特例，可因双方的协商一致产生或因一方违约产生。双方在提前终止情况下的责任和权利在合同的终止条款中规定。依据EPC合同有关条款，业主根据条款有权终止整个合同或部分项目，承包商也可以根据有关条款，对业主的违约提出终止合同。对于业主原因而造成的合同终止，业主可能需要就此对承包商的工作进行赔偿，并就与被终止部分相关的已经完成和被验收的工作支付报酬。

2. 收尾的管理内容

（1）文件的归档。工程总承包项目建设周期长、涉及专业多、面临的情况复杂，在经过一个长期的建设过程之后，很多具体问题都需要依靠相应的资料予以解决。为此，做好资料整理归档工作，不是一个简单的文档管理问题，应由专人负责到底。在总合同签订后，合同管理人员就应该将合同文件妥善保存，并做好保密工作，在合同进入收尾阶段后，要对合同文件进行逐一清理，主要是清理合同文本和双方来往文件，发现与合同不一致的情况要及时进行沟通，需要进行合同变更的要及时进行合同变更。另外要加快合同管理信息化步伐，及时运用信息化管理手段，改善合同管理条件，提高合同管理水平。

（2）合同后的评价。EPC总包合同在执行过程中可能存在许多问题，执行完毕后要进行合同后评价，及时总结经验教训。在这一阶段进行总结，不仅是促进合同管理人员的业务水平，也是提高总承包企业整体合同管理水平的重要工作。合同后评价主要对以下三个方面进行总结。

1）合同签订过程情况的评价。评价的重点是：①合同目标与完成情况的对比；②投标报价与实际工程价款的对比；③测定的成本目标与实际成本的对比。通过上述对比分析，总结出合同文本选择的优劣，合同条款制定、谈判策略的利弊的评价结论，对以后签订类似合同的重点关注方面进行总结。

2）合同履行情况的评价。评价的重点是：①合同执行中风险与应对能力的高低程度；②合同执行过程中索赔成功效率的高低情况；③合同执行过程中有没有发生特殊情况、按照合同文件无法解决的事项。针对合同在执行过程中所发现的问题进行分析评价，并提出改进的办法。

3）合同管理情况的总评价。EPC 工程项目的合同风险虽然具有客观性、偶然性和可变性，但是项目合同的实施又具有一定的规律性，所以合同风险的出现也具有一定的规律性，通过对上述情况的评价，找出合同管理中的问题和缺陷，对在整个项目过程中合同管理的难题和解决难题的办法进行归纳总结，用以指导今后的合同管理工作。

五、EPC 工程总承包项目分包合同管理

对分包合同的管理是 EPC 工程合同管理中的另一个重要方面，是合同管理的有机组成部分，分包合同管理是 EPC 主合同目标实现的支撑，从工程项目的最终目标来说是实现工期、质量、安全、环境和成本目标的关键要素，也是创造项目效益最大化的保证。对分包合同的管理与对主合同的管理一样，应贯穿于 EPC 工程项目周期的全过程。

（一）EPC 分包合同的组成

EPC 工程项目总承包商是对工程项目的设计、采购、施工、试运行、竣工验收等实行全过程或若干阶段的承包，向业主交付具备使用条件的工程，对承包工程的质量、安全、费用和进度负责。在 EPC 工程项目实施全过程中除了总承包商完成自行承担的部分任务外，其他工作必须委托专业化的分包方完成相应的工作或服务。例如，在 EPC 工程中，设计专业工作，要由勘察设计分包商（或由总包商自行）完成；施工安装、土建部分的工作，要由具备安全资质或生产许可证的专业化分包商完成；供应采购工作，要由技术咨询、服务分包商完成；劳务服务工作，要由中介劳务服务分包商来完成等。

面对众多的分包商，形成相应的分包商合同体系，如勘察设计的分包合同、设备和材料采购的分包合同、施工安装的分包合同、土建等专业分包合同、加工定作的分包合同、技术服务分包合同、劳务服务分包合同等。另外，还包括安全合同、HSE 合同等平行合同。

（二）EPC 分包合同的分类

EPC 分包合同按其性质可分为两类：一类是普通分包商合同，另一类是指定分包合同。

1. 普通分包合同

普通分包合同又称"乙定分包合同"，是指总承包商根据工程项目建设需要自主选择的分包商，由分包商完成部分专业工作或服务。由总承包商与该分包商签订分包合同，分包商直接对总承包商负责，与总承包商具有法律关系，但与业主无直接法律关系，即由总承包商分包部分工程的分包合同。从法律关系上分析，在 EPC 建设工程中，普通分包有两种情况：

（1）分别分包，即各分包商均独立地与总承包商建立合同关系，各分包商之间并不发

生法律关系。

（2）联合分包，即分包商相互联合为一体，与总承包商签订分包合同，然后各个分包商之间再签订数个合同，将项目建设中所分包的工作落实到联合体内的每一个分包商身上。

在实践中，这两种分包合同被广泛地使用，但它们的法律效果很不相同。在分别分包中，各个分包商相互单独地对总承包商负责，相互之间不发生任何法律关系；在联合分包中，分包商共同对总承包商负责，分包商之间发生连带之责的法律关系。

2. 指定分包合同

指定分包又称为"甲定分包合同"，是指总承包商根据业主的指令将承包工程中的某些专业部分交由业主选择或指定的分包商来完成。业主指定分包的专业工程包含在总承包商的承包范围之内，指定分包合同由总承包商和指定分包商签订或与业主签订三方合同。现阶段我国法律对指定分包尚没有明确定义。分包商的选择和定价主要是由业主完成的，指定分包商与业主往往有实际的权利义务关系；总承包商虽然名义上与分包商签订分包合同，但总承包商对于指定分包商来说实际上更接近项目管理公司的角色。

指定分包一定程度上可以增强业主对分包工程进度、质量的控制力，降低项目施工的成本。与普通分包相比，指定分包有如下的特征。

（1）选择分包商的权力不同：普通分包由总承包商自主选择，而指定分包商主要由业主选定。

（2）工程款支付的监督力度不同：为了不损害承包商的利益，给指定分包商的付款从暂列金额内开支。而对普通分包商的付款，则从工程量清单中相应工作内容项内支付。普通分包中，业主一般不介入分包合同履行的监督管理。对指定分包商业主往往对工程款有绝对的控制权。

（3）业主与分包商的关系不同。在指定分包中，业主对指定分包商通常有更多的了解，指定分包商与业主往往有实际的权利义务关系。

（4）总承包商所获利益不同。在指定分包中，总承包商的经济利益通常很有限，一般仅限于管理费，实际上承担了接近项目管理公司的角色。

（5）总承包商承担责任的范围不同：除非由于承包商向指定分包商发布了错误的指示要承担责任外，对指定分包商的任何违约行为给业主或第三者造成损害而导致索赔或诉讼，总承包商不承担责任。如果一般分包商有违约行为，业主将其视为承包商的违约行为，按照主合同的规定追究承包商的责任。在总承包商对分包合同的管理中，对指定分包合同的管理是较为复杂的管理。

（三）分包合同过程管理

1. 管理的定位与目标

在 EPC 项目管理体系中，对分合同的管理工作属于项目经营管理范畴，是项目的策划、投标报价、合同谈判、签约等工作的延续，为此，对分包合同的管理应定位于总承包项目合同履行过程中一系列的后续工作。具体工作内容是对拟订分标计划，对分包商的选择，分包合同履行过程的监督、分析、协调和报告，处理分包合同变更和分包合同纠纷，执行分包合同履行期间或合同结束后与顾客的联络、沟通等。从经营思想出发，分合同管理的目标是确保总承包合同的顺利履行，维护在合同条款规定中总承包商的合法权益，保护总承包商的正当利益，维护 EPC 总承包企业良好的社会声誉。

2. 准备阶段的工作

（1）编制合适的分标计划。根据项目工作内容及项目类型，编制恰当的分标计划，分标太细，单个分包合同工作量较小，单价势必上升，费用较高，接口管理工作量也较大。分标太粗，施工单位较少，但受某个施工单位的影响较大。分标计划的编制可以从管理难度、总承包企业能力、工程工作面、业主指定分包及专业分包的情况等方面加以综合考虑。

拟订项目分包计划，初步确定分包范围、数量、开竣工时间等。确定合同范围，便可对分包工程进行合同内容确定。这里所说"合同范围"不仅指工作内容，而是指"对分包工程合同价格构成影响的所有因素"，包括工作范围、质量标准、技术规范、材料规格、开竣工时间、进度安排、责任和义务、使用设备、技术和管理人员、风险分摊等因素。对多分包商构成的项目，合同管理的关键是厘清各分包商之间的责任和工作界面。若中标，则对分包计划进行修正和细化。制订分包计划的好处：一是可以将项目的工作进行细化管理；二是便于送业主审核和协调指定分包；三是能在前期了解项目成本，分包计划应与项目进度计划紧密结合。

（2）对分包商的选择。对分包商的选择是 EPC 总承包的重要一步，决定着项目质量、投资及进度，所以在满足经济效益的同时，也要考察分包单位的实力，不仅是资质，更重要的是分包商的专业实力，做到真正的强强联手。

1）注重对设计分包商的选择。作为分包的基础，设计是 EPC 项目合同的重要组成部分和关键阶段之一，是项目成本核算及分包结算的依据，设计不仅要考虑实现业主的建设目标，还要考虑项目的实施，要对业主提供的方案和思路进行深化和优化，在实现业主建设功能的同时获取合理的利润，需要发挥设计院的优势，对每个细节考虑周全，以免给总承包的现场施工造成损失，做到"绝不把设计问题留给现场"。

2）选择合适的合同类型。除采取招标形式外，还需严格招标文件的审查，选择合适的合同类型，合同类型决定合同管理的难易，也决定着项目管理成本的高低。选择合同类型可以从项目的复杂程度、项目的设计深度、项目的工期、施工技术的先进程度、施工进度的紧迫程度等方面进行考虑。

通行的合同类型有成本加酬金、固定综合单价、总价包干三种方式，需根据工程特征选择。成本加酬金的方式是按照工程的实际成本再加上一定的酬金的方式进行计算，采用这种合同，承包商不承担任何价格变化或工程量变化的风险，这些风险主要由发包人承担，对发包人的投资控制很不利，从利润及风险共担角度，设计院作为 EPC 总承包项目的分包一般不采用此种合同。固定综合单价合同允许随工程量变化而调整工程总价，若采用单价合同，总承包商需要安排专门力量来核实已经完成的工程量，需要在施工过程中花费不少精力，协调工作量大，对投资控制也不利。总价包干合同分固定总价合同和变动总价合同两种。固定总价合同由承包商承担全部的工作量和价格的风险。对发包人而言，在合同签订时就可以基本确定项目的分包合同额，对投资控制有利；在双方都无法预测的风险条件下和可能有工程变更的情况下，承担较大的风险，发包人的风险较小。变动总价合同在合同执行过程中，由于通货膨胀等原因而使所使用的工、料成本增加时，及设计变更、工程量变化和其他工程条件变化所引起的费用变化时，可以按照合同约定对合同总价进行相应的调整。设计变更、工程量变化，设计院可以通过自身的优势，深化设计等加以避免，但通货膨胀等不可预见因素的风险由发包人承担，不利于其进行投资控制，突破投资的风险就增大了。

总价合同对总承包商而言风险较小，EPC 分包合同类型中以总价分合同最佳，容易控制成本支出。但需要详细、周密的设计作为基础，否则合同执行过程中变更调整将非常困难，成本控制也变得被动。

3. 履约阶段的工作

在合同履约过程中，加强对分合同的管理与有效控制，是对主合同实行控制的重要内容。

（1）对工程目标进行强有力的控制。项目承包主合同定义了整个工程建设的总目标，这个目标经分解后落实到各个分包商，这样就形成了分目标体系。分解后的目标是围绕总目标进行的，分目标的实现与否以及其落实的质量，直接关系到总目标的实现与否及其质量。控制这些分目标就是为了保证工程实施按预定的总计划进行，顺利地实现预定的总目标。

工程控制的主要内容包括合同控制、质量控制、安全控制、进度控制和成本费用控制。其中合同控制有着特殊性，其最大的特点是动态性，一方面在合同的实施过程中经常会受到外界的干扰，呈波动状向合同目标靠拢，这就需要及时发现，并加以调整。另一方面，合同本身也在不断变化，尤其像 EPC 工程建设这种庞大而复杂的工程，更是在时刻变化。总承包商的合同控制，不仅是针对与业主之间的主合同，而且也包括与总承包合同相关的其他合同，尤其在我国的总承包模式目前还不尽完善的情况下，沟通和协调总承包商与其他的合同之间关系变得尤为重要。

在当前工程建设市场，EPC 总承包模式因其具有管理层界面统一、上下协调便利、风险承担责任明确等优点，已成为业主与工程公司合同关系的主流方向和首选模式，并逐步完善。但是由于 EPC 工程项目分包单位众多，存在交叉施工，协调难度大，对分包商的管理特别是分包合同的管理成为总承包项目管理的一项重要内容。

（2）对分包合同实施进行跟踪和监督。在工程进行的过程中，由于实际情况千变万化，导致分合同实施与预定目标发生偏离，这就需要对分合同实施进行跟踪，不断找出偏差，调整合同实施。总承包商对分合同的实施要进行有效的控制，就要对其进行跟踪和监督，以保证承包主合同的实施。此外，作为总承包商有责任对分包商工作进行统筹协调，以保证总目标的实现。

（3）对合同实施过程加强信息管理。随着工程建设项目规模的不断扩大，工程难度与质量要求不断提高，工程管理的复杂程度和难度也越来越大。因此信息量也不断扩大，信息交流的频度与速度也在增加，相应地工程管理对信息管理的要求也越来越高。因此，要加强合同实施过程的信息管理，尤其是要加强对分包商的信息管理。总承包商必须从三方面着手：一是明确信息流通的路径；二是建立项目信息管理系统，对有关信息进行链接，做到资源共享，加快信息的流速，降低项目管理费用；三是加强对业主、总承包商、分包商等的信息沟通管理，对信息发出的内容和时间有对方的签字，对对方信息的流入更要及时处理。

（4）对分包工程变更管理。与对主合同管理一样，分包合同管理也包括对分合同的变更管理。分包商工程内容的频繁变更是工程合同的特点之一。分包商的工程变更往往比承包主合同变更更加频繁，这是因为主合同往往采用固定总价合同，而分包合同采用的形式多样，有单价合同、固定总价合同等。要特别注意的一种现象是，有的分包商在投标时为了获得工程，以低价中标，中标后又期望通过增加工程量试图变更合同，提出的变更价格竟然比中标价格高出一倍多。为此，总包商在选择分包商时应始终坚持公开招标的原则，认真评审，尽量签订固定总价的分包合同，有效地降低相关经营风险。

分包工程变更是分包商索赔的重要依据，因此，总承包商对分包工程变更的处理要迅速、全面、系统，分包工程变更指令应立即在工程实施中贯彻并体现出来。总之，在合同变更中，量最大、最频繁的就是工程变更，它在工程索赔中所占的份额也最大，这些变更最终都通过各分合同体现出来。对工程变更的责任分析是工程变更起因与工程变更问题处理、确定索赔与反索赔的重要的、直接的依据。因此，总承包商在对分包工程变更的处理中，要认真做好分包工程变更的责任分析工作。

4. 对包分合同关闭的工作

分包项目合同履行完毕后，应及时签署合同关闭协议，确定双方权利义务已经履行完毕的书面证据。一旦发生纠纷必须要早发现、早处理，避免不必要的诉讼。按照分合同中规定的节点、条件和程序及时准确地关闭分合同是规避潜在或后续分合同风险的重要环节。

（1）分包合同的关闭。分包合同内容完成后，应在最后一笔进度款结清前，对分包商以下工作内容进行全面验收，包括工作范围、工程质量和 HSE（Health、Safe、Enviroment）执行状态；支付或财务往来状态；变更索赔、仲裁诉讼状态等。如发现问题，应及时要求分包商，按照整改检查单的内容进行整改，验收合格后，形成合同预关闭报告，发放进度款。

1）对分包商单件设备的退场，应分别签署移交文件，避免因设备损害发生纠纷。

2）质保期满，所有遗留问题全部解决后，若工程没有发生明显质量缺陷，方能出具合同关闭报告，关闭合同，发放质保金。

（2）分合同索赔与反索赔管理。对 EPC 总承包商来说，索赔与合同管理一样有两个关系方面，一是与业主关系，二是与分包商的关系。分合同管理贯穿工程实施的全过程和各个层面，而合同管理的重要组成部分就是工程索赔。工程索赔亦同时贯穿于工程实施的全过程和各个层面。总承包商一方面要根据合同条件的变化，向业主提出索赔的要求，减少工程损失；另一方面利用分包合同中的有关条款，对分包商提出的索赔进行合理合法的分析，尽可能地减少分包商提出的索赔。对分包商自身原因拖延工期和不可弥补的质量缺陷及安全责任事故要按合同罚则进行反索赔。同时，要按合同原则公平对待各方利益，坚持"谁过错，谁赔偿"。在索赔与反索赔过程中要注重客观性、合法性和合理性。

总之，总承包企业的分合同管理从工程投标、发标开始直至质保期满收到最后的质量保证金为止，贯穿于整个工程。它既是项目实施的有力保证，又是总承包商企业管理水平的综合体现，必须认真抓好分合同管理这项工作。

(五) 设计分包合同管理

在 EPC 项目的合同管理中，对设计的分包合同管理难度很大，在项目实施中，承包商与业主之间的许多矛盾、纠纷都与设计密切相关。为此，EPC 总承包商加强对设计的分包合同管理工作至关重要。下面以设计分包为基础，针对 EPC 设计中常发生的一些敏感问题，对 EPC 总承包商如何做好设计分包合同管理做初步探讨。

1. 设计分包合同的管理意义

一般来说，建设项目的设计费用在总建设费用中所占比例不超过 5%，但设计成果对工程造价的影响可达工程总建设费用的 70% 以上，因此，设计控制是项目成本控制的关键与重点，设计成果的好坏直接影响工程造价和建设工期。总承包商工作的重点除了选择符合要求的设计分包商外，还要做好设计阶段的法律风险防范，以及对工程造价的有效控制。从这个意义上来说，如果一个总承包商不具有足够的设计能力或者没有足够的能力来控制设计分包商的话，是不适合承揽 EPC 工程的。

2. EPC 合同有关设计条款分析

(1) 设计义务一般要求的分析。EPC 合同一般都设有设计义务一般要求条款，如 FIDIC 的银皮书第 5.1 条款"设计义务一般要求"规定："承包商应被视为，在基准日期前已仔细审查了雇主要求（包括设计标准和计算，如果有）。承包商应负责工程的设计，并在除下列雇主应负责的部分外，对雇主要求（包括设计标准和计算）的正确性负责。

除下述情况外，雇主不应对原包括在合同内的雇主要求中的任何错误、不准确或遗漏负责，并不应被认为，对任何数据或资料给出了任何不准确性或完整性的表示。承包商从雇主或其他方面收到任何数据或资料，不应解除承包商对设计和工程施工承担的职责。

但是，雇主应对其要求中的下列部分，以及由雇主（或代表）提供的下列数据和资料的正确性负责：①在合同中规定的由雇主负责的或不可变的部分、数据和资料；②对工程或其任何部分的预期目的的说明；③竣工工程的试验和性能的标准；④除合同另有说明外，承包商不能核实的部分、数据和资料。"

业主只承担了极有限的责任，而总承包商则承担了设计阶段绝大部分的责任与风险。业主甚至不需要对自己所提出要求中的任何错误、不准确或遗漏负责，这就要求总承包商在设计前能够完全领会业主的意图、修正业主的错误，并且运用限额和优化设计来实现对工程造价的控制，做到以最少的投资获得最大的经济效益。因此，总承包商在设计阶段，要选择技术先进、经济合理的最优设计，既要保证工程质量、实现工程目的，又要达到控制和降低工程造价的目的。

鉴于总承包商在设计阶段所承担的巨大风险，在以下情况中总承包商不应当选择 EPC 合同条件：①承包商在投标阶段没有足够时间或资料用以仔细研究和证实业主的要求或对设计及将要承担的风险进行评估；②建设内容涉及相当数量的地下工程或承包商未调查区域内的工程；③业主需要对承包商的施工图纸进行严格审核并严密监督或控制承包商的工作进程的工程。

在设计过程中，如果总承包商发现业主所提出的要求有错误，应当及时向业主提出并要求其修正，如业主拒绝修正的，应要求业主以书面形式确认该部分内容为"在合同中规定的由雇主负责的，或不可变的部分、数据和资料"，以此来规避己方可能承担的责任。

另外，EPC 合同要求承包商所提供的设计、文件和工程不仅要符合合同的约定，对于境外工程还要符合工程所在国的法律的规定，此处的"法律"应做广义理解，包括工程所在国的法律、行政法规及各种规章，这就要求总承包商不仅要熟悉合同的各项文件，还要在工程所在国律师的帮助下熟悉该国的各种法律文件，以保证不会因设计内容违反约定或者法律规定而承担责任。

（2）设计风险分担条款。EPC 合同一般都设有设计风险分担条款。如 FIDIC 的银皮书 5.2 条款"承包商文件"规定："……（根据前一段的）任何协议，或（根据本款或其他条款的）任何审核，都不应解除承包商的任何义务或职责。"第 5.8 条款"设计错误"规定："如果在承包商文件中发现有错误、遗漏、含糊、不一致、不适当或其他缺陷，尽管根据本条做出了任何同意或批准，承包商仍应自费对这些缺陷及其带来的工程问题进行改正。"

从以上条款可以看出，业主的批准，并不能免除项目总承包商对设计上存在缺陷的责任。因此，总承包商在自行设计时，应确保自己的设计人员所设计的成果符合法律法规、技术标准和合同约定，如果总承包商将该设计工作分包给其他设计单位完成，应当在设计分包合同中约定如果出现此类缺陷时，其责任由设计单位承担，以便总承包商在向业主承担责任后，可以向设计单位进行追偿。

建设工程合同在本质上属于承揽合同，定作人在定作物完成前可根据自己的使用目的要求承揽人进行变更。FIDIC 的银皮书第 13.1 条款"变更权"，也支持这一法理，其业主可以在颁发工程接收证书前要求对工程进行变更，此时总承包商应当满足业主的要求。但当业主所提出的变更要求导致总承包商难以取得所需要的货物，或者变更将降低工程的安全性或适用性，或者将对履约保证的完成产生不利影响时，总承包商应当及时向雇主发出通知，说明以上原因，并要求业主对以前发出的指示进行取消、确认或者改变。如果业主坚持原指示并进行了确认，则总承包商不需要对以上变更所导致的后果承担责任。

无论业主的变更要求是否存在以上情形，当其变更要求将导致总承包商费用的增加，总承包商都应当要求业主对变更内容及变更所增加的费用和工期进行签证，以作为将来索赔的证据。但如果合同文本中已经对工程总费用约定了调整的范围，比如在总费用的基础上增减 5% 时，合同价款不做调整时，则总承包商只能对超出部分所增加的费用进行合同总价调整，未超出部分无法要求调整。因此，如果总承包商对合同进行当中可能发生的变更和工程量增减没有把握时，建议不做调整范围的约定，而约定当业主要求进行工程变更时，应当据实调整工程费用和所需的工期。

以上为 EPC 总承包商在设计阶段可能遇到的部分法律风险，但 FIDIC 系列合同的内容之复杂及烦琐远远超过了国内总承包合同范本，而且 EPC 合同的各个条款均具有相关性，如果要有效规避总承包商的设计风险，必须对全部合同条款进行研究，并在全面理解通用条款的基础上，利用专用条款及补充协议做出有利于自己的约定和解释。

3. 对"工作范围"的管理

明确工程范围是进行设计分包的前提条件，为此我们将对"工作范围"的管理问题放在本节中探讨。

（1）对工作范围的解释。在EPC项目中，业主提供的原始资料仅达到初步设计的程度，只满足招标时各投标人能够对项目进行估价的程度。投标人（总承包商）一旦中标，要承担详细的设计工作。在这种情况下，总承包商常常因不能透彻理解合同中对"工作范围"的描述而产生合同风险。当然，如果是熟悉国际工程管理惯例，并具有一定经验的总承包商，可使风险化为利润，反之则"遭受损失"。总承包合同中对"工作范围"描述的特点是仅对项目的主要部分进行描述，起到定义项目的作用，但未说明这些主要部分所包含的细节内容，这些细节内容总承包商在进行详细设计时应考虑。

对总承包商来讲，由于投标时间短，难以考虑周全而容易产生合同风险，而EPC合同中又会列入相关条款，明确地将这种风险转嫁给总承包商。例如，某EPC合同中规定："承包商的设计必须满足项目的使用和功能要求，同时应满足未来扩大其生产能力的要求""在设计和施工工艺方面，承包商应保证工程无任何缺陷、偏差或遗漏""承包商应保证由承包商或分包商提供的用于永久工程的材料应是新的、符合合同规范的要求，无任何缺陷、偏差和（或）遗漏并且满足预期的目的"。就上述合同条款分析来看，总承包商将很难准确理解其中的"项目的使用和功能要求"以及"满足预期的目的"，势必造成承包商和业主对条款理解的不一致，业主会利用上述条款提出一些特殊要求，导致EPC承包商的造价提高。而合同中一般规定合同的解释权在业主一方，使得承包商很难提出不同见解。因此，EPC承包商在投标报价时，应对合同中工作范围的一些模糊描述给予高度重视，从专业角度考虑满足其基本功能要求即可。同时，应尽可能在投标或合同谈判时要求业主对某些表述模糊的内容给予书面澄清。

例如，某工程项目的EPC合同中，关于"工作范围"有下述条款："如果在炼油厂附近60km范围内有现有机场存在，则不需要再建新机场，否则应建一个符合国际标准的新机场。"对该条款就存在三种模糊定义：一是60km是指陆路距离还是直线距离？二是现有机场是否包括所有类型的机场，如军用机场等？三是采用什么样的国际标准建设机场？为此，EPC承包商应在投标时要求业主对上述疑问给予书面澄清。EPC承包商明确认定"工作范围"，才能够做好设计分包合同编制，这是设计分包合同管理的前提和基础。

在履行合同期间，如果业主要求提高使用标准或提出其他任何变更设计内容的要求，承包商应慎重考虑是否超出合同规定的"工作范围"，切不可盲目应允业主的要求，否则承包商有可能给设计分包合同的履行带来麻烦，使EPC总承包商遭受经济损失。

（2）对合同"工作范围"的管理。合同"工作范围"管理是指确定项目所要求的全部工作，并且仅仅是工作范围中所要完成的工作，即定义和控制项目中包括哪些工作，不包括哪些工作。具体管理程序为：

1）定义"工作范围"。恰当定义工作范围，对成功实施工程项目是非常关键的，否则将由于某些不可避免的变化，导致费用增加或工期延长。定义"工作范围"就是将项目主要应交付的成果（一个主要的子工程或产品）划分成较小的、便于管理的多个单元。定义"工作范围"后有助于提高对成本、时间和资源估算的准确性，同时也确定了在履行合同义务期间对工程进行测量和控制的基准线，可明确划分各部分的责任。

定义应考虑的因素包括：①限制条件。工作范围只是合同的一部分，定义工作范围时必须考虑合同中的各种限制条件。②假定条件。为制订计划而将某些因素设定为真实的、确定的，在具体执行时，有可能发生变化。例如，设备或材料的价格，在计算投标价时只能估算，实际发生的费用是采购时的市场价格，而非投标时设定的价格。假定条件一般会给承包商带来一定程度的风险。③承包经验。项目往往具有一定的相似性，EPC 承包商每完成一个项目均应进行总结，用于指导以后的工作。承包商可借鉴先前承担类似项目的经验，考虑如何定义本项目的工作范围。如输油管线上的"阀室"，合同中可能只写明沿整条管线有多少个"阀室"，EPC 承包商只是对整个"阀室"进行报价，至于阀室中所包含的具体设施，由承包商根据自己的经验确定，但前提条件是 EPC 承包商的设计必须满足"阀室"的基本使用功能。

定义的方法。目前，主要采用工作分解结构（WBS）方法对项目的工作范围进行定义。一般地，承包商需在其投标书中运用 WBS 方法编制一个进度计划，而在中标后、开始施工前，提交更详细的进度计划报业主审核批准。WBS 是采用多级（Levels）划分方法将项目分成较小的，便于管理的单元（或工序）。视项目的大小和复杂程度，可分为三级、四级或五级。项目的划分由粗到细，适用于不同的管理层。但要求划分应足够详细以便在实施项目时有效控制各作业活动，即能够对在最低级别列出的各个单元（或工序）进行恰当的费用和时间估算，有利于业主对承包商的支付。列入 WBS 中的工作即属于合同工作范围，反之则不属于承包商的工作范围。在得到业主的书面批准后，如果业主要实施WBS 之外的工作，就必须向承包商颁发变更令。

2）控制"工作范围"。

第一，"工作范围"的监控。工作范围的监控是业主正式接受项目工作范围的一个过程。它包括设计监控、现场施工监控和文件监控等。描述项目产品的文件包括计划、规范、技术文件及图纸，必须保证随时能够接受检查。这就要求承包商以及承包商的分包商按一定的标准和方式对正在进行的工作和已完成的部分工作进行检查。这种检查不同于质量控制，工作范围监控着眼于如何使业主接受承包商的工作，而质量控制则着眼于如何保质保量完成工作。

检查（Inspection）是确认和监控承包商工作范围的直接手段，它包括诸如测量、检查及试验等用于确定承包商的工作成果是否满足合同要求的全部活动。

在设计阶段主要是指业主审核和批准。EPC 承包商的设计文件和图纸，业主批准用于施工（Approved for Construction）的文件和图纸，即可视为业主对承包商工作范围的接受，承包商应严格按图施工，不可随意更改。同时，对已批准的设计图纸，如果由于业主的原因进行修改或导致作废，EPC 承包商均有权提出索赔。

"工作范围"监控的最终结果是业主对 EPC 承包商已竣工工程的最终接受，即业主通过现场检测和检查确认承包商是严格按设计图纸施工，并满足合同规定的全部要求。但这种接受可能是有条件的，即要求承包商在一定期限内，继续履行合同的其些义务，如 EPC 承包商在维修期内的责任和义务等。

第二，变更控制。在履行合同义务过程中，变更（指对业主批准的所定义的 WBS 工作范围的任何修改）是不可避免的。"工作范围"的变化一般要求对费用、工期或项目的其他方面进行调整。变更可以是口头的或书面的，可能因内部或外部因素而引起的。对业主口头指示的变更，EPC 承包商有义务执行，但应在合同规定的时间内要求业主给予书面确认，这是承包商保护自己利益的最佳选择。

每一个项目应编制一个工作范围变更控制系统，用于描述在变更工作范围时 EPC 承包商和业主应遵循的程序，包括文书工作、跟踪系统和必要的授权变更批准级别等。变更控制系统的编制必须符合合同的有关规定，在 EPC 承包商和业主达成协议的情况下，可作为主合同的一部分。

"工作范围"的变更控制有下面几个难点：一是 EPC 承包商的管理人员应熟悉合同工作范围并具有敏感的合同管理意识；二是具有辨别业主提出的要求或颁发的任何指示是否构成变更的能力。业主提出的要求或颁发的任何指示构成变更时，应要求业主颁发变更令。确定变更工作的费用，有两种做法：一是双方先协商确定变更工作的费用，然后实施变更；二是先开始设计工作，在实施变更工作期间双方协商确定变更工作的费用，前者对承包商较为有利。以下几种情况均可认为构成"工作范围"的变更。

一是业主指令实施的工作超出合同工作范围，即在 WBS 中未明确列入的工作。

二是 EPC 承包商的设计已满足合同要求，而业主指令的工作可有可无。例如，业主要求增加设备的某些附属设施，但就 EPC 承包商已完成的设计而言，没有这些附属设施仍可满足合同规定的功能。

三是 EPC 承包商已经完成的某些工作，因业主的变更令而受到直接或间接影响，导致重复实施该项工作的。

第三，进度计划的调整。每一个项目均是按照事先编制（依据 WBS）的进度计划实施的。如果工作范围产生较大变化，则必须对原来的工作分解结构（WBS）进行修改。在下列情况下 EPC 承包商应考虑及时修改 WBS，在向业主提交的进度计划报告中反映出当月的变更状态：

一是由业主的原因造成 WBS 中某些工作拖延，导致整个工程延误。

二是增加工作内容。

三是因业主风险或不可抗力造成的工程延误等。

4. 设计标准的选用与成本核算

（1）对规范标准的选用。某些 EPC 项目是跨行业项目，行业不同其标准、规范就有不同。比如电力设计院承建石油公司的自备电厂 EPC 项目，由于电力行业与石油行业都有自己的规范、标准，如某电力设计院进行的 EPC 总承包工程，由于原先从事的大多为设计工作，因此往往只关注明确设计规范，而忽视了验收规范、交工技术文件执行标准等方面。如果在合同中未明确约定应执行的规范、标准，那么在实际合同执行中业主可能会要求承包商按石油规范、标准进行工程的验收、技术资料的整理，从而增加工作难度及各种不确定因素，影响工程进度并造成总承包商不必要的人力、财力损失。因此，在签订合同相关规范条款时，不仅要设计人员参与，也要工程管理人员参与，认真研究合同中的执行规范、标准，才能保证合同条款的全面性及可执行性。

（2）设计标准与成本核算。设计标准与工程成本密切相关，应严格遵守 EPC 合同的有关规定，恰当选择设计标准。对 EPC 合同中没有明确说明采用何种标准的工作项目，则应选择成本低，且满足合同要求的标准。标准提高，势必增加工程成本。因此，EPC 承包商在设计分包合同中对此应有明确的规定。

EPC 承包商应按照 WBS 做较详细的费用分解（Cost Breakdown），一般做出两种分解，分别用于外部和内部费用核算。外部费用核算是指报给业主的费用分解。合同规定承包商必须将所报投标价格，按合同所附表格的要求进行分解，此费用分解表是合同的一部分，用于今后对承包商的进度支付和变更估价。在每一分解价格中，包括了承包商完成该部分工程的动员费、设备费、材料费、人工费、施工费、管理费、风险费以及利润等全部费用。

内部费用核算则是 EPC 承包商用于自己内部核算的费用分解，对业主是保密的，业主也无权过问，例如，分包合同的价格，它也是对设计分包商进行管理的主要依据。承包商将每一工作项目按材料费、设备费、人工费等进行详细分解，只考虑工程成本，不计其他费用；每一工作项目在完成详细设计报业主批准前，估算工程师应立即根据设计文件或图纸对该工作项目进行费用估算，通过对比，确定该工作项目是否超支以及超支的原因。遇超支的情况，应进行超支的合理性分析，此处的合理性分析是指在满足合同要求的前提下，尽可能降低成本，以避免不合理的费用开支，包括确定超支费用是否可以索赔等。

总包商可将关于设计造成工程成本增加的一些规定列入设计分包合同，以控制设计分包商由于设计经验不足或其他设计方面的原因，盲目或有意增加设计安全度，造成工程成本增加。由于 EPC 承包商不可以索赔此部分费用，必然造成利润损失。

对业主每次审核设计文件或图纸后提出的修改意见，EPC 承包商均应审查是否超出合同工作范围，并进行费用核算和费用支出的合理性分析。为了做好核算工作，可在设计分包合同中写入一个工作程序，达到对设计变更进行完全控制的目的。

（六）采购分包合同管理

1. 采购分包合同管理的意义

在 EPC 合同下，承包商对设计、采购和施工进行总承包，改变了传统的等待设计完成后，再进行采购和施工的串行工程建设模式，很好地解决了工程项目中进度控制、成本控制等矛盾。企业采取 EPC 采购方式，变分散采购为集中采购，可以充分发挥 EPC 项目整体协调优势，提高项目的经济效益。

在 EPC 合同的大多数项目中，设备采购费用一般占整个工程造价的 $40\%\sim60\%$，设备采购在 EPC 工程项目管理中占有举足轻重的位置，对整个工程的工期、质量和成本都有直接影响。从某种意义上讲，设备采购工作的成败、对采购合同的管理成为决定项目成败的关键之一。由于 EPC 工程项目设备材料种类多、需求量大，供应商多，合同各式各样，且采购周期长、采购形式多样、采购责任重大以及采购业务涉及的地域广泛、接触面广等特点，更增加了采购合同管理工作的难度。

EPC 承包模式的核心问题是施工与设计的整合，这种模式的有效性，取决于项目实施过程中每个环节的协调效率，尤其采购工作在项目实施过程中起着"承上启下"的衔接作用（其逻辑关系，见图 4-16）。要搞好 EPC 项目的采购管理，采购部充当着与其他主要部门相协调的关键角色。由此可见采购合同管理在 EPC 工程项目合同管理中的重要位置。

图 4-16　EPC 项目中设计、采购和施工之间的逻辑关系

综上所述，EPC 承包商必须对设备采购工作给予高度关注，做好采购策划，编制采购计划，选择供应商、设计好采购合同条款、与供应商谈判并签订采购合同。同时，在采购合同履约阶段，EPC 承包商要严格监控采购合同的执行情况，为后续的工程施工做好铺垫，为整个项目的成功奠定良好的物质基础。

2. EPC 合同有关采购条款分析

EPC 合同对项目采购的相关规定是承包商开展采购工作的前提和基础，也是业主方验收和接受相关材料设备的依据。因此，认真研读和充分理解合同中关于采购的一般规定，对于 EPC 总承包商来说尤为重要。EPC 合同的规定一般包括采购总体责任、物资采购的进度和质量监控、业主方的采购协助与甲方供材。

（1）采购总体责任。EPC 涉及采购责任的合同规定一般包括如下方面内容：除非合同另有规定，承包商应负责采购完成工程所需的一切物资，这些物资包括生产设备、材料、备件和其他消耗品。其中备件可分为两类：一类是工程竣工试运行所需的备件，其价格一般包括在 EPC 价格中；另一类为工程移交后在某固定时间内，工程运行所需的各类备件，这类备件有时要求承包商采购，并在合同价格中单独报价，有时只要求承包商提供备件清单，由业主根据情况自行采购。

上述"合同另有规定"的含义是，在某些 EPC 项目，业主可能提供某些设备或材料，即"甲方供材"，详见下面的叙述。

总承包商应为采购工作提供完善的组织保障，在项目组织机构中设置采购部，负责工程物资采购的具体开展以及与业主相关部门的协调工作。承包商负责物资采购运输路线的选择，并应根据线路状况合理地分配运输车辆的载荷。如果货物的运输导致其他方提出索赔，承包商应保障业主不会因此受到损失，并自行与索赔方谈判，支付索赔款。承包商应根据合同的要求编制完善的项目采购程序文件，并报送业主，业主以此作为监控承包商采购工作的依据。

（2）采购过程监控规定。采购过程监控指根据业主的项目组织安排和投入的项目管理工作量，对采购过程的进度和质量进行监控。有的 EPC 合同业主监控较松，只在合同中要求承包商进行监控；有的业主则监控得较严格，除要求承包商具体监控外，业主还会派员直接参与各类采购物资的检查和验收。具体规定如下。

1）承包商应编制总体采购进度计划并报业主，采购计划应符合项目总体计划的要求，并对关键设备给予相应的特别关注。

2）承包商应将即将起运的主设备情况及时通报业主，包括设备名称、起运地、装货港、卸货港、内陆运输、现场接收地。

3）对于约定的主要材料和设备，承包商的采购来源应仅限于合同确定的"供货商名单"以及业主批准的其他供货商。

4）承包商应对采购过程的各个环节对供货商/厂家进行监督管理，包括：厂家选择、制造、催交、检验、装运、清关和现场接收。

5）对于关键设备，承包商应采用驻厂监造方式来控制质量和进度。

6）业主有权对现场以及在制造地的设备和材料在合理时间进行检查，包括制造进度检查、材料数量计量、质量工艺试验等。承包商在此过程中应予以合理的配合。

7）合同可以约定对采购的重要设备制造过程的各类检查和检验。当设备就绪可以进行检查和检验时，承包商应通知业主派员参加，但业主承担己方的各类费用，包括旅行和食宿。检查或检验后承包商应向业主提供一份检验报告。

8）业主有权要求承包商向其提供无标价的供货合同，供其查阅。

（3）关于业主方的协助规定。业主方的协助对于物资采购，由于涉及很多法律程序，合同常规定业主在这些方面给予承包商协助，协助的形式通常是提供支持函。对于一些特殊物资，如炸药等，合同常规定由业主负责获得此类特殊物资的进口许可证。

（4）关于"甲方供材"的规定。"甲方供材"在 FIDIC 编制的银皮书中被称为"业主免费提供的材料"。EPC 合同相关规定通常如下。

1）若 EPC 合同规定业主向承包商提供免费材料，则业主应自付费用，自担风险，在合同规定的时间将此类材料提供到指定地点。

2）承包商在接收此类材料前应进行目测，发现数量不足或质量缺陷等问题，应立即通知工程师，在收到通知后，业主应立即将数量补足并更换有缺陷的材料。

3）承包商目测材料之后，此类材料就移交给了承包商，承包商应开始履行看管责任。

4）即使材料移交给承包商看管之后，如果材料数量不足或质量缺陷不明显，目测不能发现，那么业主仍要为之负责。

3. 采购分包合同条款的设置

在 EPC 工程总承包项目中，合同更多的是保证整个项目整体性能和可靠性，因此合同更多的是技术的要求和界定，同时对于合同的违约责任更多的是在技术指标的违约和罚款。另外，对图纸设计的确认会对交货期产生很大的影响，这样合同文本中难免要出现部分商务条款，非常容易出现与商务条款不统一的甚至矛盾的部分，为解决此问题，总承包商在签订采购分包合同时应采取技术、商务一起谈的策略。同时在合同签订后，建立合同执行动态表，作为贯穿合同执行的一条主线，直至合同结算完成。

合同生效、交货期往往是采购合同容易起纠纷的地方，图纸设计是否及时确认？付款是否及时到账？中间付款是否按照合同约定？出厂检查是否及时？船期安排是否满足交货期的要求？这些因素使采购的分合同具有很多不确定性。这就要求总承包商在签订采购分合同前，要设定一些对合同管理与合同结算有利的条款，以达到减少损失的目的。

（1）必须明确合同签字及合同生效的时间。在合同中必须明确合同签字及合同生效的时间，交货期的计算应从合同生效开始，图纸的确认时间和中间付款时间不挂钩，供货商所供货图纸的确认是需要供需双方共同努力合作，才能按照合同约定的时间进行图纸确认的。对图纸的确认不是对图纸所有的信息的确认，有时会出现一些由于业主的要求，导致所供货设备与其他设备的接口不确定，对于设备主体已经可以开始制造，如果由于接口信息没有确认导致的供货延期，显然对总承包商是不合理的。因此，在采购合同中就应该明确两点：①对供货商提供图纸时间的约定；②如果主体图纸已经确认，那么接口信息在一个合理的时间范围内确认，即可确认图纸是满足合同要求的。

（2）明确合同交货期的有关条款。如果总承包商承揽的是国外工程项目合同，合同交货期就受到船期和质检的影响，货物海运出货的时间安排对于合同交货时间无疑是一个重要的影响因素，因此，对于船期安排不但要考虑到施工进度的需要，还要考虑供货分包商的供货能力，最好的办法就是总承包商在项目启动的时候就对总体进度有一个统筹的进度计划，按照这个进度计划来指导项目执行，具体到设备采购，就要统筹考虑，把设备采购顺序和交货顺序做一个合理安排，做到组织有序，这样可以避免出现采购合同交货期与船期不符造成供需双方的意见分歧。

最终出厂质量检验也是影响交货期的另一个重要因素。国内供货商技术水平参差不齐，管理理念也有所不同，再加上地域的差异和产品的不同会导致对总包商的一些技术要求理解不透彻、不到位，甚至错误。会出现同样的产品，不同的厂家制造出来的质量相差很大。对于有些产品，可能到最终的出厂检验时才会发现存在不满足客户要求的质量问题，而整改这些问题又需要花费时间，一般的厂家都是在发货前3～5天要求总包方做出厂检验，此时一旦发现问题，整改时间肯定不够充裕，势必影响到发货，有的还需要整改后再检验，以上种种现象都要求我们在采购时做到以下几点：①选择质量可靠，信誉好，经验丰富的供货商；②总承包商在合同执行过程中间要不断到厂家去巡检、沟通，通过不断的反复的沟通交流，使厂家充分了解总包商的真实技术要求；③最终的出厂检验要提前做，给整改预留足够的时间；④总承包商最好在采购过程中实行采购项目经理制度，项目经理对合同中涉及的商务、技术、包装、检验、技术资料等负全责，作为与卖方唯一的联系人。总之，合同交货期是买卖双方最容易产生纠纷，也最容易扯不清的地方，一定要慎重对待。

（3）明确现场移交和验收有关条款。设备的移交和签收在合同执行过程中处于一个不清晰的状态。供货商交货到港口，总包商不可能在港口对设备包装箱内的零部件进行逐一清点，只是对设备的总箱数进行清点，对包装箱的外观质量进行检查。一旦发现包装箱破损或者包装不合理，必须及时通知厂家进行整改，做好行程完整的港口签收记录并把此单据作为合同支付到货款的必需单据。对于大宗货物的集港，供货商必须要派驻集港人员，协助总承包商完成集港工作。设备缺件少件、漏发等问题要到设备安装时才能发现。这就需要双方在合同签订时就要明确此类问题的解决方法，如果厂家有服务工程师在现场，服务工程师必须在开箱验收记录上签字确认，如果厂家没有人员在现场，则需要厂家明确给出设备开箱授权委托同时现场做好设备开箱记录，以便厂家补发和后期的合同结算。设备在现场调试和生产过程中存在的质量问题，往往是供需双方扯皮最多的地方，也是法律认定最难的地方，因此，就需要的采购合同中，尽可能地明确现场质量问题的处理方法，最大可能地保护总承包商的利益。

（4）质量事故处理程序有关条款。鉴于总承包项目的特殊性，总承包商对业主担保的是整个项目的进度和性能担保，项目现场经常碰到的问题是，一台很小的设备出了问题而导致整条生产线停止运转，而问题的处理就显得非常的紧迫，如果此时，总承包商再按照质量事故的处理流程处理，就会带来时间上的损失，损失更大。由于项目现场在国外，供货商派遣技术人员到现场也不是很容易的，办理护照、签证、订机票都需要花费大量的时间。

1）一旦总承包商需要现场技术服务，供货商必须无条件地尽快给予反应，否则有可能给总承包商带来巨大的损失。因此，在采购合同中必须明确：对于项目现场出现的质量事故，总承包商可以自行处理的可以不经供货商的同意先行处理，处理之后必须通知供货商。

2）对于出现的总承包商不能自行处理的问题，总承包商通知供货商2天后，供货商必须按照总承包商的要求，派遣相关技术人员处理，否则视为供货商认可总承包商对该质量问题的原因分析，由此所产生的费用由供货商全额承担。

3）对于现场服务延期的约定，例如设备正常的安装调试，总承包方提前15天通知供货商，供应商在接到通知后3天内向总承包商提交现场服务工程师的护照信息且护照的有效期必须在一年以上。

4）对于现场紧急情况下，供货商必须在24小时内提交服务工程师的护照信息，护照的有效期在一年以上。对于供货商不能满足以上要求的，视为服务延期违约，适用合同延期违约罚则。

关于采购合同条款的签订，还有很多需要注意的地方。总之，一个总承包项目的成功运作，需要项目的组织者、参与者、配合者通力合作，总承包项目实施最主要的三个环节是项目设计、项目采购、项目施工，项目采购在整个项目运作中起到了承上启下的作用，而项目采购的主要工作集中在采购合同的签订和执行上面，为此，总承包商在签订采购分包合同时应对其高度重视，考虑周全，以免由于合同条款模糊或遗漏使整个工程工期延误，造成总承包商不必要的经济损失。

4. 采购分包合同的管理过程

（1）采购分包前期工作。

1）采购合同管理组织设置。由于设备材料采购工作的主要性和特殊性，项目部需要组建专门负责部门，即采购部、设备与材料采购部并安排商务部门人员和技术部门的人员，负责采购设备材料的询价、谈判，与供应商的合同签订、合同监控等工作。

2）研究采购条款。总承包合同条款是业主验收和接收相关设备材料的依据，因此，总承包商要认真研究EPC总包合同条款，尤其是关于采购部分的条款，分析合同风险，商讨对策；尤其是要明确业主对EPC总承包项目的关于设备材料的要求、功能，设备材料的标准、规格、质量等。

3）采购策划。项目开始，总承包商负责部门要对设备采购工作进行详细的策划，包括设备的分类、分工，采购计划，预算，资金的保证等，并做出WBS工作图表。

4）筛选采购分包商。选择供货商，要考虑多方面的因素，如品牌、信誉、实力、业绩等。项目采购时本着公平公正的原则，给予所有符合条件的供货商同等的机会。在进行供货商数量的选择时避免单一货源，要寻求多家供应，同时又要保证所选供货商承担的工作量，获取供货商批量供货的优惠政策，降低产品的价格和采购成本。按照产品需求，可将供货商分为高、中、低不同的等级，每个等级中选择2~4家供货商。对于关键设备材料不承诺最低价中标，一方面体现市场经济的规则，另一方面也能对采购成本有所控制，提高产品的质量。

（2）签约阶段管理工作。

1）物资采购必须按照技术规格书和设计文件的要求进行，性能参数满足设计图纸、资料的要求，并在合同中规定专门的技术协议，在满足通用要求的前提下，对产品的技术要求进行详细的描述，以免发生偏差。

2）合同签订前，总承包商与分包商对其所提供的设备材料要充分沟通，明确各项具体要求，包括合同中应有专门条款规定分包商提供的资料和清单；明确规定分包商应提交的如材料清册、安装使用说明、合格证书、出厂试验报告、材质证明等。

3）对通用技术规范、标准中规定的内容，具体与设备、材料有关的部分应直接写入分包合同技术规范书中。

（3）履约过程管理工作。

1）保持与分包商的信息沟通及时顺畅。分包商和总包商直接签订合同后，有时还存在部分产品由外协单位供货的情况，总承包商与分包供货商的沟通和信息传达就显得十分重要。由于分包合同签订时有时会不详细，在执行过程中必然会提出新的要求，或者根据项目的进展，业主又提出新的要求，新要求传达到分包供货商就存在一定的难度。有时分包商对新的变化清楚了，但分包供货商并不见得清楚。因此，总包商应保证信息一定传达到具体的执行单位。

2）对采购分包商的合同实施全过程进行全面监控，从原材料的进厂检查、产品的加工制造、材料的检验试验、产品的试验测试、货物的发运仓储、设备的安装调试、运行效果等，记录不良行为和违章记录，建立供应商档案制度，并实行动态考核。

（七）施工分包合同管理

建设工程施工分包合同的管理是EPC总承包商完成项目、实现既定项目目标最重要的手段，而恰当的合同模式、完善的施工分包合同条款又是EPC总承包商进行合同管理的前提和保障。因此，研究如何签订好施工分包合同及利用分包合同条款对分包商进行约束，是EPC合同管理中十分重要的问题。

1. 施工分包合同模式的选择

如前所述，目前在工程建设中普遍使用的有三种价格模式：固定总价合同、单价合同和单价与包干混合合同。

（1）固定总价合同。适合采用固定总价合同的工程一般具有以下几个特点：

1）工程项目规模较小、工期较短、工程量小、合同执行过程中风险较小。

2）该工程在招标时施工图设计深度完全能满足施工要求。

3）招标人要求投标人自己计算工程量后进行报价，或招标人留给中标人足够时间对工程量进行复核。

由于固定总价合同的这些特点，分包商几乎承担了工程项目的所有风险，除非 EPC 总承包商发出变更令，否则合同价格不能进行调整。总承包商的财务责任理论上很确定，但分包商需要承担市场价格变化等许多不可预见风险，因此，施工分包商报价较高。

对施工分包商采用固定总价合同的，应该在合同中明确固定总价所包括的风险范围，及超过约定风险幅度时的价格调整方法，以及发生工程经济签证及索赔时，工程价款调整的方法。对于不满足条件的工程项目，总承包商的合同主管部门应限制采用固定总价模式或采取其他特殊措施来平衡固定总价所带来的巨大风险。

（2）单价合同。适合采用单价合同的工程一般具有以下特点：

1）招标时，项目的内容和设计指标不能准确确定。

2）项目的工程量可能会发生较大变化。

单价合同一般采用工程量清单的计价方式，是应用得最广泛的合同类型。在单价合同下，如果工作范围不发生变化，EPC 总承包商的财务支出较易得到控制；填入单价的工程量清单有利于 EPC 总承包商评判投标人的报价优劣情况。但是，编制工程量清单十分费时，工程量清单中的工作内容如果描述不清，或清单项划分不合理，会给施工分包合同管理工作带来较大麻烦，对施工分包商应用此种单价合同要求总承包商清单的编制有较高水平。

（3）单价与包干混合合同。在使用单价合同模式时，也可以视项目的具体情况，采用单价与包干的混合式合同，以单价合同为基础，但对其中某些不易计算工程量的分项工程（如小型设备购置与安装调试等）采用包干的方式，对容易计算工程量的，要求报单价，按实际完成工程量及合同中的单价结算。

2. 施工分包合同的关键条款

（1）风险分担条款。一份施工分包合同体现的是合同各方责、权、利的划分，而在工程项目的合同中，责、权、利的划分充分体现在两个方面：工程的范围、工程的风险分担。工程范围在招标文件的技术标中有详细的说明，而工程的风险分担则体现在合同条款中。

往往 EPC 总承包商希望将风险尽可能地转移给施工分包商，以减轻自身所承担的风险，但需要注意的是，如果向施工分包商转移的风险超过了其可承担的限度，这种做法是没有意义的。施工分包商无法承担此风险所带来的后果时，必定以各种方式要求 EPC 总承包商进行补偿，因此，风险分担应合理。风险分担的原则是风险应由最有能力承担的一方承担。事实上，风险不仅意味着可能的损失，也意味着可能的收益，对于 EPC 总承包商能够自行应对或完全有能力应对的风险，EPC 总承包商可以自留此风险，只要控制好了此风险，就可以获得此风险所带来的收益。

（2）调价条款。虽然订立固定总价或固定单价合同从理论上看，是很好的规避物价上涨风险的方式，但在实际操作上却会出现很多问题，一旦物价上涨过大，施工分包商为了弥补自身的损失，必然想尽办法从其他地方获得补偿，甚至会影响分包商保质保量地履行合同，因此，对于工期较长、执行过程中价格可能会发生较大变化的项目，在合同中确定调价条款是有必要的。

合同中的调价条款需要确定可调价格的范围，是单一材料、机械使用费或人工费的调差，还是分项工程的调差。如果是采用分项工程的调差，一般而言，只有当分项工程的价格超过一定比例后，对超出比例的部分才进行调整，也就是说，施工分包商应承担一定比例内物价上涨的风险。不仅造价增加了需要调整，同时在合同中也应相对地规定，若有费用节省，也应就超出费用节省比例以外的部分进行调整。

（3）奖励或处罚条款。为了鼓励施工分包商更好地履行合同项目，在分包合同中常设奖励或处罚条款，以起到激励或负激励的作用。使用奖励或处罚条款应坚持以下两点原则。

1）奖罚对等，有奖才有罚。如 EPC 总承包商为了控制进度，往往希望在施工分包合同中设立罚款条款，一旦施工分包商未按时完成节点，则对其进行处罚，但如果其进度超过了计划，对工程起到了良好的效果，施工分包合同中却没有奖励条款，则会影响激励的效果。

2）奖励或处罚比例恰当，不应超过总包或分包可承受的程度。尤其对于处罚条款而言，如处罚的比例过大，有可能会影响施工分包商继续履行合同，分包商也很难接受这样的处罚；而处罚比例太小，又起不到惩戒的作用。对于奖励条款，同样如此。

（4）签证工作的计价方式。经济签证在每个项目中都是不可避免的，但在费用的确定上，总承包商和分包商往往存在较大分歧。总承包商一般希望采用合同中类似工作的价格，而分包商一般则要求按照其企业定额进行报价。

签证一般仅对小额的零星工程，若此工程为分项工程，是既定目标实现不可或缺的一部分的，为新增工程，应参照合同的单价；对于数额较大的，将此工程从整体中去掉，不影响分项工程的既定目标和用途的，为额外工程，可不采用合同价格，应重新招标或签订补充协议，因此，签证的原则及单价应在合同中确定。对于施工现场的零星用工，最好能够确立一套零星用工标准，每个施工分包商发生零星用工时都可按此标准执行，能极大地减少此类用工的议价工作。

（5）技术规格书与清单项的匹配。如前所述，工程量清单中的工作内容如果描述不清或清单项划分不合理，会给合同执行管理工作造成很大障碍。工程量清单应尽可能地体现合同的工作范围，而目前的工程量清单中，对于各清单项的工作范围描述往往不清，在技术规格书中的许多要求不能反映到清单的描述中，许多有经验的分包商往往会利用这一点，在投标前已发现这些问题，在投标中却不进行澄清。而是在合同执行的过程中，将工程量清单中未体现技术要求的部分作为变更提出，要求 EPC 总包商进行补偿。

3. 施工分包合同常见缺陷

目前，施工分包合同中常出现的问题可归纳为以下几类。

（1）施工合同签订人员希望把绝大部分风险转嫁给施工分包商，但不合理的风险划分却失去了预定的目的。如在某分包合同中有这样的条款，"在合同执行期间，甲方可以书面指令乙方进行与该工程相关的任何附加工作，其费用均已包括在合同价中，乙方不得在合同执行期间就此提出任何费用补偿的合同"，事实上分包商不可能完全接受总包商的此类指令。

（2）合同中某些问题没有明确定义，如"附加工作"没有明确定义工作的范围。又如，某些施工分包合同中关于工期延误的条款中往往缺乏"工期延误"的定义，没有明确只有关键线路上工期延误才能进行工期索赔，由此导致只要工程出现延误分包商就可以进行工期索赔。

（3）合同中某些问题，缺乏操作细则。大部分的施工分包合同里都有规定，如果由于分包商的原因致使工程不能达到合同中规定的完工日期或关键节点日期，EPC总包商有权对施工分包商进行违约处罚。但在合同内不能只确定每天的罚额，还应说明处罚具体是如何操作的；如造成工期拖延合同双方都有责任，需要对各方的责任进行界定。

（4）合同分包范围划分不合理。施工分包合同的工作范围划分需要和施工工艺、整体的施工组织设计紧密联系，并进行合理的接口协调，一旦合同承包的工作范围划分不清，在工程的进展过程中，会给工程带来许多接口问题，造成施工障碍。针对目前施工分包合同条款中常常出现的问题，建议的解决方法主要有以下几种。

1）在施工招标文件编制完成后，成立合同评审小组对合同进行评审并提出意见，小组成员应为各专业经验丰富的专家和人员，对合同范围的划分、技术要求、各分包合同工作接口的处理等方面提出意见，最好能吸纳这些人员参与到分包合同的谈判中。同时需要有经验丰富的商务专家对所有的施工分包合同进行整体把握，处理各分包合同之间的关系。

2）在施工分包合同签订后，合同的签订人员对直接执行合同管理的人员及施工管理的人员及时宣传贯彻，指明合同的范围及风险划分及在施工和管理中容易发生分歧的条款，以便各管理人员及时做好预防措施。

3）加强合同管理人力储备和培养，在合同管理人员的配备中形成人员梯度，由经验丰富的合同管理工程师指导和培养年轻的合同管理人员；同时经常进行合同管理相关培训，以提升合同管理人员的工作经验和技能。

一份约束力强的施工分合同必然具有以下几个特点：合同模式选择得当、公平、可操作性强。这些特点的实现需要合同签订人员具有丰富的合同管理经验，不断从合同执行人员处吸取意见反馈及参考同类项目的经验。为使合同条款发挥预期的约束力，实现项目目标，在执行过程中应建立相应的实施细则，对具体的操作进行指导。EPC总承包商只有将施工分合同的签订与执行结合起来，才能从真正意义上起到分包合同管理强有力的作用。

第五章

工程项目进度管理咨询

第一节　工程项目进度管理简介

一、工程项目进度管理概念

工程项目进度管理是在保证工程建设要求和目标等相关条件的前提下，对工程项目通过组织、计划协调、控制等方式进行进度控制，实现预定的项目进度目标，并尽可能地缩短建设周期的一系列管理活动的统称。

工程项目管理有多种类型，不同利益方（业主方和项目参与各方）的项目管理都有进度控制的任务，但是，其控制的目标和时间范畴是不相同的。

工程项目是在动态条件下实施的，因此进度控制也就必须是一个动态的管理过程，它包括：

（1）进度目标的分析和论证。其目的是论证进度目标是否合理，进度目标有无可能实现。如果经过科学的论证，目标不可能实现，则必须调整目标。

（2）在收集资料和调查研究的基础上编制进度计划。

（3）进度计划的跟踪检查与调整。定期跟踪检查所编制进度计划的执行情况，若其执行有偏差，则采取纠偏措施，并再次审视计划的合理，视需要调整进度计划。

二、工程项目进度管理的原理

1. 动态控制原理

项目进度控制是一个不断变化的动态控制，也是一个循环往复的过程。从项目的施工开始，实际进度就出现了运动的轨迹，也就是说计划进入到执行的动态。当实际进度与计划进度不一致时，便产生超前或滞后的偏差。此时应分析偏差产生的原因，应采取相应的措施，尽量发挥组织管理的作用，使实际工作按计划进行。但是在新的干扰因素出现时，又会产生新的偏差。施工进度计划控制就是利用这种动态循环进行控制的方法。

2. 系统原理

（1）施工项目计划系统。为了能够对施工项目有效地进行进度计划控制，必须编制施工项目的各种进度计划，包括施工项目总进度计划、单位工程进度计划、分部分项工程进度计划以及季度和月（旬）进度计划，这些计划组成了一个施工项目的进度计划系统。进度计划的编制对象是由大到小的，计划的内容是从粗到细的。在编制时从总工期计划到局部计划，一层一层进行控制目标分解，以便保证计划控制目标落实。在执行计划时，从月（旬）进度计划开始实施，逐级按目标控制，这样就达到了对施工项目整体进度的目标控制。

（2）施工项目进度实施组织系统。施工项目实施全过程的各专业工种都应遵照计划规定的目标去努力完成规定任务。施工项目经理和有关劳动调配、材料设备、采购运输等各个职能部门都应按照施工进度规定的要求进行严格管理和落实。施工组织的各级负责人，即项目经理、施工队长、班组长及其所属全体成员组成了施工项目实施的一个完整组织系统。

（3）施工项目进度控制组织系统。施工项目的进度实施还应有一个检查控制系统。从公司、项目一直到作业班组都应该设专人负责统计整理实际施工的进度资料，并与计划进度比较分析和进行调整。不同层次人员负责不同的进度控制职责，分工协作，从而形成一个相互连接的施工项目控制组织系统。实施是计划控制的执行，控制是保证计划按时实施。

3. 信息反馈原理

项目信息反馈是施工项目进度控制的一个主要环节，施工的实际进度通过信息反馈到基层施工项目进度控制的管理人员，在分工的职责范围内，对信息进行加工，再将信息逐级向上反馈，直到主控制人。主控制人整理统计各方面的信息，经过比较分析做出决策，及时调整进度计划，仍使其符合预定工期目标。施工项目进度控制的过程实际上就是信息反馈的过程。

4. 弹性原理

由于施工项目进度计划工期长，影响进度的原因比较多，其中有的已被管理人员所掌握，根据经验估计得到影响的程度以及出现的可能性，并在制定进度目标时，实施目标的风险分析。计划编制人员具备了这些知识和实践经验之后，在编制施工项目进度计划时就会留有余地，使施工进度计划具有一定的弹性。在进行施工项目进度控制时，就可以利用这些弹性，压缩有关工作的时间，或者改变它们之间的连接关系，通过缩短剩余计划工期的方法，依旧可以达到预期的计划目标。这便是施工项目进度控制中对弹性原理的应用。

5. 封闭循环原理

施工项目进度管理的全过程是计划、实施、检查、比较分析、确定调整措施、再计划。自编制项目施工进度计划开始，经过对实施过程的跟踪检查，收集有关实际进度的信息，进行比较并分析实际进度与施工计划进度之间的偏差，查出产生的原因和解决的办法，确定调整措施，然后再修改原进度计划，形成一个封闭的循环系统。

6. 网络计划技术原理

在施工项目进度的控制中通过利用网络计划技术原理编制进度计划，根据收集的实际进度信息，比较和分析进度计划，然后又利用网络计划的工期优化、成本优化和资源优化的理论调整计划。网络计划技术原理是施工项目进度控制中完整的计划管理和分析计算的理论基础。

三、工程项目进度管理的重点

1. 任务承接阶段的进度管理

任务承接阶段的主要工作内容包括投标、中标、签订合同。在此阶段，承包方对进度的控制有相当的难度，通常只能响应标书对进度的要求，但也有一定的灵活性，可以在合同生效的条款上（例如在预付款支付的条款、保函开立的条款、现场交付的条款以及当地政府主管部门的大量协调工作的条款等方面）为己方尽可能地争取工期。

2. 项目准备阶段的进度管理

签订合同后，承包商应全面展开项目的准备工作，收集项目的原始资料，了解项目的现场情况，调查项目当地的物资、技术、施工力量，研究和掌握项目的特点及项目实施的进度要求，摸清项目实施的客观条件，合理部署力量，从技术、组织、人力、物力等各方面为项目实施创造必要的条件。认真仔细地做好准备工作，对加快实施速度、保证项目质量与安全、合理使用材料、增加项目效益等方面起着重要的作用。

项目准备阶段往往周期长、衔接工作量很大、工作很杂，也常常在不知不觉中延误项目的实施进度，必须引起足够的重视。项目准备阶段要特别注意以下两点：

（1）尽快建立一个懂技术、会管理、团结和谐、精明强悍的管理团队，这往往是决定项目实施成败的最关键因素之一。特别是在进度控制上最好配备有计划管理经验、懂工程网络计划的计划人员。

（2）要调查研究收集资料。收集并研究与项目实施有关的资料，可使准备工作有的放矢，避免盲目性。主要收集地形、地貌、工程地质、水文地质及气象条件等自然条件的资料和现场供水、供电、道路交通能力，地方建筑材料的生产供应能力及建筑劳务市场的发育程度，当地民风民俗、生活供应保障能力等技术经济方面的资料。所有这些基础资料对项目的实施方案、承发包方式、施工组织设计等有至关重要的影响。

3. 设计阶段的进度管理

设计工作对项目的进度控制起着决定性的作用。本来它既可以算作项目准备阶段的工作，也可以算作招投标阶段的工作，在此单独讲述，是因为在项目实施过程中能否加快进度，保证质量和节约成本，在很大程度上取决于设计工作的进度和设计质量的优劣。设计阶段的进度控制主要注意以下两方面：

（1）设计本身的进度控制。设计工作是一个漫长的、系统的、复杂的工作，涉及资料的收集、平面的布置、数据的计算、系统的设计、图纸的审批以及由初步设计到施工图设计的设计过程。设计本身也有一定的周期，但往往图纸的提交对项目的实施进度有决定性的影响，所以要重视设计工作的进度。从设计工作内部，采取包括激励措施、与设计单位保持良好的关系、承包商全力配合设计院的工作来促进设计进度。从设计工作外部，可以改变某些方式，比如把仅仅需要提交业主批准的图纸单独出图，而把不需要提交批准的图纸按正常的方式进行设计。这样即使业主不批准而修改设计也可以减少大量的设计工作，从而节约设计时间。

（2）设计对项目实施的进度控制。现代的工程项目大多具有建设规模大、技术含量高、建设工期紧、实施难度大及承包风险大等特点，在工程项目的实施过程中，特别是在设计中大量使用新技术、新设备和新工艺，可以达到有效地节约成本和缩短施工工期的效果，因此在设计中要鼓励设计单位（最好是在设计合同中设立一笔奖金）更多地使用新技术、新设备和新工艺。在设计中还要运用价值工程，进行多方案设计、多方案比选。另外还要从结构上、工艺上、系统上进行优化，同时综合平衡成本、进度、质量和安全等因素，为项目的实施创造最佳的进度控制途径。

4. 招标阶段的进度管理

招标工作是项目实施过程中重要的工作之一，目前在我国普遍采用经过评审的合理低价中标原则。这其中特别强调是经过评审的合理低价，包括对投标单位的资质、信誉、业绩、技术力量、人员配置、机具设备状况和财务状况等多方面的评价，不仅仅考虑价格因素，还要综合考虑进度、质量、是否有过良好合作关系。况且，项目管理的理念是与项目建设参与方共赢，一味地压低价格或其他苛刻的合作条件会使参与方在质量上、进度上甚至在安全上打折扣，最终可能影响招标人的总体利益，非常不利于项目进度的控制。

5. 施工阶段的进度管理

项目的施工阶段，首先要做好施工组织，尤其要做好施工组织设计，对施工活动进行全面的计划安排。根据项目的特点，施工单位要首先编制施工组织总设计，然后根据批准后的施工组织总设计，编制单位工程施工组织设计。施工组织设计一般应明确施工方案、施工的技术组织措施、施工准备工作计划、施工平面布置、施工进度计划、施工生产要素供给计划、落实执行施工项目计划的责任人和组织方式。

有了施工组织设计，施工单位应按照施工组织设计精心施工，这一阶段是施工管理的重点。要针对具体的施工活动，为落实施工组织设计的统一安排而进行协调、检查、监督、控制等指挥调度工作。一方面，应从施工现场的全局出发，加强各个单位、各部门的配合与协作，协调解决各方面问题，使施工活动顺利开展；另一方面，应加强技术、材料、质量、安全、进度等各项经济核算与管理工作，严格执行各项技术、质量检验制度。

在项目的施工过程中，要正确处理好合同分包，要对严重影响施工进度的分包商，采取合同手段保证进度，特别是要保留对严重滞后的关键工作回收的权利，以实现突击；对关键的单位工程要找专业的分包队伍，或许能节约成本，缩短进度。

6. 竣工验收阶段的进度控制

竣工验收阶段是项目实施的最后阶段。在竣工验收之前，施工单位内部要做好预验收，检查各分部、分项工程的施工质量，尽快全面地消除项目的缺陷，整理各项交工验收的技术经济资料，把自身的工作做扎实，努力缩短交工验收时间。

四、工程项目进度管理的措施

1. 工程项目进度控制的组织措施

（1）组织是目标能否实现的决定性因素。为实现项目的进度目标，应充分重视健全项目管理的组织体系。

（2）在项目组织结构中应有专门的工作部门和符合进度控制岗位资格的专人负责进度控制工作，在项目管理组织设计的任务分工表和管理职能分工表中应明确进度控制人员的职责。

（3）应编制项目进度控制的工作流程。

（4）进度控制的主要工作环节包括进度目标的分析和论证、编制进度计划、定期跟踪进度计划的执行情况、采取纠偏措施以及调整进度计划。

2. 工程项目进度控制的管理措施

（1）工程项目进度控制的管理措施涉及管理的思想、管理的方法、管理的手段、承发包模式、合同管理和风险管理等。在理顺组织的前提下，科学和严谨的管理显得十分重要。

（2）采用网络计划的方法编制进度计划必须很严谨地分析和考虑工作之间的逻辑关系，通过网络计算可发现关键工作和关键线路，也可知道非关键工作可使用的时差。网络计划的方法有利于实现进度控制的科学化。

（3）承发包模式的选择直接关系到项目实施的组织和协调。为了实现进度目标，应选择合理的合同结构，以免过多的合同交界面而影响工程的进展。工程物资的采购模式对进度也有直接的影响，对此应做比较分析。

（4）为实现进度目标，不仅应进行进度控制，还应注意分析影响项目进度的风险，并在分析的基础上采取风险管理措施，以减少进度失控的风险。

（5）重视信息技术（包括相应的软件、局域网、互联网以及数据处理设备）在进度控制中的应用。虽然信息技术对进度控制而言只是一种管理手段，但它的应用有利于提高进度信息处理的效率，有利于提高进度信息的透明度，有利于促进进度信息的交流和项目各参与方的协同工作。

3. 建设项目进度控制的经济措施

（1）建设项目进度控制的经济措施涉及资金需求计划、资金供应的条件和经济激励措施等。

（2）为确保进度目标的实现，应编制与进度计划相适应的资源需求计划（资源进度计划），包括资金需求计划和其他资源（人力和物力资源）需求计划，以反映工程实施的各时段所需要的资源。通过资源需求的分析，可发现所编制的进度计划实现的可能性。若资源条件不具备，则应调整进度计划。资金需求计划也是项目融资的重要依据。

（3）资金供应条件包括可能的资金总供应量、资金来源（自有资金和外来资金）以及资金供应的时间。

（4）在工程项目预算中应考虑加快项目进度所需要的资金，其中包括为实现进度目标将要采取的经济激励措施的费用。

4. 工程项目进度控制的技术措施

（1）工程项目进度控制的技术措施涉及对实现进度目标有利的设计技术和施工技术的选用。

（2）不同的设计理念、设计技术路线、设计方案会对工程进度产生不同的影响。在设计工作的前期，特别是在设计方案评审和选用时，应对设计技术与工程项目进度的关系做分析比较。在工程项目进度受阻时，应分析是否存在设计技术的影响因素，为实现进度目标是否有设计变更的可能性。

（3）施工方案对工程项目进度有直接的影响。在施工方案选用的决策过程中，不仅应分析技术的先进性和经济合理性，还应考虑其对进度的影响。在工程进度受阻时，应分析是否存在施工技术的影响因素，为实现进度目标是否有改变施工技术、施工方法和施工机械的可能性。

五、工程项目进度管理程序与方法

1. 确定进度计划编制、审批管理流程

在工程项目全过程中，确定各项计划的编制、审批管理流程，有利于高效、稳步地实施各项计划，降低工程项目进度被延误的可能性。

图 5-1、图 5-2 为上海某公司基建设备处的投资计划编制、审定流程和采购计划的编制、审定流程，供读者在工程项目进度管理实际操作时参考。

2. 使用进度计划编制软件

国外有很多用于进度计划编制的商品软件。自 20 世纪 70 年代末 80 年代初，我国也开始研制进度计划编制的软件，这些软件都是在网络计划原理的基础上编制的。应用这些软件可以实现计算机辅助工程项目进度计划的编制和调整，以确定网络计划的时间参数。计算机辅助工程项目网络计划编制的意义在于：

（1）解决网络计划计算量大，而手工计算难以承担的困难；

（2）确保网络计划计算的准确性；

（3）有利于网络计划及时调整；

（4）有利于编制资源需求计划等。

进度管理是一个动态编制和调整计划的过程，初始的进度计划和在项目实施过程中不断调整的计划，以及与进度管理有关的信息应尽可能对项目各参与方透明，以便各方为实现项目的进度目标协同工作。为使业主方各工作部门和项目各参与方便快捷地获取进度信息，可利用项目专用网站作为基于网络的信息处理平台辅助进度控制。图 5-3 表示了从项目专用网站可获取的各种进度信息。

图 5-4 为某一工程项目进度管理软件的界面示意图，通过管控进度维护、进度填报、施工日记、施工签报和质量控制等，以实时在线的方式统一将各项目现场的进度数据保存到企业总部的服务器，方便管理人员准确了解项目进展，也能为后续的工程项目各流程提供依据。

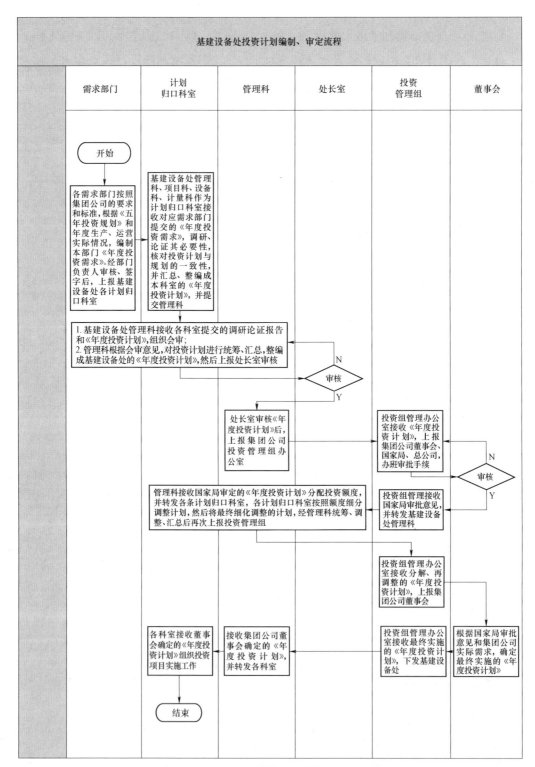

图 5-1 某公司基建设备处投资计划编制、审批流程（范例）

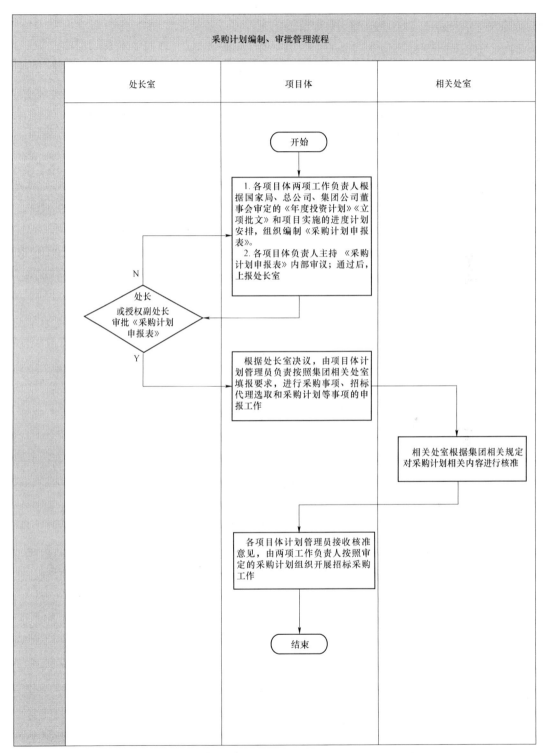

图 5-2　某公司基建设备处采购计划编制、审批流程（范例）

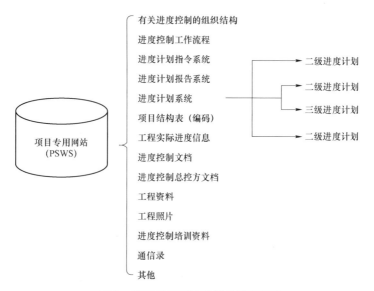

图 5-3 项目专用网站提供的进度信息

首页 进度填报

进度填报

填报编号(自动生成)：　　填报名称：
项目名称：龙湖三千里小区 *　　填报人：郑义
日期：2017-01-04

进度填报明细　增加　导入

序号	编号	项目名称	单位	工程量	综合单价	合价	完工量	小计	删除
1	1	小区路面	平方米	1800	120	216000	0	0	×
2	2	外墙	平方米	18000	265	4770000	0	0	×
3	3	水电安装	米	2878.5	284.5	818933.25	0	0	×
4	5	消防	米	2600	890	2314000	0	0	×
5	6	园林绿化	平方米	2789	450.5	1256444.5	0	0	×
合计	-	-	-	28067.5	2010	9375377.75	0	0	-

附件：上传文件
备注：
领导审批：

进度填报查询

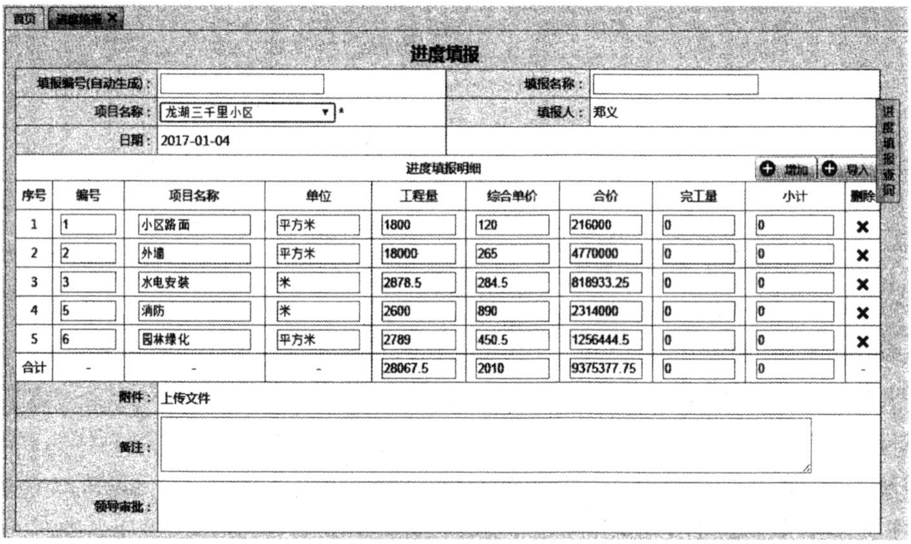

图 5-4 某进度管理软件界面

第二节 全过程工程咨询项目进度管理案例

【例 5-1】 某建设监理公司承担了一项工程建设项目的施工全过程的监理任务。施工过程中由于建设单位直接原因、施工单位直接原因以及不可抗力原因，致使施工网络计划（见图 5-5）中各项工作的持续时间受到影响（见表 5-1，正负数分别表示工作天数延长和缩短），从而使网络计划工期由计划工期（合同工期）84 天变为实际工期 95 天。建设单位和施工单位由此发生了争议：施工单位要求建设单位顺延工期 22 天，建设单位只同意顺延工期 11 天。为此，双方要求监理单位从中进行公正调解。

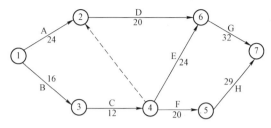

图 5-5 影响工作时间表

表 5-1 各项工作的持续时间所受影响

工作代号	建设单位原因	施工单位原因	不可抗力原因
A	0	0	2
B	3	1	0
C	2	−1	0
D	2	2	0
E	0	−2	2
F	3	0	3
G	0	0	2
H	3	4	0
合计	13	4	9

问题：

(1) 监理工程师处理工期顺延的原则是什么？应如何进行考虑，处理总工期顺延？

(2) 监理工程师调解以后应给予施工单位顺延工期几天？

参考答案：

1. (1) 监理工程师应掌握这样的原则：由于非施工单位原因引起的工期延误，建设单位应给予顺延工期。

(2) 确定工期延误的天数应考虑受影响的工作是否影响网络计划的关键线路；如果由于非施工单位造成的各项工作的延误并未改变原网络计划的关键线路，则监理工程师应认可的工期顺延时间，可按位于关键线路上属于非施工单位原因导致的工期延误之和求得。

2. 监理工程师调解以后应给予施工单位顺延工期为：

$$3（B）+2（C）+2（E）+2（G）=9（天）$$

【例 5-2】 某工程项目的原施工进度双代号网络计划如图 5-6 所示，该工程总工期为 18 个月。在上述网络计划中，C、F、J 三项工作均为土方工程，土方工程量分别为 7000 m^3、10 000 m^3、6000 m^3 共计 23 000 m^3，土方单价为 17 元/ m^3。合同中规定，土方工程量增加超出原估算工程量 15% 时，新的土方单价可从原来的 17 元/ m^3 调整到 15 元/ m^3。在工程按计划进行 4 个月后（已完成 A、B 两项工作的施工），业主提出增加一项新的土方工程 N，该项工作要求在工作 F 结束以后开始，并在 G 工作开始前完成，以保证 G

工作在 E 和 N 工作完成后开始施工，根据承包商提出并经监理工程师审核批复，该项 N 工作的土方工程量约为 9000m³，施工时间需要 3 个月。

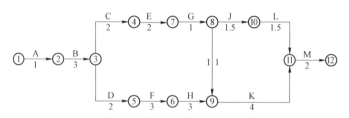

图 5-6 某项目网络计划图

根据施工计划安排，C、F、J 工作和新增加的土方工程 N 使用同一台挖土机先后施工，现承包方提出由于增加土方工程 N 后，使租用的挖土机增加了闲置时间，要求补偿挖土机的闲置费用（每台闲置 1 天为 800 元）和延长工期 3 个月。

问题：

1. 增加一项新的土方工程 N 后，土方工程的总费用应为多少？

2. 监理工程师是否应同意给予承包方施工机械闲置补偿？应补偿多少费用？

3. 监理工程师是否应同意给予承包方工期延长？应延长多长时间？

参考答案：

1. 由于在计划中增加了工程 N，土方工程总费用计算如下：

（1）增加 N 工作后，土方工程总量为：23 000＋9000＝32 000m³

（2）超出原估算土方工程量：

$$\frac{32\ 000-23\ 000}{23\ 000}\times100\%=39.13\%>15\%$$

土方单价应进行调整。

（3）超出 15％的土方量为：

$$32\ 000\text{m}^3-23\ 000\times115\%\text{m}^3=5550\text{m}^3$$

（4）土方工程的总费用为：

$$23\ 000\times115\%\times17\ \text{万元}+5550\times15\ \text{万元}=53.29\ \text{万元}$$

2. 施工机械闲置补偿计算：

（1）不增加 N 工作的原计划机械闲置时间：

在图 5-7 中，因 E、G 工作的时间为 3 个月，与 F 工作时间相等，所以安排挖土机按 C—F—J 顺序施工可使机械不闲置。

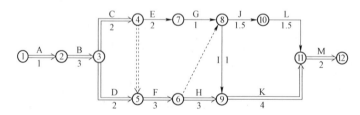

图 5-7 不增加 N 工作网络计划

（2）增加了土方工作 N 后机械的闲置时间：

在图 5-8 中，安排挖土机 C—F—N—J 按顺序施工，由于 N 工作完成后到 J 工作的开始中间还需施工 G 工作，所以造成机械闲置 1 个月。

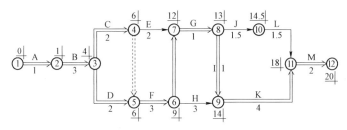

图 5-8　增加了土方工作 N 后的网络计划

（3）监理工程师应批准给予承包方施工机械闲置补偿费：

300×800 元＝2.4 万元（不考虑机械调往其他处使用或退回租赁处）

3. 工期延长计算：

根据上图节点最早时间的计算，算出增加工作后工期由原来的 18 个月延长到 20 个月，所以监理工程师应批准给承包方顺延工期 2 个月。

【**例 5-3**】　某多层办公楼建设项目业主与承包商签订了工程施工承包合同，根据合同及其附件的有关条文，对索赔内容，有如下规定：

（1）因窝工发生的人工费以 25 元/工日计算，监理方提前一周通知承包方时不以窝工处理，以补偿费 4 元/工日支付。

（2）机械设备台班费：

塔吊：300 元/台班；混凝土搅拌机：70 元/台班；砂浆搅拌机：30 元/台班。

因窝工而闲置时，只考虑折旧费，按台班费 70%计算。

（3）因临时停工一般不补偿管理费和利润。

在施工过程中发生了以下情况：

（1）6 月 8 日至 6 月 21 日，施工到第七层时因业主提供的模板未到而使一台塔吊、一台混凝土搅拌机和 35 名支模工停工（业主已于 5 月 30 日通知承包方）。

（2）6 月 10 日至 6 月 21 日，因公用网停电停水使进行第四层砌砖工作的一台砂浆搅拌机和 30 名砌砖工停工。

（3）6 月 20 日至 6 月 23 日，因砂浆搅拌机故障而使在第二层抹灰的一台砂浆搅拌机和 35 名抹灰工停工。

问题：

承包商在有效期内提出索赔要求时，监理工程师认为合理的索赔金额应是多少？

参考答案：

合理的索赔金额如下：

（1）窝工机械闲置费：按合同机械闲置只计取折旧费。

塔吊 1 台：300×70%×14 元＝2940 元；

混凝土搅拌 1 台：70×70%×14 元＝686 元；

砂浆搅拌机 1 台：30×70％×12 元＝252 元；

因砂浆搅拌机机械故障闲置 4 天不应给予补偿。

小计：2940 元＋686 元＋252 元＝3878 元

（2）窝工人工费：因业主已于 1 周前通知承包商，故只以补偿费支付。

支模工：4×35×14 元＝1960 元；

砌砖工：25×30×12 元＝9000 元；

因砂浆搅拌机机械故障闲置 4 天不应给予补偿。

小计：1960 元＋9000 元＝10 960 元

（3）临时个别工序窝工一般不补偿管理费和利润，故合理的索赔金额应为：

$$3878 元＋10 960 元＝14 838 元$$

【例 5-4】 国外某球场建设逾期案例

2013 年，巴西世界杯将分散在 12 座城市进行，依照起初与国际足联达成的协议，巴西世界杯 12 座球场须在 2013 年 12 月 31 日之前交付使用。但是截至 2013 年 11 月底，仍有 6 座球场未能按期竣工：圣保罗和纳塔尔的球场工程进度为 94％，阿雷格里港球场进度为 92％，玛瑙斯为 90.5％，库亚巴为 89％，而库里蒂巴仅为 82.7％。

造成工程延误的原因多种多样，但综合起来主要有三点：一是财政问题，包括资金不到位或拨付延迟；二是劳工问题，如缺乏劳力或工人罢工；三是接二连三地发生事故，致使工程停工和接受相关调查。

财政问题属于管理过程中的问题，几乎困扰着所有球场的建设。它们的资金来自联邦政府、地方政府与私人捐助，其中任何一方拨付延迟，都会导致工程难以为继。如库里蒂巴下城球场主要依靠巴西国开行的贷款，但这笔钱 2012 年 1 月份才到位。另外，多数球场工程存在严重超预算问题。按照巴西法律，凡有政府投资的项目超出了预算，必须要接受联邦审计法院的审计，否则项目将不得追加投资。而这个审计过程就耗费了不少时间。

劳力的缺乏属于工程计划的失误。目前，凡工期出现了延误的球场，都在日夜不停三班倒地施工。由于有些工人不愿意在夜晚工作，库亚巴的潘塔纳尔球场因此出现了缺少劳动力问题。同时，工人也在为工作条件与工资斗争，纳塔尔的沙丘球场就不时发生罢工。

最后，加班加点施工引发的事故则属于边界条件变化的失误。2012 年 11 月，圣保罗的伊塔盖拉球场因起重机倒塌造成两名工人死亡。马瑙斯的亚马孙球场也分别在 2012 年 3 月和 12 月，发生过两起伤亡事故。工程事故带来的停工调查，让施工停滞。

为了弥补拖延的工程进度，目前，玛瑙斯和库里蒂巴的体育场馆负责人都公开表示由于工程期限问题不得不放弃原来的一些设计方案。库里蒂巴决定放弃安装可伸缩的顶棚的设计方案；而玛瑙斯则表示要放弃原来的可持续理念，因为无法按时安装太阳能发电系统。同时，巴西体育部表示，由于场馆建设花费的增加，且基础设施的改善项目没有募集到更多的投资，决定取消 14 项其他配套基础设施的改建项目，而这其中有 12 项都是关于公共交通的，主要是机场的新建和改建项目。

通过案例可以看到面对已发生的进度拖延问题，解决措施主要是采取积极的措施赶工，抓紧调整后期计划，修改网络计划等。其具体方法包括：

（1）增加资源投入，如增加劳动力、材料、周转材料和设备的投入量等（例如巴西政府应当增加投资数额）。

（2）重新分配资源（例如案例中取消基础设施改建的投资额用以完成体育馆的建设）。

（3）减少工作范围，包括减少工作量或删去一些工作包（例如放弃一些设计建造方案或者更改一些体育场的设计建造方案，减少工作量或者删除一些工作包或分包工程等）。

（4）改善工具器具以提高劳动效率。

（5）改善劳动生产率，主要通过辅助措施和合理的工作过程（如政府组织培训建筑工人，注意工人级别与工人技能的协调，增发奖金，改善工人的工作环境，注意项目小组时间上和空间上合理的组合和搭接等）。

（6）将部分任务分包委托给另外的单位，将原计划由自己生产的结构构件改为外购。

（7）改变网络计划中工程活动的逻辑关系（如体育馆工程采用流水施工等）。

（8）修改实施方案提高施工速度和降低成本等（例如案例中设计单位取消体育馆可伸缩顶棚的方案以及放弃原来的可持续理念等）。

第六章

工程项目质量管理咨询

第一节 工程项目质量管理简介

一、工程项目质量的概念

《质量管理体系　基础和术语》（GB/T 19000—2016）关于质量的定义是：一组固有特性满足要求的程度。该定义可理解为：质量不仅是指产品的质量，也包括产品生产活动或过程的工作质量，还包括质量管理体系运行的质量。

工程项目质量是指通过项目实施形成的工程实体的质量，是反映建筑工程满足相关标准规定或合同约定的要求，包括其在安全、使用功能及耐久性能、环境保护等方面所有明显和隐含能力的特性总和。其质量特性主要体现在适用性、安全性、耐久性、可靠性、经济性及与环境的协调性六个方面。质量与工程项目质量的概念如图 6-1 所示。

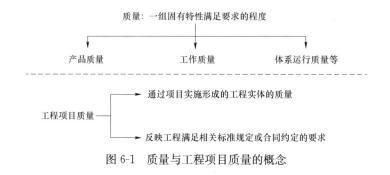

图 6-1　质量与工程项目质量的概念

二、工程项目质量的基本特性

由于建筑产品一般是采用单件性筹划、设计和施工的生产组织方式，因此，其具体的质量特性指标是在各工程项目的策划、决策和设计过程中定义的。工程项目质量的基本特性可以概括如下：

（1）反映使用功能的质量特性。工程项目的功能性质量，主要表现为反映项目使用功能需求的一系列特性指标，如房屋建筑工程的平面空间布局、通风采光性能等。

（2）反映安全可靠的质量特性。建筑产品不仅要满足使用功能和用途的要求，而且在正常的使用条件下应能达到安全可靠的标准。

（3）反映文化艺术的质量特性。建筑产品具有社会文化属性，历来人们都把建筑产品视同艺术品。工程项目文化艺术的质量特性来自设计者的设计理念、创意和创新，以及施工者对设计意图的领会与精益施工。

（4）反映建筑环境的质量特性。建筑环境质量不仅包括项目用地范围内的规划布局、交通组织、绿化景观、节能环保，还要追求其与周边环境的协调性或适宜性。

三、工程项目质量的影响因素

（1）人的因素。人是指直接参与项目建设的决策者、组织者、指挥者和操作者。人的政治素质、业务素质和身体素质是影响质量的首要因素。

（2）材料的因素。材料（包括原材料、半成品、成品、构配件等）是工程项目施工的物质条件，没有材料就无法施工；材料质量是工程项目质量的基础，材料质量不符合要求，工程项目质量就不可能符合标准。

（3）方法的因素。这里所指的方法，包含工程项目整个建设周期内所采取的技术方案、工艺流程、组织措施、检测手段、施工组织设计等。方法是否正确得当，是直接影响工程项目进度、质量、投资控制目标能否顺利实现的关键。

（4）施工机械设备的因素。施工机械设备是实现施工机械化的重要物质基础，是现代化工程建设中必不可少的设施。机械设备的选型、主要性能参数和使用操作要求对工程项目的施工进度和质量均有直接影响。

（5）环境的因素。影响工程项目质量的环境因素较多，有工程技术环境，如工程地质、水文、气象等；工程项目管理环境，如质量保证体系、质量管理制度等；劳动环境，如劳动组合、劳动工具、工作面等。环境因素对工程项目质量的影响，具有复杂而多变的特点。

四、工程项目质量管理的责任体系

《建设工程质量管理条例》规定，建设单位、勘察单位、设计单位、施工单位及工程监理单位需依法对工程项目质量负责。表6-1列举了部分各单位应承担的质量责任和义务。

表 6-1　　　　　　　　　　　　工程项目参与各方的质量责任和义务

建设单位	勘察、设计单位	施工单位	监理单位
1. 应将工程发包给具有相应资质的单位，不得将建设工程肢解发包。	1. 依法取得资质证书，并在其资质等级许可的范围内承揽工程。	1. 依法取得资质证书，在其资质等级许可的范围内承揽工程。	1. 依法取得资质证书，并在其资质等级许可的范围内承揽业务。
2. 应当依法对工程项目的勘察、设计、施工、监理等进行招标。	2. 必须按照工程建设强制性标准进行勘察、设计，并对其质量负责。	2. 对建设工程的施工质量负责。	2. 与被监理工程的施工承包单位以及建筑材料、设备供应等单位有隶属关系或者其他利害关系的，不得承担该项建设工程的监理业务。
3. 不得迫使承包方以低于成本的价格竞标，不得任意压缩合理工期。	3. 设计单位应当根据勘察成果文件进行建设工程设计。	3. 按照工程设计图纸和施工技术标准施工，不得擅自修改工程设计。	3. 应当依照法律、法规以及有关技术标准、设计文件和建设工程承包合同，
4. 实行监理的建设工程，应当委托具有相应资质的监理单位进行监理。	4. 设计单位在设计文件中选用的建筑材料、建筑构配件和设备，应当注明	4. 必须照工程设计要求及相关规定，对建筑材料等进行检验，检验应当有书面记录和专人签字。	

建设单位	勘察、设计单位	施工单位	监理单位
5. 领取施工许可证前，应当按照国家有关规定办理工程质量监督手续。 6. 收到建设工程竣工报告后，应当组织相关单位进行竣工验收。 7. 应当严格按照国家有关档案管理的规定，及时收集、整理工程项目各环节的文件资料，建立健全工程项目档案	规格、型号、性能等技术指标。 5. 设计单位应当就审查合格的施工图设计文件向施工单位做出详细说明。 6. 设计单位应当参与建设工程质量事故分析，并对因设计造成的质量事故，提出相应的技术处理方案	5. 建立、健全施工质量的检验制度，做好隐蔽工程的质量检查和记录。 6. 对施工中出现质量问题的建设工程或者竣工验收不合格的建设工程，应当负责返修。 7. 建立、健全教育培训制度，加强对职工的教育培训	代表建设单位对施工质量实施监理，并对施工质量承担监理责任。 4. 应当选派具备相应资格的总监理工程师和监理工程师进驻施工现场。 5. 监理工程师应当按照工程监理规范的要求，采取旁站、巡视和平行检验等形式，对建设工程实施监理

五、工程项目施工质量控制的系统过程

1. 按工程实体质量形成过程的时间阶段划

（1）施工准备控制：指在各工程对象正式施工活动开始前，对各项准备工作及影响质量的各因素进行控制，这是确保施工质量的先决条件。

（2）施工过程控制：指在施工过程中对实际投入的生产要素质量及作业技术活动的实施状态和结果所进行的控制，包括作业者发挥技术能力过程的自控行为和来自有关管理者的监控行为。

（3）竣工验收控制：它是指对于通过施工过程所完成的具有独立功能和使用价值的最终产品（单位工程或整个工程项目）及有关方面（例如质量文档）的质量进行控制。

2. 按工程实体形成过程中物质形态转化的阶段划分

（1）对投入的物质资源质量的控制。

（2）施工过程质量控制。即在使投入的物质资源转化为工程产品的过程中，对影响产品质量的各因素、各环节及中间产品的质量进行控制。

（3）对完成的工程产出品质量的控制与验收。

在上述三个阶段的系统过程中，前两个阶段对于最终产品质量的形成具有决定性的作用，而所投入的物质资源的质量控制对最终产品质量又具有举足轻重的影响。所以，在质量控制的系统过程中，无论是对投入物质资源的控制，还是对施工及安装生产过程的控制，都应当对影响工程实体质量的五个重要因素方面，即对施工有关人员因素、材料（包括半成品、构配件）因素、机械设备因素（生产设备及施工设备）、施工方法（施工方案、方法及工艺）因素以及环境因素等进行全面的控制。

3. 按工程项目施工层次划分的系统控制过程

通常，大中型工程建设项目根据工程项目施工层次可以划分为若干层次。例如，建筑工程项目按照国家标准可以划分为单位工程、分部工程、分项工程、检验批等层次；而诸

如水利水电、港口交通等工程项目，则可划分为单项工程、单位工程、分部工程、分项工程等几个层次。各组成部分之间的关系具有一定的施工先后顺序的逻辑关系。显然，施工作业过程的质量控制是最基本的质量控制，它决定了有关检验批的质量；而检验批的质量又决定了分项工程的质量。

六、施工质量控制的工作程序

在施工阶段，监理工程师要对工程的施工质量进行全过程、全方位的监督、检查与控制，不仅涉及最终产品的检查、验收，而且涉及施工过程的各环节及中间产品的监督、检查与验收。

在每项工程开始前，承包单位须做好施工准备工作，然后填报《工程开工/复工报审表》及附件，报送监理工程师审查。若审查合格，则由总监理工程师批复准予施工。

在施工过程中，监理工程师应督促承包单位加强内部质量管理，严格质量控制，施工作业过程均应按规定工艺和技术要求进行；在每道工序完成后，承包单位应进行自检，自检合格后，填报报验申请表交监理工程师检验。监理工程师收到检查申请后应在合同规定的时间（合同文本17条：隐蔽工程在隐蔽或者中间验收前48小时以书面形式通知工程师验收）内到现场检验，检验合格后（24小时内）予以确认。

七、质量管理的目标

根据项目管理学中项目是一个过程的定义，工程项目质量控制的重点在于过程质量控制。工程项目的过程质量控制，是指为达到工程项目质量要求而采取相应的作业技术和活动，从而为工程建设增值（见图6-2）。

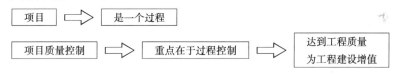

图6-2　工程项目质量控制的重点及意义

建设单位的项目管理贯穿工程项目全生命周期的各个阶段，明确工程项目质量控制的目标是基础。工程项目质量目标系统应从建设地点和建筑形式、结构、功能及使用者满意程度等多方面进行系统定义。建设单位工程项目质量控制的目标如图6-3所示。

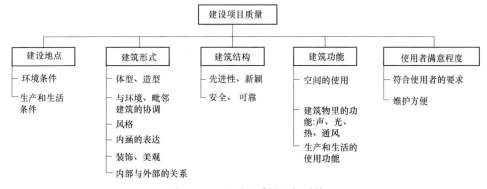

图6-3　工程项目质量目标系统

八、质量管理的重点

一般建设工程项目的质量控制主要分为六个方面，如图 6-4 所示。

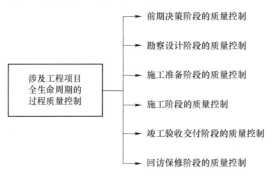

图 6-4　项目全生命周期的质量控制

1. 工程项目前期决策阶段的质量控制

项目前期决策阶段质量控制的好坏直接影响到项目在后期实施运营阶段的工程质量。在工程项目的建设前期阶段，质量控制应该包括以下四方面内容：

（1）明确工程项目的质量目标。

（2）做好工程项目质量管理的全局规划。

（3）建立工程项目质量控制的系统网络。

（4）制订工程项目质量控制的总体措施。

2. 工程项目勘察设计阶段的质量控制

（1）工程项目勘察阶段的质量控制。工程勘察是一项技术性、专业性较强的工作，工程勘察质量控制的基本方法是按照质量控制的基本原理对工程勘察的质量影响因素进行检查和过程控制。

勘察设计阶段质量控制的要点如图 6-5 所示。

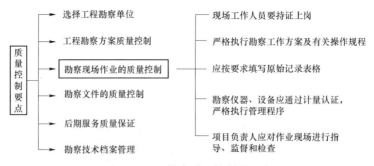

图 6-5　工程勘察质量控制的要点

（2）工程项目设计阶段的质量控制。工程项目设计阶段包括工程项目设计准备阶段和设计实施阶段。通常，设计实施阶段包括初步设计、技术设计和施工图设计的三阶段设计。因此，设计阶段的质量控制分四阶段的质量控制，包括设计准备阶段质量控制初步设计阶段项目质量控制、技术设计阶段质量控制和施工图设计阶段质量控制。图 6-6~图 6-9 分别为普通工程项目以上四个阶段质量控制的工作流程。

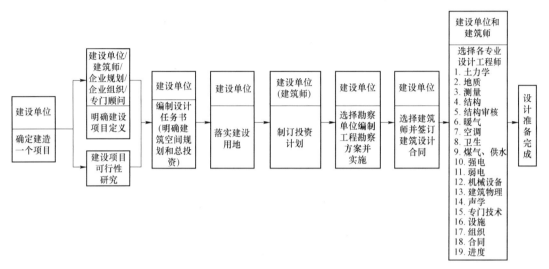

图 6-6　设计准备阶段质量控制流程

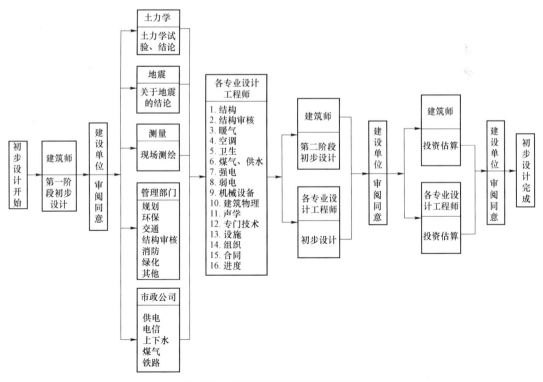

图 6-7　初步设计阶段质量控制流程

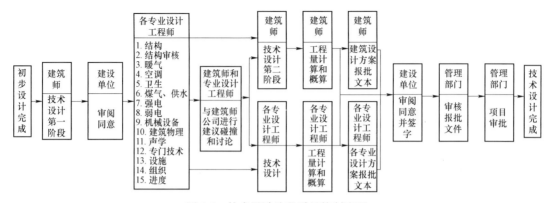

图 6-8 技术设计阶段质量控制流程

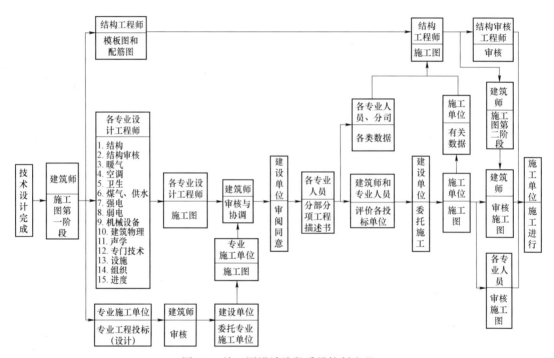

图 6-9 施工图设计阶段质量控制流程

3. 工程项目施工准备阶段的质量控制

施工准备阶段的质量控制内容与措施，包括图纸学习与会审、编制施工组织设计、组织技术交底、控制物资采购和严格选择分包单位五个方面。

（1）图纸学习与会审。图纸会审由建设单位或监理单位主持，设计单位、施工单位参加，并写出会审纪要。图纸审查必须抓住关键，特别注意结构和构造的审查，必须形成图纸审查与修改文件，并作为档案保存。

（2）编制施工组织设计。施工组织设计中对质量控制起主要作用的是施工方案，主要包括施工程序的安排、施工段的划分、主要项目的施工方法、施工机械的选择，以及保证质量、安全施工、冬期和雨期施工、污染防治等方面的预控方法和针对性的技术组织措施。

（3）组织技术交底。技术交底是一项经常性的技术工作，可分级分阶段进行。技术交底应以设计图纸、施工组织设计、质量验收标准、施工验收规范、操作规程和工艺卡为依据，编制交底文件，必要时可用图表、实样、小样、现场示范操作等形式进行，并做好书面交底记录。

（4）控制物资采购。施工中所需的物资包括建筑材料、建筑构配件和设备等。如果生产、供应单位提供的物资不符合质量要求，施工企业在采购前和施工中又没有有效的质量控制手段，往往会埋下工程隐患，甚至酿成质量事故。因此，采购前应按先评价后选择的原则，由熟悉物资技术标准和管理要求的人员，对拟选择的供方进行技术、管理、质量检测、工序质量控制和售后服务等质量保证能力的调查，信誉以及产品质量的实际检验评价，各供方之间的综合比较，最后做出综合评价，再选择合格的供方建立供求关系。

（5）严格选择分包单位。工程总承包商或主承包商将总包的工程项目按专业性质或工程范围（区域）分包给若干个分包商来完成，是一种普遍采用的经营方式。为了确保分包工程的质量、工期和现场管理能满足总合同的要求，总承包商应由主管部门和人员对拟选择的分包商，包括建设单位指定的分包商，通过审查资格文件，考察已完工程和施工工程质量等方法，从技术及管理实务、特殊及主体工程人员资格、机械设备能力及施工经验，认真进行综合评价，决定是否可作为合作伙伴。

4. 工程项目施工阶段的质量控制

工程项目施工阶段的质量控制工作主要包括材料、构件、制品和设备质量的检查，以及施工质量监督和中间验收等工作。

具体来说，施工阶段质量控制主要包括以下六个方面。

（1）严格进行材料、构配件试验和施工试验。对进入现场的物料，包括甲方供应的物料以及施工过程中的半成品，必须按规范、标准和设计的要求，根据对质量的影响程度和使用部位的重要程度，在使用前对涉及结构安全的材料应由建设单位或监理单位现场见证取样，送有法定资格的单位检测，判断其质量的可靠性。

（2）实施工序质量监控。工序质量监控的对象是影响工序质量的因素，特别是主导因素，其核心是管因素、管过程，而不单纯是管结果。工序质量监控重点内容包括设置工序质量控制点，严格遵守工艺规程，控制工序活动条件的质量，及时检查工序活动效果的质量。

（3）组织过程质量检验。过程质量检验主要指工序施工中或上道工序完工即将转入下道工序时所进行的质量检验，目的是通过判断工序施工内容是否合乎设计或标准要求以决定该工序是否继续进行（转交）或停止。具体形式有质量自检和互检，专业质量监督，工序交接检查，隐蔽工程验收，工程预检（技术复核），基础、主体工程检查验收。

（4）重视设计变更管理。施工过程中往往会发生没有预料到的情况，如设计与施工的可行性发生矛盾；建设单位因工程使用目的、功能或质量要求发生变化，因而导致设计变更。设计变更须经建设、设计、监理、施工单位各方同意，共同签署设计变更洽商记录，由设计单位负责修改，并向施工单位签发设计变更通知书。对建设规模、投资方案有较大影响的变更，须经原批准初步设计单位同意，方可进行修改。

（5）加强成品保护。在施工过程中，有些分项、分部工程已经完成，其他分项、分部工程尚在施工，对于成品，如不采取妥善的措施加以保护，就会造成损伤，影响质量，有些严重的损伤难以恢复到原样，成为永久性缺陷。产品保护工作有合理安排施工顺序和采取有效的防护措施两个主要环节。

（6）积累工程施工技术资料。工程施工技术资料是施工中的技术、质量和管理活动的记录，是实行质量追溯的主要依据。施工技术资料管理是确保工程质量和完善施工管理一项重要工作，施工企业必须按各专业质量检验评定标准的规定和各地的实施细则，全面、科学、准确、及时地记录施工及试（检）验资料，按规定积累、计算、整理、归档，手续必须完备，并不得有伪造、涂改、后补等现象。

5. 工程项目竣工验收交付阶段的质量控制

（1）坚持竣工标准。由于建设工程项目门类很多，性能、条件和要求各异，因此土建工程、安装工程、人防工程、管道工程、桥梁工程、电气工程及铁路建筑安装工程等都有相应的竣工标准。凡达不到竣工标准的工程，一般不能算竣工，也不能报请竣工质量核定和竣工验收。

（2）做好竣工预检。竣工预检是承包单位内部的自我检验，目的是为正式验收做好准备。竣工预检可根据工程重要程度和性质，按竣工验收标准，分层次进行。通常先由项目部组织自检，对缺漏或不符合要求的部位和项目，确定整改措施，指定专人负责整改。在项目部整改复查完毕后，报请企业上级单位进行复检，通过复检，解决全部遗留问题，由勘察、设计、施工、监理等单位分别签署质量合格文件，向建设单位发送竣工验收报告，出具工程保修书。

（3）整理工程竣工验收资料。工程竣工验收资料是使用、维修、扩建和改建的指导文件和重要依据，工程项目交接时，承包单位应将成套的工程技术资料分类整理、编目、建档后移交给建设单位。

6. 工程项目回访保修期的质量控制

工程项目在竣工验收交付使用后，施工单位应按照规定在保修期限和保修范围内（见表 6-2），主动对工程进行回访，听取建设单位或用户对工程质量的意见，对施工单位施工过程中的质量问题，负责维修，如属设计等原因造成的质量问题，在征得建设单位和设计单位认可后，协助修补。

表 6-2　　　　　　　　　　　　　　工程项目回访保修质量控制要求

回访的方式	保修的期限	保修的实施
季节性回访 技术性回访 保修期满前回访	基础设施工程、房屋建筑的地基基础工程和主体结构工程，为设计文件规定的该工程的合理使用年限。 屋面防水工程、有防水要求的卫生间、房间和外墙面的防渗漏，为 5 年。 供热与供冷系统，为 2 个暖期、供冷期。 电气管线、给水排水管道、设备安装和装修工程，为 2 年	保修范围：由于施工的责任，对各类建筑工程及建筑工程的各个部位，都应实行保修。 检查和修理：在保修期内，对建筑产品出现的问题应及时检查并修理

九、质量管理的原则

1. 贯彻职业规范

各级质量管理人员，在处理质量问题过程中，应尊重客观事实，尊重科学、正直、公正、不持偏见；遵纪、守法，杜绝不正之风；既要坚持原则，严格要求，秉公办事，又要谦虚谨慎，实事求是，以理服人，热情帮助。

2. 质量第一

"百年大计，质量第一"，工程建设与国民经济的发展和人民生活的改善息息相关。质量的好坏，直接关系到人民生命财产的安全，关系到子孙幸福，所以必须树立强烈的"质量第一"的思想。

要明确"质量第一"的原则，必须弄清并且摆正质量和数量、质量和进度之间的关系。不符合质量要求的工程、数量和进度都失去意义，也没有任何使用价值。而且数量越多，进度越快，国家和人民遭受的损失也将越大，因此，好中求多，好中求快，好中求省，才是符合质量管理所要求的质量原则。

3. 预防为主

对于工程项目的质量，我们长期以来采取事后检验的方法，认为严格检查，就能保证质量，实际上这是远远不够的。应该从消极防守的事后检验变为积极预防的事前管理。因为好的项目是好的设计、好的施工所产生的，不是检查出来的。必须在项目管理的全过程中，事先采取各种措施，消灭种种不符合质量要求的因素，以保证建筑产品质量。如果各质量因素（人、机、料、法、环）预先得到保证，工程项目的质量就有了可靠的前提条件。

4. 为用户服务

建设工程项目，是为了满足用户的要求，尤其是满足用户对质量的要求。真正好的质量是用户完全满意的质量。进行质量控制，就是要以为用户服务的原则，作为工程项目管理的出发点，贯穿到各项工作中去。同时，要在项目内部树立"下道工序就是用户"的思想。各个部门、各种工作、各种人员都要保证前、后的工作顺利，在自己这道工序的工作一定要保证质量，凡达不到质量要求不能交给下一道工序，一定要使"下一道工序"这个用户感到满意。

5. 用数据说话

质量控制必须建立在有效的数据基础上，必须依靠能够准确反映客观实际的数字和资料，否则就谈不上科学的管理。在很多情况下，我们评定工程质量，虽然也按规范标准进行检测计量，也有一些数据，但是这些数据往往不完整、不系统，没有按数理统计要求积累数据，抽样选点，所以难以汇总分析，有时只能统计加估计，抓不住质量问题，不能表达工程的内在质量状态，也不能有针对性地进行质量教育，提高企业素质。所以，必须树立起"用数据说话"的意识，从积累的大量数据中，找出控制质量的规律，以保证工程项目的优质建设。

十、质量管理的基本原理和方法

质量的形成有其客观规律，质量管理也只有在一系列科学的原理指导下才能取得成效。现代质量管理理论经过多年的发展与完善，形成了较为丰富的理论和方法。

1. PDCA 循环原理

PDCA 循环是质量管理的基本理论，也是工程项目质量管理的基本理论。PDCA 循环为计划—执行—检查—处置，以计划和目标控制为基础，通过不断循环，使质量得到持续改进，质量水平得到不断提高。

计划 P（Plan）：即质量计划阶段，明确目标并制订实现目标的行动方案。

实施 D（Do）：组织对质量计划或措施的执行计划，行动方案的交底和按计划规定的方法与要求展开工程作业技术活动。

检查 C（Check）：检查采取措施的效果，包括作业者的自检、互检和专职管理者专检。各类检查包含两大方面：一是检查是否严格执行了计划的行动方案、实际条件是否发生了变化、不执行计划的原因；二是检查计划执行的结果，即产出的质量是否达到标准的要求，对此进行确定和评价。

处置 A（Action）：总结经验，巩固成绩，对于检查所发现的质量问题或质量不合格，及时进行原因分析，采取必要的措施，予以纠正，保持质量形成的受控状态。

PDCA 循环的关键不仅在于通过 A 去发现问题，分析原因，予以纠正及预防，更重要的是对于发现的问题在下一个 PDCA 循环中某个阶段，如计划阶段，予以解决。于是不断地发现问题，不断地进行 PDCA 循环，使质量不断改进，不断上升。因此 PDCA 循环体现了"持续改进"的思想（见图 6-10）。

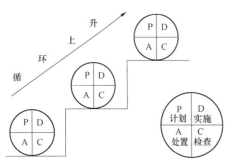

图 6-10　PDCA 循环原理示意图

2. 三阶段控制原理

三阶段控制包括事前控制、事中控制、事后控制。

事前控制要求预先编制周密的质量计划。

事中控制首先是对质量活动的行为约束，即对质量产生过程各项技术作业活动操作者在相关制度管理下的自我行为约束的同时，充分发挥其技术能力，去完成预定质量目标的作业任务；其次是参建各方对质量活动过程和结果的监督控制，这里包括来自企业内部管理者的检查检验和来自企业外部的工程监理和政府质量监督部门等的监控。事中控制虽然包含自控和监控两大环节，但其关键还是增强质量意识，发挥操作者自我约束自我控制，即坚持质量标准是根本的，监控或他人控制是必要的补充，没有前者或用后者取代前者都是不正确的。

事后控制包括对质量活动结果的评价认定和对质量偏差的纠正。

三个阶段不是孤立和截然分开的，它们之间构成有机的系统过程，实质上也就是PDCA 循环具体化，并在每一次滚动循环中不断提高，达到质量管理或质量控制的持续改进。

3. 全面质量管理（TQM 原理）

从 20 世纪 70 年代末起，我国工程建设领域开始引进并推行全面质量管理。全面质量管理是指一个企业以质量为中心，以全员参与为基础，目的在于通过让顾客满意和本企业所有成员及社会受益而达到长期成功的管理途径。

全面质量控制指对工程（产品）质量和工作质量以及人的质量的全面控制。从源头抓起，全过程推进。工作质量是产品质量的保证，工作质量直接影响产品质量的形成，而人的质量直接影响工作质量的形成。因此提高人的质量（素质）是关键。

全员参与控制，从全面质量管理的观点看，无论组织内部的管理者还是作业者，每个岗位都承担着相应的质量职能，一旦确定了质量方针目标，就应组织和动员全体员工参与到实施质量方针的系统活动中去，发挥自己的角色作用。

4. 零缺陷与 6σ 理论

"零缺陷"的概念最早由美国质量管理专家克洛斯比于 20 世纪 60 年代初提出。他提出在质量管理中既要保证质量又要降低成本，其核心是要求每一个人"第一次就把事情做好"。该理论为后来的 6σ 管理指明了方向。

在 20 世纪 80 年代美国制造业面临日益激烈的国际竞争背景下，摩托罗拉公司率先提出 6σ 质量管理方法。6σ 质量管理方法是基于统计学原理，引入希腊字母"σ"表示标准偏差值，σ 从 1 到 6，表示质量控制水平的数量级依次提高，缺陷或错误就越来越少。6σ 管理强调通过设计、调整并最终优化过程工作质量来形成保证顾客满意的产品质量特性，以"关注过程"为手段，最终实现"关注顾客"的目标。对于工程项目施工这种一次性的过程，尤其需要应用克洛斯比的零缺陷理论及 6σ 管理方法。

5. 案例分析——全面质量管理的应用

纽约市公园及娱乐部的主要任务是负责城市公共活动场所（包括公园、沙滩、操场、娱乐设施、广场等）的清洁和安全工作，并增进居民在健康和休闲方面的兴趣。

市民将娱乐资源看作重要的基础设施，因此公众对该部门重要性是认同的。但是对采用何种方式实现其使命，以及该城市应投入多少资源去实施计划却很难达成共识。该部门面临着管理巨大的系统和减少的资源。和美国的其他城市相比，纽约市的计划是庞大的。该部门将绝大部分资源投入现有设施维护和运作，而为设施维护和运作投入的预算从 1994 年到 1995 年削减了 4.8%。

为了对付预算削减，并能维持庞大复杂的公园系统，该部门的策略包括：与预算和管理办公室展开强硬的幕后斗争，以恢复一些已削减的预算；发展公司伙伴关系以取得更多的资源等。除了这些策略，该组织采纳了全面质量管理技术，以求"花更少的钱干更多的事"。

在任何环境下产生真正的组织变化是困难的，工人们会对一系列的管理新做法产生怀疑。因此，该部门的策略是将全面质量管理逐步介绍到组织中，即顾问团训练高层管理者让他们接受全面质量管理的核心理念，将全面质量管理观念逐步灌输给组织成员。这种训练提供了全面质量管理的概念，选择质量改进项目和目标团队的方法，管理质量团队和建立全面质量管理组织的策略。虽然存在问题，但这些举措使全面质量管理在实施的最初阶段获得了相当的成功。

有关分析显示了该部门实施全面质量管理所获得的财政和运作收益。启动费用是22.3万美元，平均每个项目2.3万美元。总共节省了71.15万美元，平均每个项目一年节约7.1万美元。这个数字不包括间接和长期收益，只是每个项目每年直接节约的费用。

第二节　工程项目质量管理方法

如果想要客观地反映实际施工过程中的情况和问题，就必须进行细致的调查，然后得到相关的数据资料。数据是信息的载体，在对工程项目质量进行分析的过程中必须要以数据为基础进行综合判断，一切用数据来说话。在数据的处理过程中，可以使用直方图、排列图、控制图、散布图等图形来展示分析结果，在图上能更加直观地看出工程的质量问题，从而采取适当的措施。

一、质量控制的直方图法

直方图又称质量分布图、矩形图、频数分布直方图。对从一个母体收集的一组数据用相等的组距分成若干组，画出以组距为宽度、以分组区内数据出现的频数为高度的一系列直方柱，按组界值（区间）的顺序把这些直方柱排列在直角坐标系里。这样得到的图形就是直方图。

直方图法是通过频数分布分析研究数据的集中程度和波动范围的统计方法。通过它可以了解工序是否正常、能力是否满足，并可推断母体的不合格率。同时，又可确切地算出数据的平均值和标准偏差 σ。其优点是：计算、绘图方便，易掌握，而且能够直观、确切地反映出质量分布规律。其缺点是：不能反映时间变化及数据之间和数据群之间的变化。要求收集的数据较多，一般要50个以上，否则难以体现其规律。

常见的直方图有标准型、孤岛型、双峰型、陡壁型、锯齿型、偏锋型、缓坡型等（见图6-11）。

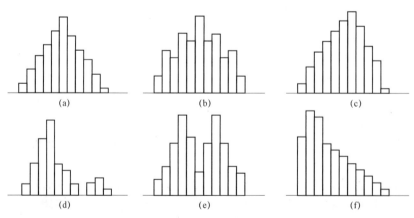

图6-11　直方图的常见类型

（a）标准型；（b）锯齿型；（c）缓坡型；（d）孤岛型；（e）双峰型；（f）陡壁型

二、质量控制的排列图法

排列图法又称巴雷特图法，也叫主次因素分析图法。它是分析影响工程（产品）质量主要因素的一种有效方法。排列图由一个横坐标、两个纵坐标、若干个矩形和一条曲线组成，图中左边纵坐标表示频数，即影响调查对象质量的因素重复发生或出现次数（或件数、个数、点数）；横坐标表示影响质量的各种因素，按出现的次数从多至少、从左到右排列；右边的纵坐标表示频率，即各因素的频数占总频数的百分比；矩形表示影响质量因素的项目或特性，其高度表示该因素频数的高低，曲线表示各因素依次的累计频率，也称为巴雷特曲线。

该方法认为 80％的质量问题源于 20％的起因，20％的质量问题源于 80％的起因，即所谓 80/20 法。因此我们要确定并解决那些导致大多数质量问题的关键的少数起因，而不是致力于解决那些导致少数问题的大多数起因（不重要的多数）。当已经解决了那些关键的少数起因，就可以把注意力集中放到解决剩余部分中的最重要的起因，不过它们的影响会是递减的。

1. 收集工序质量数据

例如将建设项目按专业类别分为土建、电气、工艺、焊接、防腐五个专业，分别由不同的专业工程师负责质量监控工作，总工程师负责全面的质量管理工作。专项工程师对于一般工序巡检到位、重点工序平检到位、关键工序旁站到位，发现工序质量问题，及时下发通知单，要求施工单位按期整改，符合要求后方可继续施工。总工程师定期收集工程师下发的通知单，把施工过程中出现的问题按专业类别分类汇总。

2. 绘制排列图

建立直角坐标系，横坐标平均划分为 5 个单位长度，每个单位长度代表 1 个专业的质量问题，左侧纵坐标为每个专业质量问题出现的频数，右侧纵坐标为从左到右各个专业质量问题出现的累计频数百分比，用矩形的长度表示各个专业质量问题出现的频数，在表示每个专业质量问题频数的矩形右边框位置标定累计频数坐标，连接各点坐标获得累计频数百分比曲线，如图 6-12 所示。

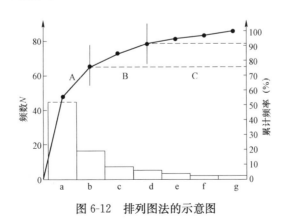

图 6-12　排列图法的示意图

3. 质量数据分析

在建项目中，按照质量问题出现的频率将排列图划分为三个区域（见图 6-12）：在 80％以下的那几个专业的质量问题为 A 类因素，是影响工程质量的主要因素；在 80％～90％的那几个专业的质量问题为 B 类因素，是影响工程质量的次要因素；在 90％～100％的那几个专业的质量问题为 C 类因素，是影响工程质量的一般因素。

三、质量控制的因果分析法

因果分析图又叫特性要因图、鱼刺图或树枝图。因果分析图法就是把对质量（结果或特性）有影响的重要因素加以分类，并在同一个图上用箭线表示出来的方法（见图 6-13）。通过整理、归纳、分析、查找原因，将因果关系搞清楚，然后采取措施解决问题，使质量控制工作系统化、条理化。它主要包括特性和要因两个方面。所谓特性，是指工程施工中经常出现的质量问题。所谓要因，是指在质量问题分析中对质量有影响的主要原因。

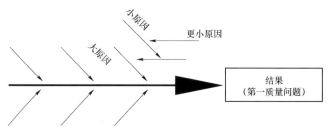

图 6-13　因果分析法的示意图

在工程实践中，任何一种质量问题的产生往往是多种原因造成的。这些原因有大有小，把这些原因依照大小次序分别用主干、大枝、中枝和小枝箭线图形表示出来，便可一目了然地、系统地观察出产生质量问题的原因。运用因果分析图可以帮助我们制订对策、措施，解决工程质量上存在的问题，从而达到控制质量的目的。

四、案例分析：基于因果分析的 AHP 法在岩土工程质量管理中的应用

定量化因果分析法引用 AHP 的系统分析过程，为各种因果关系进行定量排序。定量化首先要将分析的问题建立层次分析结构模型，将所包含的各种因素分组，每一组作为一个层次，由高到低按目标层、约束层和方案层进行排列。防水工程是一项系统工程，主要影响因素有防水材料、防水工程设计、施工技术、使用与维护等。AHP 的信息来源是人们对每一层各因素的相对重要性给出的判断，这些判断用数值表示，描写为矩阵的形式，称为判断矩阵。再对因素进行层次排序，层次排序就是根据判断矩阵计算对于上一层次某因素而言，本层次与之有联系的各因素影响度的权值。

计算防水工程质量与缺陷判断矩阵：对于防水工程质量与缺陷，约束层有四个因素，在进行系统分析时，需要由有经验和代表性的质量管理部门、工程技术人员和施工人员组成评价小组，对各因素的影响度进行评价打分。利用层次分析法给出的各判断矩阵的特征向量，把每个影响因素的观测值描述在因果分析图上，形成一个全新的已定量化了的质量分析图。图 6-14 为防水工程质量定量化因果分析图。

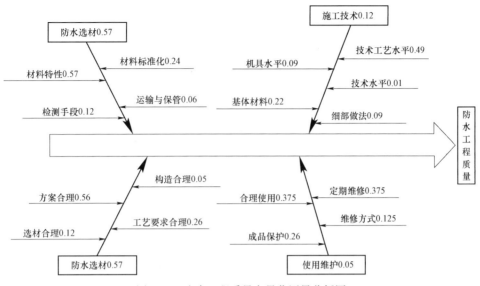

图 6-14　防水工程质量定量化因果分析图

第三节　全过程工程项目质量管理咨询案例

【例 6-1】　某工程项目，建设单位与施工总承包单位按《建设工程施工合同（示范文本）》签订了施工承包合同，并委托某监理公司承担施工阶段的监理任务。施工总承包单位将桩基工程分包给一家专业施工单位。

开工前：①总监理工程师组织监理人员熟悉设计文件时，发现部分图纸设计不当，即通过计算修改了该部分图纸，并直接签发给施工总承包单位；②在工程定位放线期间，总监理工程师又指派测量监理员复核施工总承包单位报送的原始基准点、基准线和测量控制点；③总监理工程师审查了分包单位直接报送的资格报审表等相关资料；④在合同约定开工日期的前 5 天，施工总承包单位书面提交了延期 10 天开工的申请，总监理工程师不予批准。

在钢筋混凝土施工过程中监理人员发现：①按合同约定由建设单位负责采购的一批钢筋虽供货方提供了质量合格证，但在使用前的抽检试验中材料检验不合格；②在钢筋绑扎完毕后，施工总承包单位未通知监理人员检查就准备浇筑混凝土；③该部位施工完毕后，混凝土浇筑时留置的混凝土试块试验结果没有达到设计要求的强度。

竣工验收时：总承包单位完成了自查、自评工作，填写了工程竣工报验单，并将全部竣工资料报送项目监理机构，申请竣工验收。总监理工程师认为施工过程中均按要求进行了验收，即签署了竣工报验单，并向建设单位提交了质量评估报告。建设单位收到监理单位提交的质量评估报告后，即将该工程正式投入使用。

问题：

1. 对总监理工程师在开工前所处理的几项工作是否妥当进行评价，并说明理由。如果有不妥当之处，请写出正确做法。

2. 对施工过程中出现的问题，监理人员应如何处理？

3. 指出在工程竣工验收时总监理工程师在执行验收程序方面的不妥之处，写出正确做法。

4. 建设单位收到监理单位提交的质量评估报告，即将该工程正式投入使用的做法是否正确？说明理由。

解析：

1. 开工前工作妥当与否的评价：

(1) 总监理工程师修改该部分图纸及签发给施工总承包单位不妥。理由：无权修改图纸。对图纸中存在的问题通过建设单位向设计单位提出书面意见和建议。

(2) 总监理工程师指派测量监理员进行复核不妥。理由：测量复核不属于测量监理员的工作职责，应指派专业监理工程师进行。

(3) 总监理工程师审查分包单位直接报送的资格报审表等相关资料不妥。理由：总监理工程师应对施工总承包单位报送的分包单位资质情况进行审查、签认。

(4) 总监理工程师不批准总承包单位的延期开工申请是正确的。理由：施工总承包单位应在开工前 7 日提出延期开工申请。

2. 施工过程中出现的问题，监理人员应按以下处理：

(1) 指令承包单位停止使用该批钢筋。如该批钢筋可降级使用，应与建设、设计、总承包单位共同确定处理方案；如不能用于工程则指令退场。

(2) 指令施工单位不得进行混凝土的浇筑，应要求施工单位报验，收到施工单位报验单后按验收标准检查验收。

(3) 指令停止相关部位继续施工。请具有资质的法定检测单位进行该部分混凝土结构的检测。如能达到设计要求，予以验收，否则要求返修或加固处理。

3. 总监理工程师在执行验收程序方面的不妥之处：未组织竣工初验收（初验）。正确做法是：收到承包商竣工申请后，总监理工程师应组织专业监理工程师对竣工资料及各专业工程质量情况全面检查，对检查出的问题，应督促承包单位及时整改，对竣工资料和工程实体验收合格后，签署工程竣工报验单，并向建设单位提交质量评估报告。

4. 建设单位收到监理单位提交的质量评估报告，即将该工程正式投入使用不正确。

理由：建设单位在收到工程竣工验收报告后，应组织设计、施工、监理等单位进行工程验收，验收合格后方可使用。

【例 6-2】 某大学投资兴建一栋综合实验楼，结构采用现浇框架—剪力墙结构体系，地上建筑 15 层，地下 2 层，通过公开招标，确定了某施工单位为中标单位，双方签订了施工承包合同。

该工程采用筏形基础（简称筏基），按流水施工方案组织施工，在第一段施工过程中，材料已送检，为了在雨期来临之前完成基础工程施工，施工单位负责人未经监理许可，在材料送检时，擅自施工，待筏形基础浇筑完毕后，发现水泥实验报告中某些检验项目质量不合格，如果返工重做，工期将拖延 15 天，经济损失达 1.32 万元。

某天凌晨两点左右，该综合实验楼发生一起 6 层悬臂式雨篷根部突然断裂的恶性质量事故。雨篷悬挂在墙面上，幸好未造成人员伤亡。经事故调查、原因分析，发现造成该质量事故的主要原因是施工队伍素质差，在施工时将受力钢筋位置放错，使悬臂结构受拉区无钢筋而产生脆性破坏。

问题：

1. 施工单位未经监理单位许可即进行混凝土浇筑，该做法是否正确？如果不正确，施工单位应如何做？

2. 为了保证该综合实验楼的工程质量达到设计和规范要求，施工单位对进场材料应如何进行质量控制？

3. 如果该工程施工过程中实施了工程监理，监理单位对该起质量事故是否应承担责任？原因是什么？

解析：

1. 施工单位未经监理许可即进行筏基混凝土浇筑的做法是错误的。

正确做法：施工单位运进水泥前，应向项目监理机构提交《工程材料报审表》，同时附水泥出厂合格证、技术说明书，按规定要求进行送检的检验报告，经监理工程师审查并确认其质量合格后，方准进场。

2. 材料质量控制方法主要是严格检查验收，正确合理地使用，建立管理台账，进行收、发、储、运等环节的技术管理，避免混料和将不合格的原材料使用到工程上。

3. 如果该工程施工过程中实施了工程监理，监理单位应对该起质量事故承担责任。原因是：监理单位接受了建设单位委托，并收取了监理费用，具备了承担责任的条件，而施工过程中，监理未能发现钢筋位置放错的质量问题，因此必须承担相应责任。

【例 6-3】 某监理单位与业主签订了某工程材料质量的监理合同，在监理过程中发现一些问题。

（1）该工程的主要材料进场后直接运输到使用地。

（2）工程中所用的钢筋混凝土构件没有厂家的批号和出厂合格证。

（3）高压电缆、电压绝缘材料没有进行耐压试验。

（4）过期受潮的水泥、锈蚀的钢筋用于重要部位。

（5）水泥搅拌后，由于某些原因，未使用完，第二天继续使用。

问题：

以上各项问题监理工程师如何处理？

解析：

监理工程师的处理办法是：

（1）对用于工程的主要材料，进场时必须具有正式的出厂合格证和材质化验单，经验证后方可使用。

（2）工程中所有各种构件必须具有厂家批号和出厂合格证。钢筋混凝土构件均应按规定的方法进行抽样检验。

（3）高压电缆、电压绝缘材料要进行耐压实验。

（4）过期受潮的水泥、锈蚀的钢筋要降级使用，决不允许用于重要的工程或部位。

（5）指令不能使用非当天的水泥拌和物。

【例 6-4】 某北方地区特大桥的基础为大体积钢筋混凝土结构，负责该项目的专业监理工程师在该工程开工前审查了承包人的施工方案，编制了监理实施细则，并设置了质量控制点。

问题:

1. 请结合工程特点,给出质量控制点选择对象和质量控制工作的主要方面。

2. 为抢进度,承包单位在完成钢筋工程后马上派质检员找专业监理工程师进行钢筋隐蔽工程验收。该监理工程师立即到现场进行检查,发现钢筋焊接接头、钢筋间距和保护层等方面不符合设计图纸和规范要求,当即口头指示承包单位整改。

(1) 如此进行隐蔽工程验收,在程序上有何不妥?正确的程序为何?

(2) 监理工程师要求承包单位整改的方式有何不妥之处?

3. 承包单位在自购钢筋进场之前按要求向专业监理工程师提交了合格证,在监理员的见证下取样,送样进行复检,结果合格,专业监理工程师经审查同意该批钢筋进场使用;但在隐蔽验收时,发现承包单位未做钢筋焊接试验,故专业监理工程师责令承包单位在监理人员见证下取样送检,试验结果发现钢筋母材不合格;经对钢筋重新检验,最终确认该批钢筋不合格。监理工程师随即发出不合格项目通知,要求承包单位拆除不合格钢筋,同时报告了业主代表。承包单位以本批钢筋已经被监理人员验收,不同意拆除;并提出若拆除,应延长工期 8 天、补偿直接损失 10 万元人民币的索赔要求。业主认为监理有责任,要求监理单位按委托监理合同约定的比例赔偿业主损失 3000 元。

(1) 监理机构是否应承担质量责任,为什么?

(2) 承包单位是否应承担质量责任,为什么?

(3) 业主对监理单位提出赔偿要求是否合理,为什么?

(4) 监理工程师对承包单位的索赔要求应如何处理,为什么?

解析:

1. 应当选择那些保证质量难度大的、对质量影响大的或者是发生质量问题时危害大的对象作为质量控制点。对于该大体积混凝土浇筑工程,主要应检查水泥的种类、混凝土配合比、降低水化热措施等因素。

2. (1) 如此进行隐蔽工程验收不妥。

正确的验收程序为:隐蔽工程结束后,承包单位自检,自检合格后,填写《报验申请表》并附证明材料,报监理机构;监理工程师收到《报验申请表》后先审查质量证明材料,并在合同约定时间内到场检查;检查合格,在报验申请表及检查证明上签字确认,进行下道工序,否则,签发《不合格项目通知》,要求承包人整改。

(2) 监理工程师要求承包人整改的方式不妥。

理由是监理工程师应按规范要求下发《不合格项目通知》,书面指令承包人整改。

3. (1) 监理机构不承担质量责任,因为监理机构没有违背《中华人民共和国建筑法》和《建设工程质量管理条例》有关监理单位质量责任的规定。

(2) 承包单位应承担质量责任,因为承包单位购进了不合格材料。

(3) 业主对监理单位提出赔偿要求不合理,因为其质量责任不在监理单位,且也没有给业主造成直接损失。

(4) 监理工程师不应同意承包单位的索赔要求,因为承包单位采购了不合格材料,尽管此批钢筋已经监理工程师检验,但根据建设工程施工合同的约定,不论工程师是否参加了验收，当其对某部分的工程质量有怀疑时，有权要求承包人重新检验。检验合格，发包人承担由此发生的全部合同价款，赔偿承包人损失，并相应顺延工期；检验不合格，承包人承担发生的全部费用，工期不予顺延。

【例 6-5】 某实施监理的工程项目，在承重结构混凝土施工前，负责见证取样的监理工程师通知总监理工程师在施工现场进行了混凝土试块的见证取样，由承包单位项目经理对其送检样品进行加封后，由监理工程师送往实验室。经实验室试验后，出具了一式两份的试验报告，分别交由承包单位和建设单位保存。在见证取样的当月进度款支付申请中，承包单位将见证取样的试验费用加入工程进度款中要求一并支付。

问题：

1. 以上说法是否有不妥之处？请指出来，并说明应如何办理。

2. 为确保工程质量，住房和城乡建设部规定在市政工程及房屋建设工程项目中，对哪些实行见证取样？

3. 送往试验室的样品，应填写"送验单"，该"送验单"应有什么印章和谁的签字？

4. 实行见证取样，是否可以代替承包单位对材料、构配件进场时必须进行的自检？

解析：

1. 以上说法有不妥之处。其不妥之处如下：

（1）不妥之处：负责见证取样的监理工程师通知总监理工程师现场进行见证取样。

正确做法：承包单位在实施见证取样前通知负责见证取样的监理工程师，在监理工程师的现场监督下，承包单位按相关规范的要求，完成材料、试块、试件等的取样过程。

（2）不妥之处：由承包单位项目经理对其送检样品进行加封。

正确做法：由监理工程师对其样品进行加封。

（3）不妥之处：由监理工程师送往实验室。

正确做法：由承包单位送往实验室。

（4）不妥之处：试验报告一式两份由承包单位和建设单位保存。

正确做法：试验报告一式两份由承包单位和项目监理机构保存。

（5）不妥之处：承包单位将见证取样的试验费用加入工程进度款支付申请中。

正确做法：不应加入。

2. 实行见证取样的是：工程材料、承重结构的混凝土试块，承重墙体的砂浆试块，结构工程的受力钢筋（包括接头）。

3. "送验单"要盖有"见证取样"专用章，并有见证取样监理工程师的签字。

4. 见证取样不可以代替承包单位对材料、构配件进场时的自检。

【例 6-6】 某市建筑公司承接该市某化工厂综合楼工程的施工任务，该工程为 5 层底框架砖混结构，东西长 39.9m，南北宽 8.8m，建筑面积 2250m²，采用十字交叉条形基础，其上布置底层框架。该公司为承揽该项施工任务，报价较低。为降低成本，施工单位采用了一小厂提供的价格便宜的砖，在砖进场前未向监理申报。

问题：

1. 该施工单位对采购砖的做法是否正确？如果该做法不正确，施工单位应如何做？

2. 针对该工程，施工单位应采取何种方法对工程质量进行控制?

3. 施工单位现场质量检查的内容和方法有哪些?

4. 为保证该工程质量，在施工过程中，应如何加强对参与工程建设人员的控制?

5. 为保证质量而降低成本，施工单位对进场材料质量控制的要点是什么?

解析：

1. 施工单位在砖进场前未向监理申报的做法是错误的。

正确做法：施工单位运进砖前，应向项目监理机构提交《工程材料报审表》，同时应附有砖的出厂合格证、技术说明书、按规定要求进行送检的检验报告，经监理工程师审查并确认其质量合格后，方准进场。

2. 施工单位质量控制的方法：主要是审核有关技术文件和报告，直接进行现场质量检验或必要的实验等。

3. 施工单位现场质量检查的内容：

(1) 开工前检查；

(2) 工序交接检查；

(3) 隐蔽工程检查；

(4) 停工后复工前的检查；

(5) 分项分部工程完工后，应经检查认可，签署验收记录后，才允许进行下一工程项目施工；

(6) 成品保护检查。

现场进行质量检查的方法有目测法、实测法和试验法三种。

4. 对工程建设人员的控制：人，作为控制对象，是要避免产生错误；作为控制动力，是要充分调动其积极性，发挥其主导作用。

5. 进场材料质量控制要点：

(1) 掌握材料信息，优选供货厂家；

(2) 合理组织材料供应，确保施工正常进行；

(3) 合理组织材料使用，减少材料损失；

(4) 加强材料检查验收，严把材料质量关；

(5) 要重视材料的使用认证，以防错用或使用不合格的材料；

(6) 加强现场材料管理。

第七章

工程项目安全管理咨询

第一节 工程项目安全管理简介

一、工程项目安全的概念

安全是指客观事物的危险程度能够为人们普遍接受的状态。人们从事的某项活动或某系统，即某一客观事物，是否安全，是人们对这一事物的主观评价。当人们均衡利害关系，认为该事物的危险程度可以接受时，则这种事物的状态是安全的，否则就是危险的。

万事万物都存在着危险因素，不存在危险因素的事物几乎是没有的，只不过危险因素有大有小，有轻有重而已。有的危险因素导致事故的可能性很小，有的则很大；有的引发事故后果非常严重，有的则可以忽略。因此，我们从事任何活动或操作任何系统，都有不同的危险程度。

在生产和其他活动中，没有危险，不受威胁，不出事故，这就是安全。安全不但包括人身安全，也包括财产（建筑产品、机械设备、物资等）安全。

二、工程项目安全管理的概念

安全管理，就是企业在生产经营过程中，为实现安全生产而组织和使用人力、物力和财力等各种物质资源的过程。它利用计划、组织、指挥和协调等管理机能，控制来自自然界的、机械的、物质的、人为的不安全因素，使生产技术不安全的行为和状态减少到最低程度，避免发生伤亡事故，保证职工的生命和健康，实现企业的经营目标。安全管理是企业管理的重要组成部分，是为保证生产顺利进行，防止伤亡事故发生，确保安全生产而采取的各种对策、方针和行动的总称。

工程项目安全管理的中心问题，是保护在工程项目生产经营活动中人的安全与健康，保护国家和集体的财产不受损失，保证生产顺利进行。

工程项目安全管理是对生产中一切人、物、环境状态的管理与控制，所以，在实际安全管理中必须正确处理人、物、环境的关系，把安全管理作为一种动态的管理，以求良好的管理效果。

三、工程项目安全管理的特殊性

工程项目安全管理涉及的事故是一种人们不希望发生的意外事件、小概率事件，其发生与否，何时、何地、发生何种事故，以及事故后果如何，具有明显的不确定性。于是，安全管理具有许多与其他方面管理不同的地方。

1. 安全意识是安全工作永恒的主题

工程项目安全管理是为了防止事故。事故一旦发生可能带来巨大的损失，包括经济损失和生命健康损失。建筑业的生产活动危险性大，不安全因素多，每年因公死亡人数居全国各行业的第二位，这主要是由建筑行业的特点决定（见图7-1）。

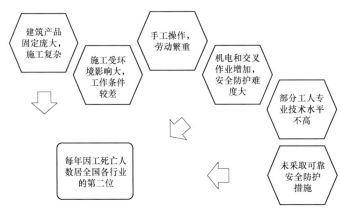

图 7-1　建筑业施工安全生产的特点

安全涉及人的生命健康，当然非常重要。然而，由于事故发生和后果的不确定性，导致人们往往忽略了事故发生的危险性而放松了安全工作。并且，安全工作带来的效益主要是社会效益，安全工作的经济效益往往表现为减少事故经济损失的隐性效益，不像生产经营效益那样直接和明显。因此，工程项目安全管理的一项重要的、长期的任务是提高人们的安全意识，唤起工程企业全体人员对安全工作的重视和关心。提高人们的安全意识是工程项目安全管理工作永恒的主题。

2. 安全管理决策必须慎之又慎

由于事故发生和后果的不确定性，使得安全管理的效果不容易立即被观察到，可能要经过很长时间才能显现出来。由于安全管理的这种特性，使得一项错误的管理决策往往不能在短时间内被证明是错误的，当人们发现其错误时可能已经经历了很长时间，并且已经造成了巨大损失。因此，在做出安全管理决策时，要充分考虑这种效果显现的滞后性，必须谨慎从事。

3. 事故致因理论是指导安全管理的基本理论

事故致因理论是指导安全管理的基本理论。前人站在不同的角度，对事故进行研究，形成了多种事故致因理论。

（1）单因素理论。单因素理论的基本观点认为，事故是由一两个因素引起的，因素是指人或环境（物）的某种特征，其代表性理论主要有事故倾向性理论、心理动力理论和社会环境理论。

（2）事故因果链理论。事故因果链理论的基本观点是事故是由一连串因素以因果关系依次发生的，就如链式反应的结果。其代表性理论有海因里希（Heinrich）事故因果连锁理论和博德（Frank Bird）的管理失误连锁理论等。

海因里希事故因果连锁理论被奉为安全生产的经典理论，该理论认为伤亡事故是由五个要素（遗传和社会环境、人的失误、人的不安全行为或物的不安全状态、事故、伤害）顺序发展的结果，可用多米诺骨牌形象地描述事故及导致伤害的过程，如图 7-2 所示。海因里希曾统计了 55 万件机械事故，其中死亡重伤事故有 1666 件，轻伤事故 48 334 件，其余为无伤害事故，由此可推导出每发生 330 件意外事故，1 件导致人员重伤或死亡，29 件造成人员轻伤，300 件未产生人员伤害。因此只要消除了人的不安全行为或物的不安全状态，伤亡事故就不会发生。

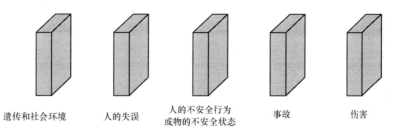

图 7-2　海因里希事故发生的连锁反应图

此后，许多人对该理论进行改进研究，博德提出事故的根本原因是管理失误，主要体现在对导致事故的根本原因控制不足。"4M"理论将事故连锁反应理论中的"深层原因"进一步分析，将其归纳为四大因素，即人的因素（Man）、设备的因素（Machine）、作业的因素（Media）和管理的因素（Management）。结合海因里希、博德及"4M"理论，按照逻辑关系可以将事故连锁反应归纳如图 7-3 所示。

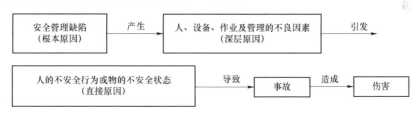

图 7-3　事故连锁反应理论

（3）多重因素——流行病学理论。采用流行病学的研究方法，事故的研究对象，不只是个体，更重视由个体组成的群体。该理论认为事故是当时人群、环境与媒介三类变量组中某些因素相互作用的结果。

四、工程项目安全管理的责任体系

安全生产管理体制是在社会主义市场经济建设中不断总结经验的基础上发展起来的，2004 年 1 月 9 日，国务院在《关于进一步加强安全生产工作的决定》中将其概括为"政府统一领导、部门依法监管、企业全面负责、群众参与监督、全社会广泛支持"，提出了构建全社会齐抓共管的安全生产格局的要求。

1. 工程项目参与各方的安全生产责任

《建设工程安全生产管理条例》（国务院令第 393 号）规定建设单位、勘察单位、设计单位、施工单位、工程监理单位及其他与建设工程安全生产有关的单位，必须遵守安全生产法律、法规的规定，保证建设工程安全生产。表 7-1 列举了部分各单位需依法承担的安全生产责任。

表 7-1 工程项目参与各方的安全生产责任

建设单位	勘察、设计、工程监理及其他有关单位	施工单位
（1）应向施工单位提供施工现场及毗邻区域内建筑物、各类管线、气象和水文观测等资料，并保证资料真实、准确、完整。 （2）在编制工程概算时，应当确定建设工程安全作业环境及安全施工措施所需费用。 （3）不得明示或者暗示施工单位购买、租赁、使用不符合安全施工要求的安全防护用具、机械设备、施工机具及配件、消防设施和器材。 （4）在申请领取施工许可证时，应当提供建设工程有关安全施工措施的资料。 （5）应当将拆除工程发包给具有相应资质等级的施工单位	（1）勘察单位应按照法律、法规和工程建设强制性标准的规定进行勘察，提供的勘察文件应真实、准确。 （2）设计单位应按照法律、法规和工程建设强制性标准的要求进行设计，防止因设计不合理导致生产安全事故的发生。 （3）工程监理单位和监理工程师应当按照法律、法规和工程建设强制性标准的要求实施监理，并对建设工程安全生产承担监理责任。 （4）为建设工程提供机械设备和配件的单位，应当按照安全施工的要求配备齐全有效的保险、限位等安全设施和装置。 （5）出租的机械设备和施工机具及配件应当具有生产许可证、产品合格证。 （6）在施工现场安装、拆卸施工起重机械和整体提升脚手架、模板等自升式架设设施，必须由具有相应资质的单位承担	（1）施工单位从事建设工程的新建、扩建、改建和拆除等活动，应当依法取得相应等级的资质证书，并在其资质等级许可的范围内承揽工程。 （2）施工单位主要负责人依法对单位的安全生产工作全面负责。 （3）对列入建设工程概算的安全作业环境及安全施工措施所需费用，应当用于施工安全防护用具及设施的采购和更新、安全措施的落实等方面，不得挪作他用。 （4）施工单位应当设立安全生产管理机构，配备专职安全生产管理人员。 （5）建设工程实行施工总承包的，由总承包单位对施工现场的安全生产负总责。 （6）建设工程施工前，施工单位负责项目管理的技术人员应当对有关安全施工的技术要求向施工作业组、作业人员做出详细说明，并由双方签字确认。 （7）应将施工现场的办公、生活区与作业区分开设置，并保持安全距离。 （8）施工单位应当在施工现场建立消防安全责任制度，确定消防安全责任人。 （9）施工单位应当向作业人员提供安全防护用具和安全防护服装，并书面告知危险岗位的操作规程和违章操作的危害。 （10）施工单位采购、租赁的安全防护用具、机械设备、施工机具及配件，应当具有生产（制造）许可证、产品合格证，并在进入施工现场前进行查验。 （11）施工单位的主要负责人、项目负责人、专职安全生产管理人员应当经建设行政主管部门或者其他部门考核合格后方可任职。 （12）作业人员进入新的岗位或者新的施工现场前，应当接受安全生产教育培训。 （13）应当为施工现场从事危险作业的人员办理意外伤害保险

2. 安全管理组织框架

保证安全生产，领导是关键。建筑企业的经理是企业安全生产第一责任者，在任期内，应建立健全以经理为首、分级负责的安全管理保证体系，同时建立健全专管成线、群管成网的安全管理组织机构。如图 7-4 所示，公司、分公司（工程处）、区域公司等机构应根据经营规模、设备管理和生产需要足额配备相应数量的经过培训、持证上岗的专职安全管理人员；施工现场应组建安全生产领导小组，建立项目管理人员轮流安全生产值日制度，解决和处理生产中的安全问题和进行巡回安全监督检查；各生产班组要设兼职安全巡查员，对本班组的作业现场进行安全监督检查。

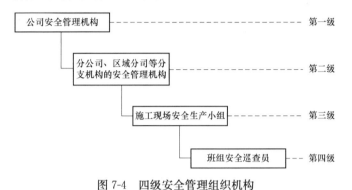

图 7-4　四级安全管理组织机构

3. 安全组织框架与分工范例

以某咨询有限公司为某公司基建设备处编制的安全体系管理实施细则为例，说明安全管理过程中的组织框架和分工。

总体安全管理体系框架如图 7-5 所示。

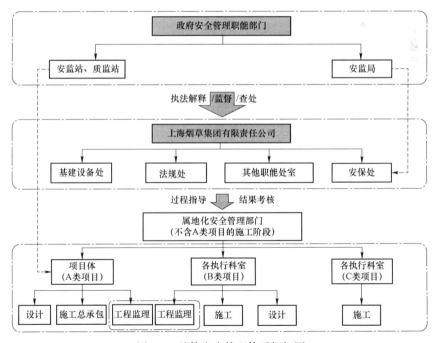

图 7-5　总体安全管理体系框架图

安全管理组织框架如图 7-6 所示。

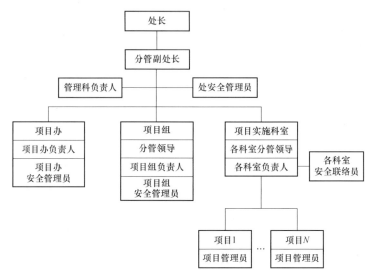

图 7-6 某公司基建设备处安全管理组织框架

安全管理分工：

（1）处长。

1）总体负责基建设备处实施项目的安全管理工作，作为基建设备处安全管理第一责任人；

2）总体负责分项工作的决策、组织、协调和统筹安排。

（2）分管副处长。在处长的领导下，组织开展部门安全工作。

1）实施项目安全受控情况的收集与汇总负责人；

2）实施项目安全和环境管理体系落实情况督察负责人；

3）突发事件的基建设备处应急管理负责人；

4）协助处长实施各项安全管理工作。

（3）处安全管理员。

1）基建设备处安全管理专职人员；

2）负责基建设备处安全管理具体执行工作；

3）负责检查业主方安全管理体系落实情况；

4）协助集团公司安保处指导、监督各项目体安全管理工作；

5）处长室交办的其他安全工作。

（4）管理科负责人。

1）负责起草基建设备处安全管理相关制度文件；

2）协助处长、分管副处长安排安全管理工作；

3）负责对口集团内部相关部门（安保处、审计处、法规处、纪委）的联系；

4）处长室交办的其他安全工作。

（5）项目体分管副处长及负责人。

1）总体负责所属项目的安全管理工作，作为所属项目安全管理第一责任人；

2）总体负责各所属项目分项工作的决策、组织、协调和统筹安排。

（6）项目实施科室分管副处长及负责人。

1）总体负责分管科室实施项目的安全管理工作，作为分管科室实施项目安全管理主要责任人；

2）总体负责分管科室实施项目分项工作的决策、组织、协调和统筹安排。

（7）项目体安全管理员。

1）具体负责现场组安全管理工作的执行、协调、组织和落实；

2）现场安全受控情况的收集与汇总执行人（同时负责现场情况的预警工作）；

3）业主方人员自身安全管理人；

4）业主方关于施工措施安全保障的主要代表；

5）安全文明措施专项资金管理人；

6）作为业主现场代表负责对外信息联系。

（8）各科室安全联络员。

1）各科室的安全联络专职人员或兼职人员；

2）作为科室安全管理代表对口联系处安全管理员，协助处安全管理员组织、落实集团公司安保处对各项目安全管理工作的指导及监督；

3）协助科室负责人做好本科室所属项目安全管理工作的联络、协调和组织，协助科室负责人管理安全文明措施等专项资金；

4）负责收集、汇总、统计本科室范围内实施项目现场安全受控情况的信息（同时负责现场安全管理情况的预警工作）。

五、安全管理的目标

目标是一切管理活动的中心和方向，它决定了组织最终目的执行时的行为导向、考核时的具体标准、纠正偏差时的依据，对日常的安全管理工作具有组织、激励、计划和控制作用。因此，在组织内部依据组织的具体情况设定目标是管理工作的重要方法和内容。

例如，对于某项目制定如下安全管理目标：

（1）事故因工负伤年平均频率小于或等于 0.5‰；

（2）杜绝人身伤亡、火灾、食物中毒等重大事故；

（3）污水、粉尘、噪声、有害气体、固体废弃物排放受控，无相关方重大投诉事件；

（4）重大职业危害、环境事故为零；

（5）国家局、总公司、集团公司安保部门提出的其他目标。

六、安全管理的基本内容

1. 建立安全生产制度

安全生产责任制，是根据"管生产必须管安全""安全工作、人人有责"的原则，以制度的形式，明确规定各级领导和各类人员在生产活动中应负的安全职责。它是施工企业岗位责任制的一个重要组成部分，是企业安全管理中最基本的制度，是所有安全规章制度的核心。

安全生产制度的制定，必须符合国家和地区的有关政策、法规、条例和规程，并结合施工项目的特点，明确各级各类人员安全生产责任制度，要求全体人员必须认真贯彻执行。

2. 贯彻安全技术管理

编制施工组织设计时，必须结合工程实际，编制切实可行的安全技术措施，要求全体人员必须认真贯彻执行。执行过程中发现问题，应及时采取妥善的安全防护措施。要不断积累安全技术措施在执行过程中的技术资料，进行研究分析，总结提高，以利于以后工程的借鉴。

3. 坚持安全教育和安全技术培训

组织全体人员认真学习国家、地方和本企业的安全生产责任制、安全技术规程、安全操作规程和劳动保护条例等。新工人进入岗位之前要进行安全纪律教育，特种专业作业人员要进行专业安全技术培训，考核合格后方能上岗。要使全体职工经常保持高度的安全生产意识，牢固树立"安全第一"的思想。

4. 组织安全检查

为了确保安全生产，必须严格安全督察，建立健全安全督察制度。安全检查员要经常查看现场，及时排除施工中的不安全因素，纠正违章作业，监督安全技术措施的执行，不断改善劳动条件，防止工伤事故的发生。

5. 进行事故处理

人身伤亡和各种安全事故发生后，应立即进行调查，了解事故产生的原因、过程和后果，提出鉴定意见。在总结经验教训的基础上，有针对性地制定防止事故再次发生的可靠措施。

（1）建筑工程施工中伤亡事故的类别主要分为六种，见表 7-2。

表 7-2　　　　　　　　　　　建筑工程施工中伤亡事故的六种主要类别

类别	具体内容
高处坠落	操作者在高度基准面 2m 以上作业时造成的坠落
物体打击	施工人员在操作过程中受到各种材料、机械零部件以及各种崩块、碎片、滚石和器具飞击，材具反弹，锤击等对人体造成的伤害，不包括因爆炸引起的物体打击。在一个垂直平面的上下交叉作业，最易发生打击事故
触电	施工现场触电事故主要是设备、机械、工具等漏电、电线老化破皮，违章使用电气用具，对在施工现场周围的外电线路不采取防护措施所造成
机械伤害	施工现场使用的木工机械和电平刨、圆盘锯等，钢筋加工机械如拉直机、弯曲机等，以及电焊机、搅拌机、各种气瓶及手持电动工具等在使用中，因缺少防护和保险装置，易对操作者造成伤害
坍塌	在土方开挖或深基础施工中，造成土石方坍塌；拆除工程、在建工程及临时设施等部分或整体坍塌
火灾爆炸	施工现场乱扔烟头、焊接与切割动火及用水用电，使用易燃易爆材料等不慎造成火灾、爆炸

（2）施工伤亡事故处理。

1）突发性安全事故的应急措施。项目承包方应立即启动突发性安全事故应急救援预案，总承包方和分包单位应根据预案的组织分工立即投入工作中去。抢救伤员，排除险情，采取措施制止事故蔓延扩大；保护事故现场，建立警戒线，撤离无关人员；妥善保管物证，待事故结案后解除现场保护。

2）安全事故报告。事故发生后，现场有关人员应立即向本单位负责人及事故发生地负有安全生产监管职责的有关部门报告。事故报告应当及时、准确、完整，不得迟报、漏报、谎报或瞒报。

事故报告应当包括下列内容：①事故发生单位概况；②事故发生的时间、地点以及现场情况；③事故的简要经过；④事故已经造成或者可能造成的伤亡人数（包括下落不明的人数）和初步估计的直接经济损失；⑤已经采取的措施；⑥其他应当报告的情况。

3）事故调查。事故发生的项目部应积极配合事故调查组的调查、取证，为调查组提供一切便利。若发现有违规现象，除对责任者视其情节给予通报批评和罚款外，责任者还必须承担由此产生的一切后果。

4）事故处理。事故责任项目部应根据事故调查报告中提出的事故纠正与预防措施建议，编制详细的纠正与预防措施，将事故详情、原因及责任人处理等编印成事故通报，组织全体职员学习，从中吸取教训，防止事故的再次发生。

处理施工伤亡事故应遵循"四不放过"原则，其具体内容是：①原因不清不放过；②责任人未受处理不放过；③群众未受教育不放过；④防患措施未落实不放过。

七、安全管理的原则

安全管理的基本原则可以归纳为：

1. 法治原则

所有安全管理的措施、规章、制度必须符合国家的有关法律和地方政府制定的相关条例与法规。在履行这一原则时，常常是一票否决，即对重大的违规事件，严格执法，违规必纠，不做妥协和让步，只有这样，才能实现对安全的严格管理与控制。

2. 预防原则

必须以人为本，预防为主。事故发生的主要原因是人的不安全行为和物的不安全状态。而这些原因又是由小变大，由影响事故的间接原因演变成导致事故发生的直接原因，这一演变的过程，为安全预防管理提供了可能。通过管理，消除引发事故的原因，杜绝隐患，将事故消灭在萌芽状态。

3. 全面原则

安全管理涉及生产活动的方方面面，涉及从开工到竣工的全部生产过程，涉及全部的生产时间，涉及一切变化着的生产因素。安全生产无小事、无盲区、无死角，因此，必须坚持全员、全过程、全方位、全天候的"四全"动态安全管理。

4. 监督原则

安全管理的重要手段是监督、检查日常的安全工作事项。实践表明，事故结局为轻微伤害和无伤害的事件是大量的，而导致这些事故的原因往往不被重视或习以为常。事实上，轻微伤害和无伤害事故的背后，隐藏着与造成严重事故相同的原因。因此，日常的检查工作显得非常重要，不能流于形式，要细致、警觉，甚至对一些不起眼的，尤其是容易引起忽视的小事吹毛求疵。只有这样，才能及时发现和消除小隐患，避免大事故。

5. 控制原则

安全管理的各项主要内容中，对生产因素状态的控制和安全管理的目的关系更直接、更突出。因此，对生产中人的不安全行为、物的不安全状态、管理上的缺陷和不良的环境条件的控制是动态安全管理的重点。

6. 教育原则

安全管理不仅仅是安全部门的责任，它是一项群力群防的工作，要求每一位员工都应有良好的安全意识、预防意识、危机意识，这样才有利于从根本消除和降低人的不安全行为和物的不安全状态。因此，必须通过安全知识的教育、安全技能的培训、安全政策的宣传、安全信息的传播等各种手段，充分引起人们对安全问题的重视，明确安全生产操作规程，掌握安全生产的方法。

7. 发展原则

在管理中发展提高。安全管理是一种动态管理，必须不断发展和变化，以适应生产活动的变化，消除新的危险因素，摸索新的生产活动规律，总结管理的办法和经验，从而使安全管理发展、上升到新的水平和高度。

八、安全管理的重点

1. 各阶段安全管理的主要工作

施工现场安全管理是项目安全管理的重点，对施工现场的人、机、环境系统的可靠性必须进行经常性的检查、分析和调整。施工现场安全管理的主要工作随着施工的推进不断变换，工程施工准备阶段、基础施工阶段、结构施工阶段和装修阶段安全管理的主要工作如图 7-7 所示。

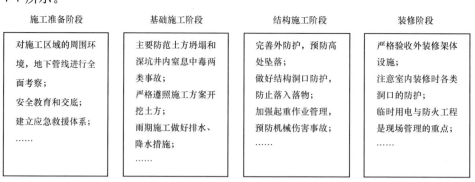

图 7-7　施工现场安全管理的主要工作

2. 冬期及雨期施工时安全管理的主要工作

（1）在大风大雪之后，尽快组织清扫作业面和脚手架。检查是否有安全隐患，防滑措施是否落实。

（2）参加冬期施工的人员衣着要灵便。

（3）在冬期施工中现场蒸汽锅炉要选用安全装置齐全的合格锅炉。

（4）冬期室内取暖要防止煤气中毒。

（5）雨期到来之前，组织电气人员认真检查现场的所有电器设备。

（6）雨期来临之前，做好塔式起重机、外用电梯、钢管脚手架、钢管井字架、龙门架等高大设施的防雷保护。

（7）在雨期中，应尽可能避开开挖土方管沟等作业，尽可能在雨期施工之前做好地下工程施工和基础回填。

（8）雨期要认真做好现场的排水，发现基础下沉要及时加固。雨后要检查脚手架、井字架、塔式起重机等设备的基础，发现下沉要及时处理。

3. 制定施工现场安全生产事故应急救援预案

施工单位要根据建设工程施工的特点、范围，对施工现场各个施工阶段中易发生重大事故的部位、环节进行监控，制定施工现场生产安全事故应急救援预案，并根据应急救援预案建立应急救援组织或配备应急救援人员，配备必要的应急救援器材、设备，并定期组织演练、评估和完善事故应急救援。

第二节　工程项目安全管理措施与方法

一、安全管理的措施

工程项目的安全管理主要通过以下五种方式实施（见图 7-8）。

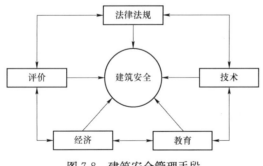

图 7-8　建筑安全管理手段

1. 安全管理的法律措施

为实现保障安全的职能，国家选择了作为强制力的法律法规手段，将法律法规视为实现安全职能的利器。

安全管理法律法规是指国家关于改善劳动条件，实现安全生产，为保护劳动者在生产过程中的安全与健康而制定的法律、法规、规章和规范性文件的总和，是生产实践中的经验总结和对自然规律的认识和运用，是以国家强制力保证实施的一种行为规范。

建设工程安全管理法律法规体系，是指国家为改善劳动条件，实现建设工程安全生产，保护劳动者在施工生产过程中的安全和健康而制定的各种法律、法规、规章和规范性文件的总和，是必须执行的法律法规。

建设工程安全技术规范是强制性的标准，是建设工程安全生产法规体系的组成部分。我国安全法律法规的立法体系如图7-9所示。

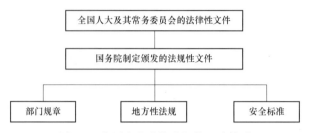

图 7-9　我国安全法律法规的立法体系

建设工程法律是指由全国人民代表大会及其常务委员会通过的规范工程建设活动的法律规范，由国家主席签署主席令予以公布，如《中华人民共和国建筑法》《中华人民共和国安全生产法》《中华人民共和国劳动法》等。

建设工程行政法规是由国务院根据宪法和法律制定的规范工程建设活动的各项法规，由总理签署国务院令予以公布，如《建设工程安全生产管理条例》《建设工程质量管理条例》《安全生产许可证条例》等。

建设工程部门规章是指建设部按照国务院规定的职权范围，独立或与国务院有关部门联合根据法律和国务院的行政法规、决定、命令，制定的规范工程建设活动的各项规章，属于建设部制定的由部长签署建设部令予以公布，如《建筑安全生产监督管理规定》《建设工程施工现场管理规定》《建设施工企业安全生产许可证管理规定》《工程监理企业资质管理规定》等。

法律、法规、规章的效力是：法律的效力高于行政法规，行政法规的效力高于部门规章。

法律法规规定了建设工程安全生产管理制度体系，如图7-10所示。

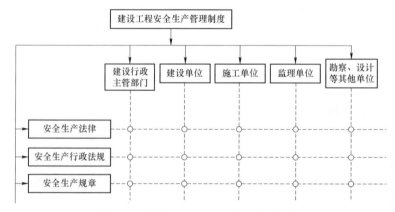

图 7-10　建设工程安全生产管理制度体系

2. 安全管理的技术措施

建筑工程安全生产工作的发展离不开科学技术，并且必然得到科学技术的推动和引导。加强建筑安全科技研究与应用是一项具有社会效益和经济效益的事情，是改善建筑安全生产管理的有效途径之一。

现代安全技术的含义已经远远超过了原来所界定的范围，不仅包括技术措施，还包括组织措施；不仅包括硬件技术，还包括软件；不仅包括安全，还包括卫生。现代建筑工程安全管理技术发挥科技手段的措施有：

（1）建立合理的安全科技体制。尽快建立适应社会主义市场经济体制要求的，面向社会、面向企业、面向安全生产的新型安全科技体制，逐步形成研究、开发、应用、推广紧密结合的工作机制。对现有的组织机构和专业机构实行优化组合。加快科研机构的改革步伐，实行企业化管理，建立责权明确的组织管理制度。从体制上解决机构重叠、专业分散、科技成果推广应用率低、人才使用不尽合理等弊端，逐步形成包括独立科研机构、重点高等院校、技术开发与技术服务机构、企业技术开发机构、民营科技企业等的安全科学技术结构体系。

（2）加大安全科研投入。安全科技要进步，必须有必要的资金支持。在国家不可能全额拨款的情况下，需要多方式、多渠道地筹集资金。除争取经常性费用的不断增加外，还应通过申报国家级重点科技项目，争取增加国家补助经费；有计划地组织国家贷款的科技开发项目；筹资建立安全科研基金；把科研成果推向市场，形成科研与开发的良性循环；坚持谁投资谁受益的原则，积极争取国内外的有识之士和有实力的单位对安全科研工作的资金投入；培育和推进安全科研技术市场化的发展，鼓励社会资金的投入；通过相关制度措施，确保企业的安全投入落实到位。

（3）培育高水平的科技研究队伍。提高安全科技水平的关键在于人才。目前，由于各方面的原因，安全科技人才流失较为严重。要改变这一状况，必须加快培养和引进人才，一方面要充分发挥现有科技人员的作用，加快中青年学术和技术带头人的培养，大胆使用中青年科技人员，让其在研究开发第一线担当重任；另一方面要从国内外引进安全科技人才，特别是引进有专长、年富力强的学术带头人，造就出一支专业化、年轻化、具有创新意识和奉献精神的有较高水平的安全科技研究队伍。

（4）提高安全成果的转化率。安全科研成果只有转化成现实的生产力，只有为企业提高安全管理水平服务，才能体现出其价值。而实际上科研人员更多追求的是学术地位与学术影响力，并不考虑科研成果能否被市场接受。为此，应努力开拓安全科研产品市场，发展劳动保护产业，使劳动保护产业为保护劳动者的安全与健康提供更多的优质产品和技术手段，同时为科技成果应用提供广阔的市场，解决安全生产领域科技研究与经济发展脱节的问题，促进安全科研成果的转化。

（5）建立与完善行业与企业安全文化。行业与企业文化是行业与企业的灵魂。越是科技含量高的技术设备，越是要求具有高度的安全可靠性。现代高科技对企业安全生产管理工作提出了更高的要求，尤其是对操作人员的安全意识提出了更高的要求。建立与完善建筑行业与建筑企业安全文化，提高全行业、全企业人员的安全意识，对于搞好安全管理无疑起着不可估量的作用。

3. 安全管理的教育措施

（1）现代建筑工程安全管理教育文化。安全文化是有关行业、组织和个人对安全的认识与态度的集合。

建筑工程安全管理教育文化是指建筑行业、建筑企业对建筑安全的认识与态度的集合。体现在以下几个方面：

1）强有力的领导和对高标准的建筑安全与健康的明显承诺。

2）全行业、全企业的安全意识。

3）当安全事故发生后，整个企业、行业具有一种吸取经验的态度，从而整体提高。

（2）现代建筑工程社会安全文化。安全生产方针是国家对全国安全生产工作的总要求，是指导全国安全生产工作的总思想。安全生产又是构建和谐社会的重要组成部分，没有安全就没有和谐。而要搞好安全生产，必须在法制的前提下，必须在全社会关注、参与的前提下。目前我国全社会的安全活动有全国安全生产月活动、全国安康杯竞赛活动等，社会安全文化的内容是丰富多彩的，其作用如下：

1）倡导以人为本的安全理念，宣传普及安全生产法律和安全知识，提高全民安全意识和安全文化素质。

2）坚持面向基层、面向群众的方针，促进安全文化的繁荣。

3）可以扶持、引导和发展安全文化产业，推动安全文化建设的社会化和产业化。

4）发挥大众传媒的作用，加强舆论阵地建设，造成全社会关爱生命、安全的舆论氛围。

（3）建筑行业安全文化。行业安全文化是指整个行业对于安全和健康的价值观、期望、行为模式和准则，形成整个行业的安全氛围。建筑行业安全文化的手段如下：

1）建设系统安全生产月活动。建设系统安全生产月活动是社会安全文化——全国安全生产月活动在建设领域的延伸，是社会安全文化在建设领域的体现。

2）全国建筑安全生产检查。

3）创建安全生产文明工地活动。

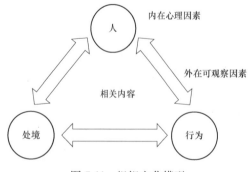

图 7-11　组织文化模型

（4）建筑企业安全文化。企业文化是指一个企业全体成员的企业目标及日常运作的共同信念。企业安全文化是企业文化的一个分支，是企业文化在安全方面的体现。建筑企业安全文化的途径有：

1）从企业员工心理出发，结合工作与环境建立组织文化（见图 7-11）。

2）广泛开展安全生产的宣传教育，使全体员工真正认识到安全生产的重要性和必要性，懂得安全生产和文明施工的科学知识，牢固树立安全第一的思想，自觉地遵守各项安全生产法律法规和规章制度。

3）把安全知识、安全技能、设备性能、操作规程、安全法规等作为安全教育的主要内容。

4）建立经常性的安全教育考核制度，考核成绩要记入员工档案。

4. 安全管理的经济措施

经济措施就是各类责任主体通过各类保险为自己编制一个安全网，维护自身利益，同时运用经济杠杆使信誉好、建筑产品质量高的企业获得较高的经济效益，对违章行为进行惩罚。

经济措施有工伤保险、建筑意外伤害保险、经济惩罚制度、提取安全费用制度等。

（1）建筑职业意外伤害保险制度。我国建筑职业意外伤害保险制度体系是以工伤保险制度为基础，工伤保险和建筑意外伤害保险相结合的制度，同时积极探索意外伤害保险行业自保或企业自保模式，其基本框架如图 7-12 所示。

在此框架下，建筑职业意外伤害保险市场将有三种类型。市场一是工伤保险制度与建筑意外伤害保险并存的市场，是目前我国建筑职业意外伤害保险制度所处的市场类型。市场二是工伤保险制度与行业自保或企业联合自保制度并存的市场。市场三是工伤保险制度、建筑意外伤害保险制度与行业自保或企业联合自保制度并存的市场。市场二、市场三目前处在试行阶段。

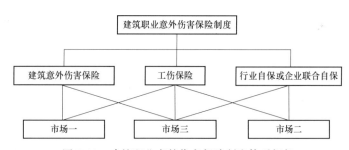

图 7-12 建筑职业意外伤害保险制度体系框架

1）工伤保险制度。工伤保险制度是指国家和社会为生产、工作中遭受事故伤害和患职业性疾病的劳动者及亲属提供医疗救治、生活保障、经济补偿、医疗和职业康复等物质帮助的一种社会保障制度。工伤保险制度具有强制性、社会性、互济性、保障性、福利性，其作用如下：保障职工的切身利益；工伤保险制度直接干预事故预防工作，工伤保险基金可以增加工伤事故预防的支出；费率机制刺激企业改善劳动条件；工伤保险机构对安全生产具有监察作用。

2）建筑意外伤害保险。建筑意外伤害保险制度是以被保险人因意外伤害而造成伤残、死亡、支出医疗费用、暂时丧失劳动能力作为赔付条件的人身保险业务。它是保护建筑业从业人员合法权益，转移企业事故风险，增强企业预防和控制事故的能力，促进企业安全生产的重要措施。同时也是工伤保险之外，专门针对建筑施工现场人员的工作危险性而建立的补充保险形式。建筑意外伤害保险制度规定了建筑意外伤害保险的保险范围、保险期限、保险金额、保险费、投保人、安全服务等。其中投保人为施工企业，保险费列入建筑安装费用，由施工企业支付，不得向职工摊派。

3）行业自保或企业联合自保制度。建筑意外伤害保险企业自保或企业联合自保制度是根据建筑行业高风险特点，在行业内部由企业自筹基金、进行事故预防、自行补偿事故损失、互保险的非营利性保险制度。

行业自保或企业联合自保制度具有自愿性和非营利性，保险基金属于自保基金。行业自保或企业联合自保制度发展的三个阶段如图 7-13 所示。

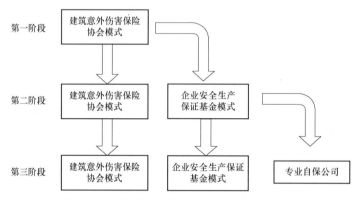

图 7-13　建筑职业意外伤害保险制度体系框架

（2）经济惩罚制度。经济惩罚制度，从严格上来说属于行政处罚的范畴，但经济惩罚的后果则是造成企业实际利益的损失，从这个意义上来说，这是一种惩罚性的经济措施。经济惩罚主要是通过法律法规的规定，对有关违章的行为进行处罚。针对处罚的行为对象，可以分为对潜在违章行为的处罚、对违章行为的处罚和对违章行为产生后果（事故）的处罚。同时，经济惩罚制度还采取了连带制、复利制的方式，即惩罚连带相关人员，罚款额度随惩罚次数增加而增加等。作为一种具有行政处罚特征的经济措施，经济惩罚制度和一般的经济措施相比，虽然有一定的被动性，但其震慑力大，往往对建筑施工企业的声誉带来负面的影响。

（3）科学合理地确定安全投入。安全投入是指一国或一行业或一企业用于与安全生产有关的费用总和。安全总投入包括安全措施经费投入、劳动保护用品投入、职业病预付费用投入等方面。其中，安全措施经费投入又包括安全技术、工业卫生、辅助设施、宣传教育投入等。科学合理地确定安全投入是搞好安全管理的重要经济措施。

（4）提取安全费用制度。强制提取安全费用，保证安全生产所需资金，是弥补安全生产投入不足的措施之一。安全费用的提取，根据地区特点，由企业自行安排使用，专款专用。

（5）提高企业生产安全事故伤亡赔偿标准。企业生产安全事故赔偿是指企业发生生产安全责任事故后，事故受害者除应得到工伤社会保险赔偿外，事故单位还应按照伤亡者的伤亡程度给予受害者亡者家属的一次性补偿。提高企业生产安全事故伤亡赔偿标准，是强化安全生产工作的另一措施。

（6）安全生产风险抵押金制度。安全生产风险抵押金制度是预防企业发生生产安全事故预先提取的，用于企业发生重特大事故后的抢险救灾和善后处理的专项资金制度。安全生产风险抵押金由企业自行负担，在自有资金中支付，它的收缴、管理、使用和相关业务的开展由各级人民政府指定的机构负责。建筑工程安全管理经济手段的关系如图 7-14 所示。

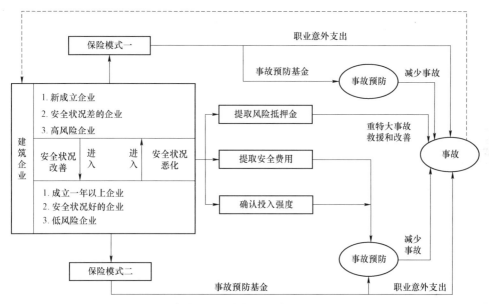

图 7-14　建筑工程安全管理经济手段之间的关系

5. 安全管理的评价措施

为加强施工企业安全生产的监督管理，科学地评价施工企业安全生产条件、安全生产业绩及相应的安全生产能力，实现施工企业安全生产评价工作的规范化和制度化，促进施工企业安全生产管理水平的提升，故需要对施工企业进行安全生产评价。

安全评价有安全预评价、安全验收评价、安全现状评价和专项安全专项评价，覆盖了工程项目的全生命周期，已经取得了初步成效。实践证明，安全评价不仅能有效地提高企业和生产设备的安全程度，而且可以为各级安全生产监督部门的决策和监督检查提供强有力的技术支持。

二、工程项目安全管理方法

1. 划分项目安全管理阶段

项目安全管理阶段的划分能够有效明确各阶段的安全管理任务，保证安全管理质量。以某公司基建设备处的固定资产投资项目为例，说明常规工程管理项目安全管理阶段的划分方式。安全管理根据固定资产投资项目建设规律，以及集团公司实际情况，将项目整体划分为五个安全管理阶段，具体如图 7-15～图 7-17 所示。

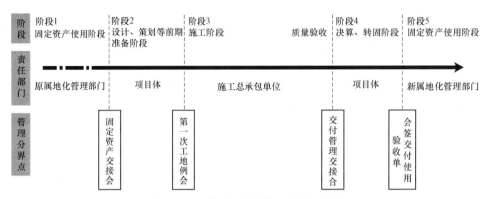

图 7-15　A 类项目安全管理阶段细分图

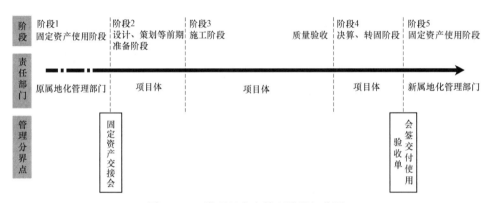

图 7-16　B 类项目安全管理阶段细分图

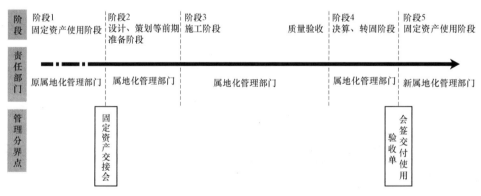

图 7-17　C 类项目安全管理阶段细分图

其中 A 类、B 类和 C 类的定义如下：

A 类项目：是指按照《中华人民共和国建筑法》规定，办理了报建手续，有工程监理单位，采用施工总承包管理模式的项目。

B类项目：是指根据建筑法规定，办理了报建手续，有工程监理单位，没有采用施工总承包管理模式的项目；以及没有办理报建手续，有工程监理单位，没有采用施工总承包管理模式的项目。项目现场安全管理职责由原属地化安全管理部门移交给基建设备处。

C类项目：是指没有办理报建手续，没有工程监理单位，没有采用施工总承包管理模式的项目。

（1）阶段1。本阶段处于固定资产使用阶段，且即将进入实施阶段，其管理权限属于原属地化安全管理部门。技改项目原属地化管理部门为使用单位安全管理部门。

（2）阶段2。

1）A类项目、B类项目。基建设备处成立项目体，签发项目体任务书（含安全责任委托书、廉政风险责任委托书），作为项目的安全管理具体实施团队和责任部门，开始办理配套手续、设计、招标、施工准备等工作。

原属地化管理部门通过与项目体办理固定资产交接手续（集团公司固定资产交接会或土地交接会），使固定资产进入项目实施阶段。

2）C类项目。基建设备处成立项目体或委派项目实施管理人员，开始办理配套手续、设计、招标、施工准备等工作。

原安全管理部门作为项目所在地的属地化安全管理部门，行使安全管理权限，承担安全管理责任。项目实施管理人员配合属地化管理部门开展安全工作。

（3）阶段3。

1）A类项目。施工总承包单位进场完成施工准备工作，在政府安全质量监管部门的见证下，在第一次工地例会上，项目体与施工总承包单位办理安全管理交接手续，此时施工总承包单位成为项目的安全管理责任单位，开始施工。工程监理单位成为项目的安全管理监督责任单位。

2）B类项目（属地已正式移交基建设备处）。基建设备处负责对项目体安全管理工作进行监督。项目体负责监管、协调项目安全生产，负责组织审批施工组织方案、动火审批表、特种作业动工单等、负责组织施工单位落实安全管理工作，施工现场安全由各施工单位分区域、分专业负责。

工程监理是项目的现场管理员的助手，协助现场管理员监管施工现场、施工安全管理工作。

3）C类项目。属地化安全管理部门负责审批施工组织方案、动火审批表、特种作业动工单等，负责组织施工单位落实安全管理工作。项目实施人员配合属地化安全管理部门开展安全管理工作。施工现场安全由各施工单位分区域、分专业负责。

集团公司安保处负责统筹归口安排安全管理工作。

（4）阶段4。

1）A类项目。施工总承包单位完成施工任务、结算工作，通过质量验收后，与项目体办理管理权交付手续，将项目安全管理权限交还项目体，此时项目体再次成为项目的安全管理责任单位，开始办理集团公司内部的审价结算、转固、审计决算等手续。

2）B类项目。施工单位完成施工任务、结算工作，通过质量验收后，项目体作为项目的安全管理责任单位，在办理集团公司内部的审价结算、转固、审计决算等手续的同时，做好项目的安全管理工作。

3) C类项目。施工单位完成施工任务、结算工作，通过质量验收后，项目实施管理人员负责办理集团公司内部相关手续，属地化安全管理部门做好安全管理工作。

（5）阶段5。项目体与使用单位办理使用交付手续，会签交付使用验收单，将安全管理权限交予集团公司相关使用部门，固定资产属地化安全管理部门成为项目安全管理责任单位，负责固定资产使用阶段的安全管理工作。

同时，项目体办理审价结算、转固、竣工备案、审计决算等手续，组织总体竣工验收后，注销项目体，将项目任务交还基建设备处。

2. 安全教育与培训

安全教育是提高全员安全素质，实现安全生产的基础。

安全工作是与生产活动紧密联系的，与经济建设、生产发展、企业深化改革、技术改造同步进行，只有加强安全教育工作，才能使安全工作适应不断变革的形势需要。

安全教育的内容包括安全生产思想教育、安全知识教育和安全技能教育。具体来看，包括三类人员安全教育培训、新工人三级安全教育、特种作业人员培训和经常性教育（见表7-3）。三类人员必须通过建设行政主管部门或者其他有关部门考核，取得安全生产考核合格方可担任相应职务；新工人（包括新招收的合同工、临时工、学徒工、民工及实习和代培人员）须经教育考试合格后才准许进入生产岗位；建筑施工特种作业人员应通过安全技术理论和安全操作技能培训，经建设主管部门对其考核合格或每两年复核合格取得有效的建筑施工特种作业人员操作资格证书，方可上岗从事相应作业。

表 7-3　　　　　　　　　　　　安全教育的基本内容和形式

三类人员安全教育培训	新工人三级安全教育	特种作业人员培训	经常性教育
施工单位主要负责人 项目负责人 专职安全管理人员	公司 分公司（工程处） 班组	电工 架子工 起重司索信号工 起重机械司机 起重机械安装拆卸工 高处作业吊篮安装拆卸工 经省级以上人民政府建设主管部门认定的其他特种作业人员	经常性的普及教育贯穿管理全过程，并根据接受教育对象的不同特点，采取多层次、多渠道和多种活动方法，可以取得良好的效果

安全教育培训可以采取各种有效方式开展活动，应突出讲究实效，要避免枯燥无味和流于形式，可采取各种生动活泼的形式，并坚持经常化、制度化。同时，应注意思想性、严肃性、及时性。进行事故教育时，要避免片面性、恐怖性，应正确指出造成事故的原因及防患于未然的措施。

3. 实行安全督查

（1）督察内容。督察施工现场安全和环境管理体系的落实情况。

1) 基建设备处不定期组织对各实施项目安全管理情况进行检查。

2）项目体负责督察施工单位日、周、月安全巡视和专项检查的记录。

3）项目体负责督察施工单位安全管理方面的资源配置、人员活动、实物状态、环境条件、管理行为的落实情况。

4）项目体负责督察施工单位安全教育、培训、从业人员上岗资料、分包管理、安全验收、安全文明费用投入等情况。

5）项目体负责督察施工现场环境检查：现场围挡封闭、施工现场的硬化和防扬尘、强光照明、噪声、污水沉淀排放、土方渣土外运、防治污染处理。

6）项目体负责督察工程监理单位安全管理监督执行情况。

7）项目体负责督察施工现场安全和环境管理体系所述其他内容。

8）各科室分管副处长、科长负责督察本科室所属项目安全管理实施情况。

9）各科室安全管理人员积极配合属地化安全管理部门的检查工作。

（2）日安全督察。在每日的日施工管理过程中，由施工单位严格按照国家、行业、集团公司相关规定针对危险源办理审批手续（动火审批单、特种作业动工单等），施工单位落实专职安全员进行管理，安全监理负责检查危险源管理情况，项目体现场管理人员负责督察安全管理落实情况。

非报建项目，由属地化安全管理部门针对危险源办理动火审批单、特种作业动工单等审批手续。

（3）周安全督察。各项目每周定期召开"周安全例会"，专题讨论周安全管理工作情况，会后由工程监理牵头，组织施工现场安全检查，重点检查危险源，项目体督察。

（4）月、季度、节假日的安全督察。项目体人员依据风险控制措施要求，在施工单位自查、工程监理检查的基础上，每月第一周，会同工程监理，对施工现场进行一次安全督察。

每个季度，会同工程监理，组织一次安全大督察。

国定假日期间，在施工单位自查、工程监理检查的基础上，不定期组织督察。

基建设备处、属地化安全管理部门将不定期对各实施项目进行安全大检查。

4. 施工安全管理的检查及评价

（1）安全检查的组织形式。安全检查应根据施工（生产）特点，制定具体检查项目、标准。但概括起来，主要是查思想、查制度、查机械设备、查安全设施、查安全教育培训、查操作行为、查劳保用品使用、查伤亡事故的处理等。

检查的组织形式应根据检查目的、内容而定，参加检查的组成人员也不完全相同。

（2）施工安全检查标准。应用《建筑施工安全检查标准》（JGJ 59—2011）对建筑施工中易发生伤亡事故的主要环节、部位和工艺等做安全检查评价时，该标准将检查评定对象分为 19 个分项，每个分项又设立检查评定保证项目和一般项目，主要内容见表 7-4。

表 7-4 《建筑施工安全检查标准》检查评定项目

检查评定项目	检查内容
安全管理	对施工单位安全管理工作的评价
文明施工	对施工现场文明施工的评价

续表

检查评定项目	检查内容
扣件式钢管脚手架	对项目使用的扣件式脚手架的安全评价
悬挑式脚手架	对项目使用的悬挑式脚手架的安全评价
门式钢管脚手架	对项目使用的门式钢管脚手架的安全评价
碗扣式钢管脚手架	对项目使用的碗扣式钢管脚手架的安全评价
附着式升降脚手架	对项目使用的附着式升降脚手架的安全评价
承插型盘扣式钢管支架	对项目使用的承插型盘扣式钢管支架的安全评价
高处作业吊篮	对项目使用的高处作业吊篮的评价
满堂式脚手架	对项目使用的满堂式脚手架的评价
基坑支护、土方作业	对施工现场基坑支护工程和土方作业工作的安全评价
模板支架	对施工现场施工过程中模板支架工作的安全评价
"三宝、四口"及临边防护	对安全帽、安全网、安全带、楼梯口、预留洞口、坑井口、通道口及阳台、楼板、屋面等临边使用及防护情况的评价
施工用电	对施工现场临时用电情况的评价
物料提升机	对龙门架、井字架等物料提升机的设计制作、搭设和使用情况的评价
施工升降机	对施工升降机使用情况的安全评价
塔式起重机	对塔式起重机使用情况的安全评价
起重吊装	对施工现场起重吊装作业和起重吊装机械的安全评价
施工机具	对施工中使用的平刨、圆盘锯、手持电动工具、钢筋机械、电焊机、搅拌机、气瓶、翻斗车、潜水泵、振捣器、桩工机械等施工机具安全状况的评价

每个分项的检查评定保证项目和一般项目的详细内容可查阅《建筑施工安全检查标准》(JGJ 59—2011)。

(3) 安全生产情况检查评价方法。

1) 检查评分方法。安全生产情况的检查评价共列出 19 张分项检查表和 1 张汇总表，按照分项检查评分、汇总分析评价的方式进行。分项检查表满分 100 分；汇总表由各分项加权平均后得出整体评价分，满分 100 分。评分采用扣减分值的方法，扣减分值总和不得超过该检查项目的应得分值，保证项目中有 1 项未得分或保证项目小计得分不足 40 分，此分项检查评分表不应得分。

2) 安全生产情况评价。以汇总表的总得分及保证项目是否达标作为对施工现场安全生产情况评价的依据，评价结果分为优良、合格、不合格三个等级。

优良。分项检查评分表无 0 分，汇总表得分在 80 分及以上。施工以场内无重大事故隐患，各项工作达到行业平均先进水平。

合格。分项检查评分表无 0 分；汇总表得分在 80 分以下，70 分及以上。达到施工现场安全保证的基本要求，或有 1 项工作存在隐患，其他工作都比较好。

不合格。施工现场隐患多，出现重大伤亡事故的概率比较大。具体分为以下两种情况：①汇总表得分不足 70 分；②有 1 张分项检查评分表得 0 分。

第八章

工程项目信息管理咨询

第一节　工程项目信息管理简介

一、工程项目信息的类型

信息管理指的是对信息传输合理的组织和控制。项目的信息管理是通过对各个系统各项工作和各种数据的管理，使项目的信息能方便和有效地获取、存储、存档、处理和交流。

建设工程项目的信息管理是指在工程实施中对项目信息进行组织和控制，合理地组织和控制工程信息的传输，能够有效地获取、存储、处理和交流工程项目信息，这对工程项目的实施和管理有着重要的意义。

建设工程项目的信息包括管理信息、组织信息、经济信息、技术信息和法规信息，信息管理工作贯穿于项目的全生命期，即贯穿于项目的决策阶段、设计阶段、实施阶段和运营阶段。项目的信息管理是通过对各个系统、各项工作和各种数据的管理，使项目的信息能方便和有效地获取、存储、存档、处理和交流。项目的信息管理的目的是通过有效的项目信息的组织和控制来为项目建设的增值服务。

工程项目信息主要包括下面三种类型：

结构化信息：结构化的信息是可数字化的信息，它经过一定的分析步骤后可分解为数个互相关联的部分，而每个部分之间具有明确层级结构，信息的使用和维护也可通过数据库进行，并有一定的操作规范，如项目的成本信息、进度信息、财务信息、资源信息等。

非结构化信息：非结构化信息是指那些无法完全数字化表达的信息，如图纸、电子邮件、图片、声音、视频等。

半结构化信息：半结构化信息则是指除了结构化和非结构化之外的信息。常见的HTML、XML等格式的信息均是半结构化信息。

在工程项目中，结构化的信息一般仅占工程所有信息的 $10\%\sim20\%$，半结构化和非结构化的信息大约占到 $80\%\sim90\%$，也就是说，绝大多数的项目信息都存储在半结构化与非结构化的文件中。

二、工程项目信息管理的过程

1. 工程项目信息流动过程

工程项目的决策和实施过程，不但是物质生产过程，也是信息的生产、处理、传递及应用过程。从信息管理的角度，可把纷繁复杂的工程项目建设过程归纳为两个主要过程（见图 8-1）：一是信息过程（Information Processes），二是物质过程（Material Processes）。项目全过程中会有大量的信息产生，不同的项目参与组织、参与人，在围绕项目目标开展工作时，几乎每时每刻都在接收信息、处理信息、产生信息、传递信息。图 8-2 以设计单位为例，展示了信息资源在项目不同参与组织之间的循环流动。

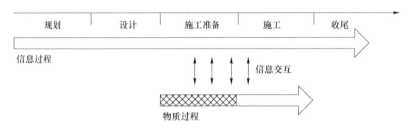

图 8-1　工程项目建设阶段的信息过程与物质过程

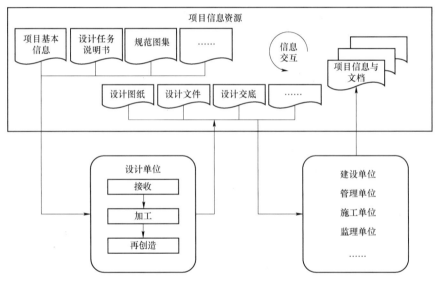

图 8-2　项目信息资源循环流动图（设计方）

工程项目信息来源广泛，且基于不同的参与组织或个人对项目利益诉求的不同，对信息的需求也完全不同。例如，在施工总承包模式下，某种乙供材料从不同地区采购时的成本差异信息，对建设方来说一般不需要也不必要关注，但对施工方来说却是需要收集和管理的重要成本信息；又如，项目管理人员提交给领导审批的某文件草稿，除非文件上包含了重要的审批签认信息，否则在文件正式审议发布后，对整个项目的信息管理而言，该草稿就已经失去了管理的价值。

2. 工程项目信息管理内容

（1）编制项目信息管理手册及相关的规章制度，在项目实施过程中进行必要的修改和补充，并检查和督促其执行。

（2）协调和组织项目管理班子中各个工作部门的信息处理工作，管理信息流程，传递重要信息。

（3）各工作部门之间协同组织收集信息、处理信息和形成各种反映项目进展和项目目标控制的报表和报告。

（4）建立和维护项目变更登记手册，并将经批准的变更信息及时、完整地向项目管理其他部门和人员传递。

（5）编制项目管理总体绩效报告。

（6）进行工程档案管理。

（7）如果本项目使用项目管理信息系统或信息化管理平台，进行系统与平台的建立和运行维护。

3. 工程项目信息管理过程

（1）信息的采集与筛选。在施工现场建立一套完善的信息采集制度，通过现场代表或建立的施工记录、工程质量记录及各方参加的工地会议纪要等方式，广泛收集初始信息，并对初始信息加以筛选、整理、分类、编辑、计算等，变换为可以利用的形式。

（2）信息的处理与加工。信息的处理应符合及时、准确、实用、经济等要求。对不同类别的信息建立编码系统，有序地对信息进行分类及处理，并建立专门的档案，建立完善的信息储备系统。

（3）信息的利用与扩大。

三、工程项目信息管理的方法和重点

1. 工程项目信息管理的方法

（1）传统纸质档案管理。

（2）办公与文档处理软件，如应用 Microsoft Office 软件进行文档编排、数据排列统计等。

（3）非结构化的信息传递，如应用电子邮件、QQ 等软件，进行文字或语言交流，传送附件文档等。

（4）专业技术软件，如 AutoCAD 软件在设计上的应用等。

（5）专业管理软件，如 Microsoft Project 软件在项目进度管理上的应用等。

（6）项目管理信息系统与项目信息门户，这是信息技术在建设工程领域应用的最新趋势。这种综合信息系统基于 Web 技术，提供一个对项目信息进行集成化处理的平台，为项目决策者提供多源信息支持，并促进项目各参与方的信息交流和协同工作。

2. 工程项目信息管理的重点

（1）进行"恰当"的管理。对工程项目信息实施"恰当"的管理，既不缺漏重要的有价值的信息，也不在没什么价值或已失去价值的信息上浪费管理资源，控制好管理"二八法则"在信息管理上的应用尺度，是工程项目信息管理要遵循的重要原则之一。

对具体的工程项目来说，什么是"恰当"的管理，如何实施和保证恰当的管理，需要项目管理者尤其是管理团队的领导者，在项目早期就做好详细的信息管理规划，并随着项目活动的开展和深入不断细化。在以往的工程项目管理实践中，普遍不太重视信息管理的早期规划工作，或者简单地把信息管理与资料管理、档案管理等同起来，是项目信息管理无法正常发挥其应有作用的重要原因。

（2）针对管理原则。理论上，完整的信息管理应该包括对所有类型信息资源的管理和全面控制，但在实际应用中，这显然是一个不可能完成的任务。考虑到项目所具有的临时性和多重约束性特征，我们需要分析不同类型的项目信息资源所具有的特征以及其对项目绩效所发挥的作用，采用不同的管理策略，以确保有限的项目管理资源被合理分配利用，实现管理价值最大化。

针对不同的应用层面、信息资源类型管理策略重心会有所不同，但对于工程项目的信息管理来说，一般应遵循表 8-1 所列的基本原则。

表 8-1 不同类型的工程项目信息资源的重点管理策略

信息资源类型	信息资源实例	信息资源特征	重点管理策略
记录型	工程档案、工程文件、外部规范性文件等	种类与数量多，一般情况下易于复制、传递； 管理不善容易毁损，但多数情况下即使毁损仍有可能获得替代品； 管理活动、技术活动和纠纷处理依据	收集、发布
实物型	封存的试块、样品、样机等	对储存有特定要求，难以复制，不便传递； 毁损后很难或无法再在同等条件下取得； 重要的技术活动依据和纠纷处理证据	提取、储存
智力型	个人经验教训、知识、技能等	信息资源随人力资源流动，交流和培训是传递的主要途径，但传递过程中容易出现信息失真； 有很强的主观性，主要价值在于参考； 可以被转化成记录型信息资源	交流、总结
零次信息	交谈、讨论、旁听等	零星分布，参与人众多，传递过程不可控； 情景很难再现，信息失真严重； 更容易吸引人们的兴趣	约束、澄清

在项目信息管理的过程中，无论项目规模大还是小、管理团队人数多还是少，都必须根据本项目的特征，提出有针对性的管理原则和要求，并采取必要的措施来保障实现。这些原则和要求可以是汇总的（如项目信息管理规划或管理计划），或是分散的（在不同层次的项目文件中提出对某一项信息资源的详细管理要求）。

工程项目投资大、工期长、团队成员复杂、信息来源和沟通渠道繁多，对任何一种信息资源的忽视甚至是遗忘，都会导致项目风险的增加。

（3）范围明确原则。不同的工程参与方，对工程项目信息管理的需求和范围的理解会有很大的差异，我们现在讨论的主要是基于业主方的项目信息管理，无论这种管理由业主方本身来实施，还是由专业的项目管理机构来实施。当业主委托项目管理机构来管理项目信息时，项目管理机构自身对信息的需求，不应干扰业主方的项目信息管理过程。

作为咨询服务机构的项目管理单位在与业主方自身的项目管理团队共同实施项目管理的过程中，管理咨询机构与业主方之间的信息不对称，是可能导致管理决策失误的一个重要因素。因此建议，项目管理单位的信息管理人员应尽可能地介入业主方的信息管理策划和信息流转制度的建设过程，预防和减少信息不对称造成的管理决策失误风险。

四、工程项目信息管理实用工具

1. 项目管理信息系统

项目管理信息系统（Project Management Information System，PMIS），为实现项目管理的目标控制而服务，是工程项目管理人员进行信息管理的必要手段。PMIS 与企业管理信息系统（MIS）有明显的区别。MIS 是服务于企业的人、财、物、产、供、销等的管理，进行信息的收集、传输、加工、存储、更新和维护，以人事管理、财务管理、设备管理等为目标，支持企业高层决策、中层控制、基层运作的集成化的人机系统。

目前国内外工程建设项目中应用的项目管理信息系统，主要分为两大类：

一类是国外相对成熟的大型项目管理软件，如 Primavera 公司的 P3e/c，Microsoft 公司的 Project 等。这类软件集成了国外相关领域多年的管理和研发经验，其本身体系比较完整，功能也相对全面。但在国内的引进过程中，还同时面临着价格昂贵，对国内工程建设与管理模式适应性较差，缺乏足够的专业应用人才等问题。

另一类是建设工程相关单位或软件开发单位自主开发的项目管理信息系统。由于系统结合了其自身的特点，针对性较强。

2. 项目信息门户

项目信息门户（Project Information Portal，PIP）是在项目主题网站（Project－Specific Web Sites）和项目外联网（Project Extranet）的基础上发展而来的，它是国际上工程建设领域一系列基于 Internet 技术标准的项目信息交流系统的总称。PIP 是以项目控制论、项目协同和电子商务思想为基础，在对项目实施全过程中项目参与各方产生的信息和知识进行集中式管理的基础上，为项目参与各方在 Internet 平台上提供的一个获取个性项目信息的单一入口，其目的是为工程项目参与各方提供一个高效率信息沟通和协同工作的环境。

PIP 的主要功能是项目信息的共享和传递，一般的项目信息门户主要提供项目文档管理、项目信息交流、项目协同工作以及工作流程管理四个方面的基本功能。其中项目文档管理功能包括文档的查询、文档的上传与下载、文档在线修改以及文档版本控制等功能；项目信息交流功能主要是使项目主持方和项目参与方之间以及项目各参与方之间在项目范围内进行信息交流和传递；项目协同工作功能则由在线提醒、网络会议、远程录像以及虚拟现实等内容构成；工作流程管理功能是基于工作流程理论的流程模板、流程定制以及流程控制。

图 8-3 是常见的项目信息门户的功能结构图，在具体建设项目的应用中仍需要结合工程实际情况进行适当的选择和扩展。

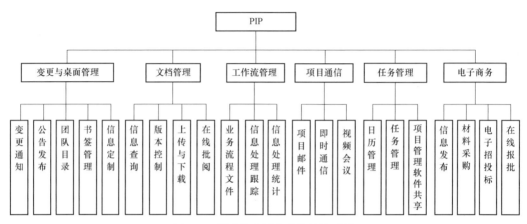

图 8-3 项目信息门户功能结构示意

3. 基于 BIM 的建设工程生命周期管理应用软件

BIM 是随着信息技术在建筑行业中应用的深入和发展而出现的，将数字化的三维建筑模型作为核心应用于建设工程的设计、施工等过程中的一种工作方法。它主要通过相关的软件开发和应用为工程技术与管理人员提供工具和工作手段，并在有关技术的发展过程中逐渐形成了较为通行的行业标准和操作规范。

建设工程生命周期管理（Building Life cycle Management，BLM）的核心目的，就在于解决建设工程生命周期中的信息创建、信息管理和信息共享问题，BLM 是改变数字化设计信息管理和共享的理念与技术。

建筑信息模型（BIM）技术的出现，为真正实现 BLM 的理念和 BLM 的实践应用提供了技术支撑。BIM 技术从根本上改变了建筑信息的创建行为和创建过程，采用 BIM 技术，则从建设工程设计开始，创建的就是数字化的设计信息。基于数字化设计信息的创建，再应用 BLM 的相关技术产品，可以改变建设工程信息的管理过程和共享过程，从而实现建设工程生命周期管理。

基于数字化信息模型，改变了建设工程信息的创建过程，由建筑设计从传统的 2D 图形到 3D 信息模型，即由图形到工程信息模型的本质变换；再进一步实现已创建数据的共享，即从 3D 到 nD（多维），即三维信息模型＋时间维＋费用维＋多项管理维开成的集成管理，实现真正意义上的建设工程管理集成化和信息化。

结合了基于 BIM 的在线协同工作的 BLM 理念和相关技术，被认为是未来改进建设工程设计过程、建造过程和管理过程的重要推动力量。当然，BLM 理论的实践，并不仅仅是技术问题，更多的是文化问题。应该看到，应用 BLM 理论及其技术和相关软件产品，需要改变传统工程管理的思维和方法，强化工程建设的基础性管理工作，提高项目参与各方人员的素质。

第二节　信息化技术在全过程工程咨询中的应用

信息化是促进建设行业科技创新发展的重要举措之一。住房和城乡建设部 2016 年 8 月颁布的《2016—2020 年建筑业信息化发展纲要》中进一步指出：在"十三五"期间，基本实现建筑企业信息系统的普及应用，加快建筑信息模型（BIM）、基于网络的协同工作等新技术在工程中的应用，推动信息化标准建设，形成一批信息技术应用达到国际水平的建筑企业。国务院办公厅 2017 年 2 月发布的《国务院办公厅关于促进建筑业持续健康发展的意见》提出："加快推进建筑信息模型（BIM）技术在规划、勘察、设计、施工和运营维护全过程的集成应用。"

一、BIM 技术在全过程工程咨询各个阶段的应用

1. BIM 技术在设计阶段的应用

（1）可视化设计。对于设计师而言，除了用于前期构思和阶段成果展现，大量的设计工作还是要基于传统 CAD 平台，使用平、立、剖等三视图的方式表达和展现自己的设计成果。这种由于工具原因造成的信息割裂，在遇到项目复杂、工期紧张的情况时，非常容易出错。BIM 的出现使得设计师不仅拥有了三维可视化的设计工具，所见即所得，更重要的是通过工具的提升，使设计师能使用三维的思考方式来完成建筑设计，同时也使业主及最终用户真正摆脱技术壁垒的限制，随时知道自己的投资能获得什么。

（2）协同设计。现有的协同设计主要是基于 CAD 平台，并不能充分实现专业间的信息交流。这是因为 CAD 的通用文件格式仅仅是对图形的描述，无法加载附加信息，导致专业间的数据不具有关联性。BIM 的出现使协同不再是简单的文件参照，BIM 技术为协同设计提供底层支撑，大幅提升协同设计的技术含量。借助 BIM 的技术优势，协同的范畴也从单纯的设计阶段扩展到建筑全生命周期，需要规划、设计、施工、运营等各方的集体参与，因此具备了更广泛的意义，从而带来综合效益的大幅提升。

（3）性能化分析。利用 BIM 技术，建筑师在设计过程中创建的虚拟建筑模型已经包含了大量的设计信息（几何信息、材料性能、构件属性等），只要将模型导入到相关的性能化分析软件中，就可以得到相应的分析结果，原本需要专业人士花费大量时间输入大量专业数据的过程，如今可以自动完成，这大大降低了性能化分析的周期，提高了设计质量，同时也使设计公司能够为业主提供更专业的技能和服务。

（4）校核施工图纸错误、专业冲突及不合理问题。对全专业全过程或指定区域（和系统）进行三维建筑信息模型建模，校核施工图纸错误、专业冲突及不合理问题，协助解决设计问题，并进行各专业之间的碰撞检查，对其中不合理的地方进行反馈与优化。强化设计协调，减少因"错、缺、漏、碰"导致的设计变更，提高设计效率和设计质量。建模过程中，将发现的图纸问题，用二维和三维的展现形式反馈给设计部门，做好预控，提前解决问题，减少了过程中的变更。通过建模识图、三维可视及局部碰撞，能够清晰地发现部分设计问题，并直观表述给设计部门。

2. BIM 技术在招标采购阶段的应用

项目管理中，施工总分包界面文字划分容易产生错、漏，界面不清晰。运用 BIM 技术，将不同分包界面利用模型进行划分，直观反映界面内容，改变了以往用文字叙述界面现状，减少了文字描述的分歧，可有效准确三维展示各分包的界面，并通过划分的模型对分包单位进行质量、投资、进度等控制，如图 8-4 所示。

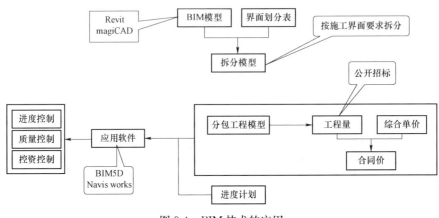

图 8-4　BIM 技术的应用

例如，项目实践中可将通风空调系统采用三维施工界面与分包界面矩阵、文字描述相结合，出具工程量，公开招标选定施工单位。

3. BIM 技术在工程施工阶段的应用

（1）管线综合及支吊架优化。在 CAD 时代，由于二维图纸的信息缺失以及缺乏直观的交流平台，导致管线综合成为建筑施工前让业主最不放心的技术环节。利用 BIM 技术，通过搭建各专业的 BIM 模型，设计师能够在虚拟的三维环境下方便地发现设计中的碰撞冲突，从而大大提高了管线综合的设计能力和工作效率。依据设计文件，利用搭建好的模型，按设计和施工规范要求将主管廊及设备间的水、电、暖、通风等各专业管线和设备进行综合排布，既满足功能要求，又满足净空、美观要求，如图 8-5 所示。

这不仅能及时排除项目施工环节中可以遇到的碰撞冲突，显著减少由此产生的变更申请，更大大提高了施工现场的生产效率，降低了由于施工协调造成的成本增长和工期延误。

（2）三维技术交底。BIM 集成了建筑物的完整信息，提供了一个三维的交流环境。对于一些重要的施工环节或采用新施工工艺的关键部位、施工现场平面布置等施工指导措施进行模拟和分析，以提高计划的可行性。通过复杂节点的三维展示图及动画，直观地进行技术交底，及时排除风险隐患，从而缩短施工时间，降低由于设计不协调造成的成本增加，提高施工现场生产效率，还便于施工人员更好地理解图纸意图及施工工序。

（3）施工总平面三维布置。通过相应的 BIM 软件，将二维的施工平面布置图建立成为直观的三维模型，模拟场地的整体布置情况，协助优化场地方案，如图 8-6 所示。通过 3D 漫游，展现现场设施布置情况，提前发现和规避问题，根据内嵌规范对布置情况进行合理性检查。自动生成工程量，为场布提料提供依据，避免浪费。也可更直观辅助投标、施工组织设计及方案交底。

便于支吊架安装快捷、节约空间和材料，对支吊架进行了综合优化。

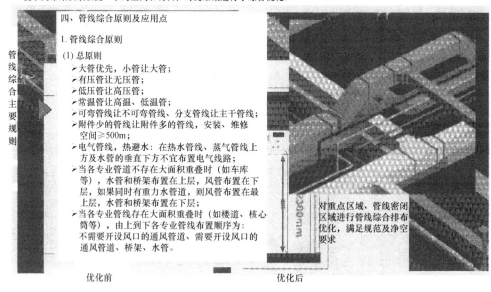

图 8-5　BIM 技术优化前后对比

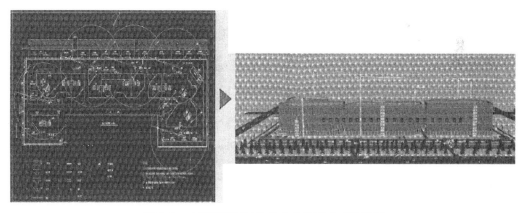

图 8-6　二维图纸通过软件内构件形成三维模型

（4）进度控制。当前建筑工程项目管理中经常用甘特图表示工程的进度计划，其可视化程度比较低，无法清晰描述施工进度以及各种复杂关系，难以准确表达工程施工的动态变化过程。通过将 BIM 与施工进度计划相链接，将空间信息与时间信息整合在一个可视的 4D（3D＋Time）模型中，可以直观、精确地反映整个建筑的施工过程。可运用 BIM 技术对进度实施跟踪和管理，结合施工组织，对模型进行流水段划分，将 Project 软件编制的进度计划与模型构件进行关联，计划与实际进度进行对比，查看进度计划完成情况，对进度计划实时进行监控。发现进度滞后点，及时进行纠偏，从而有效控制并完成计划进度，减少返工，提前实现预期进度目标。改变了以往横道图或网络图形式下的抽象进度控制的格局，更直观、可视、清晰，改变了传统的施工进度管理模式，确保了进度计划的合理性和可行性。

（5）商务应用。在项目实践中可将 Revit 模型导入广联达 BIM 土建算量 GCL、MagiCAD 模型导入广联达 BIM 安装算量 GQI，按照国家颁布的计价规则修正，出具准确的工程量和招标清单。在施工过程中将 BIM 模型导入广联达 BIM5D 平台，将模型与清单关联后，可以按照时间范围、楼层、流水段、构件类型统计各类材料数量，协助快速完成采购计划编制、中期计量及中期支付审核、编制资金需求计划，实现限额领料，减少项目资金风险，避免供货量不足、甲供出现超领等现象。利用建造过程中不断丰富的模型，实现对过程中签证、变更、索赔费用的自动汇总生成，各分项工程量、造价迅速统计，结算审核工作快速完成。

1）协助编制资金需求计划。施工阶段将 BIM 模型导入对应的平台，通过流水段划分、进度计划与清单关联，编制资金需求计划，以便建设方及时落实建设资金，保证项目进展。

2）协助变更费用估算。在施工阶段的变更，按变更单调整模型，快速提供变更造价依据，实现目标成本控制，并可追溯。

3）协助完成快速中期支付。将 BIM 模型导入对应的平台，关联清单后，实现可按照时间范围、楼层、流水段、构件类型统计计算中期计量，快速提供进度款支付数据，完成中期支付审核，避免超付。

4）配合结算。利用建造过程中不断丰富的模型，实现对过程中签证、变更、索赔费用的自动汇总生成，合同各分项工程量、造价快速统计，结算审核工作快速完成。

（6）质量、安全及验收应用。为便于验收及数据共享，运用 BIM 强大的空间标记功能进行质量、安全及验收的应用，通过云端共享 PC、移动端数据，改变了随身携带图纸、记录本或用头脑直接检查和记录现场问题的传统的现场联检制度，使工作效率得到了提高。通过将 BIM 模型上传至云端，项目人员可在 PC 端和移动端同步浏览。现场检查中，通过移动端 BIM 模型锁定质量、安全等问题构件，用不同颜色区分，并通过文字、图片等记录问题说明，并在问题出现空间处进行标记，及时反馈问题状态。将所发现的问题通过 BIM 平台直接反馈给相关责任人进行整改，责任人整改完成后，检查人员复检，合格后上传整改后图片及检查意见。

4. BIM 技术在收尾阶段的应用

BIM 能将建筑物空间信息和设备参数信息有机地整合起来，从而为业主获取完整的建筑物全局信息提供途径。通过 BIM 与施工过程记录信息的关联，甚至能够实现包括隐蔽工程资料在内的竣工信息集成，不仅为后续的物业管理带来便利，并且可以在未来进行的翻新、改造、扩建过程中为业主及项目团队提供有效的历史信息。

5. BIM 技术在运维阶段的应用

BIM 运维的通俗理解即运用 BIM 技术与运营维护管理系统相结合，对建筑的空间、设备资产等进行科学管理，对可能发生的灾害进行预防，降低运营维护成本。具体实施中通常将物联网、云计算等技术与 BIM 模型、运维系统与移动终端等结合起来应用，最终实现维护计划、资产管理、空间管理等。

（1）维护计划。在建筑物使用寿命期间，建筑物结构设施（如墙、楼板、屋顶等）和设备设施（如设备、管道等）都需要不断得到维护。一个成功的维护方案将提高建筑物性能，降低能耗和修理费用，进而降低总体维护成本。BIM 模型结合运营维护管理系统可以充分发挥空间定位和数据记录的优势，制订合理的维护计划，分配专人专项维护工作，以降低建筑物在使用过程中出现突发状况的概率。对一些重要设备还可以跟踪维护工作的历史记录，以便对设备的适用状态提前做出判断。

（2）资产管理。一套有序的资产管理系统将有效提升建筑资产或设施的管理水平，但由于建筑施工和运营的信息割裂，使得这些资产信息需要在运营初期依赖大量的人工操作来录入，而且很容易出现数据录入错误。BIM 中包含的大量建筑信息能够顺利导入资产管理系统，大大减少了系统初始化在数据准备方面的时间及人力投入。此外，由于传统的资产管理系统本身无法准确定位资产位置，通过 BIM 结合 RFID 的资产标签芯片还可以使资产在建筑物中的定位及相关参数信息一目了然，便于快速查询。

（3）空间管理。空间管理是业主为节省空间成本、有效利用空间，为最终用户提供良好工作生活环境而对建筑空间所做的管理。BIM 不仅可以用于有效管理建筑设施及资产等资源，也可以帮助管理团队记录空间的使用情况，处理最终用户要求空间变更的请求，分析现有空间的使用情况，合理分配建筑物空间，确保空间资源的最大利用率。

二、基于网络的"惠系列"协作管理平台的应用

1. "惠招标"——电子招标投标交易平台介绍

"惠招标"是一款专业电子招标投标交易平台，业务功能覆盖发标、投标、开标、评标、定标等招投标全部业务环节，同时集成专门为招标（代理）机构设计的业务管理功能，并引入了河北 CA、银联支付、电子保函、支付宝、电子发票等第三方平台接口，为用户提供一站式服务。

"惠招标"是国家发展改革委首批电子招投标交易平台的试点，也是河北省唯一一家，研制过程全程在河北省招标投标协会电子交易委员会的指导下进行，平台架构完全符合《电子招标投标办法》《电子招标投标系统技术规范》相关规定和要求。

"惠招标"的业务功能在满足检测认证的基础上，同步支持行业和地域特色功能，如河北省交通行业的二信封模式、抽签模式等。

（1）辅助功能。

除了常规业务功能外，"惠招标"还提供了各具特色的辅助功能，包括以下几方面。

1）投标文件两层加密。通过"惠招标"专用工具制作的投标文件会被投标人和代理机构的 CA 锁两层加密，解密时须投标人和代理机构两轮解密才能正常打开投标文件，最大限度地保障投标文件安全。

2）开标保障。通过开标保障措施，可以在保障安全性的基础上保障投标人或代理机构的 CA 锁发生异常情况、网络发生异常、电脑发生异常情况时顺利开标。

3）辅助评标功能。评标时，"惠招标"会自动分析投标文件的特征，计算相似度，为

评委判别围标串标行为提供数据支撑。同时也可以自动计算评委打分的标准差，方便招标人根据离散情况分析评委打分是否有异常。

"惠招标"以软件即服务（SaaS）的形式向广大用户提供服务，专门面向招标代理机构、有自主招标需求的企事业单位和各级公共资源交易中心。用户无须额外购置硬件、网络等环境即可以非常方便地通过"惠招标"实现全流程电子化的建设工程、政府采购及国际采购等项目的招标，如图 8-7 所示。

图 8-7　SaaS

"惠招标"已经通过内置数据接口和省级招标投标公共服务平台、招标投标行政监督平台进行了对接，实现了招标项目及公告的一处登记、自动同步、多处分发，极大地降低了招标项目核准及公告备案的工作量，同时"惠招标"的数据接口还支持对接企事业单位内部的 ERP 系统、财务系统、供应链系统等第三方应用，方便企事业单位将招标业务相关数据纳入整体的数据架构中。

（2）成效。

"惠招标"常态化运营至今，已经积累了 15 000 多种招标文件模板，100 多种各行业的评标办法，并在以下几个方面取得了明显的成效。

1）公开、公正、公平。在"惠招标"中进行的招标活动会全程留痕，招标人、代理机构、投标人、评标专家在"惠招标"中进行的所有操作都将以数字电文的形式存储下来，可追溯、可审计，同时，数据会通过专用接口同步到河北省招标投标公共服务平台和河北省招标投标行政监督平台，供行业监管单位和行政机关进行监督，并向社会公众公开，整个招标投标过程公开、公正、公平。

2）社会成本节约。在"惠招标"电子交易平台中进行的招标活动，从代理机构建立项目开始，直至投标单位收到中/落标通知书，招标人、代理机构、投标人和评标专家，都不需要到现场，也不需要提供纸质的材料，全部通过电子文件和互联网完成，既提高了效率，也节约了用户时间，降低了招标投标活动的成本。

3）数据积累。"惠招标"的常态化运营会积累大量项目数据和投标单位数据，通过对这些数据进行挖掘和分析，可以对投标单位的信誉和实力进行评估、对市场趋势进行判断，为政府决策提供参考数据。

"惠招标"将持续致力于构建"互联网＋招标投标采购"生态系统，提供创新的软件产品和服务，成为统一规范、便民高效、阳光透明的专业电子招标投标交易平台。

2. "惠造价"——造价业务管理平台介绍

"惠造价"管理平台是针对工程建设方、造价咨询企业特点的信息化解决方案，具有灵活的体系架构，能够作为企业项目管理平台，以项目为主线贯穿整个业务流程，实现公司本地、异地分项工作高效协同，信息数据资源共享，能够极大地提高企业工作效率，降低运营风险，为企业积累丰富的数据以供决策，从而提高企业核心竞争力。

（1）操作简便、界面清晰。通过企业初始化，根据企业特色进行系统基础设置，设定组织架构，明确编制人员、审核人员和审定人员角色安排，即刻实现造价业务互联网平台化管理。

（2）发掘项目大数据发挥数据价值。对于做过的工程进行筛选汇总整理，提炼出各类型工程的各专业的经济指标和消耗量指标等数据，用于为业主提供类似项目经验，用于指导控制未来项目投资。

（3）适应各种业务场景。适应单价、总价、成本加酬金等多类合同模式，融合一单一审核、结算集中审核、分阶段审核、一个合同多个报告等结算方式，对接预付款支付、形象进度支付、时间节点支付等各种支付方式，如图8-8所示。

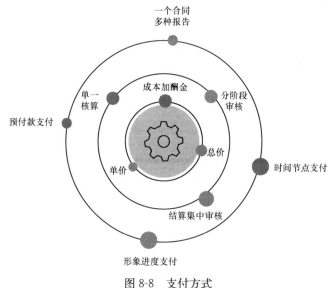

图8-8　支付方式

（4）经验积累与知识管理并行。造价管理中的经验教训、数据、常用工具均进行了汇总，所有造价人员可以随时调用、查看；典型项目、代表性项目进行指标分析、汇总，可供专业人员参考、学习。

（5）全方位质量控制。系统具有完备的质量控制体系：清晰的三级审核制度；各个环节均有记录，可控、可追溯；审核成果的问题分类并汇总，每一类问题对应相应扣分，并在OA系统中共享，如图8-9所示。

（6）计划进度管理，轻松掌控时间。超过项目计划完成时间，自动黄色警示，个性化超时提醒，非正常超时设置及审核。

三级审核　　奖惩制度　　步步记录　　分类汇总

图 8-9　全方位质量控制

（7）BIM 技术综合应用。可以与 BIM 模型相结合，利用模型实现界面划分、支付款等工作。

3. "惠管理"——全过程项目管理平台介绍

"惠管理"是企业一体化项目集成管理平台，通过平台系统实现投资方或项目管理方对于项目进度、费用、安全、合同、档案等的综合管理，通过平台系统的业务管理体系对招标代理单位、设计单位、施工总承包单位、分包单位、监理单位等多相关方实现管理。

（1）进度费用综合管理。拥有时间和投资额等多维度的进度管理方式，及时对项目进度的核心数据进行清晰的展示，向客户反馈项目的本期完成工作量、完成百分比等数据，通过逐级限额分解，严格控制、对比、纠偏，层层汇总控制，实现项目费用管理，如图 8-10 所示。

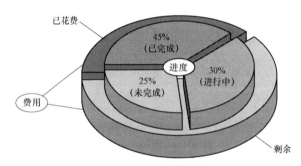

图 8-10　进度费用综合管理

（2）实现多利益相关方的管理。建设过程项目管理协同工作平台，对利益相关方的统一接入和标准化管理，提高整体管理效率和各参建单位协同工作能力，为项目建设提供全面多层次的信息化服务，如图 8-11 所示。

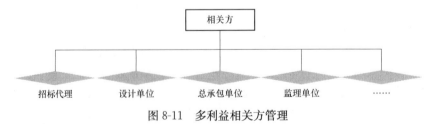

图 8-11　多利益相关方管理

（3）多层级管控。多层级管控如图 8-12 所示。

（4）多维度覆盖。多维度覆盖如图 8-13 所示。

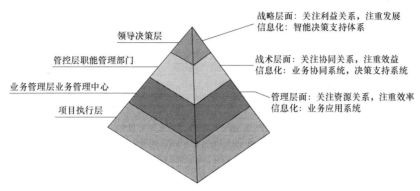

图 8-12 多层级管控

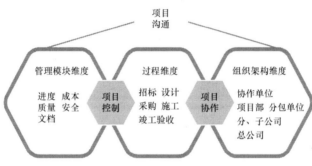

图 8-13 多维度覆盖

第九章

全过程工程咨询项目管理相关案例

案例一 某医院工程全过程项目管理咨询

医院建筑功能十分复杂，具有规模化、复杂化、群体化建筑的特征，要做好一个医院工程的项目管理，项目经理在前期需要明确管理目标，熟悉项目的建设程序，并了解医院建筑的基本特征，在项目推进过程中要紧紧抓住设计和招标两条主线，同时需要找准自身的定位。

一、了解医院建筑的特征

医院工程是最为复杂的民用建筑，项目经理如果对医院的功能、流程、系统以及常见的医院专业术语没有大致的了解，就没有办法与业主及参建各方进行沟通协调，也就无法对整个医院工程建设做出总体安排，整个项目管理就会相当盲目和无序。因此，了解医院建设标准、规范和相关知识是很有必要的。

1. 医院基本功能

综合医院的建设项目由急诊部、门诊部、住院部、医技科室、保障系统、行政管理、院内生活、科研和教学设施等九个部分组成。其中前七项是综合医院建设的基本内容，这些项目建成后，一所医院就可以投入使用，正常运转；后两项则应根据承担科研和教学任务的具体情况确定。同时要了解手术室、ICU（重症监护病房）床位比例设置规定以及综合医院的建设规模、标准及各项指标。

2. 医院大型医疗设备

医院有 CT、磁共振成像装置、X 射线计算机体层摄影装置、直线加速器、核医学、高压氧舱等大型医疗设备。对这些医疗设备需要建设专门的设备用房与必要的防护设施；同时了解哪些医疗设备需要预留、预埋以及考虑运输通道或吊装口。

3. 医院手术部、ICU、中心供应室等主要科室功能

手术部是医院运行的核心部分，由洁净手术室和辅助用房组成，手术部对各用房的具体技术指标、建筑环境、平面和装饰的原则、洁净度等有规范要求，手术部的洁净度分为四个等级，为百级、千级、万级、十万级。ICU 是集中各有关专业的知识和技术，先进的监测和治疗设备，对重症病例的生理功能进行严密监测和及时有效治疗的专门单位，常见的有 ICU 专科病房、烧伤重症监护病房（BICU）、新生儿重症监护病房（NICU）、冠心

病重症监护治疗病房（CCU）、神经外科重症监护病房（NSICU）等。中心供应室是医院无菌物品的供应基地，分为3个独立的作业区域：污染区、清洁区、无菌区，3个区域之间有人流、物流、气流的要求。

4. 医院专项系统

医院专项系统是实现医院功能的重要内容，也是实施过程中管理的重点，项目经理在进行项目管理构思、策划之前应该多了解医院项目的专项系统的特点。医院的常见专项系统有洁净工程、医用气体工程、放射防护工程、实验室工程、污水处理工程、中央纯水系统、物流传输系统、污物智能收集系统等，其中前五项是所有医院工程必备的，后三项由业主根据医院项目的定位、整个项目的投资等情况综合考虑。项目经理前期应对医院的专项系统有概念性的了解，以便在实施设计和招标时能根据项目特点统筹考虑。

5. 医院各功能单元之间的流程

项目经理应多熟悉医院建设标准和规范，了解门急诊、医技、住院之间的关系，关注住院部、手术部、ICU之间以及手术部、中心供应室之间的流程，重视医患分流、洁污分流。

6. 医院项目各项造价指标

医院建筑是一种比较复杂的民用建筑，不同使用功能的房间都有自己的特殊要求，因此工程造价相应较高。项目经理前期应了解类似医院的各项造价指标，这样对整个项目的投资控制会有个框架性的概念。通常造价指标有建安工程、智能化、二次装饰等单方造价指标，整体手术室造价指标，医用气体、中央纯水、物流传输等系统床位造价指标，电梯、空调等常用设备的价格数据库。

二、紧抓设计和招标两条主线

医院项目的设计和招标是项目建设向前推进的两条主线，因此项目经理要重点围绕设计管理和招标管理来开展工作。

1. 设计管理

（1）设计合同包的管理。医院项目的设计内容比较多，除主体建筑、结构、水、电、暖之外，还有基坑围护、人防、幕墙、钢结构、智能化、室内装饰、景观绿化、室外配套等专业工程以及洁净工程、医用气体、中央纯水、物流传输、污水处理、放射防护等专项系统设计。设计合同包分得过细不利于设计之间的协调，各专业设计配合困难，会产生后期实施困难、变更量大的风险；同时，许多医院工程专项系统的设计是困扰项目管理者的主要问题，方案征集套图、专业系统设计招标、设计施工一体化在实施过程中都遇到了一定的困难。因此，在设计招标时，尽可能推行设计总承包。

（2）设计任务书编制。设计任务书是将设计意图转化为图纸的中间形式，建立在功能调研、需求分析的基础之上，是进行设计的交底工作，应尽可能详细（诸如按照设备的需求明确需要结构降板的部位）。设计任务书分为方案设计任务书、施工图设计任务书和专项设计任务书，各阶段设计任务书有不同的侧重点。

（3）前期配套设计管理。许多项目在主体工程完工后，进行室外用水、电力、燃气、电信等申请时才发现原设计与各主管部门的要求及现实情况不符，造成施工、验收困难、协调工作量巨大、花费精力过多。最好在初步设计阶段就要求设计单位主动与供水、供电等部门进行对接，明确接口，项目经理和业主要重视协调和跟踪对接的结果。

（4）设计进度管理。设计进度是工程总进度的基础，科学的设计进度计划和出图时间，是实现工程总进度计划的重要保证。根据医院工程的特点，地下人防和基坑围护设计要与主体工程施工图设计同步进行，同步完成，便于总包招标时纳入总包招标范围；智能化、室内二次装饰、洁净工程、物流传输、厨房工艺、实验室工程设计与主体施工图设计平行进行，这几项设计对主体施工图水、电、暖的要求，在施工图设计过程中直接体现出来，避免后期现场实施时引起变更过多，有利于进度和投资控制；智能化施工图设计在地下室施工前完成，是考虑到预埋管线的需要；幕墙、钢结构施工图设计在地下室施工完成前出图，是考虑到主体结构施工时预埋件预埋的需要；其他各专业工程和专业系统的施工图设计要根据招标计划编制合理的设计出图计划，并实施控制，施工图不能按计划出图是工程进度滞后的主要因素之一。

2. 招标管理

（1）招标规划。医院项目的招标一般有三十几项，涉及设计、监理等服务招标，施工总承包、各专业工程和专业系统分包施工招标，建筑设备、材料的采购，招标工作量很大。代建项目经理要根据项目特点和业主的需求，编制招标规划，招标规划中合同包的划分要符合相关的政策法规，避免合同包的设置不合理引起肢解发包等情况的发生。总包招标时尽可能将满足招标条件的专业工程纳入招标范围，利于进度控制和沟通协调管理。

（2）招标计划。招标不及时是造成工程进度计划滞后的另一主要因素，因此，要将"前置招标"的思路贯穿在招标计划当中。开工前招标内容一般为监理、总包、电梯（不同厂家电梯对主体结构有不同的要求）；基础施工阶段招标内容一般为智能化、幕墙施工招标；主体施工阶段招标内容一般为洁净（手术室结构层施工前完成招标）、气体、纯水、物流等专业系统和二次装饰、空调设备等招标；室内外装饰阶段一般为景观绿化、室外配套、发电机组、变配电设备、锅炉等招标内容；室外施工阶段主要完成污水处理、标识标牌的招标。各阶段的招标内容也不应固化，总的原则是具备招标条件就启动招标。

（3）单项招标实施。在单项实施招标过程比较突出的问题是招标范围和招标界面的管理，特别是施工总包的招标范围和界面，常常因为总包招标范围和界面的不清晰造成整个项目招标的被动，影响工程推进。总包招标前首先要根据施工图做仔细的项目结构分解，根据结构分解划分总包招标范围和界面，对清单编制单位进行书面交底。建立清单审核机制，清单编制完成后，按照结构分解总包内容对清单进行核查，重点审查清单中有没有遗漏和增加的内容、暂定价以及甲供设备和材料情况，此环节一定要在招标前完成。

三、找准定位

工程项目管理属于业主方项目管理范畴，应作为业主方管理的延伸，管理方为业主提供专业化的服务，向业主提供实施方案与计划，供业主决策，并按业主决策的方案与计划实施，接受业主的监督与检查，协助业主达成既定的建设目标。在日常工作中，项目经理在开展工作过程中一定要向业主多汇报、多沟通，积极主动，不要越权管理，也要避免变成业主方的下手，做到"到位而不越位"。

同时，项目经理要懂得去管理业主的期望，避免工作范围的蔓延，要以管理合同约定各方的责、权、利为基础，建立相关的工作流程和标准，明确各方面的工作内容。比如，可以建立招标采购实施办法，明确招标采购管理流程以及项目管理、业主、招标代理各方在各个环节的工作内容和期限，各司其职，效率就会高很多。

总结：医院项目的建设是一项很复杂、长期的工程，项目经理应做好规划与计划工作。实践证明，设计管理和招标管理是项目管理的两条主线，对实现建设目标起到了关键作用。要做好医院建设项目管理，项目经理除了需精通公共建筑相关技术，还要研究相关医疗技术和规范，同时还必须具备项目管理的技能。

案例二　某机场航站楼项目设计及
招标阶段管理咨询

一、项目概况

1. 基本信息

项目名称：某国际机场新建航站楼项目。

项目合同类型：工程设计与造价咨询。

咨询单位：某设计研究院有限公司。

开竣工时间：2013 年 12 月—2018 年 6 月。

2. 项目特点

（1）项目概述。机场航站楼是民用机场建筑群中的标志性建筑物，它代表着机场以及机场所在城市和地区的形象。该国际机场航站楼功能复杂、设施完善，在新材料、新结构和新技术应用方面，以及在设计理念和风格流派方面都具有代表性。

此项目建筑主体结构采用钢筋混凝土形式，局部采用后张法有黏结预应力梁及钢管柱，屋面采用钢网架形式。

（2）航站楼投资控制特点分析。

1）航站楼项目规模大，涉及因素众多，结构复杂，技术先进，目标多元，其投资涉及面广，控制难度大，不确定性强。

航站楼作为大型的公共基础设施，必须确保其高效有序运转，这决定了它的多系统集成性。要达到运行状态，必须具备多个相对独立又互相协调的系统，包括机场信息管理系统、消防系统、安检系统、航班信息显示系统、行李系统、飞行盲降系统等。而且机场通常是一个地区乃至一个国家的窗口，是展示新结构、新技术、新工艺和新材料的舞台，对工程技术要求很高。特别是航站楼工程作为机场的标志性建筑，从设计到施工，其工法、工艺不仅要展示现代建筑技术的高水准，还要体现地方民俗文化特点。这些都直接增加机场建设难度，不仅要满足系统集成的技术要求，还要满足作为标志性民用建筑的外观及功能需求。

2）航站楼项目工期紧，政府参与程度高。航站楼项目作为城市标志性建筑，其建设周期一般为 3~5 年。而机场建设项目从选址、立项、规划开始，到项目资金筹措、征地拆迁、市政配套建设，工程实施中的招标方案报备、审批，直至项目竣工验收，政府的参与程度都很高，加之机场建设项目巨大的投资规模，因此机场建设往往受到各级政府的高度关注，工期要求通常很紧。据统计，相比国外同类机场，我国的建设时间通常短 1~3 年。

3）建设管理审批程序复杂。作为特殊大型公共基础设施，为了保证机场建设的投资优化及项目可行，在项目前期，通常对机场建设的立项、可行性及项目规划等实行严格的论证审批制度。按照国家民航局的要求，机场建设前期的管理审批的环节主要包括立项批复、可行性研究批复、机场总体规划批复、初步设计及概算批复等。

只有了解航站楼项目的投资控制的特点，才能有效控制投资。由于投资控制属于项目管理的范畴，因此投资控制不仅仅是对投资额的单一控制，也是以航站楼项目的根本目标为导向，与所有建设、管理活动息息相关的全过程系统控制。

二、咨询服务范围及组织模式

1. 咨询服务的业务范围

本案例咨询服务主要涵盖项目决策阶段、设计阶段和施工准备阶段的阶段性全过程工程咨询业务，主要范围包括：

（1）项目方案设计，同时配合可行性研究报告编制单位完成航站楼部分方案论证及投资估算编制；

（2）项目初步设计及概算编制；

（3）施工图设计；

（4）设计阶段造价控制，包括结合价值工程进行限额设计、方案技术经济比选、设计优化等；

（5）参与合约规划，包括合同构架策划、标段划分建议、合同形式确定及计价方式分析等；

（6）编制招标工程量清单及控制价。

2. 咨询服务的组织模式

根据咨询服务的业务范围，基于突出沟通渠道具有指向性，指令下达具有单一性，落实指令具有快捷性、专业性几大特性，整合设计团队与造价咨询团队组织模式，搭建适用于本项目的组织构架（见图 9-1）。

3. 咨询服务工作职责

（1）在设计阶段的职责定位。在项目初步设计阶段，负责收集在建或已建类似功能的工程造价信息，结合业主提供的投资限额，联系本工程实际情况，对本项目的造价构成做出初步判断；通过审核初步设计概算，结合业主方投资目标，对初步设计提出优化建议，对结构体系、设备系统、主要关键设备的选定提出建议，使设计得到优化，从而有效地控

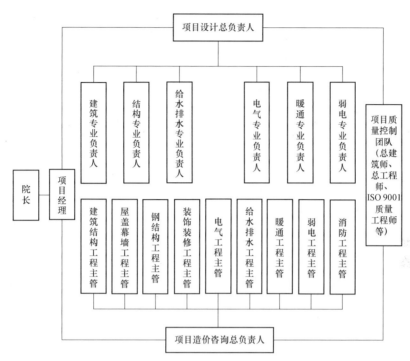

图 9-1 咨询团队组织构架

制工程造价。

在施工图设计阶段，根据初步设计工程概算的相关技术经济指标，协助设计人员优化设计，通过从技术经济等方面对施工图设计中的一些设计变更进行经济分析比较，协助业主方选择最合理的设计方案。

（2）在招投标阶段的职责定位。在建设工程活动中，许多争议的形成往往是由于招标文件和合同本身的缺陷造成的。例如招标文件不严密，合同条款相互矛盾，合同中对于各方的权利义务和责任界定不明晰，对施工过程中可能出现的异常情况的处理不能在招标文件或合同中进行约定等，这些都可能导致日后的纠纷和争议，最终可能导致业主方的投资大幅增加。

在项目招投标阶段，咨询单位应积极参与合约规划，提供包括合同构架策划、标段划分建议、合同形式确定及计价方式分析等相关咨询。参与招标人组织的分析、讨论和现场踏勘，从造价管理的角度对招标文件及拟定合同条款提供专业意见，在招投标阶段和合同签订阶段尽量消除日后可能发生争议和索赔的因素；同时严格按照国家清单规范及地方法规要求编制招标用工程量清单及预算控制价，并且预见性地提出清单中的措施项目及预设项目的编制意见，供招标人参考、决策；招标工作结束后，对中标候选人投标工程量清单进行核查，出具有关总价准确性和单价合理性的咨询意见，供招标人参考、决策。

三、咨询服务的运作过程及实践成效

（一）重视前期策划，规范管理

在项目实施前，根据项目特点与委托方共同讨论制订《设计阶段造价控制及工程量清单控制价编制实施方案》。在该方案中明确了工程造价咨询的服务范围、工作组织；制定了工作实施流程、进度保障措施、质量保障措施、后勤保障措施；明确了内部组织管理架构，确定了管理模式、项目负责人和各专业负责人的职责等；建立了有效的外部组织协调体系，包括图纸及来往函件台账制度、各方沟通协调机制等。让制度先行，为项目的顺利实施奠定基础。

在该实施方案中，针对项目参建方多、沟通协调量大、来往文件众多的特点对项目沟通协调机制进行了特别规定：

（1）项目团队内部沟通协调。建立周例会制度，及时反映并沟通解决过程中的相关问题；同时，对过程文件分类管理，统一归集。

（2）与设计沟通协调。分专业定向跟踪设计进程；全程介入设计阶段造价控制；过程中及时反馈图纸问题，形成书面记录。

（3）与业主沟通协调。建立双周例会制度，及时反映并沟通解决过程中的相关问题；由专人负责往来函件，统一进出口。

（二）设计阶段投资控制总体思路（见表9-1）

建设项目的设计是决定建筑产品价值形成的关键，对整个工程造价的影响程度达75%～95%。项目投资控制的关键在于施工以前的投资决策和设计阶段，而在项目做出投资决策后，控制项目投资的关键就在于设计。设计方案直接决定工程造价，也就是说，设计对工程投资的影响是根本性的。要想有效地控制工程项目投资，就要坚决把工作重点转移到建设前期，尤其要抓住设计这个"关键阶段"。

航站楼项目设计阶段投资控制重点主要是：建设规模控制、设计优化。

1. 航站楼项目建设规模的控制

航站楼项目为政府投资项目，其建设规模的确定需在项目策划期就做好充分论证，确保建设规模不被突破，从源头上保证项目总投资估算不被突破。

2. 航站楼项目的设计优化

航站楼项目专业性强，在设计过程中需要设计人员和经济人员以及设计各个专业设计人员之间的紧密配合，对项目设计的各个方面进行充分的技术经济论证，并达到以下要求：

（1）严格按照批准的建设项目设计任务书及投资估算控制初步设计，以保证投资估算层层落实并起到控制作用，使得工程造价不被任意突破。

（2）初步设计批准后，在施工图设计的过程中，需进行设计方案论证比较。咨询单位工程经济人员和工程设计人员密切配合，从技术性能、平面布局、立面造型、装饰效果、

使用功能等方面进行多方案的比较，应用科学的技术经济分析方法进行定性和定量的评估，经过全面的综合分析和充分的技术论证，做出最优的方案选择，减少施工过程中的设计变更，充分发挥国家建设资金的最佳投资效果。

表 9-1　　　　　　　　　　　　设计全过程造价控制总体思路

控制主线	控制阶段			
	预可行性报告	可行性报告	初步设计 （方案深化）	施工图设计
建设规模控制	根据概念方案图纸复核并辅助确定建设规模	根据方案图纸复核并辅助确认建设规模	根据初步设计图纸复核建设规模是否控制在批复可行性研究报告要求范围内	根据施工设计图纸复核建设规模是否控制在批复概算要求范围内
建设投资控制	根据概念方案图纸分析并辅助确定建设投资	根据方案图纸进行详细投资估算并辅助确定建设投资	根据初步设计图纸编制初步设计概算，分析概算与可行性研究报告投资差异，并提出建设性意见，确保投资控制在批复可行性研究报告范围内	根据施工设计图纸编制工程量清单及预算控制价，分析预算控制价与批复概算投资差异，并提出建设性意见，确保投资控制在批复概算范围内

（三）方案设计阶段规模与投资控制目标的确定

1. 配合方案论证确定建设规模控制总目标

在方案设计阶段辅助建设规模论证，根据方案图纸复核并确定建设规模。确立规模控制总目标后进一步根据不同功能区间和楼层对建设规模进行分解，当功能需求发生变化时快速判断规模能否得到有效控制，及是否可在建筑内采取对应措施使建设规模得到有效控制（见表 9-2）。

表 9-2　　　　　　　　　　　　航站楼建筑面积统计表

区域	B1	L1	L2	L3	L4	屋盖	总计	占比
旅客区域								
办公区域								
设备区域								
旅客设施								
商业								
行李机房								

区域	B1	L1	L2	L3	L4	屋盖	总计	占比
特种车辆停放（架空区域）								
空侧货运通道								
雨篷								
建筑物通道（消防通道）								
各层总计								
航站楼面积								

2. 编制方案估算确定投资控制总目标

（1）建设方案的确定。技术与经济相结合是控制投资的有效手段之一。咨询单位在工程设计过程中把技术与经济有机结合起来，设计人员和工程造价人员密切配合，对实现同一个功能的多个设计方案，要通过技术比较、经济分析和效果评价，择优选出技术先进、经济合理、安全可行、便于施工的方案。正确处理技术先进与经济合理两者之间的对立统一关系，力求在技术先进条件下的经济合理和在经济合理基础上的技术先进，把控制工程投资观念渗透到设计之中。

在项目规模确定后，需要确定建设方案。对项目进行多方案比选，从总平面布置、建筑造型、外立面、结构类型、新技术、新材料的使用等方面综合对比分析项目各方案优缺点，同时对各个方案的投资进行估算，辅助项目方案的选择。

（2）投资估算的确定。建设方案确定后，为合理确定投资估算，需根据方案设计图纸与方案文字说明确定投资估算项目构成。同时，为了确保投资估算项目构成的完整性与准确性，建筑经济专业将初步投资估算表的分解项目提交建筑、结构、给水排水、消防、强电、弱电、暖通、专业设备各专业征询意见，并形成投资估算表，以合理确定项目投资控制总目标。

将初步方案投资估算结果与批复的预可行性研究报告进行对比分析，若投资估算超出批复预可行性研究相应指标，则与各专业进行讨论分析，若超出投资是建筑功能需要且能控制在政策允许范围内，则进一步征求建设单位意见。若超出投资非建筑功能必需，则建议对方案进行优化调整，并经与各专业进行讨论分析后提出方案优化调整意见，直至满足批复可行性研究报告要求为准。最终，待可行性研究报告批复后，根据批复的可行性研究报告修正投资估算，确定投资控制总体目标。

（四）初步设计与施工图设计阶段规模与投资控制

围绕建设规模与建设投资两大主线，在设计过程中对建设规模、建设投资实行动态控制，实现建设规模与建设投资有效控制在批复可行性研究报告范围内。该阶段主要运用目标分解法进行限额设计，同时结合技术经济比较，分阶段逐级将批复的可行性研究报告投资估算与概算进行目标分解，并在设计过程中严格控制各子目标的投资，确保设计阶段的规模及投资有效控制在批复的可行性研究报告范围内。

1. 建设规模控制

建设规模在航站楼项目建设中是一项非常重要的技术经济指标，它是确定建设规划的重要指标；是核定估算、概算、预算工程造价的重要指标；是计算工程造价并分析工程造价和工程设计合理性的基础指标。由于航站楼体积庞大、造型复杂等，因此准确计算建设规模非常重要。在设计过程中，由于各使用方的介入，在初步设计和施工图设计阶段对航站楼规模的调整也相对频繁。因此，在建设规模控制方面，根据方案设计阶段制定的建设规模目标分解表对建设规模实施动态控制，当超出控制目标规模时，立即分析原因并告知设计人员，通过设计负责人召集各专业进行优化，确保设计过程中建设规模得以有效控制，并做好相关调整记录。在完成初步设计与施工图时分别编制建设规模对比表，将三个阶段的建设规模进行对比分析并说明变化原因。

2. 投资控制

为确保有效控制投资，本项目在初步设计和施工图设计阶段分别按照审批通过的可行性研究报告投资估算和初步设计概算全面推行限额设计，并应用价值工程理论对设计方案进行优选。具体过程为：运用目标分解法将确定的投资控制目标进行合理分解，在设计过程中严格控制各子目标的投资，进行三算对比实行分级分阶段项目造价控制，以此形成造价管控的闭环系统，使项目设计阶段的投资控制有组织、有明细、可量化、可执行、有过程。

（1）限额设计。在初步设计阶段，将批复可行性研究报告投资作为投资控制目标，并按建筑、结构、给水排水、消防、强电、弱电、暖通、电梯、行李系统等单位工程进行分解，将分解后的单位工程投资作为各专业控制目标，同时参照其他同类机场，提出钢筋、混凝土控制指标，并以书面形式提交给相应专业的专业负责人。在施工图设计阶段，根据审批通过的初步设计概算，对投资控制目标进行进一步分解，在设计限额指标提出的同时，对设计材料选择、材料耗量、材料设备品牌提出详细要求，保障设计限额能有效执行。以下分别为初步设计阶段投资控制目标分解示例和以钢结构为例的施工图设计阶段投资控制目标分解示例（见表 9-3、表 9-4）。

表 9-3　　　　　　　　　　　　初步设计阶段投资控制目标分解表

第一级	第二级	第三级	单位	工程量	投资（万元）
投资总计					
航站楼项目单项工程	1.1 场地准备	场地平整			
		土石方工程			
	1.2 地下结构	地基及地基处理			
		基础工程			
		……			
	1.3 地上结构	砌筑工程			
		混凝土工程（含模板）			
		金属结构工程			
		……			

续表

第一级	第二级	第三级	单位	工程量	投资（万元）
		投资总计			
航站楼项目单项工程	1.4 装饰装修工程	屋面系统（直立锁边）			
		外装饰			
		室内装修			
		……			
	1.5 给水排水工程	给水系统			
		热水及饮水系统			
		……			
	1.6 消防工程	室内消火栓系统			
		自动喷水灭火系统			
		……			
	1.7 采暖通风空调工程	集中空调系统			
		通风系统			
		……			
	1.8 电气工程	变配电系统			
		电力系统			
		……			
	1.9 弱电工程	信息集成系统			
		航班信息显示系统			
		离港控制系统			
		……			
	1.10 交通体工程				
	1.11 专项设备				
	1.12 登机桥				
	……				

表 9-4　　　　　施工图设计阶段投资控制目标分解表（以钢结构为例）

第一级	第二级	第三级	第四级	单位	工程量	投资（万元）
			投资总计			
航站楼项目单项工程	1.3 地上结构	金属结构工程	钢管柱			
			钢网架			
			钢檩条			
			钢结构油漆			
			钢结构屋盖措施费			
			……			

（2）设计方案技术经济比较。对各专业在设计过程中涉及的方案比较、设备选型从经济角度进行分析论证，技术经济比较主要内容包括以下内容：

1）建筑专业：包括幕墙选型、屋盖系统选型、建筑节能措施、防水材料选择、装饰材料选择、建筑层高等。

2）结构专业：包括基础选型、砌体材料选择、高填方方案、护壁选型等。

3）设备专业：包括主机选型、供电方案、空调方式、电缆选型等。

（3）设计方案技术经济比较案例分析。

1）高填方区域基础形式方案比选。T3A航站楼平面分为E区中央大厅和A、B、C、D区指廊共五个区域。C区指廊中的C1、C2、C3区及D区指廊中的D3、D4区，其建筑场地处于填方及高填方区域，最大填筑厚度约49m（见图9-2）。

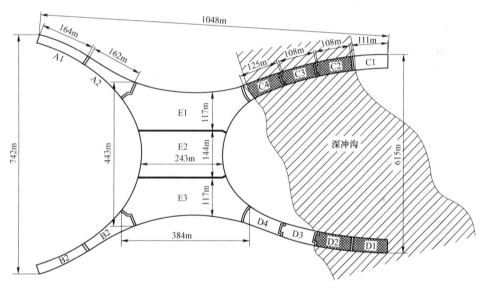

图 9-2　航站楼平面分区图

填方及高填方区域拟采用柱下条形基础或梁板式筏形基础两种方案，将基础直接置于经过土石方填筑与地基处理后的回填层上。根据平、剖面图纸，选取单位面积进行测算，主要测算内容为挖填土方、钢筋混凝土及模板，技术经济指标分析见表9-5。

表 9-5　　　　　柱下条形基础和梁板式筏形基础投资对比分析

项目名称	柱下条形基础				梁板式筏形基础			
	工程量	单位	单价（元）	合价（万元）	工程量	单位	单价（元）	合价（万元）
基础大开挖土方	0	m³	81.72	0	10 646 122	m³	81.72	87
基础挖沟槽土方	6953.95	m³	130.00	90.40	0	m³	130	0
填方	4924.29	m³	57.38	28.26	5198.57	m³	57.38	29.83
二级钢筋	30.78	t	5360	16.50	6.71	t	5360	3.60
三级钢筋	161.38	t	5360	86.50	375.18	t	5360	201.10

续表

项目名称	柱下条形基础				梁板式筏形基础			
	工程量	单位	单价（元）	合价（万元）	工程量	单位	单价（元）	合价（万元）
基础混凝土 C30（含模板）	2029.75	m³	483.74	98.19	4687.20	m³	483.74	226.74
基础垫层 C15（含模板）	409.06	m³	395.67	16.19	760.44	m³	395.67	30.09
合计				336.04				578.36

通过以上对柱下条形基础及梁板式筏形基础的技术经济指标分析，柱下条形基础单位面积技术经济指标明显优于梁板式筏形基础，初步设计阶段通过方案比选采用柱下条形基础，获得了更为经济的基础选型方案。

2）航站楼玻璃幕墙方案比较。

方案一：拉索结构玻璃幕墙。

在航站楼陆侧、空侧及指廊立面上全部采用拉索结构玻璃幕墙，水平支承构件加竖向承重索，使用水平的幕墙钢横梁和垂直的拉索将力传递给屋面结构和柱子。竖向拉索通过支撑构件固定于柱子上，每块玻璃宽度 3.8m，高度 2.2m。其中：方案一（A）采用（15＋16A＋15）mm 双钢化白玻璃双银 LOW－E 玻璃，方案一（B）采用（15＋16A＋15）mm 超白钢化双银 LOW－E 玻璃。技术经济指标分析见表 9-6 和表 9-7。

表 9-6 　　　　　　　 航站楼拉索结构玻璃幕墙（A）投资分析表

序号	项目名称	计量单位	工程数量	金额	
				综合单价（元）	合价（万元）
1	拉索结构玻璃幕墙（1－A）	m²	78 602.76	3374.44	26 524.06
	合计		78 602.76		26 524.06

表 9-7 　　　　　　　 航站楼拉索结构玻璃幕墙（B）投资分析表

序号	项目名称	计量单位	工程数量	金额	
				综合单价（元）	合价（万元）
1	拉索结构玻璃幕墙（1－B）	m²	78 602.76	3529.56	27 743.31
	合计		78 602.76		27 743.31

方案二：单层索网玻璃幕墙。

方案二采用单层索网玻璃幕墙方案，并将航站楼分为陆侧、空侧及指廊不同的区域。分别为：①陆侧大厅单层索网点式玻璃幕墙系统；②空侧大厅单层索网点式玻璃幕墙系统；③指廊玻璃幕墙系统。系统位置如图 9-3、图 9-4 所示。

单层索网玻璃幕墙技术经济指标分析见表 9-8。

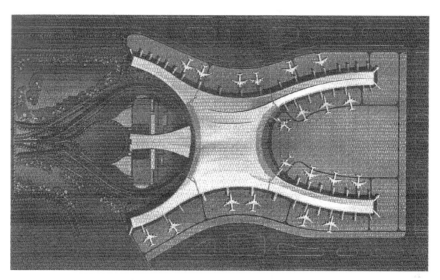

图 9-3　陆侧和空侧系统位置示意图

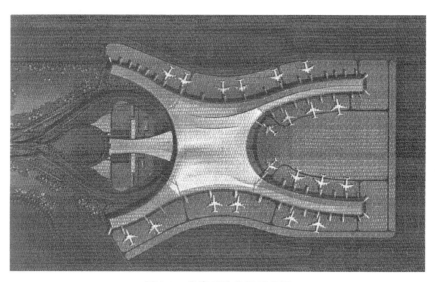

图 9-4　指廊系统位置示意图

表 9-8　　　　　　　　　　　　幕 墙 投 资 对 比 表

项目名称	计量单位	工程数量	金额	
			综合单价	合价（万元）
陆侧单层索网玻璃幕墙	m²	17 918.28	3418.92	6126.11
空侧单层索网玻璃幕墙	m²	7285.66	3370.70	2455.78
指廊单层索网玻璃幕墙	m²	53 398.82	2458.47	13 127.93
合计		78 602.76		21 709.82

通过以上对方案一及方案二的技术经济指标分析，方案二总价 21 709.82 万元明显优于方案一（A）26 524.06 万元及方案一（B）27 743.31 万元，初步设计阶段通过方案比选，获得了更为经济的玻璃幕墙设计方案。

（五）招标准备阶段

本阶段通过前期介入合约规划为业主方提供相关咨询意见，咨询内容主要包括合同构架策划、标段划分建议、合同形式确定及计价方式分析等。在本案例中，绝大部分项目按规范必须采用工程量清单招标，因此计价方式必须按工程量清单计量计价规范执行，在这里主要说明合同构架策划、标段划分建议与合同形式选择三个方面的内容。

1. 合同构架的策划

在本案例中，结合同类型工程的施工经验进行总体合同构架的搭建，对施工总承包、专业分包和指定供应方的招标范围、招标内容进行梳理，采用施工总承包结合专业分包和指定供应方的模式。在该模式下要求总包单位具有较强的管理和协调能力，同时必须在招标文件中约定总包、分包的工作界面，在合同中明确相关方的工作内容与职责。该模式可发挥施工总承包单位在施工及现场管理的长处，有利于整个项目的进度、投资和质量控制，有利于业主选择最合适的专业分包方和指定供货方来承担总包方不善于运作或报价过高的单项工程，同时业主拥有专业分包方和指定供货方的选择权和决定权，而在合同关系上这些分包合同均隶属于总包合同，减小了业主的管理和协调难度。

2. 标段划分建议

由于航站楼项目规模大、工期紧、作业面广，对航站楼项目进行标段划分十分必要。在本案例中结合拟搭建的合同构架，通过分析现场条件、现场管理协调与临时设施安排、资金分块规模、拟分包的专业工程及施工图纸情况等因素，对施工总承包标段进行划分。航站楼部分标段划分情况见表 9-9。

表 9-9　　　　　　　　　　　　　　航站楼部分标段划分

项目名称	标段组成	主要包含内容及界面划分	概算投资（万元）	计划完成招标时间	计划开工时间	计划完工时间
土建施工总承包工程	标段一	大厅（E区）及C、D指廊土建施工				
	标段二	A、B指廊土建施工				
钢结构	标段一	大厅（E区）钢结构工程				
	标段二	A、B、C、D指廊的钢结构工程				
幕墙	……	……				
屋盖	……	……				
装饰装修工程	……	……				
综合安装工程	……	……				
弱电工程	……	……				
消防工程	……	……				
……	……	……	……			

3. 合同形式选择

常见的合同形式主要有总价合同、单价合同和成本加酬金合同。根据项目不同标的外部环境稳定性、标的规模、招标图纸情况与技术标准、发包方的要求、施工工期长短等因素选择合同形式。表 9-10 为三种合同形式的对比分析，本案例在综合了项目规模、施工工期、业主风险等因素后建议采用单价合同。

表 9-10　　　　　　　　　　　　　三种合同形式对比表

比较因素	合同总价	成本＋酬金合同	单价合同
项目明确程度	明确	不明确	一般
业主风险	小	大	一般
项目规模	小	—	大
外部环境	稳定	不稳定	一般
工期		特别紧迫	长
招标准备时间	长	短	较长

（六）工程量清单控制价编制阶段

1. 工作流程

本案例在工程量清单控制价编制阶段面临的主要困难在于项目的进度与质量保障方面。由于项目工期紧，设计周期、招标时间等均不同程度压缩，在与业主充分沟通确定了项目的进度目标后，对项目的常规工作流程做出了改进：①强化招标准备阶段工作，将招标准备阶段工作前置，与设计工作同时开展；②通过设计阶段造价控制的前期介入，掌握设计情况、熟悉过程图纸，与设计充分搭接；③将传统的工程量计算、清单项目设置与定额组价、主要材料设备询价的串联式工程升级为并联式工作流程，提升工作效率；④率先采用了过程文件跟踪校审、成果文件全面校审的搭接式工作模式，提升校审效率及质量。图 9-5 为工程量清单控制价编制工作流程图。

2. 质量保障

（1）人力资源优化配置。项目组人员分别由土建、幕墙及屋盖、钢结构、装饰装修、安装、总图工程等专业的工程造价人员组成。对特殊专业工程，咨询单位聘请有关专家或其他相关人员作为专家顾问。

（2）过程文件跟踪复核，成果文件三级校审。为确保工程量清单成果质量，结合本项目实际情况对所有过程文件（工程量清单编制说明、清单项目设置及特征描述、工程量计算、主要材料设备询价）进行跟踪复核，对所有成果文件实行"校对、审核、审定"的三级质量审核制度。通过层层把关，找出存在的问题和缺漏，编制人员及时修正，保证了造价咨询成果的质量。

（3）重大问题会商制度。针对在项目实施过程中出现的重大问题，由发现问题人员向评审组织机构专业负责人提出，专业负责人不能解决的或认为有必要的，书面提交评审组织机构技术负责人，由技术负责人组织院内部专家或聘请外部专家进行会商讨论，形成书

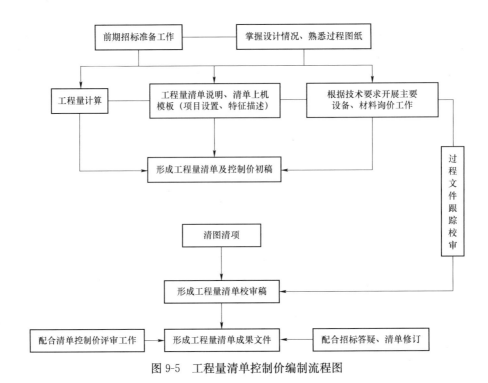

图 9-5 工程量清单控制价编制流程图

面意见。同时，将此问题及解决办法详细记录存档，便于指导今后工作。

（4）采用指标信息库进行对比分析。采用类似工程造价指标对比分析，通过长期积累的指标信息库对项目异常指标进行排查，为项目质量提供保障。

（七）项目风险的预测、分析与建议

1. 风险预测与识别

预测项目存在的风险因素，通过定性分析和定量分析确定各种风险可能引起项目造价的变化幅度，并采取积极控制的措施是贯穿整个建设工程活动全过程的风险管理工作。要准确预测工程风险，项目管理机构人员必须具备丰富的工程管理经验，掌握常见的风险因素。从建设单位的角度出发，项目风险往往来自以下方面：

（1）人为风险。这一类型的风险包括政府或主管部门的行为，管理体制、法规不健全，不可预见事件，招标文件措辞不严密，合同对各方的责、权、利界定不清楚，承包单位缺乏合作诚意以及履行不力或违约，材料供应商履约不利或违约，设计单位错误，设计时不能进行限额设计，设计保守，监理工程师失职等。

（2）经济风险。这一类型的风险包括经济形势不利，市场物价不正常上涨，通货膨胀幅度过大等。

（3）自然风险。主要指恶劣的自然条件，恶劣的气候与环境，现场条件发生变化，不利的地理环境变化等。

2. 发承包阶段风险分析与建议

在形成工程量清单初稿后，应及时对工程量清单进行风险识别和评价，本项目风险评

价大致包括：

(1) 招标/采购文件、拟定施工合同风险分析；

(2) 勘察与设计文件深度、规范性风险分析；

(3) 工程量清单与招标控制价风险分析；

(4) 投标文件风险分析；

(5) 材料设备价格等市场风险分析；

(6) 人工、税费等政策性调价风险分析；

(7) 项目管理风险分析；

(8) 资料管理风险分析等。

在对以上项目进行风险评估后，制定规避风险的具体方法，为项目委托人提交风险控制报告。风险控制报告大纲主要由以下内容构成（见表 9-11）。

表 9-11 风险控制报告大纲

内　　容	页　　数
项目概况	
风险分析数据	
潜在风险因素	
风险影响程度	
预防与管控措施	
其他建议	

四、项目总结

在本项目的实施过程中，咨询单位进行了大胆尝试，从对传统单一设计业务或单一提供造价咨询服务转变为提供设计技术咨询与造价管理咨询相融合的咨询模式，进行了阶段性全过程咨询服务的试点。

新形势下推行的全过程咨询服务有利于工程建设组织管理模式的改革；有利于工程咨询服务业务发展质量的提升；有利于咨询行业组织结构的调整以及行业资源的优化组合；有利于工程咨询企业水平和能力的提升；有利于工程咨询行业人才队伍的建设和综合素质的提升；有利于工程咨询业的国际化发展。但同时也对咨询服务企业与从业人员提出了巨大挑战，通过在本项目中的一系列尝试，深刻认识到企业的能力和水平在面临全过程咨询业务上有着巨大的提升空间，可从以下几个方面进行考虑，与同行共勉。

(1) 构建与全过程咨询业务发展相适应的组织构架；

(2) 建立全过程咨询服务的管理体系、制度与服务标准；

(3) 培育适应全过程工程咨询业务所需的人才队伍；

(4) 创建企业服务品牌，提升社会影响力；

(5) 充分利用信息技术和信息资源，提高企业信息化管理水平，为企业全过程咨询业务的高速发展提供支撑。

案例三　某特色小城镇项目管理咨询

一、项目基本概况

1. 基本信息

本项目为某特色小城镇建设项目，建设单位为某投资发展有限公司，工程类别为公共建筑，建筑面积 209 820m²。项目开工日期为 2017 年 5 月，工程造价约为 12.5 亿元。本项目实施全过程项目管理和全过程造价控制。

2. 项目特点

（1）项目概况。此镇历史文化悠久，2018 年 3 月 17—19 日，该特色小城镇的规划在试点特色小城镇规划和特色风貌设计规划复审会上通过复审，入选首批试点特色小城镇名单。该项目于 2018 年 5 月初全面开工建设。

小镇按照规划建成后，主要养殖特色包含林下鸡、圈养驴、当地牛羊以及葡萄等。本项目建设内容包括三十多个子项目，项目类型涉及基础设施、公共服务、安防、拆迁安置、镇区风貌提升以及产业扶贫等。

（2）建设内容和规模。新建镇级建设项目含各类建筑 209 820m²，铺设供水管线 11km、排水管线 7.743km、10kV 输电线路 16km、天然气主管道 26km、天然气管网 7km、主干道路 9.4km、镇区道路 12.113km，硬化广场 30 000m²、两处绿地约 27 500m² 和两个牌楼以及社会治安防控等项目；镇区范围内各村级建筑风貌提升项目约 42 000m²。

新建产业建设项目含农贸市场 13 850m²、劳动力就业创业市场 8500m²、屠宰场 6000m²、800 亩葡萄长廊、50 亩林下鸡养殖基地、100 座圈养驴圈舍以及其他配套设施等。

（3）咨询业务范围。

1）以合同管理为主线的全过程项目管理；

2）以成本控制为主线的全过程造价控制。

（4）实施全过程项目管理（工程咨询）的特点。

1）提高投资效益，打破条块分割。实施全过程工程咨询，通过项目经理（总咨询师）的协调管理，将咨询服务覆盖工程建设全过程，包含传统模式下设计、造价、监理等各专业咨询单位的职责义务，这样高度整合各阶段的服务内容，一方面，将更有利于实现全过程投资控制，有效解决各阶段各专业之间的条块分割问题；另一方面，通过限额设计、优化设计和精细化管理等措施提高投资收益，确保项目投资目标的实现。

2）保障项目合规，助力政府监管。当前建设市场还不完善，监管需加强，一些地方存在违规审批、违规拆迁、违法出让土地等损害群众利益的问题，出现少数干部违规插手项目建设，扰乱了社会主义市场经济秩序。咨询单位通过实施全过程管理，能够有效整合社会资源对建设项目进行有效监管，为政府提供强有力的全过程监管措施；由项目经理（总咨询师）统一指导梳理建设项目全过程的报批流程、资料，避免出现错报、漏报现象，有利于规范建筑市场秩序、减少违法违规行为。

3）加强风控预防，降低项目风险。咨询单位通过强化管控决策、投资、过程、运营、自然、社会等风险，一方面对于项目而言，有效降低决策失误、投资失控的概率，减少生产安全事故；另一方面对于社会而言，也可避免自然环境的破坏，保护生态，有效集约利用资源，减少冲突。

4）提高项目品质，增强行业价值。通过项目经理的统筹协调管理，各专业工程师工作统筹安排，分工协作，极大提高服务质量和项目品质，弥补了多个单一服务团队组合下可能出现的管理疏漏和缺陷。同时也符合和响应"十九大报告"的号召，培养具备国际视野的人才，促进行业转型升级，提高工程咨询行业国际竞争力。借助"一带一路"的机会平台，支持工程咨询行业走出去，在国际建设项目中立足。同时，吸引优秀的国际化人才，保持行业的可持续性发展。

二、咨询服务范围及组织模式

1. 本项目全过程咨询业务范围

以合同管理为主线的全过程项目管理。

以成本控制为主线的全过程造价控制。

2. 本项目全过程咨询服务的组织模式

本项目全过程咨询服务的组织模式如图 9-6 所示。

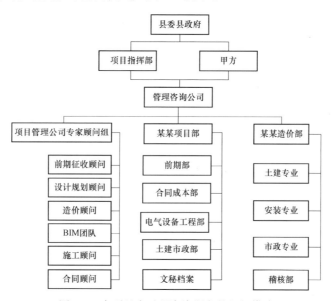

图 9-6　本项目全过程咨询服务的组织模式

三、咨询服务的运作过程

（一）项目的获得

2018 年 5 月，咨询单位通过某县公共资源交易中心以公开招标竞争性谈判的方式，获得某特色小镇项目建设全过程"专业化管理服务"的服务资格；之后又参与本项目全过程造价咨询的投标，取得全过程造价咨询的资格。

(二) 制订全过程咨询工作方案

全过程咨询服务工作方案，大致有以下几个方面。

1. 全过程项目咨询的主要工作范围

(1) 前期阶段工作范围。

1) 办理项目各类外部手续。协助完成土地、规划、各类许可审批，办理各类建管手续。

2) 设计任务书编制及方案设计招标管理。协助组织工程设计方案招标；协助建设单位签订建设工程设计合同并监督实施；在设计单位配合下，完成方案设计的优化与报批；逐步深化设计管理工作，组织设计单位进行工程优化，并进行投资控制。

(2) 实施阶段工作范围。

1) 设计工作的管理。适时组织对阶段性设计成果进行评审和论证，并就其是否满足要求提出客观评价和合理建议；督促完成初步设计及施工图设计，确保初步设计不超出批准的投资概算，并组织完成设计审查；组织好设计交底与参建单位的图纸会审，协助建设委托方控制和管理工程设计变更。

2) 合同管理。明确各类参建单位的合同关系，如总承包商与分包商、供货商的合同关系及分包商、供货商之间的合同关系；确定合同基本条件（特别是各类合同及参建单位间的工作界面划分）并编写详尽的合同条款；参与各类合同谈判和签订；制定并执行各类各级合同管理的原则与策略。

3) 工程招标管理。协助建设单位委托的招标代理机构组织招投标工作，审查招标工作程序、计划以及招标文件，参与资格审查、现场考察、答辩、开标、评标、决标及招标备案等招标全过程工作，以及工程量清单和招标控制价。

4) 进度控制管理。建立项目的分级计划体系，编制《项目进度总控制计划》并组织参与项目各方共同修订发布，定期检查专业发包工程及短周期综合计划的编制与执行情况并酌情调整。

5) 全过程投资控制（另签全过程造价控制合同）。按照招标人提出的投资管理目标，编制项目投资控制性计划和用款计划，建立预控机制；审核设计单位提交的初步设计文件并提出优化方案，按照施工招标计划编制各单体工程的工程量清单及控制价；参与施工招标的清标工作，对施工单位的投标报价进行分析，发现不平衡报价项并进行控制；审核施工过程的必要的设计变更和经济签证，及时审核施工单位提交单项工程的结算报告和处理索赔和反索赔工作；协助建设委托方进行工程进度资金的管理和支付审核，安排日常的工程进度款的审核。

6) 质量管理。制定项目整体的质量目标，建立质量工作体系，组织参与项目建设的各个单位建立相应的工作体系与工作制度，使之相互协调并监督执行。

7) 施工现场管理。协调施工现场平面布局，使之易于施工、安全、保卫、后勤及物料搬运的管理；协调总承包商、分包商、供货商及各设计人之间的关系；协调建安工程和市政工程现场施工的安排。

8）工程安全及环境保护管理。负责施工现场的全面监控工作；组织各参建单位控制施工过程对环境的影响；组织各单位制订项目施工安全生产计划、文明生产计划并监督实行，确保现场人身与财产安全，确保现场平面布局达到安全、环保、文明、有序、畅通的目标。

9）物资采购管理。确定项目各项材料物资的采购分类办法，制定各类物资采购的审批及现场验收程序并监督执行。

10）项目档案及信息管理。组织项目档案的管理，包括政府主管部门下发的各种批文、许可证书，各类商务合同、协议，设计图纸、工程量清单、设计变更，各类支付证书以及重要的收发文件等。建立各类台账数据形成资料库为项目管理服务。

总之，在实施阶段要全面负责所有参建单位的协调，负责监督、控制、协调、管理勘察、设计、监理单位、各承包商的工作，负责解决和协调工作中的问题，确保安全、进度、技术方案、质量、成本等计划的全面实现。

（3）竣工阶段工作内容。

1）协助建设委托方组织工程竣工验收、办理档案移交备案服务；

2）进行项目移交服务和缺陷责任期的回访制度及跟踪服务。

2. 全过程项目咨询的主要工作目标

经过研究项目的总体目标，结合本公司的管理经验，确定对本项目的管理目标体系如下：

（1）进度目标。项目建设周期（从本项目房屋拆迁工作启动开始至项目整体通过竣工验收、决算、审计结束为止）自2018年开始至2019年结束。

（2）成本目标。利用咨询单位长期以来从事造价咨询的优势，在各环节抓好投资控制，实际投资总额严格控制在国家发展改革委批准的初步设计概算（及其调整）范围之内。

（3）质量目标。通过专业化咨询管理，工程达到国家建筑工程施工质量验收合格标准。

（4）安全目标。实现安全文明工地；死亡事故为零，重伤事故率0.5%以下，尽量减少轻伤事故；杜绝火灾事故；杜绝坍塌事故；不发生重大机械事故；杜绝高空坠落事故；杜绝物体打击事故。

（5）使用功能管理目标。建设各项功能指标达到设计和使用要求。

（6）招标及合同管理目标。合法、合规，节省投资并选到合格的投标人，严格督促各方按合同履约，为委托方合理回避风险。

（7）信息管理目标。利用先进手段进行信息管理（本工程利用BIM工作平台），提高工作效率，并对各种资料档案加强管理，确保档案资料齐全、真实、有效。

（8）协调管理目标。加强参建单位的协调，提高内部沟通效率，加强与主管部门的协调，加快各种手续报批、验收的办理速度。加强与项目有关的第三方的联络，确保为项目建设创造良好的外部环境。

3. 实现本项目目标主要工作方案

（1）办理各阶段手续的实施方案。

1）严格遵守基建法规，按规定办理各种手续。

2）做好准备与跟踪工作，做好下道手续办理的衔接工作。

3）全方面协调管理工作，提高沟通成效。

4）利用一切可利用资源，发动参建单位的积极性，加快手续办理。

（2）进度控制具体措施和主要方案。

1）健全项目管理的组织体系，成立以项目经理为核心的进度管理领导小组，负责对项目进度实施全面管理。

2）在进度计划的管理过程中，要充分发挥合同的作用，通过严格的合同条款约束（如制定工期延期的违约惩罚条款），对进度形成有力的保证。

3）编制总进度计划，根据工程具体情况和各项目里程碑时间要求编制工程总控计划，并组织专家论证和完善。同时考虑合理利用资金，减少建设资金的压力。

4）根据总进度计划，编制阶段进度计划和专项施工计划（如消防系统、热力系统、水电系统、空调系统新建计划），要求施工总承包商按"三级网络计划"进行施工管理。

5）采用关键线路法（Critical Path Method，CPM）直观地表示出工作的逻辑关系，确定所有关键任务。

6）跟踪检查实际进度情况，并整理统计检查数据，对比实际进度和计划进度。在项目管理中采用横道图比较法、S形曲线比较法等进行进度计划的比较和综合分析。

7）根据实际进度和计划进度的对比，分析产生偏差的原因，并确定该偏差对项目总进度计划的影响程度。根据影响程度对总进度计划做调整，并追究相关方的责任。

8）对出现的进度延误问题，合理地调整工序之间的组织关系和工艺顺序，对新线路上的关键任务优先分配资源（人力、物力、财力等），以最大限度赶超进度，最终实现总进度目标。

9）建立严密的工期奖惩制度。

10）将奖惩计划落实到合同条款中。

（3）质量控制具体措施和主要方案。

1）质量预控。

2）严抓过程出精品原则。

3）贯彻标准化保证体系。

4）组织保证。组织机构如图9-7所示。

5）项目各阶段质量控制要点及措施。

①施工准备阶段：通过严格的招标程序选择优秀的施工总承包商、监理单位；加强施工图纸会审力度，把设计中存在的差错及不合理问题消灭在萌芽状态，便于施工，促进工程质量提高、工程成本下降及使用功能的提高；认真做好施工组织设计的审查，确保施工组织设计的有效性、合理性和可操作性。

②施工阶段：要求施工单位严格执行样板引路制度，在大量的检验批施工前，必须

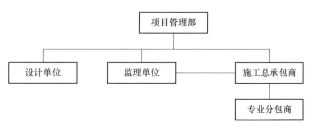

图 9-7　质量控制组织机构图

先施工出样板，经各方验收认可，方能大面积推广，以防出现盲目施工导致大量返工；严格执行工序控制基本制度，从工序的施工工艺开始，逐步做好检验批、分项工程、分部工程、单位工程、单项工程直至整个项目的质量管理；严格执行洽商管理制度、具体规定洽商签订责任人的权限范围、审查制度，做到超前合理，利于节约成本，促进工程质量和功能提高；材料设备做到超前准备，用价值工程的方法进行控制；进场的材料均按规范要求取样试验，合格后方可使用；严格实行随机抽查制度，确保建材产品的稳定可靠；做好工程局部验收和中间验收，核实项目参与验收部分的所有技术资料的完整性、准确性。

③ 竣工移交阶段：严格按三检制要求控制；对里程碑工程的验收严格按程序要求进行，做好预先控制，同时充分考虑使用人的要求；按照竣工验收备案制的要求，做好整个项目的验收与备案工作；配合有关部门做好人防、消防、环保、交通、绿化等专业验收工作。

④ 维保、试运行阶段：制定本阶段质量保证和维护方案；制定对突发事故的多套预案，确定管理体制和工作流程；审核施工总承包商的工程保修书，落实各项维修内容的责任单位，建立问题快速反馈机制，建立维修绿色通道；组织配备备用材料和必要的备用设备，随时检查、鉴定工程质量状况和工程使用情况，对出现的质量缺陷跟踪处理。

（4）投资控制具体措施和主要方案。本项目投资控制的特点：项目总投资较大，投资控制责任大、任务重；由于是全过程项目管理，包括了整个建设过程中的投资控制，如土地征用、拆迁处置、代征城市公共用地、市政配套、各类保险办理等，给投资控制带来了很大困难；投资控制流程如图 9-8 所示。

4. 安全控制具体措施和主要原则

（1）建立安全管理组织。

（2）建立安全控制组织体系，如图 9-9 所示。

（3）落实安全生产责任制。

（4）安全生产原则。

（5）全过程安全管理原则。

（6）全员安全管理原则。

（7）程序化、标准化原则。

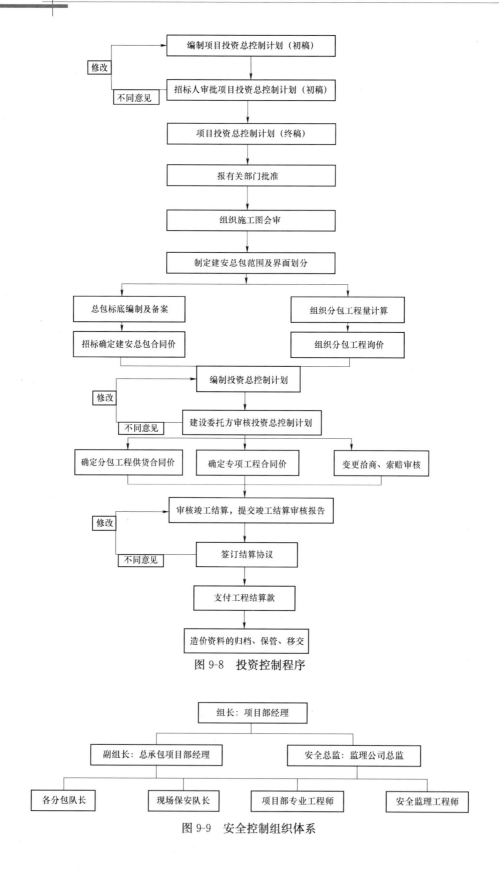

图 9-8　投资控制程序

图 9-9　安全控制组织体系

（三）在本项目全过程咨询过程中完成的主要工作

（1）招标工作的管理。咨询单位优先组织建立招标采购管理制度，确定招标采购流程和实施方式，规定管理与控制的程序和方法。从某县实际出发，同时遵守建设项目所在地的规定。

某特色小城镇建设项目招标项目共计 45 项。

其职能和工作如下：

1）审定或编制招标工作计划以及制定管理制度。

2）确定招标方式。

3）选定承包方式。

4）划分标段，确定各标段的承包范围；确定材料设备招标范围。

5）审定标底。

6）资格预审中确定投标单位，评标定标时确定中标单位。

7）确定招标文件中的合同参数。

（2）设计单位的管理。咨询单位在项目前期策划的基础上，通过深入收集资料和调查研究，进一步分析和明确建设单位需求，实现项目勘察、设计和投资控制的集成与融合。

1）组织专家对设计单位按合同规定提供设计文件进行审查和优化。

2）审核设计提交并经监理确认的施工图供图计划。

3）审核审图单位意见、图纸会审意见，是否反映到施工设计图中。

4）督促并参加监理组织的施工图会审、技术交底。

5）检查设计单位驻现场人员是否到位。

6）协调设计与监理、承包商之间的关系。

7）对于设计变更，监督设计单位是否严格按规定的程序执行。

（3）监理单位的管理。咨询单位在监理工作方面的管理要点：

1）协助检查监理规划。

2）检查监理实施细则。

3）检查监理机构及人员配制，总监是否到位。

4）检查监理单位工地设备、试验室设备，能否满足工地监理工作需要。

5）检查监理对承包商进场材料、成品、半成品是否进行了检查，并进行试验；对施工机械是否检查，有无检查证、合格证。

6）检查监理对主要分项工程和隐蔽工程的施工是否进行旁站。

7）检查安全管理工作。

8）检查监理对验工计价、结算等的签认和归档资料的管理是否合理和规范。

（4）施工单位的管理。咨询单位在施工阶段主要以投资管理、进度管理以及安全管理为主线，通过协商制定出完善可行的管理策划，其要点为：

1）检查承包商编制的施工组织设计、施工方案。

2）检查承包商项目经理、人员、施工机械设备进场情况和资源准备及合同执行情况。

3）检查安全保证体系、措施及安全控制情况。

4）检查承包商对分包工程和分包队伍的管理情况。

5）检查质保体系，检查技术管理人员到位情况。

6）检查施工机械设备到位和完好情况，是否满足施工需要。

7）检查承包商文明施工、环保措施落实情况。

8）检查承包商计划执行情况、投资完成情况和交工资料归档管理情况。

9）施工组织设计审查，主要审查施工方法、施工机械、施工流向、施工顺序的确定，重点关注工期、资源配置等问题。

（5）造价咨询的管理。

1）编制施工阶段全过程造价控制实施方案。

2）制订资金使用计划，严格进行工程量计量和付款控制。

3）严格控制工程变更程序。

4）深入现场及时了解、收集相关信息资料。

5）加强工程造价的动态跟踪控制。

6）及时进行工程结算。

（6）合同管理。在特色小城镇项目的开始阶段，咨询单位依据工程项目的总目标和实施战略，协助建设单位对与工程相关的合同进行总体策划，以指导工程合同的签订实施。

合同管理工作的内容主要包括：

1）审核招标文件中的合同条款。

2）起草合同文件及其补充协议。

3）进行合同谈判，制订合同谈判方案、策略。

4）完成合同、补充协议签署工作。

5）合同履行中，起草、审查、收集、整理文件记录。

6）检查、分析、总结合同执行情况。

7）合同变更控制。

8）合同解释、合同争议处理。

9）合同风险分析与防范。

10）索赔处理。

11）合同资料的整理、归档。

（7）质量、进度、安全管理。

1）质量控制。在工程施工阶段，咨询单位要求项目监理单位对工程质量进行全过程、全方位的监督、检查与控制。在工程施工过程中，项目监理单位应督促施工承包单位加强内部质量管理，严格质量控制，按规定工艺和技术要求进行施工作业。

① 引入多层级迭代复审机制，实现工程量逐层准确审查。

鉴于该项目工程规模大、专业工程类型多等特点导致工程量重复计算较多问题，咨询单位引入多层级迭代复审机制，最大可能的保证评审结果的精准，满足委托人控制投资的目的。

在本项目评审过程中，多层级迭代复审机制如图 9-10 所示。从评审员、项目负责人、管理层经理三个层次采取不同的审查方式对项目结算进行复审。

咨询单位在初审时使用全面审查法。当全面审查完成后，将审查后无误结果交由项目负责人。项目负责人利用公司以往类似工程的数据加以汇集、优选，从工程量出发，进行筛选审查，而后再对复杂部位进行重点审查。通过全面审查、筛选审查、重点审查这三层级的循环审查方式，实现评审质量的螺旋式上升。

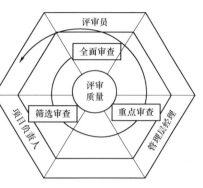

图 9-10 多层级迭代复审机制

在验收施工质量时，涉及结构安全的试块、试件以及有关材料，要求监理单位按规定监督见证取样检测环节；对涉及结构安全和使用功能的重要分部工程，按规定进行抽样检测。

② 建立基础保障、知识保障、组织保障和其他管理的全面质量保障制度。在建立质量保障制度时，考虑各主要参与方对咨询产品的共同影响，保障咨询产品品质。

引入"全面质量管理"（Total Quality Management）理论，主动预防质量漏洞。改变以往的质量管理工作以事后检验为主的被动问题，并且在全面质量管理的四阶段——PDCA 循环质量管理流程中，引入持续改进理论，保障委托方利益。咨询单位在项目中基于质量持续改进 PDCA 循环模型，如图 9-11 所示。

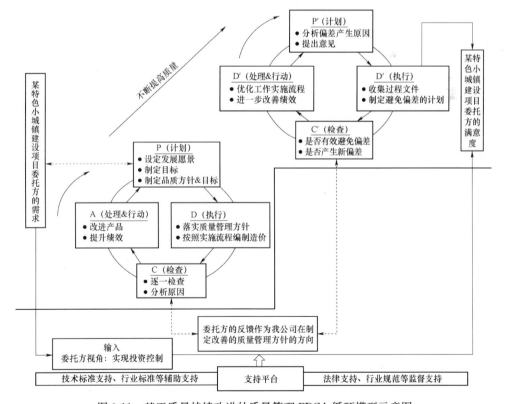

图 9-11 基于质量持续改进的质量管理 PDCA 循环模型示意图

2）进度控制。该项目建设周期短，镇区的建设项目统一开工，施工区域较多，要达到按时交工，咨询单位采取了如下措施。

① 对设计进度的控制。按照项目实施进展情况，对设计院提出各项目的施工图出图时间计划。根据设计院通过的出图计划，要求设计院根据进度要求和设计工作中各专业的工作顺序，安排各个设计专业的进度计划，编制网络图，保证及时完成设计图纸和文件的交付，并适时安排人员进行检查和督促。

定期编制设计进度情况的报告，按规定印发给有关部门，供招标人和有关方面了解设计进展状况，并开展相关工作的衔接。

② 对施工进度的控制。通过采用 BIM 技术动态追踪各专业施工计划完成情况，实现专业考核系统自动评价，辅助动态计划调整，全面实现 4D 工期管理，关键里程碑节点完成率 100%。

3）安全控制。为了做好项目施工期间的安全生产工作，咨询单位牵头和监理单位、承包单位、分包单位组建"安全生产管理委员会"，负责对日常安全文明施工和环境保护工作进行监督管理。

（8）规范成果档案管理。该特色小城镇建设项目较多，为了使项目的沟通建立在准确、有效的项目信息收集和传递的基础上，建立项目信息管理措施如下：

1）基于信息集成的网络访谈平台，还原结算审核依据及信息的真实性、有效性，实现资料和信息收集、审查、归档、共享的四位一体管理，推动工程造价咨询信息化管理与升级；

2）完善项目过程资料管理制度，确保编制依据真实可靠；

3）以三级编码制度保证成果档案整理的规范性；

4）以统一文件编码体系保证成果档案整理的标准化；

5）以严格合理的程序保证成果文件档案整理的系统性。

（四）基于 BIM 技术的全过程咨询管理

咨询单位在该特色小城镇建设项目管理咨询过程中借助 BIM5D 平台建立了成果动态资料数据库，实现了资料文件的动态管理，并根据建模数据向莅临项目检查指导工作各级领导进行了及时模拟汇报。咨询单位本意是在该项目中达到 BIM 的深层次使用：首先利用获取数据结合现况再次进行进度偏差分析，指导施工；其次通过建立过程与成果动态资料数据库，在满足业主需求的前提下，实现增值服务。进而通过某特色小城镇建设项目资料数据库的建立，通过提供有效依据、相似案例、大量数据等为业主提供技术支持，实现造价有效控制，使项目增值。但因所有参建单位人员层次不一，协同使用的效果没有实现。

理想中信息共享、协同工作 BIM 技术应用至少应达到如图 9-12 所示效果。

四、咨询服务的实践成效

1. 本项目采用全过程咨询服务所取得的经济效益

（1）招投标方面。通过对某特色小城镇建设 45 个单体项目的梳理，进行合理标段划

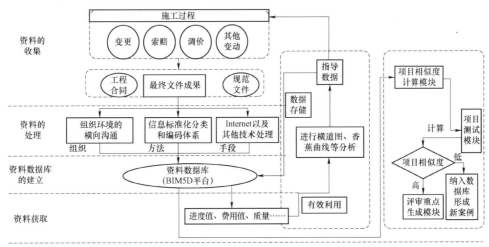

图 9-12　资料数据库与相似案例数据库模型

分和项目分类，统筹安排招标，很好地解决了项目招标的统一性，确保了整体工程的进度。

（2）设计方面。通过在单体项目设计方案阶段的优化设计，有效避免设计图纸中缺陷，节省了项目投资，举例如下：

1）因合理化建议得到采纳，避免了事故，同时节省投资近 100 万元。2018 年 9 月该特色小城镇某大道建设项目过路盖板涵因标高问题存在水渠溢水隐患，一旦水渠溢水，后果是将已建好的某大道的部分路段冲垮，会造成近 100 万元巨大的财产损失，情况非常紧急。现场项目部立即组织审核图纸，现场踏勘测量，提出建议：将某大道原设计过路盖板涵高度提升 90cm，桥涵两侧相应提升标高，降低施工技术风险。某工程设计有限公司采纳了上述建议，修改了原设计方案，并上报项目指挥部。优化方案得到该特色小城镇项目指挥部的认可，改进后的方案经实施后效果显著。

2）居住小区外立面设计方案比选后，节省投资近 500 万元。本项目公租房小区，共51 栋单体建筑，外墙装饰面积约 245 000m²，设计方案为 10cm×20cm 的瓷砖装饰，根据经验，认为石材装饰造价高，且因当地区风沙大，外墙砖易脱落，有造成人身伤害的事故隐患，建议改成真石漆涂料。经设计单位采纳后，实施后的立面效果既保持了建筑整体风格的协调统一，又节约了项目投资（初步估算节省投资 245 000m²×20 元/m²＝490 万元）。

3）公租房小区室外配套工程，经方案优化节省投资近 2000 万元。居住小区室外配套工程在正式出蓝图之前，造价咨询按照设计图计算，该室外配套造价超设计概算近 2000万元，有超概算风险。咨询单位立即组织人员对现场室外配套管线走向进行实地测量同时进行当地材料询价后，提出优化方案，经设计院采纳后，该部分投资得到了有效控制，实施效果很好。

（3）施工方面。通过加强对监理单位的驻场人员和监理细则的管理，调动监理人员的积极性，落实对施工现场安全、质量和工期的全面管理，确保工程进度按照合同工期进行。

1）对监理公司实行统一管理。本工程因单体项目多，引进的监理公司相对也多，各监理公司存在着管理上的差异，为避免因管理差异造成结果呈现差异发生，首先对监理公司进行统一管理，对各监理公司提交的监理细则进行大方向的统一，制定了每周统一召开监理例会和由咨询单位汇总每周监理周报的制度，从源头上对监理公司进行统一管理，确保各监理公司下达的监理指令基本一致。

2）对施工现场的安全文明进行评比，实施奖优罚劣，调动施工单位的积极性。因本工程同时开工的项目众多，一度在现场存在着施工单位的安全文明施工管理松懈的情况。为了加强现场管理，咨询单位制定了安全及文明施工检查评比制度，协同监理公司针对现场实际情况，对施工现场的扬尘处理、地面硬化、材料堆放和脚手架搭设等方面定期组织评比活动，奖优罚劣，确保了施工有序进行，调动了施工单位的主观能动性，在整个工程施工过程中没有发生重大的安全事故和重大违反文明施工的案例。

3）现场进场材料严格把关，杜绝不合格材料进场使用。公租房小区的外墙保温材料在施工时，现场技术管理人员经试验外墙保温材料耐火等级不达标，责令施工单位更换合格外墙保温材料，有效地避免了在今后使用过程中安全事故的发生。

4）材料价格上多方咨询，确保投资效益。天然气长输管线的施工是由当地天然气公司施工的（存在价格垄断情况），造价人员在主要材料的询价过程中，对供应商提供的商品进行价格、参数、交货时间、质量、优惠条件等详细比选，优中选优，提出的供货方案得到了施工方的采纳。仅主材——调压撬一项就在施工方报价的基础上下浮了近 80 万元。

总之，本项目因咨询服务覆盖了工程建设阶段的全部管理工作，能充分整合本阶段各单位的工作内容，可以在设计、办理建管手续、招标、监理以及施工等方面进行统筹管理，打破了传统模式下的分段管理形式，在进行项目的投资控制方面有绝对优势，经济效益十分明显。

2. 本项目采用全过程咨询服务所取得的社会效益

（1）实行建设项目的专业化统筹规范管理是社会发展的必需。该特色小镇项目是一个项目群，其中管理内容复杂。通过统筹协调，将咨询服务覆盖工程建设全过程，包含传统模式下设计、造价、监理等各专业咨询单位的职责义务，这样高度整合各阶段的服务内容，一方面将更有利于实现全过程投资控制，有效解决各阶段各专业之间的条块分割问题；另一方面使项目管理更加规范。该项目在 2018 年当地多个县市建设工程质量、安全和资料管理的多次评比中名列前茅，因此实行建设项目的全过程全方位咨询服务，是社会发展的迫切需要。

（2）实行全过程统筹管理是助力政府监管保障项目合法合规的必需。本项目通过采用全过程管理咨询管理，能够有效整合社会资源对建设项目进行有效监管，为政府提供强有力的全过程监管措施；由咨询单位协助指导梳理建设项目全过程的报批流程、资料，避免出现错报、漏报现象，有利于规范建筑市场秩序，减少违法违规行为。

（3）实行全过程项目咨询能确保项目建设工期和质量的实现。在项目管理方面采取政府购买服务的模式引进全过程工程咨询公司，一是可大幅度减少政府建设项目日常管理工作和人力资源投入；二是项目管理公司提供专业化的管理咨询，能有效弥补常规管理模式下管理人员不专业造成项目缺陷的弊端，从而有效减少信息漏洞，优化管理界面；三是有利于解决设计、造价、招标、监理等单位之间存在的责任分离等问题，加快建设进度。

全过程工程咨询有助于促进设计、施工、监理等不同环节、不同专业的无缝衔接，提前规避和弥补传统单一服务模式下易出现的管理漏洞和缺陷，提高建筑的质量和品质。全过程工程咨询模式还有利于调动企业的主动性、积极性和创造性，促进新技术、新工艺、新方法的推广和应用。

（4）实行全过程项目咨询能有效规避风险。在全过程工程咨询中，咨询企业是项目管理的主要责任方，通过强化管控决策、投资、过程、运营、自然、社会等风险，一是对于项目而言，有效降低决策失误、投资失控的概率，减少生产安全事故；二是能通过强化管控有效预防生产安全事故的发生，大大降低建设单位的责任风险；三是可避免与多重管理伴生的腐败风险，有利于规范建筑市场秩序，减少违法违规行为。

3. 咨询单位通过本项目的全过程咨询实践所取得的收获

（1）以合同管理为主线的全过程项目管理。本项目是咨询单位承接的第一个具有全过程咨询工作内容的新业务，在和业主方签订的项目管理合同中明确是在业主方授权下对工程建设全过程进行咨询服务和专业化管理，对项目的工期、质量、安全、投资承担相应责任，并为本工程项目运行过程中的决策提供全方位的技术支持。秉承这一宗旨，主要以本项目为实验基地，建立了全面协调管理的技术标准，本着打破常规管理模式下信息不对称壁垒的宗旨，筹划、审定和起草了各招标文件、合同主要条款等技术内容，为本项目实施全过程咨询奠定了技术支撑，也为今后咨询单位承接全过程咨询业务，在因地制宜、探索实践中积累了一点全过程咨询的实战经验，咨询单位今后必将利用在本项目中积累的经验提炼成样板，将其改进和推广。

（2）以成本控制为主线的全过程造价咨询。造价控制是咨询单位的传统业务，造价成果文件的质量控制运用多层级迭代控制原理进行控制，公司建立有严格的三级审核制度常规情况下均能够做到业主满意。因此，在本项目上把造价控制的重点放在了设计方案的优化和现场设计变更上，在项目设计阶段充分调动公司内部各专业技术力量、加强各业务之间的合作与配合，将专业技术、造价控制、施工实施等方面的知识贯穿到优化设计方案中，提出可以实施的优化建议，促使设计公司修改设计方案，从而达到用项目全过程管理服务实现对工程造价的控制并取得了明显的效果。今后还要努力贯彻使用限额设计的理念，并积极推进设计人员在符合初步设计总概算条件下优化施工图，使施工图在满足技术要点和建设方使用要求的前提下，做到造价最省、设计最优。

本项目通过优化设计和控制变更在投资控制上取得了明显的成效，同时也充分证明了采用全过程咨询能在投资控制上获得收获。

（3）用BIM平台直观呈现出项目进展和档案管理。在本项目的进度控制和档案管理中，利用咨询单位的BIM平台，及时准确地给委托方直观呈现出动态的管理结果，委托方非常满意。在档案管理方面，现场资料员及时准确地将每一个单体项目的上级批复情况、建管手续的办理程度、招投标进展情况以及施工进度上传到BIM平台，使其动态呈现出来。

在BIM技术应用中，初衷是利用这个协同工作的平台，动态管理本项目的造价控制，但由于在推行中受到当地网速慢的情况和参建各方（设计方、监理方、施工方）认识上的差异，没能执行下去。最终只有管理方使用了 BIM 技术，因此本项目仅有清单模型（招标模型），没有设计模型、中标模型和竣工模型。

今后要在全过程的咨询工作中要因势利导，力推使用 BIM 技术助力全过程咨询服务。

（4）建设工程全过程咨询必须是集成管理。通过本项目的全面管理，充分认识到全过程工程咨询不是工程建设各环节、各阶段咨询工作的简单罗列，而是把各个阶段的咨询服务看作一个有机整体，在决策指导设计、设计指导交易、交易指导施工、施工指导竣工的同时，使后一阶段的信息在前期集成、前一阶段的工作指导后一阶段的工作，从而优化咨询成果。

传统的建设模式是将建筑项目中的设计、施工、监理等阶段分隔开来，各单位分别负责不同环节和不同专业的工作，这不仅增加了成本，也分割了建设工程的内在联系。在这个过程中由于缺少对项目的整体把控，信息流被切断，很容易导致建筑项目管理过程中各种问题的出现以及带来安全和质量的隐患，使得业主难以得到完整的建筑产品和服务。

实行全过程工程咨询，是高度整合的服务。旨在节约投资成本的同时缩短项目工期，提高服务质量的同时有效地规避风险；其内涵是让内行做管理，和国际接轨达到精细管理的目标。

总结： 该案例为典型的特色小镇建设项目，项目含各类建筑、供水管线、排水管线、10kV 输电线路、天然气主管道、天然气管网、主干道路、镇区道路、硬化广场、绿地、农贸市场、劳动力就业创业市场、屠宰场、葡萄长廊、林下鸡养殖基地、圈养驴圈舍以及其他配套设施等。特色小镇建设涉及项目单体工程多、新建与改造提升结合、工程类型多、专业跨度大，在全过程工程咨询中，项目管理以合同管理为主线，全过程造价控制以成本控制为主线，咨询内容包含招标、设计、监理、施工、合同、现场质量、安全、进度、建管手续、档案等管理和全过程造价咨询。

在全过程工程咨询中，质量管理中引入多层级迭代复审机制，进度管理采用 BIM 技术动态追踪各专业施工计划完成情况，安全管理中牵头与各参建单位共同组建安全生产管理委员会，落实安全生产。

通过全过程工程咨询实践，项目初步取得下列成效：一是在招投标方面，通过对单体项目的梳理，统筹安排招标，合理标段划分和项目分类，解决了项目招标的统一性，确保了整体工程的进度。二是在设计方面，通过在单体项目设计方案阶段的优化设计，有效避免设计图纸的缺陷，节省了项目投资。三是在施工方面，通过加强对监理单位的驻场人员和监理细则的管理，调动监理人员的积极性，落实对施工现场安全、质量和工期的全面管理，确保了项目的投资效益和工程进度按照合同工期进行。本项目取得的社会效益有：一是实行建设项目的专业化统筹规范管理是社会发展的必需；二是实行全过程统筹管理是助力政府监管保障项目合法合规的需要；三是实行全过程项目咨询能确保项目建设工期和质量的实现；四是实行全过程项目咨询能有效规避管理风险。

案例四　某地铁线路项目管理咨询

一、项目基本概况

1. 工程概况

项目为城市轨道交通工程，14 座高架站（含 1 座地上换乘站），22 个区间，2 处停车场，1 处车辆段。2015 年 1 月 9 日开工建设，计划于 2018 年 10 月 28 日竣工。

2. 全过程工程咨询特点

（1）全过程 BIM 技术系统性应用。贯穿于建设项目全生命周期和覆盖项目管理各个方面，且做到信息共享、数据传承的 BIM 应用模式，其特征表现为统一性、延续性、全程性、全面性、广泛性。通过 BIM 技术系统性应用实施，可以避免重复投资、重复建模，可以实现信息共享、数据传承，可以降低成本、提高效益、体现价值。

（2）基于 BIM 技术的平台化和全过程管理。BIM 平台化应用与项目管理信息化两者相结合，实行一体化集成管理，使 BIM 技术在投资、进度、质量、安全、运维等方面发挥重要作用。打破信息孤岛，实现集成管理、信息交互、数据共享等，提高工作效率和管理水平。

二、咨询服务范围及组织模式

（一）咨询服务的业务范围

1. 服务范围

项目 BIM 技术全过程应用。

2. 服务内容

（1）提供全线 BIM 咨询服务，协助建设单位进行 BIM 应用的组织管理，搭建 BIM 综合管理平台、编写 BIM 应用相关管理类与技术类标准文件、进行结构文件及信息管理、组织 BIM 应用培训、提供 BIM 应用技术支持与系统集成（软件系统、硬件系统、网络系统），协助组织各类 BIM 会议、BIM 应用专题汇报、阶段性 BIM 应用及最终成果验收、BIM 应用考核管理等。

（2）创建 BIM 模型，进行设计、施工阶段模型动态管理和竣工模型交付管理，组织创建设备构件库，制作视频动画，组织技术交流与专家评审等。

3. 服务目标

（1）利用 BIM 技术的模拟性、可视化、协同性特点，创建三维模型进行模拟建造、查找发现存在的问题，优化设计，减少现场签证和设计变更，节约工程投资，提高设计质量，缩短施工工期。

（2）实现设计阶段基于 BIM 咨询的精细化管理，包括方案比选、设计优化、三维管线综合设计及出图、三维施工图交付等。

（3）基于协同管理平台进行 BIM 技术数据集成，包括设计阶段信息、施工阶段数据流转、模型传递、变更管理、竣工图交付管理、设备编码信息等，形成完整建设模型数据库。

（4）通过 BIM 技术实现在项目设计、建造、运营全过程、全生命周期的应用，保证城市轨道交通工程项目数据的准确性、协同性、可追溯性，实现项目数字化建设管理。

（二）咨询服务的组织模式

1. 组织原则

（1）统一领导原则。城市轨道交通工程项目参与单位众多，职能各异，受各种因素影响，对 BIM 技术的认识、掌握程度、应用理解与实践经验差异较大。

为实现有效管理，保证项目有序、科学地开展，成功达到既定建设目标，必须由建设单位统筹计划、组织、领导、控制项目进程，协调各参与单位工作，为 BIM 技术成功应用创造良好环境和平台。

（2）领导决策原则。BIM 应用是"一把手"工程，各级应用部门应由建设单位主要领导或领导小组直接领导，明确各方职责、分工，建立例会制度、工作调度和问责制度，及时沟通交流信息、汇报阶段进展，协商解决问题，系统部署任务。

2. 组织模式

作为 BIM 咨询单位，主要工作是协助建设单位组织实施并管理全线建设的 BIM 应用。在项目的实施过程中通过 PW（Project Wise）平台及 BIM 综合管理平台使建设单位、咨询单位、设计单位、监理单位、施工单位在一个统一的平台上进行协同工作，实现从勘察设计、施工到运营阶段的信息传递。其组织架构如图 9-13 所示。

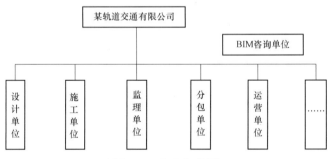

图 9-13　组织架构图

3. 各方职责

（1）BIM 咨询单位职责。

1）制定 BIM 技术总体规划、应用标准及管理办法；

2）搭建并维护 BIM 综合管理平台（含 PW）；

3）负责示范站及所有区间的建模及优化；

4）负责软硬件集成、BIM 应用等技术支持；

5）负责组织相关 BIM 人员的培训及过程指导；

6）负责信息数据存储、安全管理；

7）协助建设单位进行过程审核、模型管理、成果验收、数据集成；

8）协助建设单位检查、组织、考核各方 BIM 应用工作；

9）初级阶段协助进行管线综合优化。

（2）建设单位职责。

1）全面负责 BIM 的交付管理；

2）管理协调 BIM 实施各参与单位；

3）审核、批准交付方案、程序和标准；

4）监督、检查信息数据存储，保证信息安全；

5）监督、检查、验收各单位各项 BIM 应用成果。

（3）设计咨询单位职责。

1）参与 BIM 各项标准的编制；

2）参与 BIM 模型建立与移交。

（4）设计总体单位职责。

1）参与 BIM 各项标准的编制；

2）参与 BIM 设计阶段相关信息录入；

3）组织 BIM 设计模型建立与移交；

4）参与 BIM 竣工模型建立与移交。

（5）工点设计单位职责。

1）完成本单位三维设计任务；

2）实施基于 BIM 的各项设计优化；

3）实施 BIM 设计阶段相关信息录入；

4）交付 BIM 设计模型、图纸及设计阶段相关文档；

5）审查施工阶段模型深化及优化；

6）审核竣工模型。

（6）施工单位职责。

1）根据要求深化完善 BIM 模型内容；

2）竣工模型整理，资料收集；

3）录入模型施工阶段属性信息、设备设施编码及二维码信息；

4）交付竣工模型及施工阶段资料文档。

（7）监理单位职责。

1）运用 BIM 技术实施监理；

2）审核竣工模型，审核施工单位录入的属性信息、设备设施编码及二维码信息；

3）参与验收竣工模型。

（8）运营单位职责。

1）提出 BIM 应用运营需求；

2）参与验收并接收 BIM 竣工模型；

3）参与验收并接收施工单位录入的属性信息、设备设施编码及二维码信息。

三、咨询服务的运作过程

(一) 实施模式

由建设单位牵头管理,BIM 咨询单位提供总体咨询(平台、标准、技术支持、成果验收),各设计、施工单位共同参与的 BIM 实施模式。

具体应用包括土建建模、方案比选、设计优化、投资优化管理、管线综合排布、技术交底、方案模拟、进度管理等工程管理工作。

(1) 初步阶段:由 BIM 咨询单位建立协同管理平台、统一集中培训、协助三维设计,统一过程应用,总结形成相应实施标准。

(2) 深入阶段:BIM 咨询单位总体管理、提供技术支持,各参与单位依据统一标准、管理要求系统开展 BIM 应用。

(二) 实施路径

具体实施路径如图 9-14 所示。

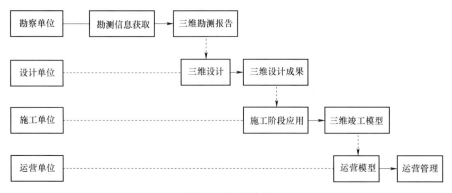

图 9-14 实施路径

(三) BIM 总体管理

1. 制定标准

为指导工程各参与方的 BIM 应用,规范设计、施工、运营等各阶段数据的建立、传递和交付,规范项目各参与方的协同工作,实现各参与方的数据统一、无缝整合、资源及成果分享,在国家相关 BIM 标准的基础上,建立完整的 BIM 技术应用标准体系(见表 9-12)。

表 9-12   BIM 技术应用标准体系

标准名称	数量
某轨道交通有限公司 BIM 技术应用考核奖惩管理办法	1
某轨道交通有限公司施工阶段 BIM 模型协调管理办法	1
建筑工程模型创建作业指导书	1
安装工程信息模型创建作业指导书	1

续表

标准名称	数量
三维管线综合作业指导书	1
某轨道交通有限公司设施设备二维码管理系统应用管理办法	1
某线路 BIM 管线综合施工图设计阶段管理办法	1
BIM 应用总体规划	1
建筑信息模型应用导则	1
BIM 协同管理平台管理规定	1
建筑信息模型交付管理办法	1
建筑工程信息模型创建与交付标准	1
安装工程信息模型创建与交付标准	1
BIM 构件库构件创建标准	1
BIM 构件库应用管理规定	1
BIM 技术应用指南	1
BIM 应用文件档案管理办法	1

2. 搭建平台

（1）搭建 PW 协同管理平台。建设单位委托我司搭建了 PW 协同管理平台，所用数据通过 PW 平台进行储存、调用，实现了 BIM 技术信息集成管理，避免由于文件储存不当而造成的文件丢失、信息不对称等问题。通过在 PW 平台托管工作环境，统一了各单位、各人员的模型创建标准，确保后期模型顺利传递和应用。

1）文档管理：检索、预览、批注、版本管理。

2）数据安全管理：权限设置、角色管理。

3）协同管理：统一储存、异地协同。

（2）搭建 BIM 综合管理平台。平台功能模块如下：

1）总体概览：项目架构、模型浏览、模型剖切管理。

2）项目 OA：公告栏、会议通知、我的任务、任务进度追踪、组织结构、流程管理、表单管理。

3）设计管理：计划管理、图纸管理、设计协同管理。

4）信息管理：各类标准、构件库、二维码。

5）投资控制：投资统计管理、概算管理、招标管理、中期支付、结算管理、竣工管理、投资管理、合同管理。

6）进度控制：总体进度、形象进度、实物量进度、进度模拟、偏差分析。

7）安全管理：风险监控、监控量测（对接既有模块）。

8）质量控制：质量问题统计、追踪记录、资料管理、检验批管理（对接既有模块）。

9）此外 BIM 综合项目管理平台可与现有的各类项目信息化管理系统对接。

3. 构件库的建设

（1）实施过程。咨询单位具有自主独立开发的构件库管理系统，构件库管理系统中构件模型已涵盖轨道交通工程所有专业。

基于此系统，可实现对各类构件的上传、审核、验收、入库、调用及修改，同时构件库管理系统可基于网页端对构件进行动态调整。构件库使用人员可直接将所需构件调用至模型文件中。

（2）构件库分类。按系统专业可以分为供电、专用通信、公安通信、信号系统、综合监控、通风空调、给水排水及消防、动力照明、火灾自动报警系统、气体灭火、环境设备与监控、自动售检票系统、门禁、站台门、安检、安防和电扶梯等专业的构件。

（3）构件库建设。咨询单位负责配备轨道交通建筑基本构件库，根据建设单位要求，更新和完善 BIM 模型构件库，确保各设计单位统一调用。

1）设计阶段：结合工点对 BIM 标准化模型构件库的使用情况及反馈的相关意见，对 BIM 标准化构件库进行维护、更新和完善，满足各设计承包商的 BIM 技术应用需求。设备及系统供应商确定后，施工准备开始前，发布设备厂商 BIM 构件库验收标准，负责协调各设备及系统供应商提供与所供设备一致真实的 BIM 模型，并基于设备厂商 BIM 构件库验收标准，补充完善 BIM 标准模型和非几何参数，形成统一归档的可用于施工的 BIM 标准模型构件库。

2）施工阶段：结合施工承包商对施工阶段 BIM 标准模型构件库的使用情况及反馈的相关意见，负责对施工阶段的标准 BIM 构件库进行维护、更新和完善，以不断满足各施工承包商的 BIM 技术应用需求。

3）竣工阶段：负责收集和整理设计、施工阶段所使用的所有标准 BIM 构件库模型，形成完整的 BIM 模型标准化构件库，并完善 BIM 模型构件库的使用说明后，作为 BIM 技术应用成果，提交建设单位。

（4）构件库审查流程。

1）自建模型构件库审核流程。BIM 模型构件库验收标准→BIM 项目组自审→BIM 咨询单位终审→BIM 咨询单位分类、归档入库。

2）厂商模型构件库审核流程。制定发布设备厂商 BIM 构件库验收标准→厂家单位自审→监理单位复审→BIM 咨询单位终审→BIM 咨询单位分类、归档入库。

（5）构件库验收标准。

1）验收要求。①构件库构件成果资料文件夹名称为某模型及技术支持资料，文件夹下需包含模型和技术支持资料。②模型格式为 .dgn。③技术支持资料内容包括主要技术参数表（设计属性信息、施工属性信等）、空间尺寸及关键参数尺寸平剖面图、实物图片、资料来源等，格式为 .doc。

2）验收标准（见表 9-13）。

表 9-13　　　　　　　　　　　　构件库验收标准

阶段	设计阶段构件模型	施工阶段构件模型
设备外观尺寸	根据实物建立构件外观尺寸	根据实物建立构件外观尺寸
设备接口	按照实物接口样式，建立模型接口	按照实物接口样式，建立模型接口

续表

阶段	设计阶段构件模型	施工阶段构件模型
细部结构 （螺栓、按钮等）	不需要	按照实物细部机构情况，创建模型细部结构，保证外形美观
设备内部构件	不需要	根据具体情况，需要表现内部结构时建立，不需要表现内部结构的不需要建立
技术资料	需提供实物照片、模型照片、属性信息、技术参数、二维平剖图等完整技术资料	需提供实物照片、模型照片、属性信息、技术参数、二维平剖图等完整技术资料

（6）构件库调用。

1）构件检索：利用构件库的快速检索工具可以在大量的构件库文件中查找出所需要的构件文件。快速检索方式可以选用关键字检索、名称检索等。

2）构件下载：系统管理员对使用构件库的使用人员需分配下载构件种类及数量的权限，减少越权下载和构件的流失。构件的下载不仅仅是将构件下载到本地，同时也要建立合理的缓存空间，提高下载的速度和质量。

3）构件使用：各设计单位在创建 BIM 模型时，可以随时进行构件的导出并放置在需要的位置。

（7）构件库维护管理及完善。

1）构件库的功能。主要实现基本操作功能、属性信息添加、参数检索、快速查找、权限分类管理等。

基本功能操作：删除、复制、剪切、构件导入、构件导出、预览。

编制属性信息：分类、定义、属性模板定制、属性编辑。

参数检索：查询、筛选。

权限管理：对使用构件库的人员所拥有的权限进行管理，配置系统管理员，系统管理员可以对使用构件库的人员分配查看、编辑、删除、上传、下载等操作权限。

2）维护管理。构件库统一由咨询单位进行管理，包含模型及属性信息的修改、更新、完善等。设专人负责构件库的管理工作。

在 BIM 协同管理平台创建构件库文件夹，文件夹分设计阶段构件库和施工阶段构件库两个阶段构件库。对单个构件按专业进行分类存储，审核完成后的构件统一由咨询单位进行上传归档。

3）构件库更新完善。由于设计变更、招投标等原因造成进场设备型号等相关参数与构件库内构件型号参数不一致时，系统管理员及使用人员应及时督促创建单位进行构件的修改、重新创建并及时对构件库进行更新，及时完善构件的各几何信息和属性信息，为后续的管理奠定基础。

4. 组织培训

（1）培训目标。

1）建设单位受训人员或建设单位安排的受训人员能正确了解 BIM 基本原理及 BIM 技术相关知识；

2）建设单位受训人员或建设单位安排的受训人员掌握基本的 BIM 建模软件操作、使用方法；

3）工程技术人员掌握 BIM 系统软、硬件的维护；

4）工程技术人员基本掌握三维建模软件初级、中级操作应用；

5）工程技术人员掌握模型浏览软件进行模型浏览、检查、标记等，处理常见问题。

（2）培训要求。培训对象为建设单位受训人员、建设单位安排的受训人员和 BIM 相关技术人员，确保受训人员能够正确了解 BIM 技术相关知识，掌握基本的 BIM 建模软件的使用，BIM 应用技术人员熟练掌握 BIM 相关软件操作。

在培训实施前，编制详细的培训方案提交给建设单位审核确认，包括培训课件、培训讲义、各类培训手册等与培训相关的材料。

培训方案应明确培训目标、培训内容、培训范围、培训方法、考核方式、考核结果等。

培训后通过考核巩固学习内容，检验学习效果。

本项目所有 BIM 技术培训由建设单位统一组织、安排。

（3）培训内容。BIM 技术培训按 BIM 实施时间计划表在项目的前期、中期、后期各有侧重的、不定期地安排各种培训，具体时间由建设单位安排落实，培训内容为 BIM 技术应用专业基础理论、BIM 技术应用软件操作、BIM 相关标准、BIM 技术应用实务。

（4）培训考核。培训效果评估采取实际操作考试方式进行，根据受训人员掌握的情况进行综合评估，根据评估结果采取相应的调整措施以满足项目实施的需求。

培训结果经建设单位抽查后，对每次培训情况进行总结并将结果反馈给培训讲师。

（四）BIM 技术应用

1. 方案编制

（1）BIM 技术应用总体实施方案；

（2）不同阶段应用点的交付成果及其要求，包括模型深度和数据内容等；

（3）单专业工作计划方案（如结构、建筑、轨道等业主认为必要的专业）；

（4）定义工程信息和数据管理方案，以及管理组织中的角色和职责；

（5）运营阶段的 BIM 应用方案（按照公司管理要求提出建议）。

2. 实施流程

项目实施流程如图 9-15 所示。

3. 模型创建

创建 BIM 三维数据信息模型。包括但不限于以下内容：

（1）车站模型：整体方案、周边环境、建筑、结构、风水电及系统工程等；

（2）区间模型：建筑、结构、轨道、机电等全部系统工程；

（3）地下环境模型：地下管线、人防结构、地下商业结构、建筑地下室等；

（4）周边建筑物：对本项目有影响的周边建筑物。

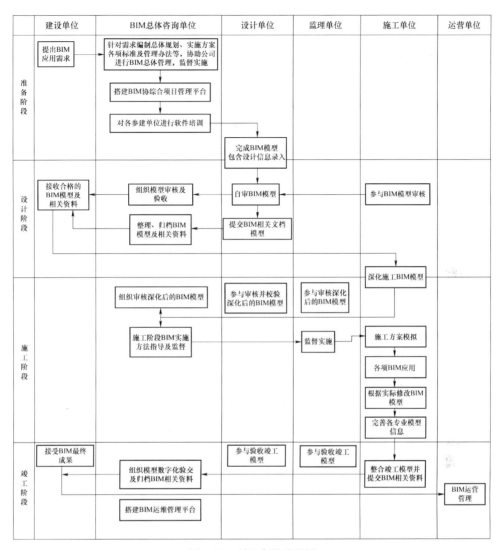

图 9-15　项目实施流程图

4. 模型应用

（1）设计阶段。

1）三维数字化模型创建与设计协同。综合建筑结构模型、机电设备模型和装修模型，建立集建筑、结构、机电设备、通信信号、装修、导向等多专业于一体的综合性 BIM 模型，进行设计"错、漏、碰、缺"综合性检查，开展建筑净空检查、碰撞检查、消防疏散检查、无障碍通道检查、设备通道检查、配合装修效果模拟、环境漫游等应用，出具相关检查报告并配合设计单位进行优化设计，最后形成无"错、漏、碰、缺"的完整的综合性BIM 模型。

2）水文地质环境模拟。根据地勘资料，利用 BIM 软件建立地质模型，区间隧道超前对水文地质进行模拟，指导施工进行预加固及预支护，减少隧道施工风险。

3) 三维场地分析。利用 BIM 模型对生活区、钢筋加工区、材料仓库、现场道路等施工场地进行科学的规划，可以直观地反映施工现场布置情况，减少现场施工用地，保证施工现场畅通，有效减少二次搬运。

4) 设计方案比选。在设计阶段，利用 BIM 三维可视化特性对设计方案进行对比。能直观展现各备选方案特点及其与周边环境的位置关系，方案对比效果明显，并能依据实际需求面对面修改模型，提高工作效率，大大节约时间成本。

5) 虚拟仿真漫游。通过 BIM 技术以乘客视角进行三维模拟换乘，验证换乘方案的可行性和便利性，并优化换乘方案，实现了换乘方案可视化。

6) 三维管线综合。建立建筑结构（含商业开发、上盖物业）及机电设备、各系统管线综合模型。

检查设计过程中发现的碰撞及检修空间问题，配合设计单位优化方案，在满足设计规范及施工要求的前提下，形成完整的三维模型，同时可配合设计单位进行管线综合图纸的输出。

7) 空间优化及设计协调。通过对设备区房间、房间内设备及设备区装修方案等模型的创建、整合，配合建设单位、设计单位检查设备房间内空间是否合理、吊顶净空控制是否满足要求，并配合设计进行方案审核、优化。

8) 装修方案优化、比选及设计协调。BIM 咨询单位将管线综合三维模型（含各专业设备终端）提交至公共区装修设计单位，并配合装修设计创建装修方案模型；基于 BIM 模型，检查各设备终端与公共区装修方案的冲突问题，并协调设计单位进行布局优化，通过 BIM 技术的可视化应用，配合建设单位、设计单位进行装修方案的比选。

9) 工程量计算。利用基于 Bentley 技术平台的 QTM 算量系统软件，通过定制本项目的工程量计算规则，能够从 BIM 模型中快速、准确地提取结构工程、防水工程、模板工程的工程量，并生成符合计算规则的工程量清单，为造价管理提供数据信息。

10) 造价管理。利用 BIM 模型和 BIM 技术，进行设计"错、漏、碰、缺"综合性检查、安装工程的三维管线综合设计优化等应用，解决了传统二维设计难点问题，极大地减少了设计变更和施工返工，使项目的造价管理真正在设计阶段发挥重要的作用。

（2）施工阶段。

1) 交通导流模拟。通过交通导流方案模拟，提前预演，掌握车流、人流动向，分析不同的交通导流方案对周边环境以及行驶车辆、人员的影响，优化交通导流方案，确保方案最优，避免由于施工建设等原因造成的交通瘫痪、拥堵等问题。

2) 市政管线迁改模拟。通过对现有管线迁改方案进行模型创建，掌握市政管线、周边建筑与车站结构的关系，检查设计方案漏洞，避免市政管线与车站结构间的碰撞。

模拟管线迁改的过程，配合管线迁改，实现车站顶部市政管线覆土厚度满足规范要求以及车站内管线与市政管线的无缝对接。

形成迁改后的与现场情况一致的模型，达到三维报建要求的模型。

3) 安全管理。利用 BIM 模型对土建施工现场的危险源、安全隐患进行标识，提前发现并排除隐患，制定相应的安全措施。同时借助 BIM 技术进行安全交底，让施工现场人员了解现场现阶段的风险类型，便于辨析风险源，提高施工作业安全保障。

4）4D施工进度模拟。利用BIM技术辅助进度管理，通过先模拟后施工，能有效避免或降低因施工设计图纸缺陷，设计变更，进度计划中遗漏工作项、逻辑错误、动态碰撞等问题造成的进度延误。本项目通过模拟从进场、临建、竖井及连通道、初支、二衬到回填等阶段的施工内容，实现了基于BIM模型编制进度计划、实施进度计划、施工过程中动态调整进度计划。

5）三维可视化施工技术交底。借助BIM软件，技术人员利用三维BIM模型进行仿真施工工艺模拟，并对施工人员进行三维技术交底，同时利用BIM技术标注施工质量控制点，明确施工工序衔接，进而规范施工作业流程，提高施工效率和施工质量。

6）管道工厂化加工。通过不断努力，解决了BIM技术与生产脱节的问题，真正实现了BIM技术与机电安装、工厂化加工的完美结合。利用施工深化后的风管、水管BIM模型进行加工编号，按照设计出图标准，创建加工平面图、剖面图、大样图、材料清单。以风管为试点，进行BIM技术指导工厂加工：将标准风管加工图纸输入数控机床生产线，自动完成剪板、咬口、翻边等工序，经合缝、法兰铆接后形成标准尺寸风管；将异形风管加工图纸展开后输入等离子切割生产线进行自动切割，经咬口、折翻后形成异形风管，该生产线操作界面简单，加工精度高，生产效率是手工加工的十倍以上。

7）竣工模型检验校核。工程竣工后，施工单位对竣工模型进行修改、完善后提交至咨询单位。由咨询单位负责对竣工模型进行检验、校核，确认完善无误后，将竣工模型移交至建设单位。

（3）数据传递。在BIM应用各阶段过程中，将运营阶段所需数据进行整理，录入数据模型，并利用二维码实现设备构件的生产和安装信息的实时录入，与竣工模型一并交付运营单位维护使用，实现了机电专业从生产安装到运营维护的信息更新与传递。

（4）造价管理。利用BIM模型和BIM技术，进行市政管线拆改模拟、施工进度模拟、管道工厂化加工等应用，提前发现施工过程问题，做到提前预防、事前控制，有效降低施工成本，缓解了投资控制在施工过程支付阶段和竣工结算阶段的管理压力。

（五）BIM竣工移交

收集、整理施工阶段各专业BIM模型，为运营维护系统提供详细、全面的数据信息，支撑运营管理系统的开发与使用，减少运营阶段数据录入工作量，提高机电系统设备的移交速度和运营信息化水平。

依据BIM成果验收相关管理办法，由建设单位对BIM应用成果文件验收，包括BIM总体管理及BIM技术应用成果文件。

（六）质量控制组织

（1）建设单位牵头，BIM咨询单位推动实施。成立BIM质量管控小组，由建设单位指派专人作为组长，咨询单位指派专人作为副组长，各参与方需有至少两名BIM协调人员参加。

各协调人员作为本参与方的BIM质量负责人，对内管理、协调本方的BIM工作。协调人需要在本单位内部拥有一定话语权，能推进BIM进程，以免造成协调会议精神不能很好地贯彻实施。

咨询单位主要负责对系统建设进行总体策划，协调各方进度，统一资料，控制模型等成果质量和时间，对遇到的重大事项进行分析解决，并每月组织召开 BIM 协调会。

（2）各方内部管控。BIM 成果在项目各参与方共享或提交审核验收前，各方 BIM 协调人应对 BIM 成果进行质量检查确认，确保其符合要求。BIM 成果质量检查应考虑以下内容：

目视检查：确保没有多余的模型构件，并检查模型是否正确表达设计意图。

检查冲突：由建模软件的冲突检测命令检测模型之间是否有冲突问题。

标准检查：确保该模型符合相关技术标准。

内容验证：确保数据没有未定义或错误定义的内容。

（3）工程项目例会制度。BIM 实施过程中每周及重要特定时期、重点任务、关键节点前（后）召开例会，进行 BIM 工作的质量管控。例会由建设单位牵头，各设计单位、施工单位、BIM 咨询单位和设备供应商等参加的协调会。

（4）质量保证其他措施。

1）建立沟通制度。由专人负责及时沟通情况，解决项目进展中的问题。

2）严格执行文字确认制度。任何与项目各参建方交流并确认的 BIM 技术应用问题，采用以文字形式加以确认。

3）项目部成员的服务工作质量纳入公司绩效考评体系。

4）出现质量事故需填写纠正、预防措施处理单，报主管经理和公司总经理等。

四、咨询服务的实践成效

1. BIM 应用技术创新

通过本项目的研究与实施，总结经验，在 BIM 技术的实施过程中实现了以下创新：

（1）基于 BIM 的管理模式创新。建立了由建设单位牵头管理，BIM 总体咨询单位提供总体咨询（管理平台、技术标准、过程管理、技术培训），设计、施工等单位有序参与的 BIM 实施模式。

（2）基于 B1M＋GIS 的综合管理平台创新。咨询单位研发了"BIM 综合管理平台"。该平台采用互联网、大数据、云计算、人工智能、GIS、BIM、AI 等一系列先进信息技术。打破 BIM 软件不统一的问题，实现了模型融合等功能，同时集成了项目信息管理、设计管理、投资管理、进度管理、质量管理、安全管理、协同平台数据转换等模块。使建设单位、咨询单位、设计单位、监理单位、施工单位、专业承包单位等在一个统一的平台上共享成果、协同工作，实现 BIM 应用与项目管理一体化。

（3）基于 BIM 的工程量计算创新。咨询单位长期从事轨道交通工程造价咨询工作，研发了基于 BIM 技术的工程量计算软件，实现了土方工程、混凝土工程、防水工程、模板工程等工程量计算。

2. BIM 实施阶段性成果展示

（1）标准体系建设。本项目形成了 BIM 建模标准、文档管理标准、成果交付标准等

（见图 9-16）。

图 9-16　标准体系的建立

（2）平台建设。搭建 PW 协同管理平台及 BIM 综合管理平台。

（3）设计阶段 BIM 应用（见图 9-17～图 9-19）。在勘察设计阶段，通过 BIM 技术模拟场地及地下环境，比选、优化设计方案，快速计算工程量。

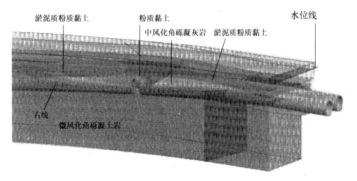

图 9-17　水文地质环境

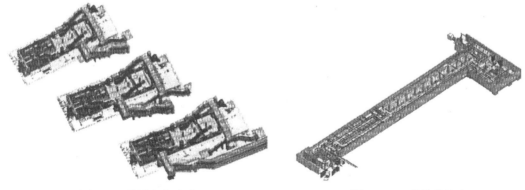

图 9-18　设计方案比选　　　　　　图 9-19　三维管线综合

（4）施工阶段 BIM 应用（见图 9-20～图 9-23）。在施工阶段模拟交通导航、管线迁改、专项施工方案等临时设施及工程实体的建造，减少返工。通过基于 BIM 的机电管道工厂化加工，在轨道交通工程机电安装工业化方面迈出了重大一步。

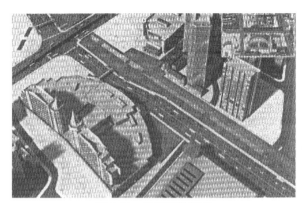

图 9-20　交通导航模拟

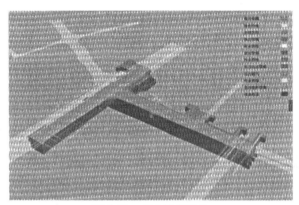

图 9-21　市政管线迁改

图 9-22　三维场地布置

图 9-23 安全防护模拟

3. 实施效益

本项目实施全过程、全系统的 BIM 应用,在建设过程中取得了可观效益。通过优化建筑方案、优化综合管线、模拟施工、机电设备装配式施工,与传统管理模式比较,减少现场协调工作量约 60%,减少变更返工量约 90%,节约了 10% 的机电安装工程材料,同时提高了工程质量、降低了安全风险,大大提高了项目管理的信息集成度。

本项目 BIM 技术工作得到了建设单位的高度重视,是某地地铁示范线路,并入选为该省首批 BIM 技术应用试点项目。

总结: 该项目是城市轨道交通工程,全长约 70km,线路局部穿越海相地质区域、穿越河流,地质条件极为复杂,施工难度大,安全风险高,做好施工与既有构筑物、管网的排迁防护是施工的难点,减少施工期间变更是设计施工的难点。

针对地铁项目特点和工程实际情况,在全过程工程咨询中,充分发挥 BIM 技术应用优势。一是利用 BIM 技术的模拟性、可视化、协同性特点,创建三维模型进行模拟建造、查找发现存在的问题、优化设计、减少现场签证和设计变更、节约工程投资、提高设计质量、节省施工工期;二是设计阶段基于 BIM 咨询的精细化管理,包括方案比选、设计优化、三维管线综合设计及出图、三维施工图交付等;三是基于 BIM 技术的工程量计算软件,实现了土方、混凝土、防水、模板等的工程量计算;四是基于协同管理平台进行 BIM 技术数据集成,包括设计阶段信息、施工阶段数据流转,模型传递、变更管理、竣工图交付管理、设备编码信息等,减少现场协调工作量约 60%,减少变更返工量约 90%,节约了 10% 的机电安装工程材料等;五是利用 BIM 技术在项目设计、建造、运营全过程、全生命周期的应用,保证城市轨道交通工程项目数据的准确性、协同性、可追溯性,实现项目数字化建设管理,同时提高了工程质量、降低了安全风险,大大提高了项目管理的信息集成度,最终该项目达到了工期缩短、投资可控的成效。

该项目案例是地铁(城市轨道交通)类项目 BIM 技术全过程应用的典范。因此,该项目的咨询实践,对于地铁类项目更好地开展全过程工程咨询有很好的借鉴和参考意义。

参 考 文 献

[1] 李元庆. 工程总承包管理价值研究 [D]. 大连理工大学，2016.

[2] 金海峰. EPC 工程总承包项目投标决策风险研究 [D]. 大连理工大学，2012.

[3] 郭超. 建设工程电子招标投标系统及应用研究 [D]. 浙江大学，2015.

[4] 谷学良. 建设工程招标投标与合同管理 [M]. 北京：中国建材工业出版社，2005.

[5] 方自虎. 建设工程合同管理实务 [M]. 北京：中国水利水电出版社，2003.

[6] 全国一级建造师编写委员会. 建设工程项目管理 [M]. 北京：中国建筑工业出版社，2017.

[7] 王兆红，邱菀华，詹伟. 论设施管理及其在中国的未来发展 [J]. 现代管理科学，2006 (2).

[8] 牛田青. EPC 工程总承包项目的合同管理研究 [J]. 工程技术 (引文版).2016 (2).

[9] 王光红，邱菀华，詹伟. 设施管理研究的过展 [J]. 建筑管理现代化，2006 (3).

[10] 冯珂，王守清，等. 新型城镇化背景下的 PPP 产业基金设立及运作模式探析 [J]. 建筑经济，2015
 (5)：5-8.

[11] 徐苏云等. PPP 项目引进产业基金投融资模式探讨——以某市轨道项目为例 [J]. 建筑经济，2015，
 36 (11)：41-44.

[12] 连少芬. 浅谈工程造价咨询单位参与设计阶段经济控制的重要性 [J]. 江西建材，2017 (13)：
 235-236.

[13] 张步诚. 建筑工程项目设计管理模式创新探索 [J]. 中国勘察设计，2015 (2)：84-89.

[14] 韩立立. 挣值法下建筑施工项目的成本控制研究——基于 CZ 建筑公司案例研究 [D]. 山东大
 学，2014.

[15] 王蓉辉，焦玉宁. 质量成本相关问题探讨 [J]. 财经界，2009 (6)：69-71.

[16] 张正春. 建设项目目标集成控制研究 [D]. 重庆大学，2010.

[17] 樊燕燕，李了奇. 建设工程项目管理 [M]. 北京：中国铁道出版社，2012.

[18] 马星明，张翠萍. 浅谈电子招投标的发展与建议 [J]. 建筑市场与招标投标，2013 (1)：29-32.

[19] 梁萍，贺易明，晁玉增. 我国电子招投标现状分析与发展对策研究 [J]. 改革与开放，2014 (17)：
 13-15.

[20] 周子炯. 建筑工程项目设计管理手册 [M]. 北京：中国建筑工业出版社，2012.

[21] 蒋煜华. 国际工程投标报价研究 [D]. 西南交通大学，2007.

[22] 齐娜娜. PPP 模式下综合管廊项目风险评价研究 [D]. 山东大学，2016.

[23] 赵佳. 城市地下综合管廊 PPP 模式融资风险管理研究 [D]. 青岛理工大学，2016.

[24] 张军. LPS 市综合管廊项目 PPP 融资风险管理研究 [D]. 安徽大学，2017.

[25] 耿德全. 基于 EPC 模式承包商的索赔管理 [J]. 山西建筑，2016，36 (12)：242-243.

[26] 全国注册咨询工程师 (投资) 资格考试教材编写委员会. 工程咨询概论 (2017 年版) [M]. 北京：中
 国计划出版社，2017.